세계 최고의 CEO는
어떻게 일하는가

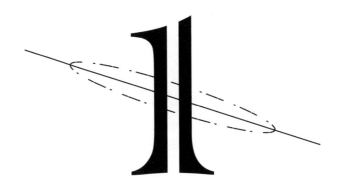

>> 맥킨지가 밝히는 최정상 리더들의 성공 마인드셋 <<

세계 최고의 CEO는 어떻게 일하는가

캐롤린 듀어·스콧 켈러·비크람 말호트라 지음

맥킨지 한국사무소, CEO 엑설런스 센터 감수 | 양진성 옮김

ORNADO
토네이도

일러두기

1. 이 책에 등장하는 주요 인명, 지명, 기관명은 국립국어원 외래어표기법을 따르되 일부는 관례에 따라 소리 나는 대로 표기했다.
2. 단행본은《 》, 신문과 잡지, 영화는〈 〉으로 표기했다.
3. 본문에서 각주는 •로, 미주는 아라비아 숫자로 표기했다.

토머스, 그레이, 이브닝 체클레디 피오나, 라슬런, 잭슨, 캠든 켈러
매리, 말루, 데반, 닉 말호트라에게

계속해서 CEO의 탁월한 마인드셋을 찾기 위해 노력해준
맥킨지앤드컴퍼니의 파트너 및 동료들에게

CEO 엑설런스,
탁월한 CEO들의 공통점

'CEO의 진정한 역할은 무엇인가?' 맥킨지앤드컴퍼니에서는 이 질문에 대한 명확한 답을 찾기 위해 지속적으로 탁월한 업적을 이뤄낸 최고의 CEO 200명을 선정하고, 그중 67명의 CEO와 심층 인터뷰를 통해 탁월한 CEO들의 마인드셋과 행동에 대해 분석했다.

CEO의 핵심 역할은 기업의 방향 설정, 조직적 합의 도출, 리더들을 통한 조직 운영, 이사회와의 협업, 이해관계자들과의 소통, 그리고 개인의 효율성 관리로 구분된다. 이는 탁월한 CEO뿐 아니라 거의 모든 CEO 그리고 각 조직의 리더들에게 해당되는 역할들이다. 그러나 탁월한 CEO들의 마인드셋과 이에 따른 행동 양식에 차별점이 있었다.

최고의 CEO들은 불확실성 앞에서 더욱 담대해진다. 시장을 재해석하여 과감하게 비전을 정하며, 기업의 조직 문화 등 추상적일 수 있는 것 역시 구체적으로 관리하고 있다. 최고의 CEO들은 기업 내 최고경영진이 최고의 팀을 이룰 수 있도록 팀의 구성과 팀 정신, 그리고 운영 환경을 제공한다. 이들은 이사회가 비즈니스에 협력할 수 있도록 적극 지원하고 있으며, 이해관계자들과도 거시적 안목을 지니고 적극 소통하고 있다. 또한 본인의 시간과 에너지 관리에 철저하며 오직 CEO만이 할 수 있는 일에 집중하며 최고의 효율을 추구하고 있다.

지금의 비즈니스 환경은 대변혁의 시대라고 불러도 과언이 아닐 만큼 변화의 규모와 빈도는 증대되었고 불확실성은 일상화가 되어 있다. 조직의 리더이자 최고 의사결정자인 CEO의 담대함, 결단력, 리더십이 조직 전체 성과의 차이를 만들어내고 빛을 발할 수 있는 환경이라 할 수 있다. 독자들이 이 책을 통해 경영과 리더십에 대한 지혜와 지식을 넓히고, 각자 자기 영역에서 최고의 리더로 성장하여 이 세상, 이 시대에 의미 있는 성과를 만들어내는 데 보탬이 되기를 바란다.

송승헌 맥킨지 한국사무소 대표

차례

›› Part 1. 방향 설정 마인드셋 ‹‹
: 담대하라

›› Part 2. 조직적 합의 마인드셋 ‹‹
: 추상적인 것들을 구체적으로 다루어라

›› Part 3. 리더를 통한 조직 운영 마인드셋 ‹‹
: 팀 정신을 강화하라

CEO는 무엇을 하는 사람일까?

탁월함은 결코 우연이 아니다.

아리스토텔레스

메릴랜드주 세인트 마이클스St Michaels의 그림 같은 해안가 마을에서 맥킨지앤드컴퍼니가 주최한 연례 리더십 포럼에 CEO 후보자 30명이 모였다. 비 내리는 가을 저녁의 포럼 첫날, 이 책의 저자이자 사회자인 빅Vik이 던진 흥미로운 질문에 모두들 바짝 긴장했다. "CEO의 진정한 역할은 무엇일까요?"

세계 최대 기술 기업의 CEO인 첫 번째 초청 연사는 망설임 없이 대답했다. "CEO의 역할은 다음과 같이 정의될 수 있습니다." 그는 확신에 차서 간단명료하게 CEO의 역할에 대해 세 항목으로 나누어 설명했다. 첫날이 마무리되고 참석자들은 마치 안개가 말끔히 걷힌 기분으로 자리를 떠났다.

적어도 다음 날 아침 또 다른 연사인 다국적 금융 서비스 회사의 리더가 빅의 같은 질문에 답하기 전까지는 그랬다. 그녀 역시 자신이 생각하는 CEO의 세 가지 역할에 대해 설명하고, 각 역할을 뒷받침하는 확실한 예시들을 제시했다. 그런데 첫날 저녁 연사가 말했던 CEO의 역할과는 완전히 다른 내용이었다. 그날 저녁, 세 번째이자 마지막으로, 세계에서 가장 권위 있는 학술 의료센터의 리더가 CEO 역할에서 가장 중요한 세 가지를 발표했고, 그 내용 역시 앞의 내용과 전혀 겹치지 않았다.

다음 날 아침, 스콧과 캐롤린(이 책의 다른 두 명의 공동 저자)은 포럼을 마무리하면서 핵심 내용들을 명확히 요약하기 위해 최선을 다했다. 그 후 공항으로 1시간 30분 동안 차를 몰고 가면서 우리 셋은 초청 연사들이 말하는 내용이 얼마나 달랐는지에 대해 이야기했다. 만약 네 번째 연사가 있었다면 CEO의 역할에 대해 또 다른 의견을 내놓았을 것으로 추측했다. 연사들의 조언은 제각기 중요하고 도움이 되었지만, 전체적으로는 연결성이 떨어졌다.

불편했다. 우리는 CEO 카운슬러로서, 한 개인이 CEO 역할을 어떻게 해내는지가 얼마나 중요한지를 알고 있었다. 재무 실적 상위 20퍼센트에 드는 CEO들의 총주주수익률TSR은 평균치의 성과를 내는 CEO들의 수익률보다 평균 2.8배가 더 높다. 더 구체적으로 말하면, 스탠더드앤드푸어스S&P 500 지수 인덱스 펀드에 1,000달러를 투자했다고 가정할 경우 10년간 투자액이 평균치로 증가한다면 1,600달러가 조금 안 되는 수익을 얻게 된다. 하지만 실적이 가장 좋은 상위

5분위 CEO들이 이끄는 기업에 투자하면 1만 달러 이상의 수익을 얻을 수 있다. 꽤나 큰 차이인 것이다.[1]

특히 20세기 중반 들어 기업 실적 예측의 주요 지표로 CEO를 꼽는 경우가 두 배 이상 증가했다.[2] 이러한 'CEO 효과'는 점점 더 변동성이 커지고 불확실하며 복합적이고 불명료해지는 세상에서 더 중요한 요소가 되었다. 특히 이해관계자 자본주의가 부상함에 따라, 요즘의 리더들에게는 기업이 오로지 주주에게 이익을 창출하기 위해 존재한다는 밀턴 프리드먼의 주주 자본주의 개념을 훨씬 뛰어넘도록 요구되고 있다. 실제로 환경, 의료, 부의 불평등, 인권 같은 사회 문제에 있어서도 기업의 활동이 정부나 자선 단체보다 더 큰 영향을 줄 수 있다.

우리 셋은 공항에 도착할 때쯤 'CEO의 진정한 역할은 무엇인가'라는 질문에 명확한 답을 내놓기 위한 작업을 함께하기로 결정했다. 이를 통해 얻는 지식만으로도 매우 가치가 있겠지만, 우리는 그것을 넘어 최고의 CEO들이 어떻게 다르게 일하는지, 또 왜 그러한지에 대해서 알고 싶었다. CEO 역할을 탁월하게 해내는 사람들의 마인드셋을 제대로 파헤쳐보고 싶었다.

이러한 노력들은 CEO와 이사회, 투자자, 직원들, 규제기관, 고객, 공급업체, 커뮤니티 등 그들의 이해관계자들에게도 많은 도움이 될 것이라 생각했다. 실제로 지난 20년간 〈포춘〉 선정 500인 CEO 중 30퍼센트가 임기를 3년도 채우지 못했고, 신임 CEO 다섯 명 중 두 명이 취임 후 18개월 만에 실패를 겪었다.[3] 만약 이러한 CEO들이 CEO 역할에 대한 기본 지침에 대해, 특히 탁월한 CEO들의 지혜에 대해 배울 수 있었다면 큰 도움이 되지 않았을까?

CEO의 역할은 모든 면에서 점점 더 어려워지고 있다. 오늘날의 CEO들은 전통적인 사업 운영보다 훨씬 더 많은 것들을 다루어야 한다. 기하급수적으로 가속화되는 디지털 전환 속도와 이에 수반되는 인력 재교육, 사이버 보안 문제도 다루어야 한다. 직원들의 건강과 행복, 다양성, 소속감에도 관심을 기울여야 한다. 지속가능성에 대한 우려, 보다 목적 지향적인 조직에 대한 대중의 바람, 광범위한 사회 이슈를 대변하라는 요구 또한 증가하고 있다. CEO들은 이러한 요구들에 귀 기울이는 것을 넘어서, 이에 대한 대중의 철저한 감시와 행동주의에도 대비해야 한다. 현대 사회는 소셜 미디어의 주도로 몇 시간 안에 대중의 분노를 야기할 수도 있는(옳은 쪽이든 잘못된 쪽이든) 세상이기 때문이다.

이러한 이유로 CEO가 실패할 확률은 어느 때보다 높아졌다. 2000년부터 2019년까지 미국의 평균 CEO 재임기간은 10년에서 7년 미만으로 감소했다.[4] 같은 기간, 전 세계 CEO 교체율은 약 13퍼센트에서 18퍼센트로 증가했다.[5] 심지어 실적이 유지되는 안정적인 경제 상황에서도 정상에 선 CEO가 맞닥뜨려야 하는 과제는 차고 넘친다. 제너럴 모터스GM의 CEO 메리 배라는 다음과 같이 말한다. "CEO가 되는 것은 생각보다 훨씬 더 외롭다. 이전에는 정기적으로 대화를 나눌 수 있는 리더들이 있었는데, 갑자기 내가 찾아갈 수 있는 리더가 없어진 것이다."

규모가 큰 상장기업 CEO들이 당면한 문제는 중소기업이나 비영리 단체들의 리더들이 직면한 문제들과 크게 다르지 않을 것이다. 따라서 대기업 CEO들의 통찰과 지혜는 누구에게나 도움이 될 수 있다고 생각한다. 스콧과 캐롤린이 2019년 가을 맥킨지 웹사이트에 게재한 글, '탁월한 CEO들의 마인드셋과 실천'의 인기가 이를 뒷받침한다. 이 글은 얼마 지나지 않아 그해에 가장 많이 읽힌 기사가 되었고 그 이후로도 상위 10위권에 자리 잡고 있다.

21세기 최고의 CEO들은 누구일까?

최고의 성과를 내는 CEO가 된다는 것은 무엇을 의미하는 것일까? 회사의 성과는 결국 CEO가 통제할 수 없는 요인에 의해서도 큰 영향을 받지 않을까? 그렇다. 사실, 기업의 재무적 성공을 좌우하는 요인의 절반 이상(과거에 이루어진 연구개발 투자, 상속된 부채 수준, 해당 국가의 GDP 성장, 산업 동향)은 현직 CEO의 통제권 밖에 있다. 하지만 바꿔 말하면 결과에 영향을 미치는 요인의 절반가량은 여전히 CEO 한 사람의 손에 달려 있다는 뜻이다.[6] 우리는 CEO가 영향을 미칠 수 있는 영역 내에서 가장 탁월한 성과를 이룬 CEO들을 가려내고 싶었다.

　다음의 도표에서 볼 수 있듯이, 우리는 지난 15년 동안 일정 시점에 1,000대 상장기업을 이끌어온 CEO들의 목록에서부터 시작했다. 조사 대상은 2,000명이 넘었으며, 재임기간이 6년이 되지 않는 CEO는 제외했다. 지속적인 성공의 기록을 가지고 있는 CEO들만 대상으로 삼기 위해서였다. 그 결과, 조사 대상 CEO의 숫자는 1,000명 미만으로 줄었다. 다음으로 외부 요인의 영향을 받는 부분은 가능한 배제하고 CEO가 영향력을 발휘할 수 있는 영역에서의 성과를 고려했다. 우리는 절대 수익을 넘어 재임기간 '초과 총주주수익률'(동종 업계가 달성한 수익률을 초과하는 총주주수익률, 성장에서 지리적 변동성 고려)이 상위 5분위와 4분위에 든 기업의 CEO들을 선정했다. 이렇게 해서 대상자는 523명으로 좁혀졌다.

다음으로 개인의 윤리적 행동, 직원 정서, 회사 환경, 사회적 영향력, 승계 계획, 퇴직한 사람들의 경우 CEO 자리에서 물러난 후 몇 년 동안 회사가 재무적으로 계속 좋은 성과를 냈는지 여부 등을 고려했

최고의 CEO들을 가려내기 위한 방법

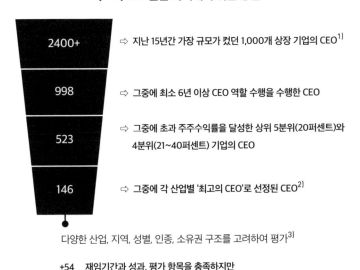

2400+	⇨ 지난 15년간 가장 규모가 컸던 1,000개 상장 기업의 CEO[1]
998	⇨ 그중에 최소 6년 이상 CEO 역할 수행을 수행한 CEO
523	⇨ 그중에 초과 주주수익률을 달성한 상위 5분위(20퍼센트)와 4분위(21~40퍼센트) 기업의 CEO
146	⇨ 그중에 각 산업별 '최고의 CEO'로 선정된 CEO[2]

다양한 산업, 지역, 성별, 인종, 소유권 구조를 고려하여 평가[3]

+54 재임기간과 성과, 평가 항목을 충족하지만 대표성이 낮은 업계에서의 최고 CEO

200 21세기 최고 CEO

1) 2020년 3월 기준으로 매출, 이익, 자산, 시가총액을 종합해 세계에서 가장 큰 기업을 선정한 〈포브스〉 글로벌 2,000의 상위 1,000개 기업.
2) 〈포춘〉 선정 가장 강력한 여성 경영자, 〈배런스〉 선정 최고 CEO 30인, 〈하버드 비즈니스 리뷰〉 선정 최고 CEO 100인, 〈CEO 월드〉 선정 가장 영향력 있는 CEO, 〈포브스〉 선정 가장 혁신적인 리더 100인.
3) 소유권 구조의 예: 상장기업, 사기업, 가족경영, 비영리 업체.

다. 〈하버드 비즈니스 리뷰〉 선정 100대 CEO, 〈배런스〉의 30대 CEO, 〈CEO 월드〉 선정 가장 영향력 있는 CEO, 〈포브스〉 선정 가장 혁신적인 미국 100대 리더, 〈포춘〉 선정 가장 영향력 있는 여성 경영자 등 기존의 여러 '최고 CEO' 선정에서도 이런 내용들은 엄격한 기준으로 적용된다. 우리는 이 목록 중 하나 이상을 적용해 추가 필터링을 하여 146명만 남겼다.

하지만 그렇게 얻은 목록에는 한 가지 문제가 있었다. 너무 오랫동안 재계에 퍼져 있던 관행대로 CEO 프로필은 백인 남성들에게 심하게 치우쳐 있었다. 여성은 8퍼센트밖에 되지 않았고 유색인종은 18퍼센트에 불과했다. 나아가 이 목록은 매우 미국 중심적이고 의료, 에너지 등 대표성이 낮은 특정 분야의 CEO들은 이름을 올리지 못했다. 오늘날의 글로벌 비즈니스 지형을 제대로 반영하지 못한 것이다. 따라서 우리는 성과와 평판에 대한 기준은 높게 유지하면서 대표성이 낮은 사업 영역에서 우수한 CEO를 추가로 찾아냈다. 예를 들어, 1,000대 기업에는 속하지 않지만(여전히 수십억 달러의 매출을 창출하거나 수천 명의 직원 보유) 초과 총주주수익률을 달성한 상위 5분위와 4분위 그룹 중 놀라운 혁신을 이끈 CEO도 포함시켰다.

이러한 새로운 필터링 작업을 거쳐 약 40퍼센트의 여성 CEO를 추가했다. 네덜란드 출판사인 볼터스 클루버를 디지털 후발 주자에서 50억 달러 이상의 수익과 전 세계 2만 명의 직원을 거느린 소프트웨어의 선도적 공급자로 변화시킨 낸시 맥킨스트리가 그렇다. 그녀는 〈하버드 비즈니스 리뷰〉가 선정한 2019년 100대 CEO 중 여성 CEO 1위에 올랐다. 유색인종 CEO도 30퍼센트 추가했다. 그중에는 반도체 및 시스템 회사의 공급업체인 케이던스 디자인 시스템스의 말레이시아 출신 CEO 립 부 탄이 있다. 그는 어려운 시기에 회사를 인수했고 2020년 말까지 27억 달러 가까이 수익을 늘렸으며, 고객 집중 전략과 빈틈없는 시장 확장 전략을 통해 시가총액을 38배 이상 늘어난 400억 달러 규모로 만들었다.

산업과 지역의 균형을 맞추면서, 성과와 평판에서 우리 기준을 통과한 비상장기업과 비영리 기업 CEO들도 포함시켰다. 이 과정에서 마지드 알 푸타임의 알라인 베자니도 추가되었는데, 그는 영향력 있는 개인 소유의 중동 소매 기업을 고객 경험 분야의 글로벌 선구자로 이끌었다. 그의 재임기간에 마지드 알 푸타임의 수익은 68억 달러에서 약 100억 달러로 늘었으며, 직원은 16개국에 걸쳐 4만 명에 이른다. 비영리 회사인 클리블랜드 클리닉의 토비 코스그로브도 이름을 올렸다. 그는 2004년 37억 달러 수익의 지역 의료 네트워크를 2017년에 물러날 때까지 85억 달러의 수익을 내는 굴지의 다국적 의료 시스템으로 변화시켰다.

다양한 업종, 지역, 성별, 인종, 소유권 구조를 고려해 CEO 54명을 추가했고, 목록은 총 200명으로 늘었다. 그렇게 해서 현재까지 21세기에 세계에서 가장 훌륭하다고 여겨지는 CEO 200명의 목록을 추렸다. 그 CEO 집단이 CEO 평균을 초과해 창출한 경제적 가치는 놀랍게도 약 5조 달러로 추산된다. 이는 세계 3위의 경제 대국인 일본의 연간 국내총생산GDP과 맞먹는 수치다.

마지막 단계는 실용적 접근으로 이루어졌다. 통계를 보면 최소 65명의 CEO로 구성된 표본이 95퍼센트의 신뢰도를 제공한다. 그래서 우리는 1년 동안 많은 리더를 심층 인터뷰했다(인터뷰한 모든 CEO의 약력은 부록2 참조).

엘리트 CEO들은 누구일까? 최고의 CEO라고 하면 가장 먼저 제프 베이조스나 워런 버핏, 마크 저커버그, 일론 머스크 같은 하나의 아이콘이 된 거침없는 창업자 CEO들을 먼저 떠올릴 것이다. 그렇다. 이들에 관한 글은 수없이 많고, 그들은 실제로 우리가 추린 200명 CEO 목록에도 들었다. 하지만 창업자 CEO들의 경우 소유 지분이 워낙 커서 많은 경우 상대적으로 경영의 자유도가 높아 이들은 일부러 최소화했다.

마이크로소프트의 사티아 나델라는 비창업자 CEO로 우리의 기준에 부합했다. 그는 소프트웨어 대기업에서 놀라운 문화 변혁의 설계자로 대담한 조치를 취해 회사를 성장시켰고, 뇌성마비 아들을 키운 경험에서 비롯된 공감 능력을 바탕으로 회사를 이끌었다. 시세이도의 CEO 우오타니 마사히코도 우리 목록에 포함되었다. 우오타니는 일본 뷰티 기업 149년 역사에서 최초의 외부 출신 CEO로 직원들에게 힘을 실어주고 혁신을 이끌어내며 회사를 변화시켰다. 그의 경영 방식은 20년 동안 일본에서 코카콜라를 운영하며 다섯 명의 CEO 밑에서 배운 교훈이 바탕이 되었다. 이 기간 동안 일본은 코카콜라에 가장 높은 수익률을 안겨주는 시장이 되었다.

메릴린 휴슨의 겸손한 리더십은 아홉 살 때 아버지가 갑자기 돌아가시고 어머니가 다섯 아이를 홀로 키우게 된 상황에서 형성되었다. 일을 하며 힘들게 학교를 졸업한 휴슨은 자신이 록히드마틴의 CEO가 될 것이라고는 상상도 할 수 없었다. 그녀는 록히드마틴의 CEO로서 고객 우선 전략을 내세워 세계에서 가장 크고 영향력 있는 방산업체의 입지를 굳혔다. 게일 켈리는 호주에서 가장 오래된 은행인 웨스트팩에서 재임기간 현금 수입을 두 배로 늘려 2014년 올해의 CEO에 이름을 올렸다. 그녀는 젊을 때 짐바브웨에서 학교 교사로, 이어 남아프리카 공화국에서 은행 창구 직원으로 일하며 체득한 상식에 기반한 리더십을 적용했다.

각 CEO 모두 각자의 고유한 배경과 여정을 지나 현재의 리더 그리고 개인의 모습을 갖추게 되었다. 이러한 차이들이 있지만, 그들 모두 CEO 역할을 탁월하게 해낸 공통점이 있다. 우리는 그들과의 대화와 연구를 통해 그 방법과 이유를 밝혀냈다.

최고의 CEO와 평범한 CEO의 차이

우리는 CEO들과 몇 시간씩 인터뷰를 진행했고 여러 차례에 걸쳐 대화를 나누었다. 리더들의 행동에 대한 것뿐 아니라 왜 그렇게 행동했는지에 대한 깊은 성찰을 이끌어내기 위한 것이었다. 이를 위해 우리는 임상 심리학에서 래더링 기법이라고 알려진 인터뷰 기술을 활용했다. 그 사람이 왜 특정 의견을 가지고 특정 행동을 취하는지를 여러 단계로 밝혀내기 위해 스토리텔링, 도발적 질문, 가상의 포즈 취하기, 역할극, 이전 진술 끄집어내기 같은 다양한 질문 방식을 활용했다.

이 인터뷰에서 가장 먼저 드러난 사실은, 세인트 마이클스에서 열린 리더십 포럼에서 초청 연사들이 이야기한 것과 달리 CEO들의 역할은 세 가지가 훨씬 넘는다는 것이었다. 인터뷰 결과, CEO의 주요 책임은 방향 설정, 조직적 합의, 리더를 통한 조직 운영, 이사회와의 협업, 이해관계자와의 소통, 개인의 효율성 관리 등 여섯 가지로 요약할 수 있었다. 각 책임은 여러 하위 요소로 다시 나뉜다. CEO들과 인터뷰를 진행하면서 여섯 가지 책임과 그 하위 요소들 모두 CEO 역할을 성공적으로 수행하는 데 중요한 영향을 미쳤다는 결론을 거듭 확인할 수 있었다.

이 여섯 가지 책임은 최고의 CEO에게만 해당되는 것이 아니라, CEO의 역할 그 자체에 대한 설명이다. 인터뷰한 CEO들과 처음 이를 공유했을 때 반응은 두 가지였다. 하나는 매우 긍정적인 반응이었다. 마스터카드의 전 CEO이자 현 이사회 의장인 아자이 방가는 말한다. "이는 CEO의 역할을 구조화하는 매우 뛰어난 방법이다. CEO들

CEO의 여섯 가지 책임

비전, 전략, 자원배분 — 방향 설정

개인의 효율성 관리 — 시간 및 에너지, 리더십 모델, 관점

문화, 조직 설계, 인재 — 조직적 합의

CEO 엑설런스

이해관계자와의 소통 — 사회적 목적, 상호작용, 위기관리

팀 구성, 팀워크, 운영 리듬 — 리더를 통한 조직 운영

이사회와의 협업 — 관계, 역량, 회의

이 자신의 역할을 어떻게 생각해야 하는지 보여주고 있다." 두 번째 반응도 긍정적이었지만 더 단순화하면 좋겠다는 의견이 제시되었다. 우리는 목록에서 제외할만한 항목이 있을지 논의했고, 결국, 여섯 가지 책임과 그 하위 요소들 모두 반드시 필요한 내용이라는 데 합의했다.

최고의 CEO들에게서만 볼 수 있었던 점은 여섯 가지 책임에 접근하는 마인드셋과 각 하위 요소에서 그들이 취한 행동이었다. 이튼의 전 CEO 샌디 커틀러는 말한다. "훌륭한 CEO들이 작은 공이 아닌 큰 공을 던질 수 있었던 것은 남들과 별 차이 나지 않는 일에 빠져 시간을 허비하지 않고 다른 사람은 할 수 없는 일에 몰두해 업무 효율성을 극대화했기 때문이다."

우리는 최고의 CEO들이 재임기간 동안 여섯 가지 책임에 대한 시간을 어떻게 배분했는지도 조사했다. 어떤 패턴이나 라이프 사이클이 있었는가? 임기 후반에 비해 임기 초반에 회사의 방향 설정과 조직 재설계에 더 많은 시간을 할애했는가? 아울러 CEO들이 임기 첫 18개월, 마지막 18개월, 그 중간 시기에 여섯 가지 책임에 대해 100가지 중요 포인트를 적절히 분배했는지도 조사했다.

검토 결과, 뚜렷한 패턴은 보이지 않았다. CEO가 여섯 가지 책임의 우선순위를 어떻게 매기는지는 비즈니스의 특수한 상황과 CEO의 고유 역량, 선호도 등 복합적 상호작용에 따라 달라졌다. 중요한 것은, 접근 방식은 각자 달라도 모두들 재임기간 동안 여섯 가지 책임을 유의미하게 수행했다는 점이다. 최고의 CEO들은 그 여섯 개의 접시를 항상 돌리고 있었다. 내외부 환경 때문에 어떤 접시는 다른 접시보다 더 빨리 혹은 느리게 돌려야 할 때가 있었을 뿐이다.

마지막으로 최고 CEO들의 재임기간 재무 실적을 조사해 시간의 흐름에 따라 예측 가능한 변동이 있었는지 확인했다. 우리는 유명 헤드헌팅 업체들의 연구에서 어떤 패턴이 있음을 암시하는 내용을 찾아냈다. 보통의 CEO들은 1년 차에 강하게 시작했다가 '2년 차 슬럼프'를 겪으며, 3년에서 5년 사이에 회복하여 잘 해내고, 6년에서 10년(그때까지 버틴다면)까지는 안정기에 접어들고, 11년에서 15년 사이에 다시 황금기를 맞는다.[7] 이 패턴은 CEO 전체 표본에는 들어맞을지 모르지만 우리가 선별한 최고 CEO들에게는 해당되지 않았다. 대신에 그들은 재임기간 내내 매년 지속적으로 상당한 가치를 창출했다. 그들은 승리의 의미를 주기적으로 재정의하고 새롭고 과감한 행동으로 전략을 재정비하여 성과를 냈다.

그런 내용들을 바탕으로 이 책은 크게 6부로 구성했다. 각 부에서는 최고 CEO들의 여섯 가지 책임에 대한 마인드셋이 나머지 CEO들과 어떻게 구별되는지를 다룰 것이다. 각 부는 세 장으로 나눠지며 마인드셋이 최고의 실천 사례로 어떻게 전환되는지 살펴볼 것이다. 각 장에서는 이러한 실천 방법과 함께, 실제 최고의 CEO들이 이를 실현한 방법을 알아볼 것이다. 마지막으로는 CEO가 여섯 가지 책임의 우선순위를 어떻게 정하는지, 그리고 어떻게 성공적인 취임과 퇴임을 하는지 객관적으로 논의할 것이다. 그리고 미래에 CEO 역할이 어떻게 변할지에 대해서도 알아볼 것이다.

CEO 엑설런스, 왜 규정하기 어려울까

CEO의 탁월성에 대한 연구가 마무리되고 발견한 내용들이 구체화되면서 다음의 세 가지 내용은 상상 이상으로 충격적이었다. 첫째, CEO 역할이 얼마나 특별한 것인지, 둘째, CEO가 얼마나 많은 모순에 직면하는지, 마지막으로 CEO 역할을 잘 수행하는 데에 얼마나 많은 업무가 수반되는지였다.

먼저 거의 모든 CEO들은 그들이 이전에 대규모 사업부나 팀을 이끈 경험 때문에 그 역할에 자신이 적임자라 생각했지만 실상은 그렇지 않았다고 한다. 손익계산서를 관리하고 전략을 세우고 팀을 이끄는 일은 그들이 이전에 해왔던 일들과 별다를 것이 없었다. CEO가 되고 당황스러운 점은 CEO는 조직에서 유일한 최고 직책이기에 말 그대로 동료가 없다는 것이다. CEO 혼자 모든 것에 책임을 져야 하는 것이다. 스톱앤샵과 그 밖의 식품 소매업체의 모회사인 아홀드 델헤이즈의 전 CEO 딕 보어는 말한다. "사업부나 지역을 관리할 때는 동료가 있고 이들과 한 팀이 된다. 하지만 회사의 CEO는 외톨이다. '이봐, 난 이거 못 해. 왜냐하면⋯⋯.' 이런 말은 할 수 없다. 당신이 해야 한다. 이제 어느 누구도, 그 무엇도 비난할 수 없다. 모든 건 당신 책임인 것이다."

고독한 역할이라는 점에 이어 두 번째 어려움은 파리의 자동차 부품 공급업체 발레오의 CEO 자크 아센브로아가 한 인터뷰에서 잘 드러난다. "CEO의 역할은 모든 모순의 교차점이다." 인터뷰를 거듭할수록 아센브로아가 언급한 모순이 어떤 것인지 구체적으로 드러났다. 단기적 결과 달성이냐 아니면 장기적 성과에 대한 투자냐. 사실을 수집하고 분석하는 데 시간을 할애해야 할까, 아니면 기회를 포착하기 위해 발 빠르게 움직여야 할까. 과거를 존중하고 연속성을 창조해야 할까, 아니면 미래의 혼란에 대비해야 할까. 주주를 위해 가치를 극대화해야 할까, 아니면 다른 이해관계자들에게 영향력을 발휘해야 할까. 어려운 결정을 내릴 수 있는 자신감이냐 아니면 피드백을 요청하고 받을 수 있는 겸손함이냐. "마음속에 상반된 두 가지 생각을 동시에 품으면서도 기능을 유지하는 능력은 최고 수준의 지능 테스트"라는 F. 스콧 피츠제럴드의 말은 CEO의 역할에 꼭 들어맞는다. 뒤에서 살펴보겠지만 최고의 CEO들은 이런 명백한 모순을 능숙하게 조율하여 긍정적이고 상호보완적인 결과를 만들어낸다.

하지만 그렇게 하는 것이 쉬운 일은 아니다. 여기서 우리는 세 번째 어려움에 직면하게 된다. 여섯 가지 책임의 무게에서 알 수 있듯이 CEO는 방대한 양의 업무를 떠맡는다. 언뜻 보면 전체적인 방향을 설정하고 연설을 하는 게 전부인 것 같다. 하지만 우리가 발견한 현실은 크게 다르다. 세계적인 스포츠웨어 회사인 아디다스의 CEO 캐스퍼 로스테드는 "CEO의 일 대부분은 미결 문제를 다루는 것"이라고 설명한다. CEO의 효율성을 오랜 시간 연구해온 스탠퍼드대 경제학 교수 니콜라스 블룸은 다음과 같이 말한다. "솔직히 끔찍한 직업이다. 나라면 맡고 싶지 않을 것 같다. 대기업 CEO는 주당 100시간 업무를 한다. 인생을 바쳐야 하는 것이다. 주말 따위 없고, 스트레스도 엄청나다. 물론, 특전도 어마어마하게 크지만 그것까지 전부 고려해서 하는 말이다."[8]

우리는 이 세 가지 어려움을 깊이 이해하게 되면서, '세계에서 가장 성공적이고 영향력 있는 기업과 조직의 리더들은 실제로 무슨 역할을 하는가? 그리고 더 중요하게는 '왜 그런 방식으로 일하는가?'라는 질문에 반드시 명확한 해답을 찾아야겠다는 결심을 더욱 굳히게 되었다.

이 책의 차별점은 무엇인가?

이 여정을 시작할 때, 우리는 이 질문들에 대한 해답이 이미 존재하는지 궁금했다. 우선 CEO들에게 우리가 만들고자 하는 내용의 책을 이미 접한 적이 있는지 확인했다. 그들의 답변은 우리가 하려는 일의 타당성을 확인해주었다. 글로벌 전문 서비스 기업 에이온의 CEO 그레그 케이스는 다음과 같이 얘기해주었다. "CEO 역할을 성공적으로 수행한 사람들이 수년 동안, 해당 산업 및 해당 지역에서 무엇을 해왔는지 체계적인 패턴을 분석한 책이라니. 어떻게 보면 아직도 그런 작업을 하지 않았다는 게 믿기 어렵지만 내가 아는 한 그런 책은 없다. 정말 큰 도움이 될 것 같다."

그래도 우리는 학계 어딘가에 그런 연구가 존재할지도 모른다고 생각해 CEO의 역할을 과학적으로 분석한 모든 연구를 검토했다. 가장 이른 시기는 1960년대 후반으로, 캐나다 학자인 헨리 민츠버그가 일주일 동안 다수의 CEO를 밀착 취재한 연구였다. 그는 CEO가 대표자, 리더, 조력자, 감시자, 전파자, 대변인, 기업가, 문제 해결자, 자원배분자, 협상자의 열 가지 역할을 한다고 보고했다.[9] 민츠버그의 발견은 획기적이었지만 현상을 서술하는 것이었고, 최고의 CEO들을 일반적인 CEO들과 구별하려는 시도는 하지 않았다. 그 밖에 우리가 검토했던 다른 연구들과 가장 최근의 하버드대 교수 니틴 노리아와 마이클 포터의 연구도 마찬가지였다. CEO들이 시간을 어떻게 보내는지에 관한 그 연구에서는 최고의 CEO들이 시간을 어떻게 효율적으로 보내는지, 보통의 CEO들과 어떻게 달랐는지에 대해서는 의미 있는 설명을 내놓지 못했다.

그 밖의 연구 대부분은 성공한 CEO들의 특성을 조사했다. 이 연구들에는 하버드, 와튼, 세계경제포럼WEF, 포브스 코치 카운슬링, 러셀 레이놀즈, 스펜서 스튜어트, ghSMART와 같은 헤드헌팅 업체들의 독특한 아이디어도 담겨 있다. 조사 결과에 따르면 일반적으로 CEO의 성공을 주도하는 것은 관계 구축, 회복력, 위험 감수, 결정력, 전략적 사고 같은 특성임을 보여준다. 이런 연구 결과는 CEO 자리를 얻는 데 도움이 될 수는 있다. 하지만 일단 CEO 자리를 얻고 나서 그 역할을 성공적으로 수행하기 위해 실제로 무엇을 해야 하는지 이해하는 데는 도움이 되지 않는다.

위의 연구들에서 주목할 점은 성공적인 CEO는 할리우드 영화에 나올 법한 카리스마를 발산하면서 동기를 부여하고 영감을 줄 것이라는 편견을 깨뜨린다는 것이다. 우리의 경험 역시 이를 뒷받침한다. 물론 더 카리스마 있는 리더들이 확실히 대중의 관심을 끌긴 하지만, 우리가 인터뷰한 훌륭한 CEO들은 정해진 답을 받아쓰게 하기보다는 좋은 질문을 던졌고, 열렬한 연설을 하기보다는 과감하게 행동하는 타입이었다.

《정상의 풍경The New Secrets of CEOs》의 저자 스티브 태핀이 쓴 글은 우리가 왜 이 연구를 계속 진행해야 하는지에 대해 확실한 방점을 찍어

주었다. CEO 수백 명의 삶을 연구한 그는 CNN과의 인터뷰에서 이렇게 말한다. "CEO의 3분의 2가 고군분투한다. CEO가 되는 법을 제대로 배울 곳이 없어서 대부분은 직접 그 방법을 찾고 있다."[10]

우리가 쓰려는 책과 비슷한 내용이 존재하지 않는다는 사실에 우리의 시도가 헛수고가 되는 건 아닌가 하는 우려도 들었다. CEO마다 성격과 상황이 너무 달라서 어쩌면 시간 활용과 그들의 특성 외에는 일반화할 내용이 없을지도 몰랐다. 스탠퍼드대의 니콜라스 블룸도 그 생각에 동의하는 것처럼 말한다. "데이터를 보면 성공의 레시피는 서로 다른 열 가지 요소로 이루어져 있다. 각각 특정 사례별 연구가 이루어지겠지만 나는 여전히 밖으로 드러나지 않은 비법을 찾기 위해 애쓰고 있다. 물론, 일반 CEO들보다 훨씬 뛰어난 CEO들이 있지만 그들의 차별점을 찾는 것은 정말 어렵다."[11]

우리는 맥킨지의 시니어 파트너로서 수많은 CEO들과 만날 수 있었으며, 우리의 직관과 경험을 바탕으로 차별점의 해답을 찾을 수 있을 것 같았다. 맥킨지는 카운슬링을 통해 CEO들의 직업적 삶을 지켜보고, CEO들을 접할 기회도 다른 기관에 비해 비교 불가할 정도로 많이 갖고 있다. 우리 컨설턴트들은 세계 67개국에서 〈포춘〉 선정 500대 기업 및 글로벌 1,000대 기업 중 80퍼센트 이상을 차지하는 기업 고객들을 섬기고 있다. 또 매년 7억 달러 이상의 회사 자원을 연구 분석에 투자하고, 그중 대부분은 CEO에 관한 주제에 사용한다.

마지막으로 우리는 연구를 통해 찾아낸 여섯 가지 핵심 마인드셋이 21세기 최고의 리더들을 그 외의 일반적인 리더들과 구분 짓는 명백한 차이라고 믿는다. 일반적인 리더들이 평범한 마인드셋을 가진 것과 달리 최고의 리더들은 이런 여섯 가지 마인드셋을 통해 환경의 주요 특징(새로운 경쟁, 파괴적인 변화, 디지털화, 긴급한 사회 및 환경 문제, 경제적 붕괴 등)을 탐색해 대성공을 거둔다. 단순하지만 분명한 사실은, 앞서 나가는 집단은 다르게 생각하고, 이는 매일매일 현저히 다른 행동으로 이어진다는 점이다.

최고의 CEO라고 해서 모든 면에서 다 뛰어나야 한다는 것은 아니다. 사실, 우리도 아직 그런 CEO는 만나지 못했다. 그보다 최고의 CEO들은 몇몇 분야에서 아주 탁월하게 역할을 수행하는 모습을 보였다. 마지막 장에서 CEO들이 어떻게 자신의 강점을 찾는지 이야기하겠지만, 몇 가지 역할만 아주 잘 해내면 충분하다. 그 점을 이해하고 나면 세인트 마이클스의 리더십 포럼에서 CEO들이 왜 CEO의 주요 역할로 세 가지만을 꼽았는지 알 수 있다. 그들은 각자의 상황에서 뛰어난 성과를 내는 데 우선시되는 영역에만 초점을 맞춰 이야기한 것이다. 그렇기는 해도 CEO가 더 많은 분야에서 탁월한 역량을 발휘할수록 더 좋은 결과를 얻는 것은 분명하다.

이 책은 상장기업, 비상장기업 또는 비영리 단체 등 모든 조직의 리더들에게 강력한 현장 가이드 역할을 해줄 수 있을 것이다. 또한 성공을 뒷받침하는 여러 마인드셋과 실천 방식은 최고가 되려는 젊은 미래의 리더 누구에게나 도움이 될 수 있다고 확신한다. 모든 독자들이 이 책에서 영감과 배움을 얻고 나아가 이 세상에 큰 힘이 되는 리더가 되며, 스스로 자부심을 느낄만한 위업을 달성하는 데에 큰 보탬이 되기를 바란다.

» Part 1. 방향 설정 마인드셋 «

담대하라

—

담대함에는 천재성과 힘, 그리고 마법이 숨어 있다.

_괴테

복잡한 오늘날의 세계에서 많은 CEO들은 불확실성을 최소화하고 실수를 막기 위해 노력한다. 이해는 간다. '진정한 용기는 신중함에서 나온다'는 옛 속담은 CEO처럼 이해당사자들에게 큰 영향을 미치는 역할에 잘 들어맞는다. 하지만 이러한 신중한 사고방식이 결국 성공에 대한 헛된 약속과 다음 해의 예산 감소를 야기한다는 것은 이미 입증되었다.

최고의 CEO들은 이런 역학을 이해하고 차별화된 마인드셋으로 회사의 방향을 설정하며 접근한다. 그들은 '운명은 담대한 자의 편이다'라는 관점에서 불확실성을 포용한다. 운명에 '순응하는 자'가 아닌 운명을 '개척하는 자'로서 역사에 한 획을 그을 기회를 찾아 끊임없이 움직인다. 이런 마인드셋을 수용하는 CEO들은 상위 10퍼센트의 기업이 전체 경제 이익의 90퍼센트를 창출하며, 상위 5분위에 해당하는 기업들이 4분위, 3분위, 2분위 기업들의 이익을 합산한 것보다 30배 더 많은 경제 이익을 창출한다는 사실을 잘 안다. 그리고 여기 뜻밖의 결말이 있다. 평균 수익만 창출해온 CEO가 10년 동안 최고 수준의 CEO로 성장할 확률은 12분의 1에 불과하다.[1]

성공 확률이 얼마나 낮은지 잘 알고 있는 최고의 CEO들은 방향 설정의 세 가지 차원(비전, 전략, 자원배분)에서부터 담대함을 적용한다. 여기에서 그 내용을 살펴보자.

경쟁의 판을 재정의하라

비전 수립 실천

스스로 움츠려 작게 행동하는 것은
세상을 위하는 일이 아니다.

메리엔 윌리엄슨

전기 영화 〈우리가 꿈꾸는 기적: 인빅터스〉에서 넬슨 만델라는 남아프리카 럭비 국가대표팀 스프링복스의 주장인 프랑수아 피나르에게 팀원들을 어떻게 독려하느냐고 묻는다. 피나르는 주저하지 않고 대답한다. "사기를 끌어올릴 예들을 들어주곤 합니다." 그러자 만델라가 묻는다. "좋은 방법이다. 하지만 그 방법으로는 숨겨진 능력까지 끌어내기는 어렵다. 리더는 영감을 주어야 한다. 능력 이상의 일을 해내도록 하기 위해 어떤 방식으로 영감을 줄 수 있을까?"

만델라의 질문에 대한 답은 영화의 마지막에서 명확해진다. 별 기대도 못 받던 스프링복스는 1995년 월드컵에서 우승했다. 이를 이끌어낸 것은 럭비 세계 챔피언이 되고자 하는 열망보다는 이 대회가 아파르트헤이트*의 잔재 때문에 분열된 국가를 하나로 묶을 기회였다는 점이다. 만델라와 피나르는 승리의 본질적 의미를 효과적으로 재구성했고, 이를 통해 팀의 정신력과 동기를 한 단계 끌어올렸다.

놀랍게도 가장 성공적인 CEO들은 이와 비슷하게 회사에서 승리의 의미를 재구성한다. 그들은 단지 열망의 수준을 높이는 정도가 아니라 성공의 정의 자체를 바꿔버린다. 마스터카드의 전 CEO 아자이 방가는 판도를 바꾼 그의 비전과 그것이 탄생하는 과정을 들려준다. "회사를 돌아다니다가 계단에 걸린 슬로건을 보았다. '마스터카드, 거래의 중심.' 그 슬로건을 보고 나는 생각했다. '하지만 거래의 대부분은 현금으로 이루어지지 않는가!' 그러고 보니 회사에서 아무도 현금 이야기를 하지 않았다. 직원들은 비자, 아멕스, 차이나 유니온페이와 현지의 거래 방식에 대해서만 이야기했다."

"전 세계 현금 거래 비율을 찾아보니 소비자 거래에서만 현금 거래가 85퍼센트를 넘었다. 그래서 나는 우리의 비전을 '현금 죽이기'로 정했다. 전체 거래 중 15퍼센트밖에 되지 않는 카드 거래 시장 안에서 지지고 볶느니 나머지 85퍼센트의 시장을 차지하기 위해 싸우자는 것이었다. 그런 다음 현금 죽이기 비전을 키우고 고객 기반 다변화와 새로운 비즈니스 구축을 핵심 전략으로 이어갔다."

또 다른 예로, 넷플릭스의 공동 창업자이자 CEO인 리드 헤이스팅

• 남아프리카 공화국의 극단적인 인종차별정책과 제도.

스가 '미국 최고의 DVD 회사'를 비전으로 내세웠다고 상상해보자. 21세기의 전환기로 돌아가 생각해보면 표면적으로 넷플릭스의 핵심 사업이었던 그 비전에 아무도 눈썹 하나 까딱하지 않았을 것이다. DVD가 목표였다면 넷플릭스는 당시 비디오 대여 시장을 지배하던 블록버스터의 길을 따라갔을 것이고, 그렇다면 우리가 이 책을 쓰려고 헤이스팅스와 인터뷰를 했을지도 의문이다. 하지만 헤이스팅스는 처음부터 DVD보다 더 크고 담대한 사업 영역으로 눈을 돌렸다. 2002년 와이어드닷컴과의 인터뷰에서 그는 회사의 비전이 무엇이냐는 질문에 이렇게 답했다. "앞으로 20년 후의 꿈은 영화 제작사와 스튜디오에 독특한 채널이 되어줄 글로벌 엔터테인먼트 배급사를 갖는 것이다.[2] '우편으로 받아보는 DVDDVD BY MAIL'가 아니라 넷플릭스Netflix 라고 부르는 이유가 그것이다."

현재의 넷플릭스를 보면 헤이스팅스의 대응은 합리적으로 보인다. 하지만 비디오 스트리밍으로의 전환, 클라우드에 배팅, 넷플릭스 오리지널 제작, 기하급수적 세계화 추진 등 다른 방법으로는 결코 할 수 없는 큰 전략적 움직임들은 그의 넓은 비전 덕분에 실현될 수 있었다.

다음의 표는 우리가 인터뷰한 CEO들 중 대담하게 새 판을 짠 경우다.

이 표에 나타난 '경쟁의 판 재정의하기' 비전은 나중에 보니 명백해 보이는 것이지, 사실 올바른 비전을 찾아가기가 생각보다 쉽지는 않다. 자칭 '기업의 흥망성쇠를 연구하는 학생'이라는 헤이스팅스는 이렇게 말한다. "CEO라면 관심 영역과 추구하고자 하는 것, 방어하고자 하는 것을 규정하고 싶을 것이다. 하지만 기업은 항상 잘못된 규정을 내릴 수 있다." 이 장에서는 최고의 CEO들이 어떻게 올바른 규정을 내리고 조직의 판도를 바꿀 비전을 제시하는지 살펴보겠다.

		우리의 승리한 모습은 어떠한 것일까?	
CEO	회사	'경쟁에서 승리하기' 비전	'경쟁의 판 재정의하기' 비전
더그 베이커	에코랩	산업 세정 및 식품 안전 산업을 선도	사람과 자원 보호를 통해 세상을 선도
아자이 방가	마스터카드	결제 시장에서 승리	현금 죽이기
메리 배라	제너럴 모터스	세계 자동차산업에서 승리	교통수단 혁신으로 승리
샌디 커틀러	이튼	상위 4분위 차량 부품 제조업자	전력을 안전하고, 신뢰할수 있고, 효율적으로 만드는 선도적인 에너지 관리 회사
피유시 굽타	DBS 그룹	기술 활용을 통한 금융 서비스에서 승리	은행 거래를 즐겁게 만드는 기술 기업
허버트 하이너	아디다스	경쟁사를 추월	운동 선수들이 탁월한 기량을 발휘하도록 지원
마이크 마호니	보스턴 사이언티픽	이식형 심장 의류기기 제조 산업 선도	혁신적이고 빠르게 성장하는 의료 기술 솔루션 분야의 글로벌 리더
이반 메네제스	디아지오	세계 최고의 음료 회사	세계 최고의 성과를 내는, 가장 신뢰받으며, 존경받는 소비재 회사
샨타누 나라옌	어도비	최고의 웹사이트용 크리에이티브 전문 데스크톱 툴 제공	세계 최고의 디지털 크리에이티비티, 문서, 고객 경험 제공
우오타니 마사히코	시세이도	일본 뷰티 제품의 아이콘 창출	일본 전통을 지닌 글로벌 뷰티 브랜드의 아이콘 창출

교차점을 찾고 확장하라

최고의 CEO들은 사업과 시장의 여러 교차점을 찾아 비전을 구축한다. 이에 대해 전자제품 유통업체 베스트 바이의 전 CEO 허버트 졸리는 "세상의 요구, 회사가 잘하는 것, 열정, 돈벌이가 되는 곳. 이 네 개의 원이 교차하는 지점"이라고 설명한다.

졸리가 CEO가 되던 2012년 여름, 베스트 바이는 그해 17억 달러의 손실을 보며 벼랑 끝에 몰렸다. 아마존과 각종 기술 기업들이 수직적으로 통합되고, 매장 내 서비스 품질은 바닥을 쳤으며, 리더십에 대한 신뢰는 낮았고, 주가는 곤두박질쳤다. 졸리는 즉각적인 방향 전환이 필요하다는 것을 알았다. 그는 초기에 일에 열심히 매달리며 직원들에게 영감을 줄 비전, 회사가 쟁취할 승리를 새로운 모습으로 재구성할 비전이 필요하다는 것을 깨달았다.

졸리는 소비자들이 전자제품에서 단순한 즐길 거리만이 아닌 그 이상을 기대하기 때문에 이 사업은 성장을 이어갈 수 있다고 확신했다. 베스트 바이는 세계를 탐색하려는 고객을 도움으로써 세계에서 중요한 역할을 담당할 수 있다고 믿었다. 올바른 전자제품을 고르는 일은 어렵다. 온라인상에서는 TV 화질을 비교하거나 스피커와 헤드폰의 차이를 비교하기 어렵다. 특히 대량 구매 시에는 제품에 대해 풍부한 지식을 가진 사람과 대화하는 게 큰 도움이 된다. 또한 제품을 구매하고 나서 종종 설정에 애를 먹기도 한다. 이런 일을 베스트 바이만큼 잘해낼 회사가 어디 있을까?

우선 시장의 요구, 회사의 역량, 열정의 세 원이 교차하는 지점을 보면서 졸리는 게임의 새 판을 짤 잠재적 비전을 보았다. "베스트 바이는 기술을 통해 삶을 풍요롭게 하기 위해 존재한다. 우리는 단순히 TV나 컴퓨터를 판매하는 소매업자가 아니다. 우리 사업은 엔터테인먼트, 건강, 생산성, 커뮤니케이션 등 인간의 필요를 충족시켜 삶을 풍요롭게 하는 것이다."

하지만 과연 '그렇게 해서 돈을 벌 수 있을까?' 하는 의문은 그대로 남아 있었다. 졸리는 많은 고객들이 베스트 바이 매장에 들러 제품 정보를 얻은 다음, 온라인에서 더 싸게 구매하는 행태를 이해했다. 하지만 그 점은 직원들의 사기를 떨어뜨렸다. 투자자들은 온라인 유통과 경쟁이 안 되는 비용 구조를 보고 가격 매칭 아이디어에 대해 주저했다. 하지만 졸리는 동의하지 않았다. 그는 고객들이 훨씬 더 가치 있는 경험을 제공받으면 더 많은 제품을 들고 매장을 나설 거라고 생각했다.

그는 또 수직적 통합을 추구하는 가전 회사에도 오프라인 매장은 필요하다고 봤다. 베스트 바이는 이런 회사들에게 매장 내 독점 매장(흔히 전용 판매 지원을 통해 한 공급업체의 상품에만 할당하는 매대 공간)을 제공함으로써 이를 가능하게 했다. "우리는 애플, LG, 마이크로소프트, 삼성, 소니, 혹은 아마존, 페이스북, 구글에도 전용 서비스를 제공할 수 있다. 그들에게는 오프라인 매장이 필요하다. 수천 개의 매장을 지어 고비용과 위험을 감수하지 않아도 우리는 그것을 하룻밤 사이에 제공할 수 있다. 그렇게 우리는 검투사들이 싸움을 벌이는 콜로세움이 되었다. 우리는 고객과 판매자 모두에게서 입장권을 받을 수 있다. 그야말로 윈-윈-윈이었다."

베스트 바이가 겪고 있던 극심한 어려움을 감안하면 활동 분야를 이렇게 넓은 시각으로 바라볼 수 있는 CEO는 거의 없었을 것이다. 졸리의 담대하고 새롭게 구성된 비전은 베스트 바이의 방향 전환을 의미했다. 여기에는 판매업자를 쥐어짜는 대신 제휴를 하고, 가격을 올리는 대신 내리는 등의 비정통적인 접근 방식도 포함되었다. 그야 말로 선견지명이었다. 2019년 6월 졸리가 물러날 때까지 S&P 500지수는 111퍼센트 상승하는 데 그친 반면, 베스트 바이의 주가는 20달러에서 68달러로 330퍼센트 급등했다. 교차점 찾기 전략이 제대로 먹혀든 것이다.

우리가 인터뷰한 다른 CEO들도 졸리와 비슷하게 교차점을 찾아 나섰다. 덴마크 제약회사 노보노디스크의 전 CEO 라르스 레비엔 쇠렌센은 당뇨병 부문에서 사회의 의료 수요가 충족되지 않은 점에 주목했다. 그는 회사의 강점이 생물의약품(유기체에서 유래되거나 유기체 성분을 포함하는 약물)이라는 것을 잘 알았다. 쇠렌센은 말한다. "우리가 잘 아는 유일한 분야였고, 생물의약품을 복제하는 것은 어려운 일이다." 쇠렌센은 그 비전을 구체화해 의사들의 입맛에 맞추던 업계 관행을 버리고 환자 우선으로 방향을 전환했다. "우리는 환자에게 옳은 일을 해야 하며 의사들도 거기에 동참하도록 설득해야 한다." 직원들이 열정을 가질 수 있게 전 직원에게 환자를 만나 그들의 삶이 어땠는지, 노보노디스크의 의약품으로 삶이 어떻게 바뀌었는지 알아보게 했다. "그저 직업이라고만 여겼던 직원들은 그보다 훨씬 더 중요한 무언가에 자신도 기여하고 있음을 깨달았다." 교차점을 찾아 확장한 전략은 제대로 들어맞았다. 쇠렌센의 임기 동안 노보노디스크는 매출 5배, 순이익 11배가 증가했으며, 현재 전 세계 인슐린 시장의 절반가량을 점유하고 있다.

케이던스 디자인 시스템스의 립 부 탄은 어떻게 하면 투자자들의 포트폴리오에서 최고의 주식으로 인정받을 수 있을지를 묻자 이렇게 대답했다. "첫째, 그저 '가지기 좋은' 주식이 아니라 그 사업 분야에 꼭 필요한 회사가 되어야 한다. 둘째, 해당 제품 라인에서 업계 1위 혹은 2위 리더가 되어야 한다. 셋째, 만약 현재 당신 회사의 총유효시장TAM의 가치가 100억 달러에 불과하다면 '회사를 어떻게 성장시켜 1,500억 달러 규모의 플랫폼으로 키울 것인가? 어떻게 신규 시장으로 사업을 확장할 것인가?'를 고민해야 한다." 이 세 가지 조언의 교차점을 찾음으로써 립 부 탄은 사업의 새 판을 짜고 컴퓨터 칩을 설계하는 소프트웨어를 넘어 하이퍼스케일 컴퓨팅, 항공우주, 자동차, 모바일 산업용 시스템 설계 및 분석 소프트웨어까지 사업을 확장했다.

돈 버는 것 이상을 목표로 삼아라

파리생제르맹PSG의 스타 리오넬 메시는 첨단 기술로 제작된 끈 없는 아디다스 축구화를 신고 경기장을 질주하며 골을 넣는다. 물론, 메시가 나이키 다음으로 세계에서 두 번째로 큰 스포츠용품 제조업체인 아디다스와 스폰서 계약을 맺긴 했다. 하지만 그 이유만으로 올해의 선수상인 발롱도르를 가장 많이 받은 축구 선수가 최고가 아닌 제품을 착용하지는 않을 것이다.

메시의 축구화는 골을 넣는 데 도움을 주는 것 이상을 해낸다. 이를 통해 전 CEO 허버트 하이너가 2001년 아디다스에서 어떤 비전을 세웠는지 알 수 있다. 하이너가 독일 기업 아디다스의 CEO가 되었을 때, 회사는 시장 점유율을 잃고 새 신발 디자인에 애를 먹고 있었다.[3] 담대하지 못한 CEO였다면 조직에 재무 성과에 대한 압박을 가하고 직원들에게 신발, 의류, 액세서리를 더 효율적으로 판매하도록 압박해 손익 균형을 회복하려고 했을 것이다.

하이너는 재무 문제가 중요한 부분을 차지하는 것을 잘 알았지만 재무 성과를 우선으로 두지는 않았다. 대신 그는 운동선수들이 잠재력을 최대한 끌어올리도록 돕는 것을 회사의 새 비전으로 삼았다. "목표는 업계 리더가 되고 돈을 가장 많이 버는 것이 아니라 선수들의 운동 능력을 향상시켜줄 제품을 만드는 것이다. 달리기 선수는 더 빨리 뛰고, 테니스 선수와 축구 선수는 경기를 더 잘할 수 있게 만드는 것. 그렇게 소비자에게 좋은 서비스를 제공하다 보면 재정적인 부분은 저절로 따라온다. 우리가 해야 할 일은 개인의 최고 역량을 발휘하도록 돕는 것이고 그것으로 더 나은 세상을 만들 수 있다. 사업은 단순한 수익 게임이 아니며 우리는 단순한 수익 회사가 아닌 그 이상이라는 믿음을 회사에 심어주고 싶었다."

하이너의 비전은 행동으로 뒷받침되었다. 투자자들이 나이키보다 수익률이 낮다고 비난할 때, 아디다스는 최고 성능의 제품을 만들기 때문에 제품 개발비가 더 높은 것이라고 침착하게 대응했다. "우리는 선수들이 착용하는 제품에 있어서는 결코 선수들을 실망시키지 않을 것이다. 올림픽 금메달, 프랑스 오픈 우승 등 선수들의 꿈이 실현되도록 돕는다면 우리가 얻는 것은 단순한 수입만이 아닐 것이다." 아디다스는 계획대로 대성공을 거두었다. 15년 후 하이너가 은퇴했을 때, 아디다스 시가총액은 34억 달러에서 300억 달러로 상승했다.

앞의 표에서 '경쟁의 판 재정의하기' 비전을 다시 살펴보면, 성공한 기업 중에 재정적 결과에 초점을 맞춘 기업은 놀랍게도 하나도 없다. 이익은 비전을 달성한 결과로 따라왔을 뿐이다. 세계 최대 보험사 알리안츠의 CEO 올리버 바테는 그 이유를 설명한다. "'순이익을 두 배로 늘리자' 따위의 비전에는 아무도 자극받지 않는다. 안됐지만 우리 회사 최고경영진도 마찬가지다. 중요한 요소는 사람들을 뒤에서 결집시킬 무언가를 만들어내는 것이다. '모든 일에 충실한 리더가 되자'고 말하는 것과 '주주수익률을 두 배로 늘리자'고 말하는 것은 정말 다르다."

나이지리아 단고테 그룹의 설립자 겸 CEO 알리코 단고테가 1981년 사업을 시작했을 때는 작은 무역 회사였다. 하지만 수십 년 동안 그의 비전은 늘 한결같았다. 확장, 산업화, 주요 부문에서 아프리카의 대표 기업이 되는 것. 오늘날 이 그룹은 40억 달러 이상의 수익과 3만 명의 직원을 거느린 서아프리카 최대 대기업이 되었다. 단고테는 비전의 명확성과 힘이 어떻게 지속적으로 변화의 장을 열어주는지 이야기한다. "아프리카는 풍부한 자원을 가진 대륙으로, 지속가능한 성장에 더할 나위 없이 충분한 곳이다. 가장 빠르게 성장하는 세계 10대 경제 중 여섯 곳이 아프리카에 있고, 전 세계 미개척 경작지의 60퍼센트를 차지하고 있으며, 2050년에는 전 세계 5명 중 1명이 아프리카인이 될 것이다. 직원들은 아프리카 대륙을 발전시키고, 핵심 요구를 충족시키며, 대중의 삶을 개선하겠다는 우리의 명확한 비전을 잘 알고 있다."

의료기기 회사 메드트로닉의 전 CEO 빌 조지는 그의 회사에서 이런 역학이 어떻게 작동했는지 들려준다. "가장 중요한 지표는 수입이나 수익이 아니라 환자들이 메드트로닉 제세동기의 도움을 받기까지 걸리는 시간이 몇 초인가 하는 점이었다. 내가 CEO가 되었을 때는 100초였던 것을 회사를 떠날 무렵에는 7초로 줄였다." 사람들의 삶을 풍요롭게 하고 건강을 회복시키고 주주들이 가치 창조를 중시하게 만드는 데 초점을 맞추면 돈을 버는 것을 넘어 강력한 동기가 생긴다. "직원들은 아침에 침대에서 일어나자마자 새로운 것을 발명하거나, 고품질의 제품을 생산하거나, 수술실 의사를 돕고 싶어 한다. 한국이나 중국, 폴란드, 아르헨티나 지점 모두 마찬가지이다. 고위경영진이나 생산라인에서 일하는 여성, 연구소 엔지니어, 미시간주를 가로질러 밤새 운전할 기사, 모두 다음 날 아침 7시에 시작될 수술을 위해 제세동기를 전달해야 한다는 뚜렷한 동기를 갖고 있다. 그게 진짜 우리의 이야기다."

앞을 내다보기 위해 뒤돌아보라

경쟁의 판을 재정의하라고 해서 기업의 유산과 동떨어진 비전을 제시하라는 것은 아니다. 최고의 CEO들은 종종 회사의 역사를 파헤쳐 초반에 어떻게 성공을 거두었는지 알아낸 다음, 핵심 아이디어를 채택해 새로운 기회를 여는 방식으로 확장한다.

퀵북과 터보텍스의 제조사인 인튜이트는 1만 1,000명의 직원을 둔 〈포춘〉 선정 500대 기업이다. 1983년 실리콘밸리 스타트업을 공동 창업한 스콧 쿡은 항상 회사의 솔루션이 아닌 고객의 문제에 집중하려 애쓰는 고객 중심 회사를 만들려고 노력했다. 이 회사의 설립 사명은 "금융상의 문제를 끝내는 것"이었고, 회사는 고객 서비스를 위한 솔루션을 지속적으로 발전시켰다.

웨스트버지니아 출신인 브래드 스미스는 펩시코와 급여회사 ADP를 거쳤고 2008년 인튜이트의 CEO가 되었다. 당시 회사는 심각한 어려움에 직면했다. 25년 동안 훌륭한 데스크톱 소프트웨어 회사라는 자랑스러운 역사가 있었지만 세상은 변화했고, 회사 제품은 그 변화 속에서 의미가 퇴색되어갔다. 스미스는 창업자 쿡의 비전은 여전히 본질적으로 의미가 있지만 그것을 표현하고 추구하는 방식에는 변화가 필요하다고 생각했다. "회사의 정신은 유지하면서도 본래의 사명을 좀 더 현대적인 언어로 만들었다. 강력한 번영과 약자 옹호라는 가치는 절대 달라지지 않았다. 나는 그것을 재확인하고 실현할 가장 현대적인 방법이 무엇인지 자문해보았다. 그 결과 우리의 임무를 새로 다듬고 '소셜, 모바일, 글로벌'이라는 세 가지 매크로 트렌드를 활용해 클라우드 기반의 솔루션을 다시 한 번 발전시켰다."

회사의 설립 사명을 설득력 있는 현대적 비전으로 재구성하고 직원들을 동원하는 전략은 제대로 효과를 발휘했다. 스미스의 11년 재임 기간 동안 "계속해서 연결되고 있는 세상의 요구를 충족시키기 위한 강력한 번영"이라는 비전을 바탕으로 인튜이트의 고객은 두 배로 늘어난 5,000만 명이 되었고 수입은 두 배, 수익은 세 배가 상승했다.[4] 회사의 시가총액은 2008년 100억 달러에서 2019년에 600억 달러로 늘어났다. 스미스는 신임 CEO들에게 이렇게 조언한다. "오로지 직진밖에 할 수 없는 명확한 비전을 가져라. 그것이 가장 영감을 주는 비전이다."[5]

우리가 인터뷰한 많은 CEO들도 스미스의 경험에 공감했다. 앞서 살펴본 대로, 마스터카드의 아자이 방가는 회사의 옛 슬로건에서 영감을 얻었다. 웨스트팩의 게일 켈리는 호주에서 가장 오래된 은행으로서 기업의 서비스 전통을 되돌아보았다. 마이크로소프트의 사티아 나델라는 기술 구축과 관련된 회사의 옛 자료들을 찾아 직원들이 새 기술을 구축하는 데 도움을 받을 수 있게 했다. "내 재임기간 동안 마이크로소프트에 대해 알아야 할 모든 내용이 거기 들어 있었다."

지금까지 최고의 CEO들이 어떻게 담대하게 새 판을 짤 비전을 만들어내는지 알아보았다. 실제로 모든 CEO들이 형태는 달라도 모두 그런 방식으로 비전을 설정해왔다. 그건 잘나가고 있는 기업의 CEO를 맡은 이들도 마찬가지였다. 맥킨지의 전 글로벌 회장 도미닉 바튼은 "리더에게는 조직이 가진 야망을 한 단계 끌어올릴 힘과 끌어올려야 할 책임이 있다"고 리더에 대한 공통된 정서를 요약해서 말했다. 하지만 야망을 끌어올리는 것은 비전에만 국한된 것이 아니다. 거기에는 매우 포괄적인 과정이 수반된다.

다양한 리더들을 개입시켜라

최고의 CEO들은 회사를 위해 판도를 바꿀 비전을 만들어낸다. 하지만 조직과 공유할 때에는 자신의 견해를 무조건 받아들이라고 하지 않는다. 왜 그럴까?

노벨경제학상을 수상한 심리학자 대니얼 카너먼이 이 질문에 대한 인상적인 답변이 될 실험을 했다.[6] 실험참가자의 절반에게는 무작위로 번호를 찍은 로또 복권을 나눠주고 나머지 절반에게는 직접 복권 번호를 고르게 했다. 그런 다음 당첨 번호를 뽑기 직전에 돈을 줄 테니 복권을 다시 돌려달라고 했다. 연구원들은 이때 무작위 번호가 찍힌 복권을 받은 사람들과 복권 번호를 직접 고른 사람들이 요구하는 돈의 액수가 얼마나 다를지 알고 싶었다.

사실 합리적으로는 연구원들이 참가자들에게 지불해야 하는 금액에 차이가 없어야 한다. 복권은 순전히 운에 달려 있기 때문이다. 번호를 선택했든 그냥 받았든 모든 숫자는 뽑힐 확률이 똑같기 때문에 값어치도 같아야 한다. 하지만 그 대답은 예상대로 비합리적이었다. 국적, 인구 집단, 당첨금 규모와 상관없이 번호를 직접 고른 사람들은 최소 다섯 배는 더 많은 복권 값을 요구했다. 이것은 인간 본성의 중요한 진실을 드러낸다. 메드트로닉의 빌 조지의 말처럼, "사람들은 자신이 직접 참여한 일을 지지한다." 그런 사람들은 그 일과 관련 없는 사람들보다 다섯 배는 더 적극적으로 나선다. 그 근본 심리는 뿌리 깊은 생존본능인 우리의 통제 욕구와 관련이 있다.

우리가 인터뷰한 거의 모든 훌륭한 CEO들은 이 '로또 복권 효과'를 활용했다. 다국적 광고대행사 퍼블리시스의 전 CEO 모리스 레비는 재임기간 내내 이런 접근법을 활용했다. 모로코 태생인 레비는 1987년에 당시 '낙오자'로 여겨지던 프랑스 광고회사를 맡아 세계 3대 커뮤니케이션 그룹으로 탈바꿈시키는 데 성공했다. 레비는 인수합병을 통해 사업 영역을 100여 개국으로 확대했다. 퍼블리시스는 '차이를 인정하라'를 슬로건으로 내세워 현지 문화에 맞춘 고객 서비스를 강조했다.

그러나 2015년까지 끌고 온 인수 주도의 성장 전략은 이제 효과가 없었다. 새 판을 짜야 할 때였다. 당시 퍼블리시스는 각 솔루션과 대리점들이 시장별 개별 사업체로 운영되는 집합체 방식이었다. 레비는 액센츄어 같은 컨설팅 회사들이 브랜드 구축에 사용하는 데이터와 기술은 산업에 지장을 초래한다고 보았다. 73세인 그는 자신이 해야 할 일에 대해 명확한 견해를 가지고 있었지만 퍼블리시스의 비전은 다음 세대와 그 이후 세대를 위한 것이어야 했다.

레비는 '로또 복권 효과'를 얻기 위해 임원진과 그 아래 경영진을 새로 고용했다. 그는 임원 300명과 승진한 지 얼마 되지 않은 30세 미만의 관리자 50여 명을 수개월에 걸쳐 새로 뽑았다. 또 강사들을 초청해 글로벌 트렌드와 혁신적 변화에 대해 리더 교육을 진행했다. 구글의 에릭 슈미트, 페이스북의 마크 저커버그, 세일즈포스닷컴의 창립자 마크 베니오프, 하버드대 경영대학원 교수 로자베스 모스 칸터도 강사로 참여했다. 경영진들은 강의를 들으며 영감을 받아 하위그룹으로 나뉘어 퍼블리시스의 미래를 위한 아이디어를 논의하고 결합하고 우선순위를 매겼다. 그렇게 해서 '하나의 힘the Power of One'이라는 새 비전이 탄생했다. 기존의 지나친 사내 경쟁의식을 깨부수고 근본적으로 새로운 틀의 비전을 가진 다기능팀인 CFTCross-Functional Team가 고객 서비스를 담당했다.

궁극적으로 '하나의 힘'은 깊은 주인의식을 심어주며 폭넓은 리더십 연합체를 이끌어냈다. 레비는 "우리는 그 과정에서 놀라운 에너지와 훌륭한 해결책을 얻었다"고 말한다. 그로부터 2년 후 퇴임할 무렵, 30년 전 그가 CEO를 맡았던 프랑스의 작은 낙오 기업은 시가총액 180억 달러의 기업으로 성장했고 글로벌 강자가 되었다.

우리가 인터뷰한 대다수의 뛰어난 CEO들은 비전을 세울 때 직원들을 그 과정에 포함시키려고 했고, 모두 이와 비슷하게 훌륭한 결과를 얻어냈다. 마지드 알 푸타임의 알라인 베자니의 이야기다. "우리는 가능하면 모든 과정에 이 방법을 포괄적으로 적용했다. 덕분에 광범위한 주인의식이 형성되었다. 놀랍고 다행인 것은 가장 통찰력 있는 아이디어가 평소라면 의견을 묻지 않았을 이들로부터 나왔다는 것이다."

아디다스의 허버트 하이너는 말한다. "직원들은 회사에 옳다고 생각하는 것을 말할 자유가 있었고 그렇게 되기까지 5개월이 소요되었다. 이로써 엄청난 활력, 새로운 아이디어, 창의성을 끌어낼 수 있었다. 12개월 만에 회사 주가가 두 배로 오르자 우리 업무에도 미친 듯이 탄력이 붙었다. 마법 같은 순간이었다." 베스트 바이의 허버트 졸리도 그 점을 강조한다. "물론 CEO는 계획을 세워야 한다. 하지만 그 계획은 함께 세워야 한다. 완벽할 필요는 없다. 에너지를 생성하고 그 에너지를 다루는 게 핵심이다."

리더들의 사기를 진작시키는 일은 하루아침에 이루어지지 않는다. 때로 CEO는 일련의 단계를 밟아가며 궁극적인 비전을 향해 달려가야 한다. 피유시 굽타는 2009년 말에 DBS 그룹의 CEO가 되면서 그런 경험을 했다. "고객 서비스 품질 면에서 싱가포르 최하위 은행이 아시아 최고를 꿈꿀 수 있다고는 누구도 생각하지 않았다. 자신감도, 그럴 역량도 없었다. 마이너리그팀을 데려와 메이저리그에서 뛸 뿐만 아니라 우승까지 하겠다고 장담하는 것과 마찬가지였다." 그래서 굽타는 리더들이 받아들일 수 있는 타협안으로 '아시아의 선택받는 은행'이 되는 것을 첫 비전으로 정했다.

2013년까지, DBS는 여러 지역 순위에서 아시아 최고 은행으로 인정받았고, 이제 더 큰 무대를 향해 꿈을 키웠다. "그해 오프사이트 워크숍에서 우리 회사의 리더 250명이 나에게 회사를 세계 최고 은행으로 키우고 싶다는 말을 했다." 그는 미소 지으며 말했다. "리더들은 우리가 세계 무대에서 경쟁할 수 있다고 진심으로 믿고 있었다. 마법 같은 순간이었다." 2018년 〈글로벌 파이낸스〉 매거진은 DBS를 세계 최고 은행으로 인정했다. 아시아 은행이 뉴욕 기반의 매거진으로부터 이 같은 찬사를 받기는 처음이었다. 〈유로머니〉와 〈더 뱅커〉도 DBS에 같은 영예를 안겼다. 굽타는 거기서 멈추지 않았다. 그의 팀은 기술 기업의 사고방식을 채택해 금융 서비스를 재정의하기 위한 훨씬 더 포괄적인 비전을 추구했고 '즐거운 뱅킹 만들기'라는 궁극적인 목표를 세웠다.

최고의 CEO들이 비전, 미션, 기업 목적 등의 용어를 혼용해서 쓰는 것을 보고 약간 당혹스러울 때도 있었다. 커뮤니케이션 및 인사 전문가, 학계, 우리 같은 컨설턴트들은 각 용어의 뉘앙스 차이에 대해 논쟁하고 싶을 수도 있지만 최고의 CEO들은 그 구분에 대해서는 별로 신경 쓰지 않는다. 중요한 것은 명확하고 심플하게 표현하는 것이다. 그것으로 성공을 재정의하고, 결정에 영향을 미치며, 사람들이 원하는 방식으로 행동하도록 영감을 불어넣는 회사를 만들면 그만이다.

그런 임팩트를 주기 위해 최고의 CEO들은 담대한 마인드를 발휘해 이기는 것을 넘어 새 판을 짤 비전을 만들어낸다. 넬슨 만델라와 프랑수아 피나르가 남아공 럭비팀을 도왔던 것처럼 말이다. 그들은 그저 대회 우승을 위해서가 아니라 국가 통합을 위해 경기에 나섰다. 이와 유사하게 판도를 바꿀 비전을 만들기 위해, 최고의 CEO들은 교차점을 찾아 확장하고, 돈 이상의 것에 집중하며, 미래를 내다보기 위해 과거를 돌아보기를 두려워하지 않고, 로또 복권 효과를 통해 폭넓은 주인의식을 심어준다.

　일단 비전을 세우고 나면, CEO들은 그 대담한 비전을 현실에 적용할 때 다시 한 번 어려움에 봉착한다. 일본에는 "행동하지 않는 비전은 꿈일 뿐이다"라는 격언이 있다. 이제 최고의 CEO들이 꿈을 실현하기 위해 어떻게 하는지 알아보자.

미리, 자주, 과감하게
움직여라

전략 실천

두 번의 작은 점프로는 협곡을 건널 수 없다.

데이비드 로이드 조지

미국 대통령 존 F. 케네디가 품었던 미국에 대한 비전은 무엇이었을까? 1961년 5월 25일, 상하원 합동 의회에서, 그는 "전 세계에서 벌어지고 있는 자유와 폭정 간의 싸움에서 승리"하는 것이라고 분명히 말했다. 그의 전략은 무엇이었을까? 일련의 과감한 움직임으로, 그중 하나가 바로 달 탐사선 발사였고, 이를 의미하는 '문샷moonshot'이라는 단어는 '야심 차고 거대한 도약을 위한 계획'이라는 뜻을 갖게 되었다. 그날 연설에서 케네디는 인간의 달 착륙을 위한 자금뿐만 아니라 무인 우주 탐사, 핵 로켓 개발, 위성 기술 발전 등 세 가지 과감한 움직임을 위한 자금 지원을 요청했다. 여기에 평화봉사단 설립, 새로운 시민

권법 제정, 라틴 아메리카와의 경제 협력 재구축 등 그의 행정부가 추진 중인 계획들도 더해졌다.

케네디의 이야기는 담대한 마인드셋이 비전뿐 아니라 그것을 추구하기 위한 전략에 어떻게 적용되는지를 잘 보여준다. 불확실성을 최소화하고 실수를 피하기 급급한 리더였다면 달 착륙 같은 대담한 전략적 움직임은 절대 선택하지 않았을 것이다. 케네디처럼 최고의 CEO들은 임기 초반에 그리고 임기 중에 종종 굵직하고 대담한 전략적 움직임을 보인다.

2014년 4월 마이크로소프트의 CEO가 된 사티아 나델라를 예로 들어보자. 그가 CEO가 되었을 무렵, 마이크로소프트는 빠르게 사양길로 접어들고 있는 것처럼 보였다. "책상마다 컴퓨터를"이라는 낡은 모토는 과거에는 도움이 되었을지 몰라도 이제는 구식이 되어버렸다. 이전 장에서 언급했듯이, 나델라는 마이크로소프트의 창립 스토리를 바탕으로 대담하게 미래 비전의 새 틀을 짰다. 그는 회사의 임무를 "전 세계 모든 사람과 조직이 더 많은 것을 이루도록 돕는 것"으로 재정의했다.

그 후 나델라는 회사가 비전을 향해 나아갈 수 있도록 '문샷' 스타일의 과감한 전략적 계획을 다양하게 수립했다. 신임 CEO였던 그는 몇 년 동안 500억 달러가 넘는 인수 건을 단행했고 이는 마이크로소프트의 생산성을 강화하는 데 기여했다. 그는 비즈니스 네트워킹을 위한 링크드인, 소프트웨어 개발자들을 위한 깃허브 같은 플랫폼을 인수하고 여러 서비스를 추진했다. 또 회사의 클라우드 서비스와 인공지능 사업에 대한 투자를 두 배로 늘렸다. 이어 "수축 포장된 박스에 든 소프트웨어" 모델을 버리고 온라인 구독 모델로 전환했다. 동시에 애플과 구글을 따라잡으려 수십억 달러를 쏟아부었던 휴대전화 사업을 매각하는 어려운 결정도 내렸다.

나델라의 과감한 행보는 뒤에서 논의할 마이크로소프트 문화에 있어 그가 단행한 몇 가지 중요한 변화와 맞물려 큰 이익을 가져다주었다. 나델라가 CEO로 취임한 날부터 2020년까지 마이크로소프트의 매출은 60퍼센트 이상 증가했다. 이 기간 S&P 500 지수는 두 배 성장한 데 반해 마이크로소프트의 주가는 여섯 배나 상승했다. 마이크로소프트는 전 세계 시총 2위의 상장기업이다.

최고의 CEO들이 보여준 전략적 선택과 움직임에 관해서만 몇 쪽은 더 채울 수 있다. 하지만 그보다 더 교훈을 주는 부분은 15년 동안 가장 큰 글로벌 기업 3,925곳을 분석한 결과다. 맥킨지는 어떤 큰 전략적 움직임을 보일 때 회사가 평균 수익에서 최고 수익으로 도약할 확률이 높은지를 알아보기 위해 수치를 산출했다. 이 연구는 다섯 가지 전략적 움직임의 중요성을 강조하는데, 단, '인간의 달 착륙'과 같은 담대함을 가지고 추구해야 한다.[7]

사고팔아라. 최고의 CEO들은 평균 1년에 최소 1건의 거래를 하며, 10년 누적 거래 금액은 회사 시가총액의 30퍼센트가 넘는다(일반적으로 건당 거래 금액은 시가총액의 30퍼센트를 넘지 않는다). 따라서 그 거래 행위를 식별, 협상, 통합할 수 있는 심층적인 기능을 갖추는 것이 중요하다. 최고의 CEO들은 매수만큼이나 매각도 과감하게 실행하는데, 사업 분할의 형태를 띠기도 한다. 전형적인 예는 에이온이다. CEO 그레그 케이스는 다음과 같이 말한다. "우리는 항상 포트폴리오를 구성하고 개선한다. 지난 15년 동안 220건 이상의 인수와 150건 이상의 자회사 매각을 단행했다. 규모는 큰 것도 있고 작은 것도 있었다."

투자하라. 눈에 띌 정도로 충분히 크게 투자하려면 매출액 대비 자본 지출 비율이 10년간 업계 중간 값인 1.7배가 넘어야 한다. 매우 큰 액수지만 자본을 현명하게 사용하면 기업은 업계 평균보다 훨씬 빠르게 성장할 수 있다. 이러한 전략적 행보의 대표적인 예는 GM의 메리 배라로, 그녀는 세계 전기차 시장의 주도권을 잡기 위해 GM의 제품개발 예산(2025년까지 약 270억 달러)의 절반 이상을 여기에 투자하겠다고 약속했다.

생산성을 향상시켜라. 성공한 기업은 다른 기업보다 행정비, 판매비, 인건비를 더 많이 절감하며, 이를 통해 10년간 업계 평균보다 25퍼센트 높은 생산성 향상을 달성한다. 알리안츠의 올리버 바테는 "단순함이 승리한다"를 새 아젠다로 내세우고 이를 위해 생산성 향상을 위한 작업에 돌입했다. 수십 년 동안 고정 비율이 30퍼센트에 달했던 업계에서 바테는 CEO가 된 직후, 기업 지출비를 28퍼센트로 낮추었고, 2015년 50퍼센트였던 고객충성도를 2019년 70퍼센트까지 높이는 한편, 내부 성장률을 2015년 마이너스에서 2019년 6퍼센트로 높였다.

차별화하라. 최고의 CEO들은 회사의 궤적을 바꿀 만큼 큰 움직임으로 비즈니스 모델을 개선하고 가격 우위를 창출한다. 그 결과, 회사는 10년에 걸쳐 해당 산업의 평균 마진율 대비 30퍼센트 이상을 달성한다. 전 레고 CEO인 예르겐 비 크누스토르프는 이 전략적 움직임을 잘 활용했는데, 그는 매년 회사 핵심 제품의 절반을 싹 갈아엎으면서 '차별화되고 뛰어난 틈새 전략'을 추구했다. 예를 들어, 디지털 플랫폼을 만들어 레고 팬들 간의 소통을 강화하고, 여아용 제품과 라이선스 컬렉션(예: 스타워즈)을 개발했으며, 레고 무비 사업권도 성공적으로 출시했다.

분배하라. 10년에 걸쳐 자본지출의 60퍼센트 이상을 사업부 간에 이전해야 매우 큰 움직임으로 평가된다. 이렇게 하면 재분배 속도가 느린 기업보다 50퍼센트 이상 더 많은 가치를 창출한다. 자원 재분배는 자본뿐만 아니라 운영비, 인재 및 경영진의 관심을 가장 적절한 곳으로 이동시키는 것을 의미한다. 따라서 자원분배는 다른 네 가지 전략적 움직임의 핵심 요소가 된다. 매우 중요한 항목이라 다음 장에서도 다룰 것이며, 인재에 관한 부분이나 최고경영진을 이끌고 올바른 운영 리듬을 만드는 내용에서도 다시 다룰 것이다.

달 착륙에 버금가는 과감한 움직임을 거의 보이지 않거나 임기 말에 너무 늦게 보인 CEO들은 경쟁에서 밀려난다. 데이터를 분석한 결과, 경제 이익창출 면에서 5분위 중간 그룹에 속하는 기업 중 약 40퍼센트가 10년 동안 전혀 큰 움직임을 보이지 않았다. 나머지 40퍼센트는 딱 한 번만 그런 움직임을 실행했다. 한편, 이러한 큰 움직임을 두 번 실행하면 업계 중간에서 꼭대기로 올라갈 확률이 두 배 이상 높아지고, 세 번 또는 그 이상을 실행하면 확률이 여섯 배로 늘어난다는 연구 결과가 있다. 또 이런 움직임은 임기 후반보다 초반에 실행할 때 더 성과가 뛰어나며, 임기 중 여러 번 그런 움직임을 보인 CEO들은 대개 시간이 지나면서 나타나는 실적 감소도 피할 수 있었다.

최고의 CEO와 나머지 CEO들의 차이를 만들어내는 것이 무엇인지는 연구를 통해 매우 명확하게 드러난다. 하지만 CEO라면 어떤 전략적 움직임이 자신의 회사에 적합할지 결정해야 한다. 인수합병을 추진할 때 어떤 사업체를 사고팔아야 할까? 자본 지출을 해야 한다는 건 알지만 어디에 투자하는 게 가장 좋을까? 다섯 가지 움직임 각각에 대해서도 비슷한 질문을 던질 수 있다. 전략의 규모를 고려하면 정답을 찾는 일은 매우 중요하다. 스티브 발머가 마이크로소프트의 CEO 자리를 넘길 때 사티아 나델라에게 말한 것처럼 "담대하라. 그리고 옳은 결정을 하라. 담대하지 않다면 아무것도 못 하게 된다. 당신이 틀렸다면 그 자리에 있을 수 없을 것이다."

담대하고 옳은 결정만 내리는 게 말처럼 쉬운 일은 아니다. 실제로 아무리 훌륭한 CEO라도 항상 옳은 결정만 내리지는 않는다. 넷플릭스의 리드 헤이스팅스는 과감한 움직임을 보였지만 옳지 않은 결정을 내렸던 경험을 들려준다. 2011년, 넷플릭스는 승승장구했다. 넷플릭스는 고객들이 DVD를 온라인으로 대여하면 집까지 우편으로 보내주는 온라인 구독 사업이 빠르게 성장하고 있었다. 하지만 CEO 헤이스팅스는 시장이 변화하고 있으며, 미래는 고객이 인터넷을 통해 영화를 전달받는 스트리밍 비디오 시장이 될 것이라고 내다보았다. 지속 성장을 위해서는 우편 DVD 사업의 매출 감소를 감수해야 한다는 것이 넷플릭스가 당면한 전형적인 혁신의 딜레마였다. 헤이스팅스는 우편 DVD 대여 서비스를 '퀵스터'란 회사를 세워 분할하고, '넷플릭스'는 온라인 스트리밍 서비스에 집중한다는 사실과 함께 가격 인상을 발표했다. 결과적으로 두 서비스를 모두 이용하려면 기존 요금 대비해 60퍼센트의 비용을 더 내야 하는 상황이었다.

수백만 명의 가입자가 떨어져 나가고 주가가 75퍼센트 하락한 후에야 헤이스팅스는 가입자들에게 이메일을 보내 설명을 했다. "제가 실수했습니다. 몇 달 전에 발표된 요금제와 회원제 변경 사항을 충분히 설명하지 않은 것은 제 잘못입니다." 하지만 그 설명만으로는 부족했다. 고객들은 더 높은 가격에 두 개의 별도 서비스를 이용하려 하지 않았다. 그해 가을, 헤이스팅스는 퀵스터 사업을 오픈도 하기 전에 접고 넷플릭스라는 이름의 단일 구독 모델로 복귀했다.

헤이스팅스는 말한다. "DVD 사업을 죽이지 않으려고 너무 애썼다는 것을 뒤늦게 깨달았다. 우리는 코닥이나 블록버스터처럼 비즈니스 모델이 무너지고 있는 사업들을 모두 살펴보고, 거기서 중요한 교훈을 얻었다. 향후 10년 동안 당신의 회사는 전략적으로 입지를 굳히지 못할 수도 있지만 고객은 그런 점에는 전혀 신경 쓰지 않는다."

헤이스팅스의 일 처리는 완벽하지 않았지만 그는 빠르게 대처했고 DVD에서 온라인으로 전환하는 더 큰 선택에 있어서는 옳은 결정을 내렸다. 그는 많은 사람들이 도전에 직면했다고 말하는 곳에서 기회를 찾아냈다. 끝없는 회의론과 경쟁 속에서 빠르게 기술 확장을 하며 넷플릭스를 성장시켜 나갔고, 나날이 증가하는 고객의 다양한 요구를 해결했다. DVD 우편 서비스는 틈새시장이 된 반면, 넷플릭스는 구독자 2억 명, 수익 200억 달러, 직원 수 9,000명의 거대 스트리밍 기업으로 성장했다. 1997년 스타트업으로 시작한 넷플릭스의 시장 가치는 현재 2,000억 달러가 훨씬 넘는다.

헤이스팅스의 경험처럼 통제할 수 없는 변수가 많고, 빠르게 변화하는 불확실한 환경에서 과감한 행보를 내딛기는 위험하다. 더 쉬운 길은 안전하게 움츠리고 지내는 것이지만, 최고의 CEO들은 불확실성 앞에서 용기 내어 행동한다. 네덜란드 생명과학 및 재료과학의 강자 로얄 DSM의 전 CEO 페이케 시베스마의 이야기다. "우리가 과감한 일을 했을 때 이사회가 '확실하냐'고 물었다. 내 대답은 '물론 아니다. 확신할 방법은 없다'였다. 우리는 위험 요소는 오픈하면서도 배짱과 투지를 갖고 기회를 노릴 수 있는 기업 문화를 만들었다."

최고의 CEO들은 미지의 바다에 기꺼이 뛰어들 뿐 아니라, 폭풍우가 몰아치는 바다에서도 과감히 항로를 지킨다. 디아지오의 CEO 이반 메네제스는 영국 주류 회사를 고객 중심 회사로 만들기 위한 전략을 추진하며 사업과 마케팅 방향을 유통업체 중심에서 소비자 중심으로 돌렸다. 단기적으로 매출이 감소하자 메네지스는 투자자들의 원성을 샀고 회사 내부에서는 회의론에 직면했다. "조직 전체가 우리 행동 하나하나를 예의주시하고 있었다. 하지만 우리는 그 전략을 고수했고, 이유를 설명하고, 신뢰를 얻고, 성장의 기초를 다졌다." 그 이후 디아지오는 성공에 성공을 거듭해 동종업계 상위 4분위의 주주수익률을 달성했다.

잔스 판타지 시리즈의 작가 피어스 앤서니는 용기의 정의와 관련하여 이렇게 말했다. "두렵더라도 앞으로 나아가고 해야 할 일을 하는 것이 용기다. 두려움을 느끼지 않는 사람은 바보고, 공포에 지배당하는 사람은 겁쟁이다."[8] 메드트로닉의 조지는 CEO 역할이 가진 중요성의 핵심을 지적한다. "매우 유능하지만 용기가 부족한 CEO들이 있다. 그런 회사는 한동안은 경영을 이어 나가지만 시간이 지나면서 쇠퇴하기 마련이다."

이러한 용기가 어디서 나오는지 살펴보면서 우리는 최고의 CEO들에게는 네 가지 특징이 있다는 것을 알게 되었다.

탁월하게 미래를 예측하라

우리가 인터뷰한 거의 모든 CEO들은 세계가 어디로 나아가고 있는지에 대한 명확한 관점을 갖는 게 중요하다고 강조했다. 이들은 기술 변화, 고객 선호도 변화, 새로운 경쟁업체, 곧 닥칠 위협에 대한 정보를 세세하게 파악한다. 그렇게 해야 새로운 추세가 일반 통념이 되기 전에 미리 베팅할 수 있고, 존재하지도 않는 시장이나 승산 없는 기술에 투자한다는 비판을 받더라도 확신을 유지할 수 있다.

에드 브린은 미래를 읽는 눈과 그에 따른 사업 전략으로 명성을 얻었다. 또한 그는 23년 동안 CEO직을 맡으면서 복잡한 대기업과 행동주의 투자자들을 잘 다루는 명장 전략가라는 평판을 얻었다. 타이코와 듀폰의 CEO가 되기 전에 브린은 텔레비전에 케이블을 연결하는

펜실베이니아의 셋톱박스 제조업체, 제너럴 인스트루먼트GI의 CEO
로 일했다. 1990년대 후반, 당시 세상은 여전히 아날로그였지만 브린
은 디지털 세상으로의 전환을 예견했다. 당시 디지털 셋톱박스는 존
재하지도 않았고 개발 비용이 많이 들 것으로 예상되었다. 하지만 그
는 확신을 가지고 회사 연구개발의 80퍼센트를 여기에 쏟아부었고 투
자는 성공적이었다. GI는 최초로 디지털 셋톱박스를 보유한 회사가
되었다. 하지만 그 기술은 생산비가 비쌌다.

　브린은 이렇게 회상한다. "나는 CEO가 된 지 1년밖에 안 되었고 거
기 앉아서 '아직 아무도 만들지 못한 디지털 셋톱박스를 우리가 해냈
다'며 놀라워했다. 그러면 이제 어떻게 해야 할까? 전자제품이 다 마찬
가지이지만 부품 가격을 낮추려면 수량을 늘려야 했다. 나는 (거대 케이
블 회사 TCI의 CEO) 존 말론을 찾아가 말했다. '자, 이 기술은 효과가 있
다. TCI는 그것으로 업계를 선도할 수 있다. 이 제품을 전국의 모든 시
스템에 설치할 수 있도록 양측 모두가 수익을 낼 수 있는 거래를 해보
자. 단, 당신네 셋톱박스는 100퍼센트 GI로부터 구매해야 한다.' 다음
날 나는 (케이블 제공업체인) 컴캐스트에 가서 같은 거래를 제안했다. 그
리고 일주일 동안 최대한 많은 사람들을 만나며 상위 10위권에 있는
케이블 사업자들과 계약을 맺었다." 시장에서 GI를 차별화할 큰 투자
를 얻어낸 브린은 이번에는 효율성을 크게 향상시키기 위한 작업에 착
수했다. "다음 해에는 '셋톱박스의 비용 절감, 비용 절감, 비용 절감'에
만 초점을 맞췄다. 그리고 말 그대로 초기 비용을 최초의 절반으로 줄
였다." GI는 수십억 달러 규모의 케이블 셋톱박스 시장에서 큰 성공을
거두었고, 이후 몇 년 동안 회사 가치는 높이 치솟았다.

미래 트렌드를 읽는 브린의 통찰력은 듀폰 CEO 재임기간 후반에 다시 한 번 발휘되었다. 그때가 2017년이었고, 그는 농업 분야에서 몇 개의 사업체만 세력을 굳힐 것이라고 내다봤다. 브린은 산업 동향과 경제를 공부하면서 이 시장에서 4위나 5위 업체가 되면 좀 힘들 것이라고 생각했다. 당시 듀폰에는 일곱 개 사업부가 있었고 농업은 그중 두 개 사업부에 불과했지만 실제 기업 가치의 50퍼센트 이상을 차지했다. 브린은 농업 부분 구조조정이 듀폰의 주가에 단기적으로 부정적 영향을 미칠 수 있다고 우려했다. 하지만 지금 와서 돌아보면 다우 케미컬과 합병해 농업 부분 사업을 분리한 일은 최선이었다. 많은 사람들은 그에게 "다우와의 합병은 절대 성사되지 않을 것이다. 당신이 원하는 방식으로는 절대 얻어내지 못한다"라고 말했다. 투자자들도 의심하며 브린에게 "다우와 듀폰이 함께 무언가를 해낼 방법은 없다. 그들은 철천지원수 같은 사이다. 효과가 없을 것이다"라고 말했다. "99퍼센트는 그 거래를 진행하지 않으려 했을 것이다. 그건 내 경력에서 내린 가장 큰 결정이었다."

브린은 반대 의견에도 업계 동향을 감안할 때 이런 움직임이 양측 회사 모두에게 타당하다고 확신했다. "그들은 농작물 보호 사업에 더 뛰어나고, 우리는 씨앗 사업을 더 잘한다. 대단한 회사가 탄생할 것이다. 우리는 강력한 업계 2인자가 될 것이다." 일부 애널리스트들은 이를 역사상 가장 복잡했던 사업 거래라 칭했다. 다우와 듀폰은 합병하여 단일 사업체가 되었다가 재편 후 세 개 회사로 분리되었다. 다우(상업 화학 물질), 듀폰(특수 화학 물질), 코르테바(농업 종자, 형질, 화학 물질) 모두 각자 분야에서 경쟁하기에 더 적합한 사업을 맡았다. 브린은 자신이 걸어온 길을 돌아보며 말했다. "CEO들은 매일 중요한 결정을 내리지만 다른 어떤 결정과 비교도 되지 않을 만큼 정말 중요한 결정들이 있다. 나는 CEO로 지내면서 정말 중요한 결정을 열다섯 번 정도 내려야 했고, 이제 CEO 경력 23년째를 맞고 있다. 그런 큰 결정들은 효과도 훨씬 크다." 이러한 일은 브린이 다양한 영역을 구석구석 내다볼 수 있었기에 가능했다.

우리와 인터뷰한 훌륭한 CEO들은 모두 미래에 대해 명확한 견해를 가지고 있었다. 이탈리아 유틸리티 기업 에넬의 CEO 프란체스코 스타라체는 재생 에너지의 영역이 커져 경쟁력이 생기고, 글로벌화될 것이라고 굳게 믿었다. 그는 또 "미래가 가져올 것은 시간 연장이 아닌 압축"이라고 믿는다. 이런 생각들을 결합해 투자 접근 방식을 전환했다. 화력 발전소와 원자력 발전소에 대한 대규모 자본 투자에서 손을 떼고 개발과 건설에 적어도 3년은 소요되는 재생 에너지에 초점을 맞춰 더 세분화된 여러 영역에 투자했다. 에넬은 이를 통해 세계 최대의 민간 재생 에너지 공급 업체이자 시가총액 기준으로 유럽 최대의 전력회사로 성장했다.

GM의 메리 배라는 모빌리티에 변화를 가져올 네 가지 트렌드(전기화, 자율성, 연결성, 공유)를 기반으로 과감한 큰 움직임을 보인다. DSM의 페이케 시베스마는 대량 화학 물질과 석유화학 물질의 더 많은 집중화와 상품화는 물론, 건강, 영양, 지속가능한 삶의 기회가 증가할 것이라고 예측했다. 이를 바탕으로 사업 초점을 바꿔 주주들뿐만 아니라 지구와 사회에도 기여할 수 있는 회사를 만들어나갔다. 마이크로소프트의 사티아 나델라도 자신이 내다보는 미래 트렌드를 바탕으로 소셜, 모바일, 클라우드 기술에 대해 동일한 작업을 수행했다. 오늘날 공로를 인정받은 그는 이렇게 강조한다. "5년 전만 해도 사람들은 '아, 이건 절대 될 리가 없어'라고 말했다. 그래서 CEO는 쓸쓸한 자리다. 홀로 위험을 감수해야 한다. 그리고 그것은 CEO의 세계관에서 나온다. CEO는 세계가 어디로 나아가고 있는지에 대해 최상급의 절대적인 견해를 갖고 있어야 한다."

CEO들은 미래를 내다보는 수정 구슬을 어디서 구할까? 많은 사람들이 생각하는 것보다 답은 훨씬 간단하다. DSM의 시베스마는 말한다. "CEO가 되고 얼마 되지 않았을 때 나는 비전과 전략을 어떻게 발전시켜야 할지 고민했다. 서재에 앉아서 '유레카! 이제 찾았다'라고 소리치는 일이 일어나리라고는 생각하지 않았다. 나는 온갖 종류의 주제에 관한 글을 읽어나가기 시작했다. 기술 혁신뿐만 아니라 비즈니스와 관련 없어 보이는 것들도 신규 사업과 결합하기 위해 닥치는 대로 읽었다. 여행도 많이 다니고 비즈니스, 과학, 사회 분야의 많은 사람들과 만나며 네트워크를 구축했다." DSM의 과감한 변신에 대한 영감도 이 네트워크에서 얻었다. 그는 중동을 포함해 여러 나라의 업계 전문가들을 찾아가 만나면서 DSM은 석유화학 대기업들과 경쟁이 되지 않을 것이라는 확신을 가졌다. 동시에 유엔 활동에 참여하면서 지속가능한 발전과 건강식이라는 완전히 새로운 영역에서 기회가 생길 것으로 보았다. "석유화학 사업에서 발을 빼고 자본을 영양과 건강 사업 쪽으로 옮기는 아이디어도 거기서 얻었다." 이를 통해 DSM은 15년 동안 완전한 변혁을 일궈낸다.

레고의 CEO 예르겐 비 크누스토르프에게는 예상 밖의 고객층이었던 성인 팬 커뮤니티가 중요한 역할을 했다. "그들은 회색시장*이나 약간 이상한 집단으로 여겨졌다. 그들의 연례 모임에 참석하여 캠프를 하는 6일 동안 5~600명의 사람들과 끝없이 대화를 나눴다." 크누스토르프는 그들의 신뢰를 얻었고, 그들의 도움으로 앞으로 가능한 일을 내다볼 수 있었다. "사람들은 계속 내게 이메일로 조언을 해주었다. 그들은 어린이 고객보다 훨씬 더 고급 유저였고, 시장 트렌드를 선도하는 리드 유저였다. 그들을 만족시킬 제품을 만들 수 있다면 일반 사용자도 만족시킬 수 있다고 생각했다. 그들은 신뢰할 수 있는 고객층이었다." 레고의 성인 커뮤니티 이용자는 현재 전 세계적으로 100만 명 이상이며 레고 글로벌 비즈니스의 30퍼센트를 차지한다.

최고의 CEO들은 자신의 미래관을 회사의 전략적 기획으로 굳힌다. 알파벳과 그 자회사인 구글의 CEO 순다르 피차이는 다음과 같이 설명한다. "나는 우리의 임무와 우리가 내다보는 기본 트렌드에 대해 생각하고, 그것을 바탕으로 정말 잘 해보고 싶은 주제를 5~10개까지 적어본다." 그런 다음, 경영진과 선택된 후보 주제들을 여러 단계에 거쳐 다듬는다. 각 부서에서는 그 아이디어를 염두에 두고 야심 찬 목표 및 핵심 결과OKR를 만들어 내부적으로 공유한다. 피차이는 검토를 위한 대화에 전부 참여해 주제를 보강한다. "우리가 선정한 다섯 가지 테마 중 하나가 '아시아 퍼시픽 퍼스트'라면, 나는 유튜브 리뷰에 들어가 팀에게 물어볼 수 있다. '자, 아시아 퍼시픽 퍼스트 문제를 어떻게 해

---

* 암시장과 일반 시장의 중간. 품귀 상품을 비싸게 판매하는 시장으로 준 암거래 시장이라고도 한다.

결하고 있는지 말해볼까?'"

리스크를 주시하라

담대하라고 해서 무모해도 된다는 뜻은 결코 아니다. 최고의 CEO는
잠재적인 큰 움직임의 리스크와 보상 간 균형(상충관계 고려)을 완벽하
게 파악한다. 듀폰의 에드 브린은 말한다. "내가 가장 많이 연구하는
것은 하강 시나리오다. 생각했던 대로 완벽하게 진행되지 않을 때의
시나리오는 무엇인가? 그걸 감수해도 괜찮을 정도인가? 나는 다른 무
엇보다 항상 그 점을 걱정한다. 너무 많은 위험을 감수해야 한다면 절
대 발을 들이지 않는다. 하지만 다운 리스크가 커 보여도 계속 진행할
만하다면 결국에는 그 편이 더 낫다."

　에코랩의 전 CEO 더그 베이커는 그 상충관계(트레이드 오프)가 납득
할 만할 때에만 위험을 감수해도 된다는 데 동의한다. 2004년 물과 위
생 서비스를 위주로 하는 기업의 대표가 된 베이커는 말한다. "대부분
은 불완전한 정보만 가지고 전략적인 결정을 내린다. 알고 싶은 정보
를 전부 얻을 때까지 기다리다가는 기회를 놓치기 쉽다. 내가 가진 정
보가 불완전해도 결정을 내려야 한다. 그럴 때 나는 '여기서 더 저지를
실수가 무엇인가?' 하고 질문을 던진다." 예를 들어, 베이커는 정수처
리액을 제조하기 위해 중국에 7,500만 달러 규모의 새 공장을 건설할
의사가 있었지만 시장 자체가 사라질 수 있다는 리스크가 있었다. 하
지만 그렇더라도 회사가 망하지는 않는다. 베이커는 말한다. "이런 필

터링을 거쳐 굵직한 움직임이 만들어진다면 '내가 저지를 수 있는 최악의 실수는 성장 속도를 늦추는 것' 정도다. 중요한 건 계속 성장하고, 계속 투자하고, 계속 움직이는 것이다. 그렇게 하면 성공률을 높일 수 있다."

그렇다고 베이커가 CEO로서 키를 쥐고 있는 동안 중간 정도의 리스크만 감수한 건 아니었다. 2011년 1월 그는 스위스 다보스에서 열린 세계경제포럼에서 글로벌 정수처리 기업 날코의 CEO와 커피를 마셨다. 베이커와 그의 경영진은 날코의 주요 사업인 정수처리 기술을 전부터 전략적 우선순위로 여겨왔다. 다보스 회의에서 날코의 CEO는 베이커에게 회사 부채에 대한 걱정을 털어놓았다. 그는 짧은 대화를 나누는 동안 네 번이나 그 이야기를 꺼냈고, 베이커는 '이 회사를 검토해봐야겠다'라고 생각했다.

베이커는 사전 조사를 마치고 날코를 공격적으로 추적하기로 했다. 인수하려는 회사가 가장 큰 경쟁자라는 점, 경쟁자가 혼란스러워하는 동안 에코랩이 움직일 공간이 생긴다는 점은 거래 리스크를 줄이는 데 큰 도움이 되었다. 그는 또 전반적인 리스크를 줄이기 위해 날코의 일부 사업체를 분할할 수 있다는 생각도 했다. 그해 7월, 에코랩은 81억 달러에 날코를 인수하겠다고 발표했는데, 이는 당시 에코랩 시가총액의 75퍼센트에 해당하는 금액이었다.

베이커가 에코랩에서 보인 큰 움직임과 100여 건 이상의 소규모 인수 덕분에 회사는 고객들에게 확장된 제품과 서비스를 제공하고 지리적 접근성을 높여 원스톱 쇼핑을 가능하게 했다. 이 투자들은 성과를 거두었다. 베이커가 16년간 CEO로 재직하는 동안, 에코랩의 시가총액은 8배 이상, 수익은 40억 달러에서 150억 달러로 증가했다. 〈하버드 비즈니스 리뷰〉 선정 100대 CEO에 여러 차례 뽑힌 베이커는 CEO 임기 마지막 해에도 1위를 차지했으며, 2020년 〈배런스〉가 선정한 CEO 25인에도 꼽혔다. 또 전 세계 코로나19 대유행 기간 동안 직원 급여를 보호하고, 고객과 식당 근로자를 지원했으며 거의 100만 파운드에 달하는 청소 용품을 필요한 사람들에게 기부했다.

브런과 베이커 외에도 많은 CEO들이 과감한 움직임의 다운사이드 리스크를 실질적으로 관리하는 방법에 대해 이야기해주었다. 자동차 부품업체 델파이의 전 CEO 로드니 오닐은 "망하는 원인은 대부분 의도하지 않았던 결과 때문이며, 재앙을 피하는 방법도 그것이다"라고 말한다. "우리의 성공 요인 중 하나는 우리가 하지 '않은' 일 덕분이다. 우리는 인도, 남미, 러시아에서 큰 활동을 하지 않았고, 다른 여러 기업들이 시도 중인 일에서 함정을 피해갈 수 있었다." 오닐은 의도치 않은 잠재적 결과를 체계적으로 예측하는 과정을 통해 리스크를 피했다. "결정을 내릴 때 좋은 결과인 첫 도미노를 밀 생각만 하면 안 된다. 2차, 3차, 4차, 5차, 6차, 7차로 무너질 도미노까지 생각해야 한다. 우리는 의사 결정 분지도를 따라 내려가며 상황이 전개될 때마다 어떤 결과가 나타날지 예측한다. 그러다 정말 큰 문제가 생길 가능성이 나타나고, 그 결과가 아무리 먼 후에 일어날 일이라도 그 문제가 발생할 때 회사가 버틸 수 없다면 다른 결정을 내린다. '아, 그 문제가 생기면 큰일 날 거야. 하지만 그런 일은 웬만하면 생기지 않을 테니 어쨌든 그냥 가보자' 하면서 판에 끼는 일은 없었다."

시간이 지남에 따라 최고의 CEO들은 패턴 인식에 기반을 둔 경험

법칙을 만들어 리스크를 피한다. 2001년부터 2014년까지 GE의 CEO를 역임한 래리 컬프는 다나허에서 인수 작업을 할 때 세 가지 허들을 적용했다. "그 공간과 회사가 마음에 들어야 하고, 우리의 가치를 더할 수 있어야 하며, 계산이 들어맞아야 한다. 하지만 어디까지나 이 순서대로 접근해야 한다. 대부분의 은행가들이 원하는 방식대로 경솔하게 접근하다가는 곤경에 처하기 쉽다. 우리는 어디에 가치를 더할 수 있는지, 우리가 최고의 인수자인지에 대해 매우 솔직했다."

컬프의 확신은 경험에서 나온다. "처음에 우리는 거래에 대해 열린 마인드로 접근했다. 첫 관문은 수치적인 부분이었고 다른 모든 것은 부차적이었다." 컬프가 다나허의 CEO가 되었을 때 그는 매출총이익이 높고 덜 자본 집약적인 계측 사업으로 기울었고, 이는 회사가 성장함에 따라 전략적 일관성을 갖는 포트폴리오가 되었다. 컬프의 재임 기간 동안 S&P 500 지수가 105퍼센트 상승한 데 비해 다나허의 총주주수익률은 465퍼센트 증가했다. 그 기간 시가총액은 200억 달러에서 500억 달러로 증가했고 수익은 5배 늘어났다.

최고의 CEO는 리스크를 분석하기 위해 적절한 분석을 활용한다. 어도비의 CEO 샨타누 나라옌은 고객을 전부 클라우드로 전환하는 큰 움직임 이면의 이야기를 들려준다. "우리는 제품을 구독 모델로 돌리는 것이 올바른 비전임을 직감적으로 알았다. 이사회는 이런 확신을 테스트하기 위해 가격과 단위 모델, 영구 라이선스 모델이 얼마나 빨리 사양길로 접어들지, 온라인 구독이 얼마나 빨리 증가할지를 예측하는 데 전념했고, 산출 모델링에만 몇 시간을 소비했다." 팀 전체가 거기에 올인했다. "정말 배짱이 필요한 일이었지만 이런 논의를 거치며 해낼 수 있겠다는 생각이 들었고 어도비와 고객, 주주들에게도 장기적으로 이익이라는 확신이 들었다."

오너처럼 행동하라

최고의 CEO들은 크고 대담한 결정을 내려야 할 때, 올바른 정답에 도달하는 가장 좋은 방법은 오너처럼 생각하는 것이라고 말한다.

에드 브린은 처음으로 CEO를 맡았던 제너럴 인스트루먼트에서 자신의 사고 과정에 가장 큰 영향을 미친 일을 되돌아본다. "나는 회사의 운명을 결정짓는 정말 어려운 선택을 몇 번 내렸다. 회사의 가장 큰 투자자 겸 이사인 테드 포스트만에게 가서 논의했을 때 그가 한 말이 기억난다. '에드, 이건 당신 회사야. 그냥 거울을 보면서 결정을 내리지 그래?'" 그 조언은 신임 CEO에게 자극을 주었고 그때부터 그는 항상 자신이 회사 지분 100퍼센트를 소유했다고 생각하고 결정을 내렸다. "그렇게 하면 회사를 위해 올바른 결정을 내렸다는 확신이 있기 때문에 다양한 이해관계자들에 대해 걱정할 필요가 없다. 공급업체, 고객, 직원, 투자자 등을 무시하는 것이 아니다. 올바른 결정을 내렸다면 이제 이사회, 경영진, 직원들과 함께 그 결정을 어떻게 처리하느냐의 문제일 뿐이다."

오너처럼 생각하면 단기와 장기 성과 간의 긴장을 해소하는 데에도 도움이 된다. "CEO는 회사의 장기적 운명에 책임이 있다"라고 발레오의 자크 아셴브로아는 말한다. "내일 당장 결과를 만들어내고 싶다면 그건 정말 쉽다. 연구개발을 통제하거나 설비투자를 늘리면 그만이다. 하지만 그렇게 하면 당장은 좋은 실적이 나겠지만 결국 몇 년 안에 망한다. 장기적 관점에서 생각하지 않는다면 진정한 CEO가 아니다. 회사를 대표하고 회사의 이익을 가장 챙기며 행동해야 하는 사람은 CEO다." 산업장비 제조기업 아틀라스 콥코의 전 CEO 로니 레튼은 심지어 이사회와 경영진에게도 그렇게 말한다. "가족 사업이라고 생각하고 행동하라. 내가 가장이다. 자식과 손주들을 위해 시간이 지날수록 가치를 창출할 기업을 만들어야 한다. 이렇게 하면 경제 사이클을 통해 지속적으로 가치를 창출하게 된다."

남반구에서 가장 큰 금융 재벌이자 시가총액 세계 10위 은행인 이타우 우니방코의 전 CEO이자 현 공동 회장인 로베르토 세투발은 임기 초기에 회사의 주인처럼 행동함으로써 대담한 움직임을 보이는 데 확신을 가질 수 있었다. "내가 CEO로 있을 때 물가상승이 하룻밤 사이에 멈췄다. 거기서 일하기 시작한 이후 처음으로 은행이 적자로 돌아섰다. 당황스러웠다. 하지만 CEO로서 내 역할은 은행의 장기적 가치를 지속적으로 높이기 위해 아무리 논란이 있더라도 회사의 주인처럼 결정을 내리는 것이었다." 당시 은행들은 계좌에 수수료를 부과하지 않았지만 이타우 우니방코는 당장 바뀌지 않으면 현실적으로 살아남을 수 없었다. 은행은 새로운 수수료에 대해 TV와 신문에 대대적으로 공지했다. 세투발의 경쟁자들은 그가 미쳤고 고객들이 계정을 모두 폐쇄할 것이라고 말했다. 세투발은 말한다. "하지만 그들이 틀렸다. 고객들이 수수료를 받아들인 이유는 우리가 이 문제를 매우 투명하게 접근했기 때문이다. 사람들은 다른 은행들이 숨겨진 수수료를 부과하는 것에 짜증이 나 있었다."

알파벳의 순다르 피차이는 설립자인 래리 페이지와 세르게이 브린이 과감한 전략적 움직임을 내디딘 방식에서 영감을 얻었다. "CEO가 중대한 변화를 시도하면 조직은 그 방향으로 한 걸음씩 따라간다. 래리와 세르게이는 비합리적으로 보이는 입장을 취하기도 했고 사람들은 '왜 저래?' 하고 의문을 제기할 때도 있었다. 하지만 그들은 원대한 포부를 가지고 조직을 휘어잡았다. 그들은 사람들이 대부분 하지 않는 일을 바로바로 해냈고 자연스럽게 최고의 인재들을 끌어들였다. 팀이 그들이 세운 계획의 10분의 1만 달성해도 대단한 혁신을 끌어낼 수 있었다."

정기적으로 심장 제세동기를 들이대라

앞에서 로베르토 세투발이 언급한 일화는 그의 수많은 굵직한 움직임 중 하나에 불과하다. 그는 22년 동안 CEO로 재직하면서 경쟁을 통한 은행의 차별화를 이루어냈다. "CEO는 자신을 재창조해내야 한다. 세상은 변한다. CEO도 변해야 한다"라고 그는 조언한다.

우선 그는 문제 있는 네 개의 국유은행들을 빠르게 인수하고 통합하면서 지역 은행이었던 이타우를 전국 규모로 변화시켰다. 두 번째는 은행을 소매업에서 기업 및 투자 은행 부문의 선두주자로 탈바꿈시키기 위해 많은 투자를 했다. 이와 동시에 자금이 많은 소매업 부문으로 확장하고 다른 라틴 아메리카 3개국으로 영역을 넓혔다. 세 번

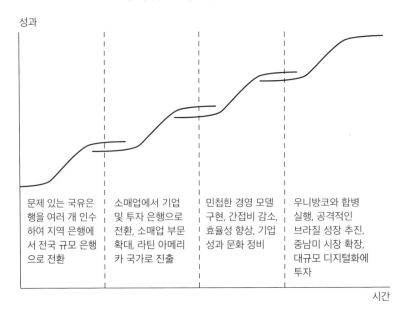

'제세동기'를 사용하여 일련의 성능 향상 S곡선 만들기

예: 이타우 우니방코의 로베르토 세투발

성과

문제 있는 국유은 행을 여러 개 인수 하여 지역 은행에 서 전국 규모 은행 으로 전환

소매업에서 기업 및 투자 은행으로 전환, 소매업 부문 확대, 라틴 아메리 카 국가로 진출

민첩한 경영 모델 구현, 간접비 감소, 효율성 향상, 기업 성과 문화 정비

우니방코와 합병 실행, 공격적인 브라질 성장 추진, 중남미 시장 확장, 대규모 디지털화에 투자

시간

째는 민첩한 경영 모델을 구현해 간접비를 획기적으로 줄이고 효율성을 향상시켰으며, 회사의 성과 문화를 정비하고 우니방코와의 합병을 협상하고 실행했다. 마지막으로 브라질에서의 성장을 공격적으로 견인했고, 중남미 확장을 가속화했으며 은행의 디지털화를 위한 투자를 우선순위에 올렸다.

세투발의 경험은 최고의 CEO들이 시간의 경과에 따라 생각하는 과감한 움직임들을 'S곡선'의 변화와 함께 보여준다. 먼저 큰 움직임을 통해 집중적 활동과 급진적 개선이 이루어질 때 상승 곡선을 보이고, 이어 회복기에도 여전히 증가세를 보이며 개선되다가 또 한 번 큰 움직임을 보이며 상승하는 식으로 계속된다. 최고의 CEO들은 항상 현재의 S곡선이 확실히 자리 잡게 하면서 다음 곡선에 대해 생각한다. 마이크로소프트의 사티아 나델라는 그 긴장감을 이렇게 말한다. "장기적으로 내다보고 인내심을 가져야 할 때가 있다. 또 조급해해야 할 때도 있다. 그 점이 굉장히 매력적이다. 어떤 템포로 가져가야 할까? 미래와 현재의 균형을 맞춰야 한다. 그건 CEO만이 할 수 있는 일이다."

나델라처럼 최고의 CEO들은 자신이 만들고 있는 큰 변화를 어떤 템포로 가져갈지 고심한다. 그렇게 하기가 쉽지는 않지만 이는 꼭 필요하다. 맥킨지의 전 글로벌 회장 도미닉 바튼은 자신을 혁신적 변화에 대해 기업들에게 조언하는 전문가라고 여긴다. "변화를 좋아하는 사람은 없다. 그렇기 때문에 CEO가 변화의 리듬을 만들어야 한다. 조직에 '심장 제세동기'를 들이댄다고 생각하면 된다. 1935년에 조직의 평균 수명은 90년, 2015년에는 18년이었다. '지금부터 10년 후에도 우리가 존재해야 되는 이유는 무엇일까?'라는 질문을 던져야 한다. 충분히 바꾸고, 정기적으로 변화시키는 것은 실존의 문제다. 그렇게 하지 않으면 이 판에서 버틸 수 없다." 바튼 전 회장은 맥킨지를 이끄는 동안 효과적인 조언을 제공하는 글로벌 컨설팅 기업에서 클라이언트 프로젝트 실행 파트너로 기업의 방향 전환을 실행했다. 그가 적용한 '심장 제세동기'로는 제공한 조언이 클라이언트에게 미친 영향에 기반해 수수료 구조를 재정비한 것, 서비스를 컨설팅 이외로 확장하여 클라이언트가 변화를 구현할 수 있도록 지원한 것, 고급 데이터 및 분석 기능을 구축하는 데 많은 투자를 한 것 등이 있다.

베스트 바이의 허버트 졸리는 S곡선 하나에서 다른 곡선으로 이동할 때 회사에 심장 제세동기를 적용한 이유와 방법에 대해 설명한다. "우리는 '갱신 블루Renew Blue'라고 부르는 방향 전환에서부터 시작한다. 그 이후 S곡선에서 방향 전환이 끝났음이 분명해지는 순간이 온다. 어떤 사람들은 그때가 비용 절감에 최대한 집중하고 신뢰를 잃을 수 있어 많은 리스크를 감수하지 못하며 보수적으로 끌고 가야 하는 시기라고 생각한다. 목표만 달성하면 주가를 관리하기도 훨씬 쉬운 때다."

졸리는 그 시점에 베스트 바이가 성장 단계로 진입할 준비가 되었다고 느꼈다. 베스트 바이가 잠재력을 발휘하기 위해 더 많은 위험을 감수해야 한다는 뜻이었다. 졸리는 전략의 다음 단계인 '뉴 블루 구축Building the New Blue'으로 넘어갔다. 전환 과정에서 졸리는 이미 가격 매칭 보장, 해외 시장에서 철수, 공급업체 제휴 재정립 등과 같은 일련의 대담한 조치를 실행했다. 이제는 성장에 눈을 돌려 스마트홈 시장에서 선도적 입지를 구축하고 센서와 인공지능AI을 통한 시니어 케어로 확장하며 기술 구매처와 상관없이 고객 지원을 제공하는 토탈테크 지원 프로그램을 론칭하는 등의 제세동기를 가져다 댔다.

일련의 과감한 움직임으로 강하게 시작하지만 재직 후 몇 년이 지나 동기가 사라지고 업무 수행 능력이 저하된 CEO들이 종종 우리를 방문한다. 그들은 "빠르게 과감한 움직임을 보여라"라는 정보는 얻었지만 "자주 그렇게 하라"는 조언은 듣지 못한 것이다. 모든 큰 움직임에는 시작과 끝이 있어야 하며, 각 단계가 끝날 때는 자신감을 쌓고 추가 변화를 위한 역량을 키워야 한다. 달 착륙에 버금가는 성과를 거두면 승리를 자축하고 교훈을 얻되, 이제 회사를 더 멀리, 빠르게 도약시키기 위한 다음 차례의 과감한 행보를 내디뎌야 한다. 서론에서 설명한 것처럼, 최고의 CEO들은 이런 방식으로 기술력 부족으로 인한 슬럼프를 피하면서 지속적으로 시장 평균 이상의 성과를 달성한다.

벨기에에 본사를 둔 거대한 금융 그룹 KBC의 CEO 요한 타이스는 최고의 리더가 S곡선에 접근하는 방식을 잘 보여준다. 2019년 KBC는 유럽 시장에서 꾸준히 큰 이익을 내온 회사였다. 회사는 항상 유동성이 컸고 자본도 풍부했다. 3년 동안 타이스는 〈하버드 비즈니스 리뷰〉 세계 100대 CEO 10위 안에 들었다. 타이스는 "고장 나지 않았다면 고치지 말라"는 시나리오를 그대로 따랐다. 그러면 뭘 어떻게 했을까? "모든 위대한 CEO들이 하는 대로"라고 그는 말한다. "우리는 전략을 재평가했다. 우리가 선택한 경로를 따라 계속 내려왔고 이제는 기어를 올릴 때였다." 이 회사는 내부적으로는 '같지만 다른' 전략이라고 알려진 대로, S곡선 하나가 끝나면 자축하고 거기서 발을 뺐다. 그런 다음 '이제 그것과 다른 다음 단계'의 전략을 가지고 다음 S곡선을 따라 올라갔다. 이런 일련의 새로운 굵직한 움직임으로 인공지능, 신속한 의사 결정, 제품 및 프로세스 단순화를 강화했고, 이를 바탕으로 세계에서 가장 데이터 중심, 솔루션 중심, 디지털 중심적인 은행 및 보험 회사가 되었다.

큰 움직임에는 큰 위험이 따른다. 최고의 CEO들은 하키 명예의 전당에 오른 웨인 그레츠키의 "슛을 하지 않으면 기회를 놓친다"는 정신처럼 불확실성 앞에서는 소심하게 행동하는 게 더 위험하다는 사실을 잘 안다. 뛰어난 CEO는 미래에 대한 명확한 관점을 갖고, 리스크와 보상 간 상쇄를 충분히 이해하며, 오너처럼 행동하고, 임기 내내

'제세동기'를 적용함으로써 과감하게 행동하는 데 익숙해진다.

　반드시 성공한다는 보장은 없지만 초기에 그리고 자주 큰 움직임을 보이지 않으면 업계 최고의 기업이 될 가능성은 사라진다. 앞에서 성공과 관련된 다섯 가지 큰 움직임 중 하나인 자원배분이 나머지 전략적 움직임을 가능하게 하는 필수 요소라고 언급했다. 비전과 전략에 관한 주제를 다루었으니, 이제 회사를 올바른 방향으로 이끌어줄 마지막 필수 실천 요소인 자원배분으로 초점을 옮겨보자.

아웃사이더처럼
행동하라

자원배분 결정 실천

**같은 일을 반복하면서
다른 결과를 기대하는 것은 미친 짓이다.**

리타 메이 브라운*

1938년 나치 독일이 오스트리아를 합병하자 수학자 아브라함 왈드는 유대인에 대한 차별 때문에 미국으로 이주했다. 미국이 제2차 세계대전에 참전했을 때, 왈드는 다양한 전시 문제에 그의 통계 기술을 적용해 달라는 요청을 받았다. 그중 하나는 적의 포격으로 인한 전투기 손실을 최소화하는 것이었다.

전문가들은 전투에서 살아 돌아온 수많은 전투기들을 분석하면서

• 알베르트 아인슈타인이 한 말이라고 주장하는 사람들도 있다.

비행기의 일부분이 다른 부분보다 더 많이 포격당한 것을 발견했다. 군사 지도자들은 피해를 최소화하려면 그 부분을 보강해야 한다고 했다. 하지만 왈드는 외부인의 관점에서 포격을 가장 덜 받은 부분을 보강해야 한다고 주장했다. 왈드는 전투기의 중요 부위에 포격을 당했다면 기지로 돌아오지 못했을 거라고 추측했다. 그 전투기들이 기지로 돌아올 수 있었던 건 중요 부위에 포격을 당하지 않아서라는 것이다. 그러므로 포격을 많이 당하고도 살아남을 수 있었던 부위를 보강해봐야 별 효과를 보지 못한다는 주장이었다.

대부분의 CEO들은 왈드처럼 자원이 올바른 영역에 배치되지 않으면 전투에서 패배할 거라고 믿는다. 실제로 83퍼센트가 성장의 핵심 지렛대로 자원배분을 꼽았다. 즉, 우수한 기업 운영이나 인수합병보다 자원배분이 훨씬 더 중요하다는 것이다.[9] 그 말이 맞다. 이전 장에서 말한 대로, 상위 십분위의 성과를 내는 CEO들은 자원을 대규모로 이동시키는 경우가 많고, 평균 실적을 보이는 CEO들보다 훨씬 더 자주 그렇게 한다. 우리 조사에 따르면 전체 기업의 3분의 1 정도가 매년 겨우 1퍼센트 자원을 재분배하는 데 비해 가장 높은 성과를 내는 기업들은 평균 6퍼센트 이상의 자원을 재분배한다.

회사의 비전과 전략에 맞게 자원배분 결정이 이루어지지 않으면 기업이 내세우는 비전과 전략도 빈말이 될 뿐이고 순식간에 신뢰와 효력을 잃는다. 더군다나 CEO가 자본시장보다 더 효과적으로 자원을 배분하지 못하면 주주들이 볼 때 사업의 정당성이 없어지고 심지어 회사를 해체하려는 행동주의 투자자들의 운동을 촉발시킬 수 있다. 여기에 '공유지의 비극'(개인이 자신의 이익에 초점을 맞추면 전체의 이익을 소홀히 하게 된다는 개념) 문제까지 더해지기 때문에 최고의 CEO들은 자원배분을 우선시하고 핵심 문제로 여긴다. 그렇다면 비전과 전략을 뒷받침할 자원을 배분하는 데 방해가 되는 요소는 무엇일까? 내부적으로는 A에게서 빼앗아 B에게 주어야 하는 정치적 어려움이다. 아디다스의 캐스퍼 로스테드는 "자원배분을 가장 중요한 요소 중 하나"로 꼽으며 "대부분의 사람들은 자원을 포기하려고 하지 않기 때문에 CEO가 개입해야 할 경우가 많다"고 강조한다. 외부 장벽도 방해 요소가 된다. 주식시장은 장기적으로는 재분배를 좋아하지만, 재분배가 처음 몇 년 동안은 수익을 위축시키는 경향이 있기 때문에 단기적으로는 꺼린다. 그런 내외부적 요인을 보면 왜 자원배분에 CEO의 담대한 마인드셋을 적용해야 하는지 이해할 수 있다. 그렇지 않으면 일이 제대로 되지 않는다.

외부에서 들여다보면 자원을 이동하기가 훨씬 쉬워진다. 보스턴 사이언티픽의 CEO 마이크 마호니는 자신의 경험을 들려준다. "외부인의 시각으로 보는 게 내게는 무척 큰 도움이 되었다. 이 회사에 오래 근무한 사람들은 약물방출 스텐트DES와 심장박동관리CRM 시장에 지나치게 집중했다. 물론 그것도 중요한 사업이지만 우리가 혁신과 리드 면에서 레버리지 효과를 볼 수 있는 빠르게 성장하는 시장에서 다른 기회들이 많았다. 우리는 새로운 전략이 필요했고 발 빠르게 움직여야 했다." 마호니와 그의 팀은 내시경술, 신경조절술, 말초혈관 중재술, 중재적 종양학, 비뇨의학 등 빠르게 성장하는 핵심 사업에 체계적으로 연구개발 비용을 투자했다. 마호니의 임기 8년 동안 수익과 에비타EBITDA(이자, 세금, 감가상각, 할부상환 등을 빼기 전 순이익) 모두 50퍼센트 이상 증가했고 시가총액도 7배 이상 늘어나 메디테크 분야에 재투자한 전략은 적중했다.

최고의 CEO들은 외부인처럼 대담해지는 방법을 잘 안다. 1980년대 초 인텔의 가치가 1년 만에 1억 9,800만 달러에서 다음 해 200만 달러로 급감하면서 위기가 초래되었을 때, 당시 앤디 그로브가 공동창업자이자 CEO인 고든 무어에게 물었다. "우리가 쫓겨나고 이사회가 새 CEO를 데려오면 뭐부터 할까?" 무어는 망설임 없이 대답했다. "메모리칩 사업을 접을 것 같아." 그로브는 그를 쳐다보며 말했다. "그럼 당신과 내가 문밖으로 나갔다 다시 돌아와 직접 그걸 하면 되지 않을까?"[10] 그 후로 인텔은 D램 메모리칩을 버리고 신제품인 마이크로프로세서에 미래를 걸었다. 그렇게 해서 인텔은 컴퓨터 시대를 여는 데 일조했고 수십 년 동안 성공 가도를 걸었다.

세계적으로 다각화된 대기업 다나허는 자원배분에 외부인의 관점을 도입해 비즈니스 모델로 전환한 대표적인 예다. 본래 부동산 투자 신탁 회사였던 다나허는 생명과학, 진단, 환경, 응용 솔루션, 치과술 등의 광범위한 과학, 기술 및 제조 회사 포트폴리오로 발전했다. 래리 컬프의 리더십 아래, 회사는 다나허 비즈니스 시스템DBS식 접근 방식을 구축해 자원배분에 끊임없이 적용했다. 이는 최고의 투자 기회를 파악하고, 운영을 개선하여 자원을 풀고, 다나허가 인수하는 비즈니스에서 세계적 수준의 역량을 발휘하도록 했다. 다나허 경영진은 다나허 비즈니스 시스템을 적용해 인수합병 기회, 유기적 투자, 투자 회수 등 자원 재분배에 절반 이상의 시간을 할애한다. 컬프가 이끄는 14년 동안 회사는 220억 달러 가치의 인수를 진행했고 사업의 3분의 1 이상을 매각했다.

자원 재분배에 있어 외부인처럼 생각하라는 것은 전통에 얽매이거나 내부 충성심에 영향을 받거나 단기적 압력에 굴복하지 말아야 한다는 뜻이다. 대신, 감정적 유대감이 없고 회사에 연고가 없던 새 CEO가 회사를 인수한다면 무엇부터 할 것인가를 자문해보길 바란다.

제로 베이스에서 시작하라

앞서 심리학자 대니엘 카너먼의 로또 복권 실험과 주인의식 함양에 관한 교훈을 살펴보았다. 이제 카너먼의 또 다른 실험 이야기를 해보겠다. 어느 식료품점에서 캠벨 수프를 79센트에 세일하면서 '고객 한 명당 구매 개수 12개로 제한'이라고 적힌 표지판을 붙였다. 다른 식료품점에서도 같은 가격에 세일을 했는데 이번에는 구매 제한을 두지 않았다. 첫 번째 식료품점에서는 고객 한 명당 평균 몇 개를 구매했을까? 정답은 7개다. 다른 식료품점은 어땠을까? 3개였다.[11]

도대체 무슨 일이 일어난 걸까? 구매 제한과 구매 개수가 무슨 관련이 있을까? 이 실험은 '기준점 설정 휴리스틱'의 힘을 보여준다. 휴리스틱은 본질적으로 뇌가 복잡한 결정을 단순화하기 위해 사용하는 정신적 지름길 혹은 경험 법칙이다. 인지 편향으로도 알려져 있는데 이는 의사 결정에 관한 장에서 자세히 다루기로 한다. 기준점은 결정을 내릴 때 의존하는 정보다. 슈퍼마켓 실험에서 고객들의 뇌는 구매 한도인 12를 기준점으로 두고 점점 하향 조정되었다. 수프를 3개만 산 사람들은 숫자 12를 염두에 두지 않았기 때문에 평소의 구매 정도를 고려했거나 0을 기준으로 잡고 상향 조정해 위로 하나씩 올라간 것이다.

이제 여기서 배운 내용을 평범한 기업들 대부분이 전통적 자원배분에 어떻게 접근하는지에 적용해보자. 기업의 자원배분은 작년 예산이나 다른 형태의 역사적 기준선(기준점)에서 시작한다. 그렇게 되면 늘 해왔던 방식대로 자원이 분배될 가능성이 높다. 어떤 부서가 올해 2퍼센트 실적이 늘었다면 내년에도 비슷하게 상승할 거라고 여긴다(어쨌거나 거기서 큰 차이는 나지 않을 거라고 생각한다). 하지만 '기준점'이 0으로 바뀌면 어떻게 될까? 어떤 투자도 당연한 것으로 간주되지 않는다. 모든 투자를 면밀히 조사하고, 대안을 모색하며, 회사의 전략과 비전에 반해 어떻게 성과를 가져올지를 따져 자원배분을 승인한다. 자원배분에 있어 '제로 베이스에서 시작한다'는 것은 바로 그런 뜻이다. 그편이 접근하기 훨씬 더 어렵지만 최고의 CEO들은 그럴 가치가 있다고 믿는다.

메리 배라는 2014년 GM의 CEO로 취임할 때 자원배분을 최우선 과제로 내세웠다. 당시 GM은 전 세계 여러 시장에서 영업을 하고 있었지만 모두 성공적이지는 않았다. GM은 모든 것을 가지고 모든 사람들을 위해 어디에나 존재하려고 노력했다. 그러다 보니 자본과 다른 자원을 여러 곳에 너무 조금씩 배분하느라 정작 중요한 시장에서 경쟁력이 떨어졌다.

자본을 적절히 배분하고 싶었던 배라는 배치할 자본의 수익률을 꼼꼼히 살피기 시작했다. 그녀는 이렇게 설명한다. "아시아의 한 지역 법인장이 그곳에 우리 제품을 유치하기 위해 수억 달러를 투자하기를 원했다. 그건 '돈을 벌긴 하지만 위험 부담이 크다' 정도가 아니라 '거기다 돈을 버린다'는 계획이나 마찬가지였다. 그래서 나는 '왜 우리가 이걸 해야 하지? 자본을 회수할 수 없다는 걸 알면서 왜 자본을 분배해야 하지?'라고 물었다."

그 지역 법인장은 이곳에서 계속 사업을 해왔는데 시장을 그냥 떠날 수는 없으며, 지금 이 제품에 투자하지 않으면 판매할 게 없다고 말했다. 배라는 그 말을 들으면서 한 이사가 한 말을 떠올렸다. "돈을 잃는 전략은 없다."

배라는 그 후 일어난 일을 다음과 같이 회상한다. "나는 최고재무책임자CFO에게 수익성을 높일 계획 없이는 돈을 풀 수 없다고 말했다." 그녀와 CFO는 같은 의견이었고, 수익을 낼 계획이 없다면 자본금을 줄 수 없다고 모두에게 말했다. "해당 지역이나 국가에서 시장 수익성을 고치든지, 판매하는 제품을 교체하거나 보완하지 않으면 우리는 그 시장에서 철수할 것이다."

배라는 GM이 그 시장에서 이기는 데 필요한 제품, 브랜드, 강력한 딜러 네트워크를 가지고 있지 않다고 판단해 결국 시장을 떠나기로 결정했다. "우리는 그 시장에서 정말 열심히 노력했다. GM은 20년 동안 그곳에 있었지만 적절한 전략 없이 그 시장에 진입했다는 점을 인정해야 했다."

배라는 재임기간 동안, 자원배분에 있어 '제로'에서 출발하는 접근법을 고수해왔다. 그녀는 GM이 적절한 수익을 창출할 가장 좋은 기회가 어느 시장에 있는지 꼼꼼히 분석한다. 전략 회의를 할 때 그녀는 심층 분석에 참여하고 경영진들과 거친 대화도 마다하지 않는다. "우리가 사용할 수 있는 다른 비즈니스 모델이 있는가? 다른 곳에서 제품을 조달할 수 있는가? 아니면 시장에서 빠져나와야 하는가?" 임원 한 명이 반대하면 이렇게 묻는다. "당신 돈을 거기에 투자하겠는가? 당신 개인 자금을 투자하고 싶지 않은 곳에 왜 우리가 투자해야 하는가?"

모든 것에 의문을 제기하고 모든 투자가 회사의 비전, 전략, 재무 목표를 반영해야 한다는 배라의 접근 방식은 우리가 인터뷰한 거의 모든 훌륭한 CEO들에게서도 확인할 수 있었다. 예를 들어, 메드트로닉의 빌 조지는 "새로운 시각으로 사물을 보는 능력"의 중요성을 언급했고, 레고의 예르겐 비 크누스토르프는 "자본을 급진적으로 재분배하지 않으면 기회는 없다. 그래서 우리는 매년 50퍼센트에서 70퍼센트의 신제품 포트폴리오를 만들기 시작했다"고 말한다.

전체를 위한 해결책을 찾아라

각각의 잠재적 투자에 대해 제로 기반 접근법을 취하는 것을 넘어, 최고의 CEO들은 '전체를 위한 해결'이라는 만트라를 이용한다. 이 방법은 정답을 빠르게 파악하는 데 도움이 된다.

록히드마틴의 CEO 메릴린 휴슨은 이 만트라가 실제로 어떻게 적용되는지 설명한다. "나는 CEO가 되기 전에 한 사업부의 리더였다. 그래서 내 몫보다 더 많은 자금을 받을 방법을 알고 있었다. CEO가 되었을 때, 나는 여러 사업부 리더들에게 말했다. '우리는 당신의 투자 계획을 바닥부터 위까지 속속들이 들여다볼 것이다. 그리고 나서 모든 계획을 하나로 종합할 것이다. 기업 전체로 볼 때 중요도가 가장 떨어지는 부분에서는 예산을 줄이고, 모두가 꼭 해야 한다고 동의하는 사업에는 두 배로 쏟아부을 것이다. 누군가는 뭔가를 포기해야 하고, 다른 누군가는 주도권을 쥐게 될 수 있다는 뜻이다. 우리는 단지 항공, 우주, 미션 시스템 사업부의 리더가 아니라 회사의 리더, 록히드마틴의 리더로서 공동으로 그렇게 해야 한다. 그렇게 하나의 록히드마틴으로 행동하지 않으면 강해지지 못한다.'"

듀폰의 에드 브린은 다음의 예를 들려준다. "한 팀이 와서 '우리에게 5억 달러 예산이 필요하다'고 말한다. 그러면 CFO가 날 찾아와 말한다. 'A사업부라면 괜찮은 프로젝트가 될 겁니다. 하지만 B사업부라면 완벽한 홈런을 칠 거에요. 따라서 우리는 A사업 말고 B사업에 자금을 투자해야 합니다.' 해당 사업부 리더가 직접 결정을 내릴 수 있다면 당연히 그 부서에 좋다고 생각하는 결정을 할 것이다. 하지만 그게 회사 전체를 위해서 옳은 일은 아니다."

자본 재분배는 단순히 새로운 투자를 관리하고 다른 팀에서 그 투자금을 가져가지 못 하게 하는 게 아니다. 누가 어떤 예산을 어떤 기대를 가지고 소유할 것이냐의 문제이기도 하다. 우리가 인터뷰한 일부 CEO들은 더 많은 권한과 책임을 부여하기 위해 자본을 기업 중심에서 해당 사업부로 이동시켰다. 또 다른 CEO들은 반대로 효율성과 일관성을 위해 자본을 중앙으로 집중시켰다. 어떤 경우든 그 자본 이동이 전체를 위한 해결책이라는 CEO의 깊은 확신이 없다면 그런 제안은 끝없는 영역 싸움으로 번지는 경우가 많다.

알리안츠의 올리버 바테는 기능을 중앙으로 집중시킬 때 맞닥뜨린 저항과 사내 정치를 헤쳐 나가는 데 도움이 된 이야기를 들려준다. "예를 들면 여러 왕국이 연합 형태로 함께 성장하는 나라가 있다. 각 왕국은 저마다 씨를 뿌리고 소를 기르고 기계를 만들고 고속도로를 건설한다. 왕국의 통치자(사업체의 리더)들은 이렇게 말한다. '나에게서 모든 자본을 빼앗아 가면 나는 더 이상 이 왕국을 통치하지 않을 것이다. 이제 우리는 판매점밖에는 될 수 없다.'"

바테는 계속해서 말한다. "그것은 완전히 잘못된 생각이다. 그보다 나은 방법은 포뮬러1의 메르세데스-벤츠 팀처럼 생각하는 것이다. 챔피언은 둘이다. 하나는 세계 챔피언 레이서인 루이스 해밀턴이고 그는 사업부 수장이다. 두 번째는 메르세데스 레이스카를 만드는 사람들이다. 그들이 중심 기능을 담당한다. 타이어, 스티어링휠, 섀시, 엔진을 디자인하는 건 루이스 해밀턴이 아니다. 하지만 그는 상하이, 몬테카를로 등지에서 열리는 경기에서 1등으로 들어와야 한다. 그것이 알리안츠 전체를 위한 해결책의 힘이다. 당신(사업부장)이 경기에서 우승하는 데 필요한 자동차가 뭔지 말해주면, 우리(전사부서)가 세계적 수준의 플랫폼을 기반으로 제작한 자동차를 가져다줄 것이다."

바테의 비유는 설득력이 있었다. 이후 알리안츠는 132개의 로컬 및 지역 데이터 센터에서 6개의 전략 데이터 센터로, 전 세계 30개 데이터 네트워크에서 1개의 알리안츠 글로벌 네트워크로 자본을 이동시켜 상당한 비용 우위를 확보했다. 이를 바탕으로 2020년 코로나19 대유행 위기가 닥쳤을 때 신속하게 인력을 준비하고 원격 근무를 할 수 있었다. 전 세계 70여 개국에 사무소를 둔 기업으로서는 엄청난 성과였다.

(연간 예산이 아닌) 중요 단계별로 관리하라

JP모건체이스ʲᴾᴹᶜ CEO 제이미 다이먼은 "예산이 없어서 투자를 하지 않았다는 사업부 리더들을 보면 너무 답답하다"고 말한다. "'그 사업을 하고 싶다,' '지점을 추가하고 싶다', '클라우드 체제로 전환하고 싶다', '경쟁력을 갖추고 싶다'라고 말해야 한다. 5억 달러를 쓰고 싶은가? 그럼 그렇게 해야 하는 이유를 보여줘라. 최종 결정을 내리기 전에 내가 백만 가지 질문을 할 수도 있지만 좋은 생각이라면 결국 투자할 것이다. 예산으로 정해진 게 있더라도 바꿀 수 있다."

다이먼의 접근 방식은 본질적으로 괜찮은 사업에 관한 의사 결정이 연간 예산 때문에 방해받지 않게 하는 것이다. 다이먼은 여러 경력을 지내는 동안 사업부 리더들에게 한 페이지짜리 문서에 서명하게 했다. "○○는 우리가 하는 일에서 세계 최고가 되기 위해 필요한 모든 것을 요청했다." 다이먼은 말한다. "어느 누구도 변명 뒤에 숨을 수 없다."

다이먼의 방식은 변화하는 비즈니스 환경에 능동적으로 대처하는 데 도움이 된다. 자산 재분배에 빠른 움직임을 보이면 브렉시트, 갑작스러운 유가 하락, 지역 갈등, 금융 붕괴도 기회가 될 수 있다. 2008년 글로벌 금융 위기 때, 다이먼은 미국 정부로부터 전화를 받았다. 많은 양의 모기지 담보 증권을 보유하고 있다가 갑작스런 파산에 직면한 뉴욕시의 투자 은행 베어스턴스를 JP모건체이스가 매수할 수 있느냐는 문의였다.

다이먼은 회상한다. "나는 목요일 밤에 베어스턴스와 이야기했고, 금요일에 이사회에 전화해 상황을 전했다. 정부는 인수 형태로 가길 원했다. 나는 이사회에 '우리가 위험해질 수 있다면 하지 않을 것이다. 주주들이 보기에도 납득할 만해야 한다'고 말했다. 나는 리스크를 완화할 방법을 전부 이사들에게 설명했고, 여기에는 인수 가격도 포함되어 있었다. 우리는 주말 동안 실사를 벌이느라 하루 15시간씩 일을 했다. 베어스턴스가 소유한 모든 주택담보대출, 대출금, 거래 장부, 소송, 인사정책 등을 검토했다. 정말 대규모 실사였다." 다음 날 다이먼은 베어스턴스를 대폭 할인된 가격인 주당 2달러에 매수했고(최종적으로는 주당 10달러로 인상), JP모건체이스의 직원들이 베어스턴스로 옮겨가 트레이딩 데스크와 모기지를 운영하고 리스크를 관리하기 시작했다.

빠르고 현명하게 자본을 분배하는 다이먼의 능력은 결실을 맺었다. JP모건체이스는 미국에서 가장 크고 수익성 높은 은행 중 하나이며, 총자산 3조 달러가 넘는 세계 7대 은행이 되었다. 다이먼은 2008년 금융 위기 직전에 위험한 서브프라임 모기지(비우량 주택담보대출)로부터 120억 달러가 넘는 자금을 빼는 선견지명으로 은행의 장기 재무 실적을 지켜낼 수 있었고, 이는 다이먼의 또 다른 시기적절하고 과감한 자산 배분 행보였다.

하지만 자본 재분배 프로세스가 예산 계획을 바탕으로 하지 않는다면 무엇을 기준으로 해야 할까? 최고의 CEO는 주요 성과별 이정표를 이용한다. 기존의 자금 투입으로 성과를 거두고 있다는 강력한 증거가 있을 때에만 추가 자금을 내놓는다. 각각의 이정표마다 지속할 것이냐 말 것이냐에 대한 주기적 토론이 이루어져야 한다. 듀폰의 CEO 에드 브린은 자신의 방식을 설명해준다. "우리는 모든 대규모 프로그램에 대해 측정 기준을 마련한다. 비용이 어느 정도인지 질문하고 그 프로그램을 통해 제대로 수익을 얻고 있는지 정기적으로 질문한다. 이렇게 모든 프로그램을 추적하고 진행 상황을 확인하며, 프로젝트 완료 후 1년 후에는 항상 사후 분석을 실시한다."

하지만 중요 이정표 중심으로 투자를 면밀히 모니터링한다고 해서 지속적으로 예산을 이동해야 한다는 뜻은 아니다. 큰 걸음을 내딛는 것이 여전히 타당하고, 이정표가 충족되고, 취한 조치가 회사에 성과를 가져오기만 한다면 최고의 CEO들은 그 과정을 계속 유지한다. 세계 최대 사이버 보안 기업 체크포인트의 창업자 겸 CEO 길 슈베드는 한 달에 한 번씩 온종일 원격 회의를 열어 자본이 적재적소에 배치되어 있는지 확인한다. "새 분야에 투자하거나 운영상의 변화를 만들 큰 결정이 이루어지지 않더라도, 그 회의는 여전히 우리가 꾸준히 속도를 내는 데 필요한 중요한 규율로 작용한다." 알파벳 CEO 순다르 피차이도 비슷한 견해를 보인다. "나는 두 가지를 본다. 최우선 순위로 매겼던 것들을 어떻게 진행했는지와 변곡점을 만들어냈는지 여부다. 빠르게 돌아가고 거기에 적응하게 하려면 비축분을 확보하는 것이 중요하다."

새로 만든 만큼 없애라

자원배분에 대해 폭넓게 이야기하자면 CEO가 직면한 선택을 지나치게 단순화할 위험이 있다. 실제로 자원배분은 씨뿌리기, 키우기, 가지치기, 수확하기의 네 가지 기본 활동으로 구성된다. 씨뿌리기는 인수 혹은 유기적 창업투자를 통해 신규 사업영역에 진출하는 것이다. 키우기에는 인수 등의 투자를 통해 기존 사업을 강화해 나가는 것이 포함된다. 가지치기는 연간 배분하는 자원의 일부를 다른 사업부에 주거나 사업의 일부를 매각하여 기존 사업에서 자본을 회수하는 것이다. 마지막으로 수확하기는 회사의 포트폴리오에 더 이상 맞지 않는 사업 전체를 매각하거나 분사하는 것이다.

　우리가 조사한 바로는 씨뿌리기와 수확하기에서는 최고의 CEO와 나머지 CEO들의 행동 사이에 전반적인 차이가 거의 없었다. 씨뿌리기는 신규 사업에 자금을 대는 것도 포함되며 이런 경우에는 저항도 거의 없다. 수확하기는 힘들기는 하지만 대부분은 사업이 지속적으로 저조한 성과를 보일 경우에 발생하기 때문에 저항하기 어렵다. 최고의 CEO들이 다른 CEO들과 다른 점은 키우기와 가지치기를 3배는 더 자주 행했다는 점이다. 최고의 기업들에서 이 두 기능이 자원 재분배 활동의 절반을 차지했다.[12] 두 작업 모두 한 사업부에서 자본을 가져와 다른 사업부에 제공하는 경우가 많기 때문에 쉽지 않은 일이다. 게다가 씨뿌리기를 많이 할수록 이 두 가지 활동, 즉 새로운 이니셔티브의 성공을 보장하기 위한 '키우기'와 결실을 맺지 못할 가지를 제거하기 위한 '가지치기'는 더욱 중요해진다.

　2003년 낸시 맥킨스트리가 볼터스 클루버의 CEO가 되었을 때, 이 네덜란드 글로벌 출판사는 인터넷 시대에 적응하기 위해 고군분투하고 있었다. 수입과 이익은 제자리걸음이었고, 디지털 전략도 부족했다. 맥킨스트리는 북미 사업의 리더로 일하는 동안 사업을 깊이 있게 이해하고 있었지만 이런 어려운 상황에서 그녀가 CEO를 맡게 된 건 회사로서는 대단히 과감한 선택(회사의 첫 여성이자 네덜란드인이 아닌 최초의 CEO였다)이었다. 그 당시 볼터스 클루버는 주로 세금, 법률, 의료 분야의 전문서적을 출간하는 출판사였다. 점점 더 많은 고객들이 대량 정보를 보다 빠르고 쉽게 살펴볼 수 있도록 디지털 형식의 정보와 생산성을 향상시킬 수 있는 전문 솔루션을 원했다.

먼저 맥킨스트리는 새 디지털 출판 사업의 '씨를 뿌렸다'. 동시에 그녀가 추구하는 디지털 프로필에 맞지 않는 사업은 팔아서 자금을 '수확했다'. 맥킨스트리는 CEO가 된 이후, 10년 동안 디지털 전략에 맞는 약 15억 달러 상당의 새로운 회사를 인수하는 한편, 잠재력이 낮은 사업체는 10억 달러에 매각했다.

결국 그녀의 전략이 먹혀든 곳은 회사 포트폴리오의 '키우기'와 '가지치기'였다. 포트폴리오를 키우기 위해 글로벌 금융 위기와 코로나19 대유행 중에도 매년 회사 수익의 약 8~10퍼센트를 새롭고 향상된 솔루션에 재투자했다. 이 투자한 자금이 현명하게 쓰일 수 있도록, 내부적으로 총주주수익률 모델을 만들고 이를 50개 사업부에 확장해 적용했다. 맥킨스트리는 말한다. "지난 3년간 새로 만든 사업부의 주식 가치를 수치상으로 알 수 있다. 또 이를 현재 고려 중인 새로운 3개년 계획과 비교할 수도 있다. 이 모델은 전체 조직에서 가치 창출이 어떻게 이루어지는지 이해하는 데 도움이 되었다." 이 정보를 바탕으로 맥킨스트리는 신생, 고성장, 성숙, 쇠퇴의 길을 걷고 있는 사업부를 명확히 파악하고 그에 따라 투자금액을 배분할 수 있었다. 맥킨스트리는 데이터 중심의 접근 방식은 "적절한 곳에 투자하고 있는지 알게 해준다는 데 의미가 있다"고 말한다.

모든 '키우기'와 '가지치기'는 성과를 거두었다. 맥킨스트리가 CEO 직을 시작했을 때는 사업의 75퍼센트가 인쇄물이었다. 오늘날에는 10퍼센트가 채 되지 않는다. 전문가 솔루션 사업도 번창하고 있다. 그녀가 CEO가 된 이후, 회사 주가는 5배 이상 올랐다.

많은 지도자들은 가지치기라는 어려운 행동이 실생활처럼 가깝게 느껴지도록 습관을 들인다. 알파벳의 CEO 순다르 피차이는 자신의 멘토였던 빌 캠벨(클라리스, 인튜이트, GO코퍼레이션에서 CEO를 역임했고 여러 기술 산업 리더들에게 코칭을 하면서 많은 영향을 미쳤다)의 조언을 종종 적용한다. "빌은 내게 월요일마다 '지난주에는 무슨 사업을 끊어냈지?'라고 묻곤 했다. 기존의 유대를 끊어내지 않으면 조직은 정체된다. 예를 들어, 우리는 플레이뮤직과 비슷한 음악 사업인 유튜브뮤직을 가지고 있었다. 언제든 누군가는 결정을 내려야 했다. 너무 많은 자금이 빠져나가기 때문이었다. 각 사업 리더에게 묻고 끊어낼 수 있어야 나머지 분야에 더 큰 힘을 실어줄 수 있다. 사업 리더들도 각자의 팀에서 똑같이 해야 한다."

DSM의 페이케 시베스마는 실패한 프로젝트의 장례식을 열어주는 '실패의 전당'을 마련한다. 이 아이디어는 전통적인 '명예의 전당'이 성공을 기념하는 것에서 착안했다. 프로젝트 장례식은 교훈을 얻고 공유하는 한 시도와 실패도 존중받을 만하다는 생각을 보여준다. 또한 그 사업에 더 이상 자본이 투입되지 않을 것임을 분명히 하는 기회이기도 하다. 즉, 그 프로젝트는 죽었음을 공표하는 것이다. 이 장례의식에는 다른 부서의 기술자들도 참석해 프레젠테이션을 듣고 거기서 배운 내용을 교류한다.

한번은 그런 장례식에서 기적적으로 부활한 사업도 있었다. 다년간 진행했던 액자 유리 연구개발 프로젝트가 망했다. 엔지니어들은 유입되는 빛의 광자를 전부 끌어들이는 코팅 유리를 개발했다. 그렇게 해서 무반사 완전 투명 유리가 탄생했고, 이 유리는 그림이나 사진용 액자에 쓰였다. 하지만 기술도 엄청나게 비싼데다가 이 유리를 판매할 시장은 박물관밖에 없었다. DSM의 비전에 비해 시장이 너무 작았던 것이다.

이 프로젝트를 기념하는 추도사를 낭독할 때 다른 사업부 기술자 한 명이 처음 듣는 기술에 흥미를 느껴 손을 들었다. "코팅에 들어가는 화학물질이 내가 아는 게 맞는다면 그걸 태양전지판에 적용해보면 어떨까요? 이렇게 하면 다른 것보다 광자를 더 많이 흡수해서 효율성을 높일 수 있을 것 같은데……." 시베스마는 최고정보책임자CIO를 돌아보았다. 두 사람 다 믿기지 않는다는 듯 서로를 멀뚱멀뚱 처다보았다. '세렌디피티*!' 액자 시장에 집착하던 영업부가 고려하지 못한 단순하고 기발한 아이디어였다.

그 프로젝트는 화려하게 부활했다. 실험 결과, 그 코팅을 적용하면 태양전지판에서 5~10퍼센트의 전력 증진 효과를 낼 수 있었다. 거기서부터 시작된 DSM의 무반사 코팅 사업은 '실패의 전당'을 거쳐 간 다른 사업들을 가지치기하여 확보한 자금으로 키워졌다. 오늘날 이 코팅은 전 세계의 수많은 태양전지판에 사용된다.

• 뜻밖의 의도하지 않은 발견을 뜻한다.

전술은 다르지만 다른 CEO들도 맥킨스트리와 시베스마가 구현한 가지치기와 키우기에 거의 종교적인 열정을 공유한다. 발레오의 자크 아셴브로아는 탄소배출량 감소 기술과 첨단 운전자 보조 시스템 사업을 키우기 위해 기존에 핵심 제품으로 여겼던 사업 투자를 중단했다. 아디다스의 캐스퍼 로스테드는 소매 파트너 사업을 없애고 온라인 채널을 키웠다. 이스라엘 디스카운트 뱅크IDB의 라일라흐 아셰르 토필스키는 해외 영업에서 조달한 자금을 국내 영업 기회를 강화하는 데 쏟아 부었다.

스스로가 자본 재분배에 너무 적극적이라고 느끼는 뛰어난 CEO는 단 한 명도 없었다. 마지드 알 푸타임의 알라인 베자니는 그 이유를 이렇게 요약한다. "자본 재분배는 말처럼 쉽지 않다. 많은 조직이 기존의 약속, 기대, 종종 스스로의 통제 범위를 벗어나는 현실에 발이 묶이기 때문이다." 이를 타개하기 위해서는 정치적, 역사적 족쇄에서 벗어나 아웃사이더처럼 행동하는 과감함이 필요하다.

최고의 자원배분자는 온전히 제로에서 시작해 모든 투자를 정당화한다. 그들은 어떤 한 분야보다 회사 전체의 이익이 우선임을 분명히 한다. 또 연간 예산이 아닌 성과 이정표에 따라 자원배분을 관리하고 주기적 프로세스가 아닌 지속적 프로세스로 운용한다. 마지막으로, 그들은 사려 깊은 가지치기 및 수확하기를 통해 사업을 새로 시작한 만큼 기존 것을 없앤다.

이번 장에서는 자원배분 중에서도 주로 재정적 측면을 다루었다. 예상한 대로, 최고의 CEO들은 기업의 자원을 자본 및 경영 지출을 훨씬 뛰어넘는 수준으로 생각한다. 리더십은 시간과 에너지가 집중되는 곳인 만큼 폭넓은 인재풀도 필수다. 인재 '자원'의 영역에 대해서는 다음 장에서 자세히 다루기로 한다.

■ ■ ■

지금까지 최고의 CEO들이 담대한 마인드셋으로 추진력을 얻어 변동성과 불확실성, 복잡성, 모호성이 끊임없이 증가하는 비즈니스 환경에서 어떻게 색다른 방향 설정 조치를 취하는지 살펴보았다. 기업의 방향을 설정할 때 CEO들의 탁월성을 특징짓는 담대한 행동을 표로 요약했다. 우리 연구에 따르면 이런 행동을 취하는 CEO들은 가장 뛰어난 상위 5분위 CEO가 될 가능성이 여섯 배 이상 높아진다.

소규모 사업체나 비영리 단체를 운영하는 사람이라도 담대함에 관

최고의 CEO들의 방향 설정 마인드셋

담대하라	
비전 수립 실천 **: 경쟁의 판을 재정의하라**	• 교차점을 찾고 확장하라 • 돈 버는 것 이상을 목표로 삼아라 • 앞을 내다보기 위해 뒤돌아보아라 • 다양한 리더들을 개입시켜라
전략 실천 **: 미리, 자주, 과감하게 움직여라**	• 탁월하게 미래를 예측하라 • 리스크를 주시하라 • 오너처럼 행동하라 • 정기적으로 심장 제세동기를 들이대라
자원배분 결정 실천 **: 아웃사이더처럼 행동하라**	• 제로 베이스에서 시작하라 • 전체를 위한 해결책을 찾아라 • (연간 예산이 아닌) 중요 단계별로 관리하라 • 새로 만든 만큼 없애라

한 교훈들을 여러 방향으로 적용해볼 수 있다. 과연 이런 방향으로 나아가고 있는지 자문해보라. (1) 충족되지 않은 요구를 충족시키고 (2) 고유한 역량을 사용하며 (3) 고귀한 목적을 추구하며 (4) 수익 창출이 가능한(당신의 상황과 관련 있다면) 방향을 추구하고 있는가? 당신을 돕고 싶어 하는 사람들을 비전 수립에 참여시키고 있는가? '큰 바늘을 옮기는 자'의 행동을 취하고 있는가? 시간과 에너지, 인재, 재정을 우선순위가 낮은 곳에서 빼내어 이런 행동을 추구하는 쪽에 투자하고 있는가? 이런 질문에 긍정적으로 대답할 수 있는 사람이라면 획기적인 성공을 낚아챌 확률이 확실히 높아질 것이다.

추상적인 것들을
구체적으로 다루어라

—

우리가 사람을 대할 때, 논리의 생명체가 아닌
감정의 생명체를 상대하고 있음을 잊지 마라.

_데일 카네기

CEO는 회사의 미래를 위해 방향을 설정하지만 그 계획이 현실화 될 가능성은 낮다. 우리의 자체 연구를 포함해 많은 연구의 결론을 보면 전략의 성공 가능성은 3분의 1 정도밖에 되지 않는다. 변화는 논리의 문제가 아닌 감정의 문제라는 현실이 실패의 원인이다. 사람과 문화에 관련된 '소프트한 요소들Soft Stuff'이 성공의 방해요소 중 대부분 (72퍼센트)을 차지한다.[1]

이것은 전혀 새로운 발견이 아니다. "조직 문화는 아침 식사로 전략을 먹는다." 경영의 대가 피터 드러커가 50여 년 전에 한 말이다. 대부분의 CEO들은 이 점을 이해하고 있으며, 소프트한 것은 바로잡기 힘들다는 사실을 쉽게 인정한다. 따라서 이들은 최고인사책임자CHRO에게 전략 실행에 필요한 조직 및 인재 관련 변화를 위한 적절한 계획이 있는지 확인한다. 그렇기는 해도 대부분의 CEO들은 사람(소프트한 요소)과 관련해 계획을 세울 때 CFO가 재무 계획을 수립할 때와 같은 수준의 탄탄함과 일관성을 기대하지 않는다.

하지만 최고의 CEO들은 다르다. 그들은 소프트한 요소를 다루기 힘들다는 사실을 인정하는 데서 그치지 않고, 소프트한 요소를 하드한 요소Hard stuff처럼 취급한다. 또 CHRO뿐 아니라 모든 고위경영진에게 인력과 관련된 부분을 감안해 전략을 세우게 한다. KBC의 요한 타이스는 말한다. "CEO는 양쪽을 모두 고쳐야 한다. 쉬운 부분은 기술적인 부분이고, 어려운 부분은 인적 관련 부분이다. 기술적 문제가 있다면 자본과 유동성, 수익성을 찾아 해결할 수 있다. 하지만 마인드셋에 관한 문제를 해결하지 못한 채 시간을 끄는 CEO가 있다면, 그는 그것 때문에 절벽에 매달리는 신세가 될 것이다."

"소프트한 것을 하드한 것처럼 대하라"는 마인드셋을 선택하고 거기서 요구되는 행동을 취할 때, 그 영향력은 엄청나다. 전략이 성공적으로 실행될 확률은 30퍼센트에서 79퍼센트로 두 배 이상 늘어나고 그 전략이 실행될 때 영향력은 1.8배 더 커진다.[2] 이런 성과 차이가 생기는 이유는 최고의 CEO들은 조직 정비에 관련된 세 가지 하위 요소 문화, 조직 설계, 인재 각각에 대해 근본적으로 다른 접근 방식을 취하기 때문이다.

중요한 한 가지에 집중하라

문화 조성 실천

문화는 코드화된 지혜다.

왕가리 마타이

할리우드 블록버스터 코미디 영화 〈굿바이 뉴욕 굿모닝 내 사랑City Slickers〉의 한 장면에서 컬리(잭 팰런스가 연기한 거칠고 나이 든 카우보이)는 미치(빌리 크리스탈이 연기한 맨해튼의 여피족)가 보여준 시민화된 삶의 혼돈을 비웃는다. 그때 컬리는 자신의 지혜를 들려준다. "모든 것은 딱 한 가지로 귀결된다. 그 하나에만 집중할 수 있으면 다른 건 아무래도 상관없어진다." 미치는 여전히 혼란스러워하며 그 한 가지가 무엇이냐고 묻는다. 컬리는 "그건 스스로 알아내야 한다"고 대답한다. 영화 후반부, 생명이 위협받는 상황에서 미치는 자신에게 정말 중요한 것은 아내와 아이들임을 확신하고, 그것이 자신의 '한 가지'임을 깨닫는다. 그 순간, 너무나 어마어마해 극복할 수 없다고 여겨졌던 회사 문제와 중년의 나이로 인한 걱정거리가 눈 녹듯 사라진다.

우리가 인터뷰한 최고의 CEO들이 새 CEO에게 문화적 변화에 관해 조언을 해준다면 컬리와 똑같은 말을 하지 않을까 싶다. 폴 오닐(72대 미국 재무장관을 역임)이 알루미늄 생산업체 알코아의 CEO를 맡았던 시절의 경험담은 바로 그 '한 가지'에 초점을 맞춘 가장 적절한 사례다. 그가 CEO가 되었을 때 회사는 쇠락의 길을 걷고 있었다. 투자자들은 수익률과 수익 전망에 우려를 나타냈다. 첫 주주총회에서 오닐이 한 첫마디는 유명하다. "노동자 안전에 대해 말씀드리고 싶다." 수익 증대와 비용 절감은 부차적인 요인이라고 확신하면서 말이다. 투자자들이 재고 수준, 공장 가동률에 대해 물을 때 그의 답변은 간단했다. "알코아가 어떻게 하고 있는지 알고 싶다면 작업장 안전 수치를 보라. 다른 CEO들은 분위기를 띄우는 소리를 했을지 모르지만 우리는 부상률을 낮추었다는 사실을 강조하고 싶다. 그건 이 회사에서 일하는 각 개인이 중요한 일에 함께 하기로 합의했기에 가능한 일이다. 우리는 훌륭한 습관을 만들기 위해 헌신하고 있다."

투자자들은 그가 안전문화 중심의 계획을 내놓자 서둘러 주식을 팔아치웠지만 회사는 1년 안에 기록적인 이익을 가져다주었다. 13년 후 그가 은퇴할 때, 순이익은 다섯 배 증가해 있었다. 오닐의 논리는 명확했다. "알코아를 변화시켜야 한다는 건 알았지만 사람들에게 변하라고 요구할 수는 없다. 뇌는 그런 식으로 작동하지 않는다. 그래서 나는 딱 한 가지에 집중하기로 했다. 그 한 가지에서 습관을 깨기 시작할 수 있다면 회사 전체로 퍼뜨릴 수 있다."[3]

우리가 인터뷰한 CEO들 모두 문화적인 부분에서는 오닐과 똑같은 방식으로 단호하게 나갔다. 에이온의 그레그 케이스가 좋은 예다. 그가 2005년 글로벌 브로커 에이온의 CEO가 되었을 때 에이온은 연합 사업체 형식으로 운영되고 있었다. 리더들은 각자 고객과 관계를 유지하고 개별적으로 손익을 해결해왔다. 케이스는 상징적 존재인 설립자로부터 훌륭한 자산을 물려받았지만 리더 모두가 자신을 개인 사업자로 여겼고, 각자 사업을 하고 싶어 했으며, 그 결과 다 같이 실적이 저조했다고 회상한다. "단 한 가지가 큰 차이를 만들어낸다." '에이온 유나이티드'는 직원들이 하는 모든 일의 중심에 고객을 두고 서로 지원하며 글로벌 기업으로서 고객을 위해 함께 일한다면 비즈니스를 더 많이 유치하고 유지하며 더 빠르게 혁신하고 확장할 수 있다는 생각에서 시작되었다. 케이스는 그 여정을 "10년이 소요된 어렵고 힘들었던 길"이라고 묘사하지만 어쨌거나 그 길은 결실을 맺었다. 에이온은 시가총액 60억 달러의 인수 연합체에서 2020년 초 기준 500억 달러 가치의 통합 기업으로 성장했다.

오닐의 안전문화와 케이스의 '에이온 유나이티드'는 수십 가지 중 일부 사례에 불과하다. 록히드마틴의 메릴린 휴슨은 최신 제품과 서비스를 개발하면서 확고하게 고객에 집중하자는 '목적을 가진 혁신'에 초점을 맞추었다. 넷플릭스의 리드 헤이스팅스는 다른 조직이 부러워하는 방식으로 권한과 책임감을 동시에 극대화하는 '자유와 책임' 문화를 강조해왔다. 마스터카드의 아자이 방가는 '품위 지수Decency Quotient, DQ'의 중요성을 끈질기게 강조한다. 그는 DQ는 여러 행동 특성을 한 구절로 압축할 수 있게 해주며, 다양한 해석이 가능해 개인에 따라 유연하게 적용할 수 있지만 잘못 해석될 염려는 없다고 말한다.

그렇게 협소하게 초점을 맞추는 것이 현명한 일인지 의문을 제기하는 이들도 있을 것이다. 인사부에서 만들어내는 온갖 평가서와 리더십 모델은? 그것도 중요한 요소가 아닌가? 그렇다. 하지만 최고의 CEO들은 늘 가장 큰 차이를 만들어낼 요소들을 심사숙고하며 이 내용을 간결한 단어나 구절로 요약해 계속 상기시킬 수 있게 한다. 산탄데르에서 20만 명의 직원을 감독하는 아나 보틴은 '단순하게, 직접, 확실하게'라는 한 구절을 회사 문화에 관한 만트라로 만들어 직원들이 뼛속까지 그 말을 새겨 넣게 한다. "규정집이 없어도 직원들은 이 세 단어를 되새긴다. 나도 누구 못지않게 규칙과 프로세스, 관리의 힘을 믿는다. 하지만 책에 모든 내용을 다 쓸 수는 없다. 92세 고객이 자신의 계정에 접속하지 못하는 상황이라고 해보자. 원칙대로라면 해결책은 한 가지뿐이다. 하지만 '확실하게 직접' 일을 해결하고 싶으면 고객의 집으로 가서 도움을 주면 된다. 이는 우리가 경쟁업체들과 어떻게 다른지를 보여준다. 우리는 이런 식으로 일한다."

에스켈의 CEO 마조리 양은 'e 문화'라는 독특한 아이디어로 직원들과 끊임없이 소통한다. 윤리ethics, 환경environment, 탐구exploration, 우수성excellence, 교육education 의 다섯 가지 'e'를 통해 직원들은 그녀가 하려는 말의 본질을 이해한다. KBC의 요한 타이스는 성과Performance, 권한 부여Empowerment, 책임Accountability, 대응Responsiveness, 지역배태성 Local embeddedness의 머리글자인 '펄PEARL' 문화를 전파한다. "모두가 안다. 이에 동의하지 않는다면 '내가 여기서 뭘 하고 있지'라고 자문해봐야 한다." 소니의 전 CEO 히라이 가즈오는 일본어로 '우와' 하고 감탄을 자아낸다는 뜻의 '칸도'에 초점을 맞췄다. "11만 명의 직원들에게 적용되는 이 핵심 메시지는 10퍼센트의 노력을 추가로 기울일 동기를 부여한다. 엔터테인먼트 회사든, 전자 제품, 금융 서비스, 또는 그 중간의 어떤 분야에서 일하든 고객과 전 세계 소비자들에게 '칸도'의 놀라운 경험을 제공하는 것이 당신이 할 일이다."

그렇다면 최고의 CEO들은 그 '한 가지'를 어떻게 결정할까? 〈굿바이 뉴욕 굿모닝 내 사랑〉의 미치에게 일어났던 일처럼 꼭 생명을 위협하는 상황이 닥쳐야 하는 것은 아니다. 하지만 그 과정에서의 엄격함과 규율은 필요하다. 마이크로소프트의 CEO 사티아 나델라의 접근 방식이 전형적이다. 그는 소규모 교차기능팀을 구성해 심층 진단을 수행하고, 전문가, 최고경영진, 부사장, 다양한 포커스 그룹과 소통하면서 그들의 경험, 그들이 원하는 문화, 그들이 열정을 가지고 지켜온 것, 뒤에 남겨두어야 할 것들부터 알아보기 시작했다. 나델라는 이 광범위한 정보들을 기반으로, 마이크로소프트의 리더 열일곱 명으로 구성된 '문화 내각'을 구성했고, 직접 의장을 맡았다. 이들은 여러 정보들을 중요한 몇 가지 주제로 요약했다. 결국, 나델라는 스탠퍼드대 심리학자 캐롤 드웩의 연구에서 영감을 받아 '성장 마인드'를 채택했고, 이는 자신이 옳다는 것을 계속 증명하려고 노력하기보다 실수와 다른 사람들로부터 배우는 것의 중요성을 강조했다. 과감한 기술적 도전을 하여 세상에 환원한 회사의 역사는 그대로 가져가되 실패를 두려워하고 협업을 힘들어하는 고도의 개인주의적이고 내부 경쟁적인 문화는 벗어버려야 할 속성이라고 판단했다.

한 가지를 찾는 행위는 그 자체로도 중요하지만 회사 문화가 실제로 그것을 수용하는 방향으로 바뀌지 않으면 아무 의미도 없다. 그렇다면 최고의 CEO들은 원하는 방향으로 문화를 변화시키기 위해 어떤 일을 할까?

작업 환경을 재구성하라

당신이 토요일에는 실내악 연주회, 일요일에는 스포츠 행사에 참석한다고 해보자. 모차르트의 현악 4중주가 연주될 때는 조용히 앉아서 음악을 몰입해 듣다가 끝날 때에는 다른 청중들과 함께 우아하게 박수를 친다. 반면에 스포츠 경기에서는 고함을 지르고 손을 흔들며 팔짝팔짝 뛴다. 당신은 변하지 않았다. 당신은 똑같은 감정, 가치관, 요구를 가지고 있다. 바뀐 건 환경이다. 그래서 당신의 표현과 감상, 기쁨을 가장 잘 표현할 수 있는 방법에 대한 당신의 마인드도 바뀐 것이다.

그렇다면 직원들의 작업 환경을 형성하는 것은 무엇일까? 영향을 미치는 주요 요인에는 네 가지가 있다. 첫째는 이야기를 전하는 스토리와 질문이다. 둘째는 작업이 수행되는 방식(구조, 프로세스, 시스템, 인센티브)을 지배하는 공식 메커니즘이다. 셋째는 CEO, 고위경영진, 그밖에 영향력 있는 이들을 관찰해 얻는 롤모델이다. 마지막으로, 원하는 대로 행동할 능력에 대한 자신감의 정도를 들 수 있다. 최고의 CEO들은 이 네 가지 환경 변화 요인의 각 부문에서 문화적 변화를 위한 노력을 수행한다.

그레그 케이스는 '에이온 유나이티드'의 문화적 목표를 추구한다.

그는 분기별 실적 발표 때 에이온 유나이티드가 경쟁력 우위를 갖춘 하나의 회사임을 내세우고 그에 관한 서술을 지속적으로 강조한다. 또 그는 맨체스터 유나이티드 축구팀을 후원하며 팀워크의 우수성을 전파한다.

회사의 공식 메커니즘에도 많은 변화를 주었다. 이전에는 지역 리더들에 위임했던 고객 서비스 모델을 표준화했고, 시너지 효과를 얻기 위해 경영을 통합했다. 고위급 리더들의 보상체계는 전사 수익을 기준으로 단일화했다. 한때 60개 하위 브랜드의 우산 역할을 했던 에이온은 총체적 단일 브랜드가 되었다. 리더는 일주일에 하루씩 시간을 할애해 자신과 다른 영역에 있는 동료들의 성공을 돕는다.

케이스는 자신이 롤모델 역할을 하고 있음을 잘 안다. 그는 '나, 나를, 나의' 대신에 '우리, 우리를, 우리의'라는 말을 더 선호한다. 덕분에 좋은 일이 생기면 다른 사람에게 쉽게 공을 돌린다. 그는 '고객에게 서비스를 제공하거나 동료가 고객에게 서비스하는 것을 돕는다'는 팀워크 만트라를 강조하고, 최고의 서비스가 전달되도록 고객서비스팀과 직접 협력한다.

기술과 자신감을 쌓기 위해, 회사는 며칠 간에 걸친 워크숍을 열어 5,000명이 넘는 직원들에게 '에이온 유나이티드를 리드하라'의 의미에 관한 교육을 진행했다. 또 경영진이 회사의 전 영역을 이해할 수 있도록 교육 자료를 갖춘 온라인 저장소를 만들고, 능력 함양에 필요한 내용을 리더십 육성 프로그램에 담았다.

태국의 시암 시멘트 그룹 전 CEO인 칸 트라쿨훈은 태국에서 가장 크고 오래된 시멘트 및 건축자재 회사에서 혁신의 '개방과 도전' 문화를 만들고 싶었다. 이를 위해, 그는 직장 문화에 영향을 미치는 네 가지 요소에 초점을 맞췄다. 2006년 CEO 자리에 오른 뒤 '현장으로 가라'는 스토리텔링 전략을 세우고 70개의 현장을 방문하면서 혁신 문화 육성의 중요성을 설파했다. 또 한 달 동안 진행되는 신입사원 오리엔테이션에서 회사의 스토리를 들려주었다.

그는 연구개발 센터를 공장 옆으로 옮겨 연구원들과 공장 직원들이 팀으로 일하는 메커니즘을 만들었다. 전문성의 깊이를 더하기 위해 인센티브 제도를 다듬었고 전문 기술자를 위한 진로도 마련했다. 고부가가치 제품의 중요성을 강조하기 위해 목표를 조정했고 연간 연구개발비도 두 배로 늘렸다.

롤모델링에 관해 트라쿨훈은 '체면 살려주기'(공개적으로 잘못된 점을 지적하지 않음)와 격식을 중시하는 태국의 전통문화를 깨고 자신의 실패를 공개적으로 이야기했다. 또 공장 방문을 비공식 행사로 바꾸고, 자신을 '써sir'나 '회장님'이 아닌 '피칸Pi Kan'('Pi'는 친근하게 형을 부르는 표현이다)이라고 부르게 했다.

그는 인시아드INSEAD 비즈니스 스쿨과 협력해 자신감과 기술을 향상시킬 수 있는 리더십 훈련 프로그램을 만들었다. 리더들은 5개월에 걸쳐 매달 5일 동안 함께 모여 수업을 받고 혁신에 필요한 최첨단 접근 방식을 배운다. 그는 또 리더들에게 새로운 아이디어와 마인드셋을 얻을 수 있도록 글로벌한 경험을 쌓을 것을 요구했다. 혁신의 '개방과 도전' 문화를 만들고자 한 트라쿨훈의 노력은 성공적이었다. 2016년 그가 CEO직에서 물러났을 때 회사의 시가총액은 80억 달러에서 160억 달러로, 직원 수는 2만 4,000명에서 5만 4,000명으로 늘어났다.

에이온과 시암 시멘트의 경험에서 볼 수 있듯이, 회사 문화를 빠른 시간 안에 바꾸기 위해서는 조직 내에서 일어나는 모든 활동을 마주하는 유일한 사람인 CEO가 '한 가지' 문화적 메시지를 집어내어 이와 일관되게 업무 환경을 재구성할 수 있다는 이해와 확신을 가져야 한다. 가장 중요한 작업을 규정하고 나면, 나머지 작업은 위임해 성과를 관리할 수 있다. 하지만 다음에서 살펴보겠지만, 최고의 CEO들은 특정 부분에 있어서는 직접 나서서 조치를 취한다.

스스로 먼저 변화하라

우리와 인터뷰한 거의 모든 CEO들은 롤모델링의 중요성에 대해 하나같이 입을 모은다. DBS의 피유시 굽타는 말한다. "CEO는 자신의 말과 행동에 엄청난 파급효과가 있다는 사실을 인지하고 있어야 한다. 회사 전체가 CEO를 중심으로 돌아간다." 그 말은 한편으로는, 리더라면 설익은 생각이나 논평으로 의도치 않은 메시지를 보내지 않도록 신중하고 사려 깊게 행동해야 한다는 뜻이다. 다른 한편으로는, 이런 모습이 문화 형성에 있어 큰 기회를 만든다는 뜻이기도 하다. 최고의 CEO들은 매우 뛰어난 통찰력을 가지고 그렇게 해낸다.

많은 리더들은 "스스로 세상에서 보고 싶은 변화가 되어라"라는 잘 알려진 격언을 따르려고 노력한다. 말 그대로다. 하지만 사실 그것만으로는 부족하다. 사람들은 대부분 자신이 얼마나 부족한지 잘 모른다. 모든 인간과 마찬가지로 CEO들도 심리학에서 말하는 낙관주의 편향*에 빠지기 쉽다. 예를 들어, 우리는 CEO에게 직원들의 사기진작을 위해 얼마나 많은 시간을 투자하는지 물어본 적이 있다. 그의 대답은 20~30퍼센트였다. 이어 자신의 사기진작에는 몇 퍼센트를 할애하는지 물었더니 침묵이 흘렀다. 그런 일화는 차치하더라도 연구 결과는 명확하다. CEO들이 원하는 행동 변화에 있어 롤모델 역할을 하느냐는 질문에 86퍼센트가 그렇다고 답한 반면, 대면 조사에서는 53퍼센트만이 동의했다.[4] 석유회사 우드사이드의 전 CEO 존 아케허스트는 이렇게 고백했다. "CEO로서 내가 회사 문화에 전적으로 책임이 있음을 인지하기까지 많은 노력이 필요했다. 나는 내가 얼마나 잘못된 행동을 했는지, 내 행동이 다른 사람들에게 얼마나 큰 영향을 미쳤는지 깨닫고 깜짝 놀랐다."

롤모델을 좀 더 건설적인 방향으로 추구하다 보면 '변화를 주기 위해서는 내가 먼저 변해야 한다'는 격언을 떠올리게 된다. 이런 사고방식은 아무리 롤모델링을 잘하더라도(혹은 잘한다고 생각하더라도) 개인적으로 변해야 할 책임이 있음을 암시하는데, 이는 모든 직원들에게 요구되는 내용이다. 브래드 스미스는 인튜이트에서 디자인 사고와 실험에 문화적 초점을 맞출 때 이러한 접근법을 실행했다. "우리는 마인드를 바꿔야 했다. 성공과 실패 모두 똑같이 배움의 기회로 여겨야 한다. 나는 내가 저지른 실수를 공개적으로 말하기 시작했다. 내 사무실 유

---

* 미래나 자신에 관련된 일은 긍정적으로 생각하는 경향.

리창에 나의 실적 평가를 공개했고 심지어 전 직원에게 메일을 보냈다. '이사회에서 작성한 나의 성과 평가서다. 내가 진행 중인 업무 세 가지가 있는데 여러분의 도움이 필요하다. 그러니 내가 사무실을 돌아다닐 때 잘못된 점을 지적해 달라.'"

스미스의 이런 태도에 자극을 받아 다른 직원들도 따라 하기 시작했다. "그러자 경영진도 곧 자신들의 성과 리뷰를 공개하기 시작했다. 회사 전체에서 사람들은 자신의 실수를 인정하고 '이게 내가 진행 중인 일이야' 하고 말하기 시작했다. 서로 부족할 수 있음을 인정하고 (비판이 아닌) 건설적인 피드백을 제공해 지속적으로 개선 문화를 만들어갔다. 사람들은 더욱 실험적으로 업무에 임했고 자신이 참여하지 않는 업무도 기꺼이 인정해주는 분위기가 형성되었다."

최고의 CEO들은 무언가를 바꾸려면 내가 먼저 변해야 한다는 마인드로 롤모델이 될 기회를 찾는다. 마이크로소프트의 사티아 나델라는 취임한 지 8개월 되었을 때, 기술직 여성을 위한 연례행사에서 기조 연설을 했다. 질의응답 시간에 임금 인상을 요구하기 부담스러워하는 여성들에게 어떤 조언을 해주고 싶냐는 질문을 받았다. 그는 "인내심을 가지고 계속 앞으로 나아가다 보면 시스템이 공정하게 임금을 인상해줄 것이다. 믿어라"라고 조언했다.

입소문을 타며 퍼진 그의 발언에 사람들은 격분했다. 그는 성별에 따른 임금 차이도 제대로 알지 못했다며 공개적으로 조롱거리가 되었고, 이전에 다양성에 관해 했던 언급에도 의문이 제기되었다. 그는 분노가 가라앉기를 기다리거나 변명하지 않고 직원들에게 "그 질문에 대한 내 답변은 완전히 잘못되었다"고 이메일을 보냈다. 그는 자신의 편견을 돌아보며 스스로 변화했고 경영진에게도 그렇게 하길 요청했다. 캐슬린 호건 인사부장의 이야기다. "나는 이번 일로 사티아를 더 신뢰하게 되었다. 그는 아무도 탓하지 않고 자신의 잘못을 인정했다. 그는 회사 전체에 '우리는 배울 것이고 더 똑똑해질 것'이라고 말했다." 나델라는 그 일을 압박감 속에서 성장 마인드가 어떤 역할을 하는지 보여줄 기회로 삼았다. 그는 성공했고 그렇게 마이크로소프트의 성공에 도움을 주었다.

의미 있는 일로 만들어라

최고의 CEO들은 종종 저항에 직면할 때 의미 있는 행동을 취하려고 한다. 이를 통해 그들이 문화 변화에 얼마나 진지하게 임하는지 잘 알 수 있다. 시세이도, 클레드포 보테, 나스, 베어미네랄스, 로라 메르시에, 드렁크엘리펀트를 포함한 프레스티지 브랜드 목록을 보유한 세계 최고의 화장품 회사 시세이도가 그 대표적인 사례다. 우오타니 마사히코는 2014년 시세이도의 CEO로 취임했다. 시세이도의 142년 (1872~2014년) 역사에서 최초의 외부 발탁 CEO로, 매우 놀라운 선택이었다. 컬럼비아 경영대학원에서 공부한 후 코카콜라에서 경력을 쌓은 우오타니는 성별, 나이, 국적, 문화적 차이는 비즈니스에서 중요하지 않으며, 더 큰 다양성을 품을수록 더 창의적인 회사가 된다고 굳게 믿었다.

우오타니는 시세이도의 문화가 매우 일본 중심적이라는 사실을 깨달았다. 그는 일본의 전통에 대한 강한 믿음을 갖고 있었지만 공격적인 글로벌 성장을 견인하기 위해서는 좀 더 글로벌한 사고가 필요하다고 판단했다. 그 운동의 일환으로, 그는 도쿄 본사에서 영어를 공식 언어로 지정했다. 우오타니는 말한다. "나는 다양한 재능과 문화를 창조하고 싶었다. 내가 뉴욕이나 파리에 있던 사람을 도쿄로 전근시켰는데, 모든 업무가 일본어로 이루어진다면 그 사람은 그곳에서 적응하지 못한다. 진정한 글로벌 조직을 만들려면 일본인이 아닌 사람도 반드시 필요하다. 하이브리드 문화라고 생각하면 된다."

우오타니는 변화의 필요성을 이해하지 못한 중간관리자들의 저항에 부딪혔다. 그들의 승인을 얻기 위해, 우오타니는 다양성을 추구하는 회사의 사명과 그것이 어떻게 국제적인 성장을 견인할지에 대해 계속 대화를 나눴다. 우오타니는 직원들에게 영어 수업도 제공했다. 3,000명의 직원들이 그의 제안을 받아들였다. 그는 직원들에게 2개 국어를 구사하면 세계의 다른 지역과 더 잘 소통할 수 있고 더 넓은 사고를 갖게 된다고 강조했다. 오늘날 시세이도의 직원은 4만 8,000명에 달한다. 2017년에는 2020년 목표인 연 매출 1조 엔을 예정보다 3년 앞당겨 달성했고, 연평균성장률 9퍼센트를 기록했다. 우오타니가 CEO로 재직하는 첫 6년 동안, 시세이도는 일본 전통을 바탕으로 한 글로벌 기업으로 자리매김했다.

피유시 굽타는 DBS에서 일찍부터 위험 감수를 장려하는 문화를 조성해 회사의 전통으로 만들었다. 2012년, DBS의 ATM기가 카드 스키머 해킹을 당했다. 굽타는 왜 DBS가 그런 범죄에 취약했는지 조사를 벌였고, 전산실 직원이 내린 결정 때문임이 밝혀졌다. 왜 그런 행동을 했느냐는 질문에 그는 이렇게 답했다. "카드 보호기 작동 방식 때문에 작동 시간이 10~12초 늘어나 ATM 대기 행렬이 길어졌다. 해킹당할 가능성을 줄이는 것보다 고객 환경 개선을 위해 대기 시간을 줄이는 게 더 중요하다고 생각했다."

싱가포르의 감독기관에서 그 직원에게 책임을 물으려고 하자 굽타는 이를 거부했다. 그는 특정 고객이 받은 피해를 보상해주고 보안 개선 조치를 취하겠다고 약속했지만 문제를 야기한 직원에 대해서는 이렇게 말했다. "나는 오히려 그 직원에게 포상을 주려고 한다. 이것이 내가 DBS에서 만들어 나가려고 하는 것이다. 이게 바로 머리를 쓰고 생각하고 선택을 하는 능력이다." DBS는 고객의 피해를 원상 복구하는 데 몇 백만 달러를 쏟아부어야 했지만 굽타는 그 정도 비용은 괜찮다고 생각했다. 회사 전체를 위험에 빠뜨릴 정도의 큰 도박이 아니라면 직원들이 위험을 감수할 때 CEO가 든든하게 뒤를 받쳐줄 거라는 확신을 심어줄 수 있었기 때문이다.

때로는 단순히 새 이름을 붙이는 것만으로도 문화 내부에 깊은 반향을 불러일으킨다. 세계 최고의 비영리 의료센터인 클리블랜드 클리닉의 전 CEO 토비 코스그로브는 환자들을 위해 클리닉을 개선하려고 했다. 코스그로브는 병원에 갈 때 어떤 신체적 경험을 하는지 물었다. 기본적으로 시각, 후각, 미각, 청각 등 모든 감각과 연관된 것이었다. 그는 자연광이 더 들어오도록 병실을 재설계하고, 음식의 질을 개선했으며, 환자복 디자인도 세계적인 디자이너 다이앤 폰 퍼스텐버그에게 맡겼다. 하지만 가장 영향이 컸던 부분은 의사에서 잡역부, 관리인에 이르기까지 4만 명의 직원 모두에게 '의료도우미'라고 적힌 배지를 나눠준 것이었다. 코스그로브는 이렇게 말한다. "그건 모두의 정체성을 바꿔주었다. 이제 우리 모두는 직원이 아닌 클리블랜드 클리닉 의료도우미로 불린다. 그런 모든 것들이 환자의 경험치를 향상시켜주었다. 이 조치에 수긍하는 직원의 수가 늘어났고 환자 만족도도 높아졌다. 결국 환자를 최우선으로 생각하는 게 핵심이다."

배지를 나눠준 것에 대해 반발하는 이들도 많았다. 의사들은 의료도우미는 자신들이라고 목소리를 높였다. 그러자 CEO는 말했다. "아니다. 다른 사람들이 필요한 물품을 가져다주지 않으면 당신들은 그 일을 할 수 없다. 우리는 함께 이 일에 참여하고 있고 모두가 의료도우미다." 코스그로브의 임기 첫 5년 동안 클리블랜드 클리닉은 미국 대형 병원 중 환자 경험 부문 꼴찌에서 1위로 올라섰다.

델파이의 로드니 오닐은 전 세계 최고경영진에게 벌꿀오소리 비디오를 보여준다. "벌꿀오소리를 본 적이 있는지 모르겠지만 엄청나게 거칠다. 벌꿀오소리는 그저 자신에게 필요한 일을 하는 것이지만 모두가 피해 도망간다. 심지어 사자들도 그렇다. 우리 팀도 누군가와 맞서서 경쟁할 때는 벌꿀오소리가 되어야 한다." 그 비디오는 입소문을 타고 퍼졌다. 그 후 미국, 중국, 브라질 등지에 있는 델파이 사업장을 돌아다니다 보면 사무실에 벌꿀오소리 사진이 자주 보였다. 그는 "반드시 '이렇게 하자'고 말할 때뿐만 아니라 어떤 여정을 묘사하고 그 뒷이야기를 들려줄 때에도 소통은 가능하다"고 말한다.

작은 제스처도 엄청난 영향을 미칠 수 있다. 예를 들어, 오늘날 맥도날드에서는 창립자인 레이 크록이 식당 주차장에서 쓰레기를 줍던 이야기를 들려주며 청결 문화의 중요성을 강조한다. 휴렛 패커드의 공동 창업자 빌 휴렛은 경영진과 일선 직원들 사이의 신뢰와 개방의 중요성을 알리기 위해 비품실 문 자물쇠에 절단기를 들이대 전설로 남았다. 에스켈의 마조리 양이 운영하는 패션 회사 신설 공장에는 잘못 놓인 벽돌 하나 때문에 무너져 내린 벽이 그대로 남아 있다. 왜 그랬을까? 그녀는 공장 직원들에게 말했다. "우리가 추구하는 것은 다른 어느 것도 아닌 품질이다." 그녀의 행동에 관한 뒷이야기는 빠르게 퍼져 나가 직원들에게 강력한 문화적 메시지를 전달했다.

첨단 장비와 소프트웨어로 과학계에 서비스를 제공하는 써모 피셔 사이언티픽의 CEO 마크 캐스퍼는 일본 사무실을 방문했다. 당시 회사는 브랜드의 낡은 유산을 정리하려고 애쓰고 있었다. 새로운 브랜딩 노력은 기업 확장에 도움을 주는 회사의 이미지를 고객 기업에 심어주는 데 초점을 맞추었다. "사업장을 돌아다니며 벽에 붙은 예전 브랜드 캠페인 포스터를 뜯어냈다. 사람들은 내가 미쳤다고 생각했다. 13시간이나 날아가 벽에 붙은 종이만 뜯어내고 있었으니까. 그러다가 사람들은 내가 왜 그랬을까 이야기하기 시작했다. 브랜드 이니셔티브가 왜 중요한지, 우리가 무엇을 달성하려고 하는지, 왜 그렇게 하는 게 중요한지 이야기했다. 그 대화는 우리가 앞으로 할 일에 추진력이 되어 주었다. 일본뿐 아니라 세계 각지의 직원들은 스스로 너무 피상적인 변화만 추구한 건 아닌지, 고위경영진이 원하는 실질적인 변화였는지 자문했다. 새로운 문화가 형성되고 있었다."

다양한 청중에게 말을 전달할 때, 큰 지배 원칙을 맨 위에 '하나' 두고 그 밑으로 기억에 새겨질 만한 교훈적인 문구 몇 가지로 설명하면 도움이 된다. 월마트의 설립자 샘 월튼은 고객 서비스에서 바라는 점을 '10피트 규칙'에 녹여 넣었다. 주변 10피트 이내에 고객이 보이면 고객의 눈을 직접 보고 미소 지으며 "어떻게 도와드릴까요?"라고 묻는다. 마이크로소프트의 사티야 나델라는 자신이 추구하는 성장 마인드를 캐럴 드웩의 책《마인드셋mindset》을 의무적으로 읽게 하는 것으로 대신 전했다. 하지만 이 책의 내용을 이해하기 쉽고, 기억에 남으며, 의미 있는 단어로 요약할 필요가 있었다. 나델라는 전달하려는 뜻을 간단한 문구로 적었다. "똑똑한 사람이 아닌 배우는 사람이 되자." 그 간단한 문장으로 위험 기피와 사내 정치 문화는 곧바로 사그라지기 시작했다.

가정용품 소매업체 홈디포의 전 CEO 프랭크 블레이크는 직접 작성한 메모로 회사를 아끼는 마음을 전달한다. "나는 사람들과 직접 쓴 메모의 힘에 대해 많은 이야기를 나누었다. 나는 매주 일요일 200개의 메모를 작성했다. 우리는 점포마다 훌륭한 고객 서비스 사례를 올리는 시스템을 갖고 있었다. 그 사례들은 지역으로 보고되어 올라오고, 다시 더 큰 지역으로 전해져 나에게까지 온다. 그러면 나는 직접 메모를 작성한다. '친애하는 조 혹은 친애하는 제인, 당신이 한 일을 알아요.' 나는 항상 구체적으로 메모를 썼다. '이 일을 했다는 거 알아요. 정말 훌륭해요. 이런 일을 했군요. 멋져요. 사랑해요, 프랭크.' 아마도 내가 가장 열정을 가지고 한 일이 아니었나 싶다."

CEO들은 문화적 주제를 질문으로 바꾸는 방법도 사용한다. 앞의 방법만큼 명확하지는 않지만 이 또한 매우 강력한 도구가 된다. 시암 시멘트의 칸 트라쿨훈은 이런 접근법으로 혁신 문화를 강조했다. 그는 현장을 방문할 때마다 공정과 생산성 향상을 위해 어떤 작업을 하고 있느냐고 물었다. "공장 감독은 내가 질문을 하자 겁을 먹었다. 그는 꼼짝없이 얼어서 아무 말도 하지 못했다." 불교 철학에서 말하는 자비의 힘을 믿는 트라쿨훈은 감독의 어깨에 손을 얹고 아무 답변이나 해도 괜찮다고 안심시켜주었다. 다음번에 그곳을 다시 방문했을 때는 현장 사람들 모두 인상적인 답변을 할 준비가 되어 있었다.

중요한 것들을 측정하라

"중요하다고 모두 셀 수 있는 것이 아니고, 셀 수 있다고 모두 중요한 것은 아니다." 알베르트 아인슈타인의 사무실에는 이 말이 적힌 포스터가 붙어 있었다고 한다. 문화는 셀 수 없는 것들의 영역으로 묶인 지 오래다. 우수한 CEO들은 경영 성과에 있어 조직이나 사람 등 소프트한 측면에서도 똑같이 엄격함과 규율을 적용하는 마인드로 문화적 변화를 측정할 방법을 찾는다.

예를 들어, 마이크로소프트의 직원들은 매일 컴퓨터에서 팝업 질문 하나로 간략한 설문조사를 받는다. 문화 변화를 위한 노력의 초기 단계에서는 사티아 나델라가 구축하고자 하는 '성장 마인드'에 관해 알고 있냐는 질문을 받았다. 나중에는 이 질문에서 확장해 어떤 리더들이 이런 마인드셋을 보여주었는지 물었다. 이런 접근 방식은 성공과 실패의 영역을 측정하고, 이를 통해 배우며, 필요하면 개선하도록 할 뿐 아니라 직원들의 마인드에서 문화를 중심에 자리 잡게 하는 다층적인 이점이 있다.

캐터필러의 전 CEO 짐 오웬스는 정기적으로 문화를 점검하기 위해 설문조사 기반의 접근 방식을 이용한다. "직원들이 회사의 비전을 이해하지 못하면 목표를 달성하고 비전을 향해 나아가는 데 어떻게 도움을 주겠는가? 그 비전을 달성하기 위해 팀이 무엇을 해야 하는지 이해하지 못한다면? 매니저가 그런 가치관을 갖고 있지 않다고 느낀다면? 친구나 동료들에게 일하기 좋은 회사로 추천하고 싶지 않다면?" 캐터필러의 설문조사에 대한 업계 벤치마크를 보면 긍정적인 답변이 직원의 65퍼센트 정도였지만, 목표를 90퍼센트로 설정한 오웬스에게는 한참 부족한 결과였다. 오웬스는 말한다. "CEO가 하고자 하는 일을 이해하고 이를 돕기 위해 열정적인 직원이 90퍼센트도 되지 않는다면 어떻게 훌륭한 회사라고 말할 수 있는가?"

CEO가 되고 지난 7년 동안 오웬스는 매년 그 수치를 계속 늘려왔다. (금융 위기로 산산조각이 났던) 2009년 말까지 캐터필러는 긍정적인 답변을 82퍼센트까지 끌어올렸다. 오웬스는 모두들 팔을 걷어붙이고 어떻게 하면 더 좋은 회사를 만들지 고민한다고 말했다.

직원 설문조사는 결과에 따른 후속조치가 이루어질 경우에만 효과가 있다. 그리고 그런 작업은 윗선에서부터 시작되어야 한다. 전력 관리 회사인 이튼의 전 CEO 샌디 커틀러는 직원 설문조사를 한 해도 빠지지 않고 진행할 정도로 중요하게 생각한다. 설문조사는 자발적으로 참여하게 되어 있지만, 175개국에서 37개 언어로 진행되는 설문조사 참여율은 96퍼센트에 달한다. 그는 이렇게 말한다. "우리 회사의 수백 가지 수치 중 가장 중요한 것은 직원 설문조사 참여율이다. 그 수치가 높다는 건 설문조사가 가치 있다고 생각한다는 뜻이다. 직원들은 우리가 잘하고 있는 것, 못하고 있는 것에 대해 의견을 표현한다. 그 수치가 감소한다는 건, 이제 CEO에게 의견을 말하지 않을 것이고, CEO가 제기하는 문제들도 해결하지 않겠다는 뜻이다."

커틀러는 직원 설문조사에서 제기된 문제들을 다루기 위해 직원들을 모아놓고 말했다. "중요 사항이 있다. 이 일을 담당할 지원자를 모집한다. 조사해서 건의 사항을 가져오면 되는 일이다." 이튼의 한 공장에서 설문조사 결과가 끔찍하게 나왔다. 그러자 커틀러는 공장 매니저들을 전부 교체하고 새 매니저들에게 "이게 설문조사의 실제 결과다. 여러분은 직원들을 이끌어야 한다. 직원들에게 방치되는 느낌, 리더십이 부재하는 느낌을 주면 안 된다"고 강조했다. 그렇게 견고한 프로세스를 만들어나갔다.

문화를 측정할 견고한 방법을 갖게 되면 인수합병의 성공 여부를 가늠하는 데도 도움이 된다. 퍼블리시스의 모리스 레비는 옴니콤과 합병할 경우, 세계 제1위의 광고 그룹을 탄생시킬 수도 있었지만 결국 손을 뗐다. 기업 문화와 경영 철학의 큰 차이에 대한 우려 때문이었다. 넷플릭스의 리드 헤이스팅스는 문화의 독특함이 수많은 잠재적 거래에 어떻게 방해 요소로 작용해왔는지 설명한다. "강하고 독특한 문화를 갖는 것은 많은 장점이 있다. 하지만 인수합병에서는 보이지 않는 단점으로 작용한다. 그 부분은 상당히 해결하기 어려운 문제다."

측정 시스템은 단순한 직원 설문조사에서 그치지 않는다. KBC의 요한 타이스는 그의 펄PEARL 문화 중 '책임' 요소에 대해 말한다. "이는 모든 사람들이 다른 네 가지 요소를 제대로 수행하고 있는지에 대해 점수 기록카드를 갖게 된다는 뜻이다. 나는 회사 직원들이 책임져야 할 모든 매개 변수, 즉 자본, 유동성, 수익성, 사람(주주, 사회, 고객, 직원 등)의 틀을 제시한다. 이 요소들은 모두 똑같이 중요하다." KBC에서는 회사 문화에 얼마나 충실한지가 승진 여부를 결정한다. "경영진이 될 사람은 누구나 성과, 권한 부여, 책임감, 대응력, 지역배태성에 대해 회사 외부의 심사를 받는다. 그 시험을 통과하지 못하면 경영진에 합류할 수 없고 평가는 정기적으로 이루어진다."

문화는 다루기 까다로운 주제다. 맥킨지의 전 매니징 파트너 마빈 바우어는 "문화는 간단히 말해 우리가 업무를 수행하는 방식이다"라고 말한다. 그래서 최고의 CEO들은 경영 성과에 가장 큰 차이를 만들어낼 문화적인 그 '한 가지'를 위해 직진한다. 그들은 이런 단호한 접근 방식을 취하면서 직원 근무 환경을 재편하고 엄격하게 진행 상황을 측정한다. 또 최고의 CEO들은 스스로도 변화할 수 있다는 것을 말과 행동으로 보여주면서 그 노력을 강조한다.

문화를 바로잡는 일은 조직의 비전과 전략을 전달하는 데 사용되는 삼각대의 세 다리 중 하나일 뿐이다. "조직은 얻어야 할 결과를 얻을 수 있도록 완벽하게 설계된 것"이라는 경영 전문가 아서 W. 존스의 논평을 염두에 두면서 이제 조직 설계 쪽으로 눈을 돌려보자.

안정민첩성을 추구하라

조직 설계 실천

디자인은 지능을 시각화한 것이다.

알리나 휠러

19세기 후반과 20세기 초에 지은 초기의 고층 빌딩들은 강풍에도 끄떡없는 견고한 구조물이었다. 하지만 점점 더 높은 빌딩을 지을수록 건축가들은 '새로운 높이에서 점점 더 거세지는 바람을 어떻게 견딜 것인가'라는 난제를 마주해야 했다. 해결책은 무엇이었을까? 강하면서 동시에 유연한 구조물을 만드는 것이었다. 설계자들은 더 가볍고 잘 휘어지는 구조빔을 추가하고, 바람의 저항을 줄이기 위해 고층 모서리를 부드럽게 만들고, 바람의 힘에 맞서 휘청거리는 거대한 댐퍼를 매달았으며, 심지어 바람을 빠르게 통과시켜 구조물의 스트레스를 줄이기 위해 한 층 전체를 개방하기도 한다. 오늘날의 고층 빌딩들이 강풍과 지진에도 견딜 수 있을 만큼 튼튼한 이유는 건물의 단단함 때문이 아닌 3피트까지 구부러지는 유연성 때문인 것이다.

마찬가지로 20세기 초, 직업 전문화를 통한 대량생산이 이루어질 때 형성되었던 경직된 계층적 조직구조는 비교적 작은 국내 규모의 사업 조직이고 외부 환경 변화가 상대적으로 느리고 예측 가능한 수준일 때에는 잘 작동되었다. 하지만 조직이 점점 거대해지고 글로벌화되며 복잡한 이해관계자의 요구, 기술 진보와 붕괴, 정보의 디지털화와 민주화, 끊임없이 확대되는 인재 전쟁 등의 형태로 더욱 거센 변화의 바람을 맞게 되면서 계층 구조의 경직성은 골칫거리가 되었다. 거장 건축가들처럼 최고의 CEO들도 결함 없는 강력한 구조를 유지하면서 조직 설계에 유연성을 도입할 방법을 찾아야 했다.

컬럼비아 경영대학원 교수인 리타 군터 맥그래스는 대기업의 고성장과 저성장의 차이를 가져오는 요인을 연구했다. "고성장 대기업은 혁신적이고, 실험에 능숙하며, 움직임이 재빠르다. 반면에 전략과 조직 구조는 매우 안정적이며, 문화는 강하고 변하지 않는다."[5] 우리 연구 결과도 맥그래스의 결론과 일치한다. 안정성과 민첩성을 모두 갖춘 조직은 민첩하지만 안정성이 부족한 조직에 비해 좋은 성과를 낼 확률이 세 배 이상 높고, 안정적이지만 민첩성이 부족한 조직에 비해 좋은 성과를 낼 확률이 네 배 이상 높다. 안정성과 민첩성은 대립 관계에 있는 것이 아니다. 현대식 고층 건물처럼 두 가지를 모두 갖춘 '안정민첩성stagility'으로 결합되어야 한다.

조직 내 안정민첩성의 예로는 1943년 록히드마틴이 스컹크웍스 팀을 설립해 항공기 개발과 제조 분야에서 새로운 접근을 추진한 것이 가장 유명하다. 캘리포니아에 있는 공장 한쪽 구석에 명확한 목적과 일을 완수해낼 능력을 가진 엔지니어, 테크니션, 비행사들이 모였다. 그들은 미 육군·공군의 첫 제트기 XP-80을 설계하고 제작했다. 시작한 지 불과 143일 만이었다. 오늘날 볼 수 있는 이와 유사한 조직으로는 JP모건 체이스의 파이낸셜 솔루션 랩, 에이온의 뉴 벤처 그룹, 제너럴 밀스의 월드와이드 이노베이션 네트워크G-WIN 등이 있다.

안정민첩성은 우연히 얻어지는 것도, 하룻밤 사이에 얻을 수 있는 것도 아니다. 가끔은 아무리 노력해도 얻지 못한다. 우리가 인터뷰한 많은 CEO들은 진전을 이루긴 했어도 그 비밀을 완전히 풀지는 못했다고 말한다. 하지만 강력한 조직 기반을 바탕으로 조직적인 민첩성을 이뤄내는 분명한 패턴은 있었다.

진자 운동을 멈춰라

골디락스 원리는 19세기의 유명한 동화에서 유래된 것으로, 골디락스라는 소녀가 세 그릇의 죽을 맛보고 너무 뜨겁지도 차갑지도 않은 미지근한 죽이 자신의 취향이라는 사실을 깨달았다는 이야기다. '딱 그만큼의 양'이라는 이 개념은 최고의 리더들이 CEO로서 피할 수 없는 문제에 직면했을 때 찾게 된다. 조직은 얼마나 중앙집중화되어야 할까? 기업이 중앙으로 집중되면 효율성을 개선하고 리스크를 제어하기 좋다. 반면에 분권화가 이루어지면 고객 대응력을 높이고 혁신을 촉진하는 데 도움이 된다. 덜 숙련된 CEO들은 골디락스 원칙을 회피하고 극단적으로 일정 범주의 끝에서 끝으로 왔다 갔다 하는 경향이 있는데 이는 장기적으로 볼 때 비즈니스에 불리하게 작용한다.

퍼시 바네빅은 취리히에 본사를 둔 전력기술 및 자동화 기업 ABB의 CEO로 있을 때 급진적인 분권화를 통해 구성원 모두의 책임감과 권한을 높이고자 했다. 관료주의를 뿌리 뽑고, 전 세계 직원들이 본사의 간섭 없이 신제품 출시, 디자인 변경, 생산방식 변경 등을 할 수 있도록 지역 사업장마다 기업가 정신을 발휘하자는 취지였다. 바네빅은 ABB를 5,000개의 수익 센터로 분할했다. 단기 수익이 급증하자 이 같은 구조는 학계, 언론인, 경영 전문가, 주주들의 높은 찬사를 받았다.

반대의 경우는 야후의 전 CEO 테리 세멜을 들 수 있다. 그는 자원 공유 시 규모의 이점을 포착할 수 있도록 회사 조직을 개편했다. 44개 사업부를 4개 그룹으로 축소하고 제품 협의회를 구성해 부서 간 자원 조정, 계획, 공유의 이점을 공략했다. 당시 대중들은 세멜이 야후를 '새 시대의 미디어 회사'로 탈바꿈시켰다고 여겼다.

하지만 그로부터 몇 년 뒤로 빠르게 시간을 돌려보면, 이런 극단적 조직 구조 변화는 ABB와 야후가 몰락하는 데 주 요인으로 작용했고 조롱거리가 되었다. ABB의 경우, 한 기자의 기사대로 "분권화된 경영구조는 부서 간 갈등과 소통 문제를 야기했다." 경쟁 기능은 마비되고 엄청난 중복 작업으로 비효율성이 어마어마하게 높아졌다(예를 들어 ABB는 구매, 프로젝트 관리 같은 일상 업무를 처리하기 위한 576개의 소프트웨어 시스템, 60개의 상이한 급여 시스템, 600개 이상의 스프레드시트 소프트웨어 프로그램을 갖고 있었다). 야후의 경우, 극단적으로 중앙집중화된 조직은 책임성 결여, 의사 결정의 정체로 이어지면서 빠르게 움직이는 동종 기술 업체들에 뒤처졌다. "스스로 책임자라고 생각하는 사람들이 너무 많아 훌륭한 인재들은 아무것도 할 수 없게 되었고 결국 회사를 떠났다. 별 능력 없는 사람들은 책임을 지지 않아도 되니까 보호받을 수 있어 회사에 남았다."[6]

바네빅과 세멜의 행동에는 남다른 점이 없었다. CEO들은 조직이 한쪽으로 기울어지는 것을 보면 저울을 반대쪽으로 기울게 하려는 유혹을 받는다. 그러다 보면 시계추처럼 양쪽 끝을 왔다 갔다 하는 움직임이 계속된다. 하지만 최고의 CEO들은 한쪽 끝에서 다른 쪽 끝으로의 급진적인 움직임은 거의 보이지 않는다. 그들은 조직을 어떻게 중앙집중화할 것인지 생각하지 않는다. 거대 소비재 회사인 제너럴 밀스의 전 CEO 켄 파월은 말한다. "중앙집중화를 통해 가장 큰 가치를 창출하고 추가할 수 있는 영역은 무엇일까? 각 국가별로는 무엇을 해야 할까? 이런 것들이 CEO가 정말로 시간을 들여 고민해야 할 크고 중요한 질문들이다."

파월은 제너럴 밀스와 네슬레가 합작한 시리얼 파트너스 월드와이드cpw의 CEO가 되면서 이 시계추 운동의 교훈을 얻었다. 그는 당시를 회상한다. "1980년대 말, CPW가 만들어졌을 때 네슬레는 매우 크고 분산된 글로벌 기업이었다. 네슬레는 CPW가 고도로 통합된 공급망과 국가별로 매우 일관된 브랜드 포지셔닝 및 마케팅을 통해 보다 중앙집중화된 조직으로 설계될 필요가 있다고 주장했다. 그들은 CPW를 글로벌 브랜드 관리에 있어 좀 더 중앙집중화된 접근을 위한 시험대로 여겼는지도 모른다. 실제로 우리 합작법인의 초기 모델은 지휘통제방식이 고도로 중앙집중화된 조직이었다. 스위스 로잔에 있는 본사에서 많은 결정이 내려졌다." 하지만 국제적 경험이 적은 미국인 마케터들로 이루어진 본부 팀과 현지 매니저들 사이에 의견이 상충되는 경우가 많아 제 기능이 발휘되지 않았다.

파월은 이 상황을 해결하기 위해 지역 및 중앙의 리더들을 불러 모았다. 가장 큰 가치를 창출하기 위해 사업 운영에 어떤 활동들이 필요한지 목록을 작성하고 그 작업들이 어느 영역에서 이루어져야 할지에 대해 공동으로 결정을 내리고 체계적으로 일을 해나갔다. '지역에 따라 모든 것이 달라져야 한다'거나 '본부에서 전부 관리한다' 따위의 개념은 치워버렸다. 최고경영진은 실용적이고 정직한 방법으로 회사에 이익이 되는 것을 알아내겠다고 약속했고, 그것은 효과가 있었다. 이 결정은 CPW가 세계에서 가장 큰 시리얼 회사가 되는 데 도움이 되었다.

파월은 여기서 배운 교훈을 제너럴 밀스에서 활용했다. 사업 영역을 국제무대로 넓힐 때 그 방법을 적용해 지역 팀을 설계하고 권한을 명확히 했다. 하겐다즈 아이스크림, 올드 엘파소 멕시코 푸드, 네이처 밸리 스낵 같은 핵심 글로벌 브랜드들의 경우에는 지역적으로 행할 일과 중앙에서 해결할 일을 명확히 구분했다. 그렇게 찾아낸 골디락스의 해답 덕분에 파월은 〈하버드 비즈니스 리뷰〉의 100대 CEO, 글래스도어(직원 평가 기준)의 '미국인이 가장 사랑하는 CEO'로 뽑혔고 국제적 성장과 혁신, 사회 참여를 이뤄낼 수 있었다.

책임 소재를 명확히 하라

중앙집중식의 효율성과 현지 고객 대응성 사이의 '딱 맞는' 균형을 찾기 위해 노력하는 대규모 글로벌 조직은 매트릭스 조직 구조를 종종 채택한다. 듀크 에너지의 CEO 린 굿은 "매트릭스 없이 해낼 방법이 있는지 모르겠다"라고 말했다. "우리는 광범위한 지리적 영역에 걸쳐 다양한 유틸리티 사업에서 발전, 전송, 전력 분배 같은 복합적인 운영을 한다. 운영을 담당하는 리더와 규제 및 법률 전문가들이 유틸리티 사업을 이끈다. 이 매트릭스 안에서 잘 운영하는 것이 성공의 필수 요소다. 다르게 할 방법은 없다."

매트릭스 보고 체계에서 실선이나 점선으로 묘사되는 관계를 통해 개인은 한 명 이상의 감독자나 리더에게 보고를 한다. 직원 한 명은 시너지 및 표준화를 주로 해결하는 기능 리더(예: 엔지니어링, 제조)와 기능적 역량, 고객 맞춤형 결과를 제공하는 사업 조직의 리더(예: 제품, 지역 또는 고객세분화 담당) 모두에게 보고할 수 있다. 재무, 인사, 기술부서도 비슷하게 운영되는데, 실선이나 점선으로 그려진 보고 체계를 통해 중앙의 기능 리더와 하부 사업 조직의 리더에게 각각 보고가 이루어진다.

매트릭스의 기원은 1960년대 존 F. 케네디 대통령의 문샷 프로젝트 시절로 거슬러 올라간다. 프로젝트 매니저는 비용과 일정을 책임지고, 엔지니어링 매니저는 프로젝트의 기술 개발을 책임졌다. 양측의 보고는 똑같이 총괄 매니저에게 전달된다. 안전한 달 착륙으로 케네디 대통령의 계획표를 1년 앞당긴 미국 우주 프로그램의 성공은 비즈니스

세계에서 매트릭스 시스템이 널리 채택되는 중요한 촉매제가 되었다.[7]

하지만 불행히도 매트릭스의 '문샷' 잠재력을 경험하는 조직은 거의 없다. 그보다 매트릭스 내에서 일하는 직원들 대부분은 누가 결정을 내리는지에 있어 혼란과 좌절을 경험한다. 일반적으로 매트릭스에서 직원이 보고를 올리는 두 리더는 각각 자신들의 영역에서 고용과 해고, 직무 할당, 일상 업무 우선순위 지정, 감독, 승진, 평가, 인센티브 같은 기능을 동일하게 수행한다. 권력 다툼이 뒤따르기도 해서 위원회는 그저 교착 상태를 타개하기 위해 결정을 내린다. 하지만 그렇게 하다 보면 전문지식이 거의 없는 개인이 모든 주제에 관여해 비효율을 야기하고 경쟁적인 아이디어도 빛을 보지 못하는 경우가 생긴다.

최고의 CEO들은 이런 잠재적 교착 상태에 빠지지 않도록 궁극적인 책임 소재를 명확히 규정한다. 에드 브린은 듀폰의 CEO가 되었을 때, "정말 열심히 일하는 사람들이 많았지만 책임감이 부족했다. 중앙집중화된 기능을 감독하는 직원들이 손익이나 투자 자본 수익에 대해 생각하지 않고 사업 결정을 내리는 경우가 절반은 될 정도로 매트릭스화된 조직이었다"라고 말한다.

아이오와에 셀룰로스 에탄올 공장을 세우는 자본 프로젝트는 2억 2,000만 달러의 비용이 들 것으로 예상됐지만 결국에는 5억 2,000만 달러가 들어갔고 별 진척이 없었다. 브린이 문제의 원인을 조사해보았더니 프로그램을 승인한 사람이 22명이나 되었다. "나는 '실제로 누가 이런 결정을 내렸나?'라고 묻기 시작했다. 그리고 여덟 가지 다른 답변을 받았다." 브린은 회사 조직을 재빨리 재정비해 살을 빼고 전략, 리스크 프로파일, 자본 분배, 인재에 초점을 맞춘 다섯 개 사업부의 대표들에게 더 많은 의사 결정 권한을 부여했다. "아이오와의 결정이 현재의 조직 구조에서 내려졌다면 사업부 대표, CFO, CEO인 내게 책임이 있고 내가 책임을 졌을 것이다."

매트릭스가 아닌 나선 구조로 생각하라

최고의 CEO들이 복합적이고 다차원적인 매트릭스 안에서 어떻게 책임감을 만들어내는지 자세히 들으면서, 우리는 그들이 실제로 매트릭스의 관점에서 전혀 생각하지 않는다는 것을 깨달았다. 그보다는 나선이라는 표현이 적절하다는 생각이 들었다. 이 아이디어는 1950년대 초, 과학자들이 발견한 독특한 이중 가닥의 DNA 모양에서 영감을 받은 것이다. DNA의 두 긴 이중나선(코르크 스크루처럼)은 다음 그림처럼 꼬인 사다리 모양으로, 서로 닿지 않고 얽혀 있으며 그 사이를 뉴클레오티드가 연결해준다.[8]

나선형 조직은 '이중 실선'이나 '점선' 보고 체계가 아니다. 그보다는 한 직원이 서로 다른 두 가지 목적(서로 얽힌 두 가닥)을 위해 서로 다른 두 리더에게 보고하는 '분리 실선'이다. 분할된 실선 구조가 조직의 모든 업무에 적용되는 것은 아니다. 다만 고객을 위한 판매 채널이나 제품 기능 등 전문지식을 결합해야 할 때처럼 복합적 매트릭스가 요구되는 역할에서는 나선형 접근 방식이 더 깔끔하고 실용적인 솔루션을 제공한다.

이것이 현실에서 어떻게 작동하는지 알아보기 위해 에이온의 그레

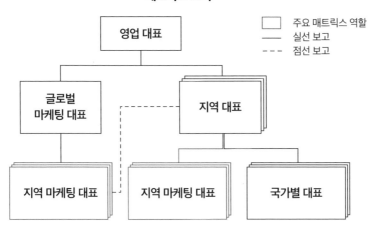

매트릭스 조직

영업 대표

	주요 매트릭스 역할
—	실선 보고
- - -	점선 보고

글로벌 마케팅 대표

지역 대표

지역 마케팅 대표

지역 마케팅 대표

국가별 대표

나선 조직

■ 역량 관리: 어떻게 일을 할 것인가
■ 가치 창출 관리: 무슨 일을 할 것인가

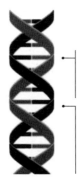

더 이상 점선은 존재하지 않음
나선은 두 가지 명확하고 동일하며 평행한 책임 라인을 제공한다.

역량 관리자는 직원을 고용하거나 해고할 권한을 가지며, 직원의 경력을 정상 궤도로 유지할 수 있는 교육, 도구, 전문적 개발을 제공한다.

가치 창출 관리자는 직원의 개별 목표와 목적을 설정하고 일상 업무를 감독한다.

그 케이스가 조직을 재구성한 방법을 떠올려보자. 현재의 에이온 유나이티드로 발전하면서, 케이스는 회사의 모든 역량을 고객 한 명 한 명에 제공하는 데 집중했다. 역사적으로 권력은 지역 리더와 생산부문 리더 사이에서 왔다 갔다 했다(실제로도 점선 역할과 실선 역할 사이에서 끊임없이 옮겨 다니는 것을 보게 된다). 케이스는 진자 운동을 멈추고 명확한 책임을 규정하기 위해 두 그룹 사이에 분할된 실선 보고 체계를 만들었다. 리더들은 각각 명확하고 독특하며 상호보완적인 역할을 한다(한쪽은 다른 쪽 없이 성공할 수 없고 양쪽이 똑같이 중요하다). 직원들의 보고는 제품군에 상관없이 주요 손익과 현지 고객 관계를 책임지는 지역 리더(예: 유럽 대표)에게 전달된다. 또 생산부문 리더(예: 커머셜 리스크 책임자)에게도 보고가 이루어지는데 이들은 세계적 수준의 혁신 제품 및 솔루션을 개발하고 이를 고객에게 전달하기 위해 회사의 능력을 구축할 책임을 진다.

지역 리더(사업 리더)는 해당 지역의 손익을 관장하고 생산 부문에 직원을 몇 명 고용할지 결정할 수 있다. 생산 리더(기능 리더)는 전문성을 고려해 필요 인력을 모집하고 고용한다. 신입 사원들이 회사에 들어오면 지역 리더(사업 리더)가 고객서비스팀에 배치하고, 개별 목표와 목적을 설정하고, 일상 업무를 감독한다. 한편 생산 리더(기능 리더)는 신입 사원들이 업무를 수행하는 데 필요한 교육, 도구, 그리고 전문성 개발에 필요한 도움을 제공한다.

웨스트팩의 게일 켈리도 비슷한 모델을 만들었다. "나는 극도로 과감하게 조직 구조를 바꾸었다. 은행은 상품 중심으로 돌아간다. 나는 상품을 전문가 조직에 두되, 대차대조표는 유통채널에 권한을 맡겼다. 그것이 수익 관리 조직이 되었다. 나는 이 상품과 유통, 두 영역의 직원들이 통합 오퍼링과 통합 경험을 창출하면서 함께 일하고, 조정하고, 고객을 위해 함께 싸울 수 있는 비즈니스 모델이 필요했다." 하지만 그녀가 CEO로서 개인적으로 관여하지 않았다면 불가능한 일이었을 것이다. "그 방법이 효과가 있긴 했지만 그저 잘되기만 바라서는 안 된다. 실제로 누가 어디서 무엇을 결정할 것인지는 CEO가 설계해야 한다. 특히 초기에는 더욱 그렇다."

JP모건체이스의 제이미 다이먼은 직원이 사업부와 협력하는 방식에 있어 나선 접근 방식이 어떻게 작동되는지 설명한다. "전사 차원에서 인사책임자, CFO, 법률 고문 등의 경영지원조직이 운영된다. 우리는 인사, 회계, 리스크 등에 대한 정책을 수립하지만 그 외에는 100퍼센트 실무진의 책임이다. 관리 방식에 있어서, 경영지원조직은 사업체 어느 곳에든 '이건 하면 안 돼', '저건 하면 안 돼' 하고 끼어들 수 있지만 그건 어디까지나 비즈니스 파트너로서 해야 할 일이다. 목표는 회사를 위해 옳은 일을 하는 것이다. 그렇게 하면 파트너로서 언제나 비즈니스 리더들의 환영을 받는다."

이탈리아 유틸리티 기업인 에넬의 경우, 기업의 상당 부분에 전통적 보고 라인이 있지만 자산과 고객 관리의 교차점에도 250개의 중요한 역할이 있고 이들은 두 명의 상사에게 보고하는 분할 실선 관계다. 예를 들어 칠레의 발전 부문 대표는 유지와 성장 사이에서 자본을 어디에 배분할 것이냐는 문제는 글로벌 발전 부문 대표에게 보고하며, 고객 중심과 현금 흐름 문제는 칠레 지역 대표에게 보고한다. 다이먼과 마찬가지로 에넬의 CEO 프란체스코 스타라체는 올바른 사고방식을 가진 인재를 적당한 역할에 배치하는 것이 중요하다고 강조한다. "진짜 성공의 비결은 긴장감을 건설적으로 활용할 줄 아는 사람들에게 역할을 맡기는 것이다. 야망과 호기심을 가진 사람이 필요하다. 그런 자질을 가진 사람들은 올바른 질문을 던지고 더 많은 일을 해낸다."

우리가 인터뷰한 CEO들 중에 조직을 설명할 때 실제로 '나선'이라는 단어를 사용한 사람은 없었다. 하지만 그들의 관리 방식은 전통적인 매트릭스보다는 나선 개념으로 설명할 때 훨씬 더 명확하다.

스마트하게 선택하라

매트릭스보다는 나선 같은 방식으로, 중앙집중화와 명확한 책임에 관해 '딱 맞는' 골드락스식 답변을 찾았다면 이제 조직 설계의 어떤 요소를 안정적으로, 또 어떤 요소를 민첩하게 가져갈지 결정하기 위한 기반이 마련된 것이다. 이런 선택을 할 때는 스마트폰의 비유가 도움이 된다. 안정적인 요소는 스마트폰의 하드웨어 장치 및 운영 체제를 선택할 때와 비슷하다. 이런 안정적인 장치를 기반으로 필요에 따라 다양한 앱(민첩성의 요소)을 설치하고, 업그레이드하고, 삭제하기도 하면서 더 쉽고 더 나은 삶을 만들어 나간다.

인튜이트의 브래드 스미스는 조직의 몇 가지 안정적 요소에 대해 이렇게 설명한다. "우리 조직은 고객을 중심으로 편성되어 있고, 그 아래에 고객의 특정 문제를 처리하는 조직이 있다. 예를 들면 소비자 그룹과 소규모 사업 그룹이 맨 위에 있고, 그 아래에 결제 그룹이 있는 식이다. 그건 달라지지 않는다. 그런 다음 연결 조직을 가장 잘 구축할 수 있는 방법을 결정하고 플랫폼 회사의 규모에 맞게 추진해 나간다. 고객 문제를 해결하는 소규모 사업 설계팀도 그런 식으로 중앙집중화되어 있다."

조직 설계에서 민첩한 요소는 다양한 형태를 띨 수 있다. 우선, 정규 직원들로 임시팀을 구성하는 방법이 있다. 특정 결과를 내는 데 집중할 수 있도록 팀에 상당한 자율성을 부여한다. 스미스는 이것이 인튜이트에서 어떻게 적용되었는지 설명한다. "우리는 그동안 함께 일해보지 않은 세 명으로 팀을 구성해 중요한 전략적 문제를 맡겼다. 이렇게 사업부와 실무팀 간에 협업이 이루어지자 솔루션을 보다 예리하게 파악하고 중요한 전략적 영역에서 더 빠르게 움직일 수 있었다."

인튜이트가 민첩성을 높인 또 다른 방법은 모든 직원에게 10퍼센트의 조직화되지 않은 시간을 제공하는 것이다. 스미스는 말한다. "우리는 한 번에 1,800개 이상의 다양한 실험을 진행했다. 고객의 눈에 성공적인 실험이라면 자금 지원을 3개월 연장한다." 그 결과는? "이 방법은 조직 설계의 장벽을 무너뜨리는 데 큰 도움이 되었다. 모두 자신의 아이디어를 밀어붙일 권한을 갖고 있다고 느꼈기 때문이다."

어느 부분을 안정적으로 가져갈지, 어느 부분을 민첩하게 가져갈지를 명확하게 선택할 수 있다면 뻔하게 돌아가는 사이클을 2년마다 대대적으로 바꿀 필요가 없어진다. 대신, 성과가 높은 조직들은 안정적인 중추를 중심으로 지속적으로 조직을 개편한다. 안정적인 중추는 고사양 스마트폰처럼 성능에 신뢰를 심어주고, 민첩한 앱은 유연성이 떨어지는 경쟁에 앞서 지속적인 개선을 견인한다. 아디다스의 허버트 하이너는 다른 비유를 들었지만 논점은 같았다. "예전의 우리는 만 명을 태운 대형 선박이었다. 방향을 선회하려면 500마일이 걸렸다. 이제 우리 함대에는 쾌속정도 있다."

KBC에서 요한 타이스는 쾌속정이 어디에 필요한지 잘 알았다. 그는 벨기에 사업부에 "모바일 뱅킹과 보험 앱을 만들 예정이었다. 앱은 사용하기 쉬워야 한다. 그래야 고객들이 반긴다. 우리에겐 6개월이 주어졌고 100만 유로를 벌어야 한다"고 말한다. 타이스는 짧은 기간에 대담한 포부를 이루기 위해 재능 있는 리더를 배정했고 필요한 팀을 마음대로 구성할 수 있도록 완전한 자율성을 부여했다. "위계질서는 잊어버려라." 타이스는 매니저에게 말했다. "가치를 더할 거라고 판단되는 사람들만 이용하라." 타이스는 팀을 KBC의 무거운 정보기술 관료제로부터 해방시켰다. "민첩하게 일해라. 관리 업무에서 해방시켜주겠다"는 분명한 메시지를 팀에 전했다. 그로부터 6개월이 채 지나지 않아 KBC의 새 모바일 앱이 출시되었고, 또 그로부터 6개월이 채 되지 않아 그것은 시장에서 최고의 앱, 가장 혁신적인 앱으로 선정되었다.

타이스가 KBC에서 배치한 또 다른 민첩한 요소는 스타트잇@KBC이다. 2014년에 시작된 이 아이디어 인큐베이터는 기업가 정신을 장려해 쾌속정 함대를 풀어놓는다. "거기에는 아이디어가 넘치는 600명이 일하고 있다. 그들은 자신만의 회사를 설립하고 싶어 한다. 스타트업으로 시작해 성장하고 탄력을 얻어 독자생존이 가능한 회사로 키우는 것이 꿈이다. 거기서 실제 핀테크 기업이 탄생하기도 한다." 스타트업은 KBC가 고객에게 혁신을 전달할 기회가 된다.

에넬의 프란체스코 스타라체도 여러 민첩한 요소를 도입해 회사의 안정적인 조직 기반을 강화했다. 전용 '혁신 허브'가 세계 각지에 문을 열었고 이 허브를 중심으로 사업부 내의 엠버서더 네트워크가 연결되었다. 스타트업, 중소기업, 대학 등지에도 외부 아이디어를 수확할 수 있는 에너지 크라우드소싱 플랫폼을 만들었다. "현실로 만들자Make It

Happen!"라는 이 프로그램은 새로운 아이디어를 추구하기 위해 소규모 다기능팀을 구성했다. 에넬X라는 새 사업부도 설립되어 에너지 효율, 저장, 스마트 조명 같은 여러 분야에서 고객, 기업, 정부를 위한 새 솔루션 개발을 담당하고 있다. '오픈 이노베이션'이라는 기치 아래, 에넬 조직의 민첩한 요소들이 이루어졌다. 스타라체는 말한다. "이는 엄청난 승수 효과를 발휘했다. 사업에 속도가 붙었고 여러 산업에 진출할 발판이 마련되었다."

알파벳의 순다르 피차이는 유튜브, 안드로이드, 구글서치 등 전통적인 제품 영역 밖에서 중요한 일을 해야 할 때 '포커스 영역'을 구성한다. 각 포커스 영역에는 팀과 리더가 할당되고, 승인 절차를 건너뛸 수 있어 일반 조직 프로세스보다 더 신속하게 움직일 장치가 마련된다. 피차이는 말한다. "CEO가 만들어둔 조직 구조를 깰 수 있도록 승인된 조치를 마련해둘 필요가 있다."

조직의 민첩성을 위해 마련하는 요소들은 회사별로 페이지를 채울 수 있을 만큼 많다. 대부분은 세 가지 현대적 개념의 범주에 속한다. 첫째는 '팀 중의 팀' 접근 방식이다. 여러 팀에 권한을 위임해 큰 목표를 세우고 유동적으로 협력할 수 있게 많은 권한을 부여한다. 둘째는 (정적인 보고 체계의 제약을 없애고) 자원풀을 만들어 '돌아가는 업무'에 따라 가장 많은 가치를 창출할 수 있는 위치에 자원을 공급한다. 셋째는 민첩하게 움직일 수 있는 방법론을 적용하는 것이다. 최소한의 여건이 갖춰진 상품을 출시한 후 여러 차례에 걸쳐 고객 피드백을 받는 식으로 생산과 서비스를 신속하게 반복한다.

다나허의 전 CEO이자 GE의 현 CEO인 래리 컬프는 용어는 새롭지만 그 개념은 전혀 새로운 게 아니라고 지적한다. "2주 코딩 코스인 '스프린트'를 보면 일주일 동안 진행되는 토요타 카이젠(운영자, 관리자, 프로세스 소유자를 한곳에 모아 프로세스를 매핑, 합의하고 개선사항을 이행하는 것)과 크게 다르지 않다. 일을 섬세하게 다듬고 제대로 된 사람들을 모아 새로운 것을 시도하고 빠르게 가시적인 것을 완성해낸다."

1999년 영화 〈매트릭스〉에서 주인공 네오는 빨간색과 파란색 두 가지 알약 중 하나를 골라야 하는 상황에 놓인다. 빨간 약을 먹으면, 현실이 상상했던 것보다 훨씬 더 복잡하고 훨씬 더 많은 것을 요구한다는 고통스러운 진실을 깨닫게 된다. 파란 약을 선택하면, 실제로 무슨 일이 일어나는지 모르는 상태로 마냥 행복했던 예전의 삶으로 돌아간다. 네오는 잠시 생각에 잠겼다가 빨간 약을 복용한다. 서사적인 개인 여정의 시작을 알리는 선택이다. 네오는 일련의 영웅적인 행동들로, 마침내 인간을 감옥(기계의 지능에 의존해 인간이 스스로 만들어낸 감옥)에서 해방시킨다.

조직 설계에 있어서도 파란색 알약이 있다. 미국 작가 찰스턴 오그번 주니어가 그 점을 잘 묘사한다. "우리는 새로운 상황을 만나면 그것을 재편성하는 경향이 있다. 진전이 있다는 환상을 심어주며 사실은 혼란, 비효율, 사기 저하를 만드는 아주 멋진 방법이다." 그렇다는 건 이미 이 길을 선택한 많은 리더들이 있음을 암시한다. 임원들 중 70퍼센트가 지난 2년 동안 대대적인 조직 개편을 경험했다고 보고했으며, 대다수는 앞으로 2년 안에 또 다른 조직 개편이 있을 것으로 내다보고 있다. 하지만 조직 개편을 통해 목표를 달성하고 성과를 향상시킨 경우는 23퍼센트밖에 되지 않았다. 다른 대부분은 조직 개편을

완료하지 못했거나 목표를 달성하지 못했고, 10퍼센트는 성과에 심각하게 부정적인 영향을 미쳤다.[9]

최고의 CEO들은 빨간색 알약을 먹는다. 그 약은 중앙집중화와 분산화 사이에서 진자 운동을 하고 싶은 유혹에 저항하게 해준다. 매트릭스 구조를 넘어 나선형으로 조직을 재편하면서 복잡한 구조 안에서도 명확한 책임 문제를 해결할 수 있게 해준다. 또한 조직을 설계할 때 안정적 요소와 민첩한 요소 사이 어딘가에서 스마트한 선택을 할 수 있게 해준다. 훨씬 더 어려운 길이지만 이러한 선택은 조직 재설계의 성공률을 25퍼센트에서 86퍼센트로 높이고, 직원들을 보다 자유롭게 할 것이다.[10]

좋은 사람을 무너뜨리는 건 나쁜 제도라는 말이 있다. 지금까지 살펴본 조직 설계에 관한 주제(문화와 조직 설계)들은 훌륭한 시스템을 만드는 데 도움이 된다. 이제 우리는 조직이 비상한 수행능력을 발휘할 수 있도록 '좋은 사람'이 마음 놓고 일할 수 있는 제도는 무엇인지 알아보자.

훌륭한 사람이 아닌 훌륭한 역할기술서부터 출발하라

인재 관리 실천

**나무에 오르는 능력으로 물고기를 판단하면
물고기는 평생 자신이 멍청하다고 믿으며 살아간다.**

미국 해군의 엘리트 전투 조직인 네이비실의 신병 모집에는 매년 2만 여 명이 지원한다. 지원자들은 미 해군에서 어떤 후보자를 원하는지 잘 안다. 영하의 기온, 뇌가 녹는 듯한 사막의 열기, 허리케인이 몰아치는 거대한 파도를 헤치고 보트를 타는 등 전 세계 어디서든 불확실한 환경, 가장 가혹한 조건에서 임무를 수행할 전사들이다. 특히 이 특수부대는 미국 정부가 군대, 인질, 테러 등 곤란한 상황에 처할 때 출동한다.

최종까지 남는 건 일 년에 약 250명 남짓이다. 훌륭한 신체 조건을 가졌다고 해서 살아남을 확률이 더 높은 것은 아니다. 뛰어난 운동선수들도 중도 탈락하는 경우가 수두룩하다. 최종 학력이 높다고 잘해내는 것도 아니다. 끝까지 살아남는 자들은 매우 명확한 기준을 충족하는데 그것은 확고한 마음가짐, 즉 절대 포기하지 않는 마인드셋이다. 이런 능력을 테스트하기 위해 네이비실의 오리엔테이션 훈련에는 4시간도 채 안 되는 수면 시간, 춥고, 물에 젖고, 난폭하고 어려운 도전으로 악명 높은 '지옥의 한 주'도 포함된다.

해군 수뇌부가 먼저 네이비실의 역할을 규정하고 그 직무에 맞는 신병들을 찾는 것과 마찬가지로, 최고의 CEO들도 훌륭한 조직을 만들 때 사람에서 출발하는 게 아니라, 역할에서 출발해야 한다는 사실을 잘 안다. 따라서 먼저 가장 중요한 업무가 무엇인지 자문하고 그 업무를 완수하는 데 필요한 지식, 기술, 특성, 경험을 규정한다.

이는 말처럼 그렇게 명확하거나 쉬운 일이 아니다. 평균 성과를 내는 한 의료 회사 CEO에게 "직원 중 가장 능력 있는 리더 스무 명은 누구인가?"라는 질문을 던졌다. 그는 직원 명단을 내밀었다. 우리가 다시 물었다. "회사에서 가장 중요한 스무 가지 역할은 무엇인가?" 그는 그 목록도 내놓았다. 답변을 내놓는 속도를 보면 그다지 고심하지는 않는 듯했다. 마지막으로, 우리는 "첫 번째 목록에 있는 사람들 중 몇 명이 두 번째 목록에 있는 역할을 맡고 있나?"라고 물었다. 그의 얼굴은 창백해졌다. 이사회나 주주들이 듣고 기뻐할 답이 아니라는 건 굳이 따져볼 필요도 없었다.

이와는 정반대로, 사모펀드의 거물 블랙스톤의 CEO 스티브 슈바르츠먼이 같은 질문에 어떻게 답했는지 보자. 그와 최고인사책임자CHRO, 최고재무책임자CFO는 회사의 투자 포트폴리오에서 어떤 리더십 역할이 수익, 영업 이익, 자본 효율성 면에서 가장 큰 가치를 창출하는지 정확하고 자세하게 조사했다. 예를 들어, 사업체 한 곳의 목표는 주가 수익비율을 8에서 10으로 높이는 동시에 수익을 60퍼센트 증가시키는 것이었다. 그들의 분석에 따르면 1만 2,000명의 직원이 37가지 업무를 담당하고 있고 회사 가치의 80퍼센트를 견인하는 것으로 나타났다. 혼자서 10퍼센트까지 수익을 변동시킬 수 있는 잠재력을 가진 역할도 있었다! 슈바르츠먼과 경영진은 각 업무를 적합한 리더들에게 맡기려고 애썼다.[11]

우리가 인터뷰한 모든 훌륭한 CEO들이 그렇게 엄격한 방법을 적용하지는 않지만 모두 인재 관리에서 가장 영향력이 큰 역할에 개인 시간과 에너지를 집중하며 현저하게 높은 수준의 엄격함과 규율을 적용했다. GE의 래리 컬프는 말한다. "CEO의 인사 결정은 곧 CEO의 모든 영향력이 집중되는 부분이다. CEO는 반드시 올바른 결정을 내려야 한다. 멀찍이 서서 대충 할 수는 없다." 그렇다면 이제 옳은 인사 결정을 내리기 위해, 최고의 CEO들이 어떻게 행동하는지 살펴보자.

핵심 가치 창출 역할을 명확히 규정하라

우리는 수많은 CEO들이 CHRO, CFO와 협력하여 회사의 전략을 이끄는 역할을 철저히 이해하도록 돕는 일을 해왔다. 매번 경영진들은 그 결과에 놀랐고 기존의 통념과 달리, 가장 큰 가치를 창출하는 역할과 계층구조가 항상 들어맞는 것은 아님을 깨달았다. 일반 기업에서 가장 가치 있는 50가지 역할 중 10퍼센트만이 CEO에게 직접 보고

하는 자리이고, 60퍼센트는 그 아래 단계에 있으며, 20퍼센트는 그보다 더 아래 단계에 있었다.[12]

그러면 마지막 10퍼센트는? 일반적으로 존재하지는 않지만 만들어야 하는 역할이었다. 이런 위치에 있는 인력은 기존 조직의 경계를 넘나들며 일하거나 새로운 산업 트렌드를 활용하는 것을 목표로 한다. 클리블랜드 클리닉의 토비 코스그로브는 환자 중심 전략을 추구했고, 최고 경험 관리자라는 자리를 만들어 환자들의 삶을 개선하는 역할을 맡겼다. 환자의 정서적 측면에 해당되는 모든 일을 관장하는 역할이었다. "인사팀은 직원들의 요구를 관리한다. 마찬가지로 환자들의 요구와 복잡한 환자 진료 체계를 살필 사람도 있어야 한다."

그 역할은 조직에 대내외적으로 투명성을 가져다주었다. 의사인 코스그로브는 말한다. "심장 수술에서 배운 것 중 하나는 항상 수치를 본다는 점이다. 그래서 사망률이든 그 밖의 것이든 모든 게 온전히 투명하다." 그는 환자 진료에 있어서도 병원의 의료품질 측정결과를 대중에게 투명하게 공개했다. 또 최고 경험 관리자에게 병원의 각 의사들 등급과 순위를 매기게 했는데, 보편적으로는 선호하지 않는 방식이었다. 코스그로브는 말한다. "어떤 의사들은 아주 훌륭했고 환자들에게 존경받고 있었지만 어떤 의사들은 그렇지 않다는 것을 사람들에게 알리고 싶었다. 그러면 그 의사들도 더 잘해낼 방법을 깨닫게 될 것이다."

에이온의 CEO 그레그 케이스는 새로운 임원 자리를 만들어 뉴벤처스 그룹을 이끌고 보험업계의 대규모 혁신을 가속화했다. 듀크에너지의 린 굿은 회사가 탄소중립을 목표로 발전자원을 기존 기술에서 신기술로 전환하기 위해 발전 및 변속기 시장 전환 관리자 역할을 새로 만들었다. 린 굿은 말한다. "이 역할을 맡은 사람은 에너지 인프라 전환에 전략적으로 집중할 수 있도록 일상적 운영 문제에 신경 쓸 일이 없게 했다." 금융 서비스 그룹 TIAA의 로저 퍼거슨도 최고 디지털 관리자 역할을 새로 만들었다. 고객과의 상호작용에서부터 직원 참여에 이르기까지 회사의 모든 측면을 성공적으로 관리하려면 디지털 렌즈로 접근할 필요가 있었다. 제이미 다이먼은 클라우드 기술이 비용 절감과 효율성 증대의 핵심이 될 거라고 보고 JP모건체이스에서 클라우드 서비스를 운영하는 경영진 자리를 만들었다. 아홀드 델헤이즈의 딕 보어는 기후 변화, 음식과 건강에 대한 정서 변화를 파악할 지속가능성 최고책임자를 팀에 추가했다.

최고의 CEO들은 가장 가치 있는 역할을 정하고 나면 각 역할이 제대로 규정되었는지, 완료해야 할 작업에 대한 명확한 설명과 성공에 필요한 기술, 특성 목록이 제대로 작성되었는지 확인한다. 예를 들어, 제품 리더에게는 사업 개발이나 인수합병 실사와 관련된 지식과 기술이 요구된다. 글로벌 마인드, 신속한 의사 결정 능력, 훌륭한 팀 구성 기술도 필요하다. 1억 달러 이상의 수익 비즈니스를 운영하고, 통합을 주도하며, 성공적인 영업 모델을 구축하고 실행했던 경험이 요구될 수도 있다.

역할별 특성 외에도, 최고의 CEO들은 리더라면 누구에게나 중요하다고 생각되는 '필수' 특성 목록을 가지고 있다. 웨스트팩의 게일 켈리는 열정, 똑똑함, 유연성, 결과 지향성, 회사 가치와의 명확한 연계를 꼽았다. 그녀는 "거기서 통과된 사람은 그 역할에 요구되는 특정 기술에 적합한지를 평가했다"고 말한다. 이타우 우니방코의 로베르토 세투발은 무던하고, 개방적이며, 똑똑하고, 연계에 능하고, 혁신적인 리더를 찾는다. 산탄데르의 아나 보틴은 가치, 공감력, 창의력, 협업력을 가진 리더를 원한다. JP모건체이스의 제이미 다이먼은 리더에게서 추구하지 않는 가치를 분명히 말한다. 그건 충성심이다. "누군가가 나에게 충성하겠다고 말하면 나는 이렇게 대답한다. '제발 그러지 마. 나 말고 회사와 고객에게 충성해. 옳은 일을 하는 데 충성하라고.'"

KBC의 요한 타이스는 참신한 사고를 '필수' 기준으로 삼는다. 그에게는 그것을 적용하는 독특한 방법이 있다. "집행위원회와 함께 회사를 성공시키는 데 가장 중요한 상위 40개의 포지션을 정한다. 그런 다음 관리자들을 성과와 역량에 따라 분류하고 40개의 역할에 각각 배정했다. 관리자를 배정할 때 현재 그 역할을 맡고 있는 사람 중 앞으로도 계속 그 역할에 머물 수 있는 사람은 아무도 없다는 조건을 넣었다. 더 이상의 '성역'은 없었다. 어떤 자리도 논의의 대상이 될 수 있다. 우리는 회사를 완전히 뒤바꿀 수 있다."

KBC의 예에서 알 수 있듯이, 어떤 역할이 가장 큰 가치를 창출하는지, 그 역할을 성공적으로 수행하기 위해 요구되는 자질은 무엇인지를 신중하게 정하고 나면 적절한 인물을 배치하는 일은 훨씬 쉬워진다. 웨스트팩의 게일 켈리는 그렇게 하지 않을 때 어떤 일이 일어날 수 있는지를 설명한다. "유능한 경영자가 자신에게 맞지도 않고 마음에 들지도 않는 역할을 맡게 될 수 있다. 그러면 신뢰도가 떨어지고 성과는 저하된다. 그렇게 되면 고치기 어렵다."

레프트 태클을 잊지 말라

미식축구팀에서 가장 많은 연봉을 받는 포지션이 어디냐고 물으면 대부분 쿼터백이라고 대답할 것이다. 쿼터백은 경기 대부분에서 활약하기 때문이다. 두 번째로 돈을 많이 받는 포지션이 어디냐고 물으면 사람들은 러닝백이나 와이드 리시버일 거라고 생각하는데, 쿼터백이 점수를 낼 때 쿼터백과 가장 직접적으로 협력하는 위치이기 때문이다. 하지만 노숙자에서 미식축구 스타 선수로 성장한 청소년의 이야기를 다룬 영화 〈블라인드 사이드〉의 팬이라면 정답이 뭔지 잘 알 것이다. 쿼터백 다음으로 미식축구팀에서 가장 가치 있는 사람은 레프트 태클(쿼터백이 왼손잡이라면 라이트 태클)이다. 왜 그럴까? 그들은 쿼터백이 달릴 때 보이지 않는 사각지대에서 공격해오는 상대팀 패스 러셔들에게 태클을 당하거나 부상당하지 않게 보호해주기 때문이다.[13]

기업에서의 쿼터백, 와이드 리시버, 러닝백은 흔히 기업의 손익 담당 리더로 여겨진다. 많은 CEO들은 단순히 그들의 목록을 나열하는 것만으로 가치가 높은 역할을 파악했다고 여긴다. 시암 시멘트도 2006년 칸 트라쿨훈이 CEO로 취임하기 전까지는 그랬다. 그는 당시 어떤 역할이 중요한지 결정하는 세 가지 요소가 있었다고 말한다. "첫 번째는 통제한 자산 규모였고, 두 번째는 보고를 받는 직원들의 숫자였다. 세 번째는 관리해야 하는 복잡한 업무의 양이었다."

최고의 CEO는 가치를 창출하고 보호하는 '레프트 태클' 포지션을 찾기 위해 높은 기준과 엄격한 규율을 적용한다. 트라쿨훈은 상품에서 고부가가치 상품으로 전환하는 전략을 적용했고, 그건 이전 CEO

체제에서 간과했던 역할이 중요해졌다는 의미였다. 연구 기능이 향상되었고, 기존 체제에서는 중요성이 다소 덜했던 팀의 리더는 이제 레프트 태클(팀에서 가장 중요한 인물 중 하나)로 인식되었다. 연구개발R&D 역할에 집중하고 최고의 인재들로 채운 덕분에 트라쿨훈은 재임 중 고부가가치 제품 판매 비중을 4퍼센트에서 35퍼센트로 높일 수 있었다.

피부 관리 회사 갈더마의 CEO가 된 플레밍 온스코브도 회사의 성공에 핵심적인 레프트 태클(전문 분야가 임상 개발, 분석, 디지털, 품질, 장치, 규정 등 어디라도)을 명확하게 파악하여 가장 중요한 역할을 체계적으로 정했다. "우리는 연구 프로그램을 1위에서 50위까지 순위를 매겨 우선순위를 파악한 다음, 높은 순위를 받은 연구 프로그램에 가장 많은 지원금을 할당하고 A급 선수들을 영입할 수 있게 했다. 우리는 리더십에 시간을 쏟아부었다." 이 과정에서 온스코브와 그의 팀은 생물학적 제재(생명체의 구성 요소를 포함하는 제품) 분야에 레프트 태클이 없다는 것을 깨달았다. 그는 "피부과학에서의 혁신은 생물학적 제재 쪽으로 옮겨가고 있음이 분명해졌다"고 말한다. "그래서 나는 그 분야에 적합한 리더를 고용해야 했다."

GE의 지휘봉을 잡은 래리 컬프는 조직도를 펼쳐 가장 높은 가치를 창출하는 역할을 파악했다. "우리는 가장 중요한 A급 선수의 자리를 정했다." 컬프는 분석 렌즈를 적용해 과거에는 B급 선수만 가지고도 괜찮았던 분야가 이제 레프트 태클의 역할을 하게 된 것을 깨달았다. 공급망 관리 책임자가 그랬다. "지금 우리에게는 우수 제품이나 우수 인력이 부족한 게 아니다. 하지만 적절한 품질의 제품을 적시에 공급하지 못하면 그 어느 때보다도 고객들은 짜증이 날 것이다. 우리는 하루하루 일 처리를 제대로 해야 했다."

대부분의 CEO들이 애널리스트 및 투자자 커뮤니티와의 대결을 거친 후에야 높이 평가하게 되는 레프트 태클 역할은 CFO다. IDB의 라일라흐 아셰르 토필스키는 말한다. "가능하면 최고의 CFO를 확보하는 것이 매우 중요하다. 그들은 CEO 어깨의 짐을 매일 많이씩 덜어줄 것이다. 그들은 CEO의 오른팔임에도 훌륭한 CFO의 중요성을 이해하지 못하는 사람들이 많다." 이타우 우니방코의 로베르토 세투발은 CEO로 지낸 20년을 돌아보면 팀에서 CFO가 가장 중요한 사람이었다고 강조한다. 에이온의 그레그 케이스는 재임기간 중 크리스타 데이비스를 CFO로 영입한 일을 가장 중요한 결정이었다고 여긴다. "크리스타는 에이온을 세우는 데 꼭 필요한 파트너였다. 우리는 처음부터 줄곧 함께 해왔다. 크리스타가 없는 에이온은 에이온이 아니다."

최고의 CEO들은 고부가가치를 창출하는 역할을 엄격하게 규정하고 나서야 방정식 반대편 항인 인재 관리를 시작한다. 적합한 인재를 해당 역할에 배치하는 순간부터는 이제 정치가 된다.

유력하지 않은 후보자를 찾아라

최고의 CEO는 보통 가치 창출, 방어, 수행 가능성 면에서 장단기적으로 '최적'이라고 판단되는 상위 30~50명의 인재를 배치한다. 그렇다. CEO에게 직접 보고하는 위치라고 해서 반드시 자신의 팀을 선택할 자유가 주어지는 것은 아니다. 대신, 최고의 CEO들은 최고위 리더들을 '전사 차원의 인재'로 여긴다. 예를 들어, GE의 래리 컬프는 자신에게 직속 보고를 올리는 경영진이 새 직원을 고용할 때 자신이 거부권을 행사할 수 있다고 분명히 밝혔다. "나는 이것을 원원(1/1)*이라고 부른다. 나에게는 잘못된 고용을 하는 것을 막을 권리가 있다."

정당한 경고다. 엄격한 과정을 거치면 이 단계에서 놀라운 일이 벌어질 수 있다. 사실, 대부분의 CEO들은 한 자릿수 안쪽으로 '최고 인재' 목록을 갖고 있다. 이 '유력한 후보자'들은 CEO의 '믿는 구석'이다. 다른 사람들이 할 수 없는 일들도 그들에게는 믿고 맡길 수 있다. 이 스타 인재들은 거의 모든 상임위원회에 속해 있고, 대부분의 태스크포스나 구상 단계 프로젝트를 지원하며, 대내외적으로 중요한 리더십 책임을 진다. 능력과 의지를 갖춘 이 리더들은 종종 너무 자주 등판해서 다른 사람들이 나설 때보다 효과가 떨어지기도 한다.

최고의 CEO들은 조직에서 누가 무슨 일을 맡을 것인지에 대해 훨씬 더 분석적인 렌즈를 들이댄다. 그들은 50개 정도의 가장 가치 있는 직책을 맡길 때 회사의 상위 200~300명의 리더들이 가지고 있는 지식, 기술, 속성, 경험에 대한 탄탄한 정보를 인사팀에 요구한다. 이는 가장 중요한 직책에 인물을 채워 넣을 때 잠재력을 가진 일부 '유력하지 않은 후보자'를 포함해 새 선택지들을 발굴하는 데 핵심이 된다. 또 최고의 CEO들은 누가 잠재적인 스타인지(누가 노력형 인재인지)

• 콘트랙트 브리지 게임에서 파트너의 첫 비딩에 대해 최상의 패를 강제 비딩하게 하는 것.

알아내기 위해 끊임없이 정보를 수집한다. GE의 컬프는 이렇게 말한다. "운영 리뷰를 보면 정보를 수집하기 좋다. 누가 배우고 있는지, 누가 성장하고, 종합하고, 통합하고, 앞으로 나아가고 있는지 알 수 있다. 또 공장을 돌아다니거나 고객과 대화할 때에도 항상 리더에 대해 비공식적인 360도 평가를 실시한다."

최고의 CEO들은 이 정보를 바탕으로 가장 가치 있는 역할을 맡길 만한 후보를 적어도 다섯 명씩은 확보해 놓는다. 이 과정이 엄격하게 이루어지면 보통은 두 가지 놀라운 사실을 발견하게 된다. 첫째, 이전에 우선순위가 높은 직책에 앉히기 위해 직접 뽑은 사람들 중 20~30퍼센트는 상대적으로 그 역할에 적합하지 않다는 점이다. 웨스트팩의 게일 켈리는 말한다. "신뢰받고 충성스러운 임원들 중 일부는 더 이상 그 '역할에 적절하지' 않다는 사실을 알게 되었다. 업무가 달라졌고, 이제는 다른 기술이 요구되기 때문이다. 나는 이런 상황에 정면으로, 조기에 대처하려고 했다. 이런 문제를 에둘러 가려 하거나 지연시키는 것은 사업 진전에 방해가 되는 것은 둘째치고 관련자들에게 불공평하고 결례가 되는 처사이기 때문이다."

철저한 인재평가의 두 번째 놀라운 점은 대부분의 CEO들이 처음 생각했던 것보다 핵심 역할을 담당할 잠재적 후보들이 훨씬 많다는 사실이다. 생산부문 리더의 예로 돌아가 보자. 한 후보자가 본래 기준인 1억 달러의 손익을 관리했던 경험은 없지만 글로벌 마인드나 빠른 의사 결정, 팀 구성 능력 발휘 면에서는 적합하거나 더 강한 면모를 보일 수도 있다. 어도비의 샨타누 나라옌은 이런 과정을 통해 나라옌의 비서실장이자 영업 및 기업 전략 부문에서 급부상한 글로리아

첸을 인사부를 이끌 후보로 발탁했다. "사람과 전략을 이해하는 사람, 100퍼센트 믿을 수 있는 사람, 필요할 때 미친 듯이 밀어붙일 수 있는 사람을 원했다. 글로리아는 인사부 경험은 없었지만 다른 모든 것을 갖추고 있었다."

최고의 CEO들은 또 중요도별로 다섯 명 이상의 잠재적 후보들에게 다양한 렌즈를 들이댄다. 예를 들어, 머크의 CEO 켄 프레이저는 말한다. "당시 나는 필라델피아에서 비즈니스 변호사업을 하고 있었고 담당 기업 중에 머크도 있었다. 내가 지금 머크의 CEO가 된 것은 당시 CEO였던 로이 바젤로스가 나를 사무실로 불러서 이렇게 말했기 때문이다. '나는 2년 후면 은퇴한다. 내 백인 동료들이 아프리카계 미국인을 높은 자리에 앉히려 할 것 같지는 않다. 나는 필요한 역량을 모두 갖춘 변호사를 선임해 이 회사로 데려올 것이다. 그에게 사업을 맡길 것이고 그의 멘토가 되어줄 것이다.' 지금 나는 로이에게 배운 것들을 실행하면서 CEO로서 최고의 날들을 보내고 있다."[14]

아디다스의 허버트 하이너는 회사를 위해 편협한 생각을 갖지 않는게 중요하다고 생각한다. 그는 가장 부가가치가 높은 역할로 승진할 사람을 정할 때, 회사 내부 사람이든 외부 사람이든, "누가 이 직책에 가장 적임자인가?"라고 질문하는 것을 매우 중요한 규칙으로 삼는다. 그는 또 인재에 나이 제한을 두지 않는다. "35세를 중요 직책에 앉힐 수도 있지만 55세도 될 수도 있다. 중요한 건 적임자를 찾는 것이다." US뱅코프 전 CEO 리처드 데이비스는 외부 채용의 이점을 이렇게 말한다. "새로운 사고를 도입하는 가장 좋은 방법은 새로운 사고를 가진 자를 데려오는 것이다."

후보군을 만들어라

중요한 역할에 적합한 인재를 배치하는 것은 CEO의 인재 관리 역할의 끝이 아닌 시작이다. 켄 프레이저가 자신의 성공에 큰 역할을 했던 전 CEO 로이 바겔로스를 언급한 것처럼, 최고의 CEO들은 가장 가치 있는 역할을 위해 코칭, 인재 보유, 성과 관리, 승계 계획에 실시간 시간과 에너지를 쏟아붓는다.

리더들과 많은 시간을 보내는 것이 CEO의 가장 중요한 역할이라는 뜻이다. 인튜이트의 브래드 스미스는 말한다. "내 근무 시간의 30퍼센트는 일대일 미팅과 단체 미팅에서 인재를 키우고 코칭하는 것, 내게 직접 보고를 올리지 않지만 비즈니스에 중요한 관리자들과 대화를 나누는 데 쓴다." 듀폰의 에드 브린은 말한다. "우리는 주요 직책에 앉을 미래의 유망한 인재를 식별할 시스템을 갖추고 있다. 최고의 인재들을 대상으로 연말과 중간 평가도 실시한다. 나는 또 잠재력이 높다고 생각하는 주요 직책의 인재들과 매달 일대일 미팅을 한다."

갈더마의 플레밍 온스코브 같은 일부 CEO들은 이사회 이사들에게 능력과 성격이 잘 어울리는 임원들의 멘토 역할을 해달라고 요청하기도 한다. 코칭이나 멘토링은 재능 있는 사람들에게 회사를 개선하고 영향력을 행사할 기회를 제공한다. 프로젝트가 성공하는 모습을 보며 주인의식을 함양하고, 그들이 이뤄낸 의미 있는 기여에 자부심을 느낄 기회도 된다.

최고의 CEO들은 주요 역할 승계 계획에도 참여한다. 야구나 축구 구단이 팜farm 시스템(메이저리그팀으로 들어가기 전 어린 선수들을 기르는 역할을 하는 팀)을 운영하는 것처럼, CEO는 떠오르는 스타들을 파악하고, 언제 어디서 그들을 메이저리그로 끌어올릴지 결정하는 등의 업무를 처리한다. 아디다스에서는 다양한 인재를 추천하라는 허버트 하이너의 요구에 따라, 경영진이 홍콩 기반 음반 회사의 35세 리더를 잠재적 후보로 지목했다. 하이너는 문제가 있던 중국 지역 마케팅 직책에 그를 고용했고 멘토링을 통해 2년 후에는 그를 아시아-태평양 지역 상무이사로 키웠다. 하이너는 이렇게 회상한다. "당시 중국 쪽은 작은 사업에 불과했지만 우리 미래에 있어서는 핵심 역할이었다. 그 정도로 중요한 직책을 뽑을 때는 CEO로서 인재를 선택할 뿐 아니라 트레이닝에도 참여한다."

프랑스 에너지 기업 토탈에서 가장 재능 있고 떠오르는 미래 인재의 진로에 관한 토론이 열렸다. 회의실 안의 지배적인 견해는 그 인재를 지역 책임자로 승진시키자는 것이었다. 토탈의 CEO 파트리크 푸안네는 자신이 그 인물을 재생 에너지 책임자로 앉힐 것을 제안했다며 "토탈에서의 표준 진로 경로를 생각해보면 우선 지역 책임자가 되는 게 순서였기 때문에 사람들은 그 결정에 놀라워했다"고 회상했다. 푸안네는 지속가능성을 향한 길을 설정했고, 그의 야망은 재생 에너지 분야의 리더가 되는 것이었다. "나는 여기에 최고 수준의 인재를 투입해야 했고, 그게 잘 들어맞았다. CEO는 시간을 할애하여 행동을 취해야 할 곳에 최고 인력을 배치해야 한다."

최고의 CEO들은 또 인사부장이 강한 후보선수군을 만들 수 있는 프로세스를 마련한다. DBS의 피유시 굽타는 "내 자리뿐 아니라 모든 역할에 대해 우리는 그 역할을 지금 맡을 수 있는 사람, 3년 혹은 5년 이내에 맡을 수 있는 사람 등 다양한 인재풀을 갖고 있다. 그러면 대략 100명 정도를 관리하게 된다. 누구를 이동시켜야 하는지, 어디로 이동시켜야 하는지, A지점에서 B지점으로 이동하는 데 필요한 노출과 성장을 어떻게 얻게 할지 등 그런 프로세스가 잘 마련되어 있다." 이런 접근은 떠오르는 미래의 인재들을 위한 벤치 공간을 열어준다. 이타우 우니방코의 로베르토 세투발은 "그 자리에 있어서는 안 될 사람을 앉혀둘 필요는 없다"고 잘라 말한다. 듀폰의 에드 브린은 그의 프로세스를 이렇게 설명한다. "우리는 사람들을 4개 층으로 분류한다. 6개월이 지나 리뷰를 할 때에도 여전히 맨 아래층에 있다면, '왜 뭔가를 하지 않았지?' 하고 의문을 던지기 시작한다. 우리는 그런 식으로 상당히 엄격한 시스템을 가지고 있다. 나는 경기에서 이길 수 있는 최고 팀이 있다고 굳게 믿을 뿐이다."

GE의 래리 컬프는 다나허에서 그랬던 것처럼 인재를 제대로 활용해 어떻게 선순환 구조를 만들 수 있는지 이야기한다. 그는 "전체적으로 적합한 인재를 적합한 곳에 배치하고 그 역할을 훌륭하게 담당할 수 있도록 지도하는 것"이라고 말한다. "이 점은 성공적인 CEO의 필수 요소 중 하나일 뿐이다. 내게 훌륭한 리더가 있고 그들이 훌륭한 팀을 꾸릴 수 있다면 나는 자원배분에 더 시간을 할애할 수 있고, 우리가 키우고 있는 훌륭한 인재들을 더 유지할 수 있다. 우리는 그런 식으로 다나허에서 플라이휠을 회전시켰다."

인재 관리에 엄격함과 규율을 적용해서 얻을 수 있는 이점은 많다. 그리고 최고의 CEO들과 진행한 우리 인터뷰는 CEO가 하지 않아서 가장 후회하는 일(변화가 필요하다는 사실이 명확한데도 핵심 역할 담당자가 낮은 성과를 내고 있을 때 빨리 개입하지 않는 것)에 초점을 맞추지 않는다.

인재에 대한 데이터 중심 접근 방식이 없다면 인사 문제는 교착 상태에 빠지기 쉽다. 무수한 사회적 배려는 행동에 걸림돌이 된다. 해당 임원에게 충성스러운 직원이 강등 대상이 되면 어떡할까? 해당 직원과 상호작용하던 고객은 어떻게 대응할까? 이사회도 그들의 성과에 대해 같은 견해를 갖고 있을까? 오랜 세월 동안 그들의 충성심을 감안할 때, 그들을 내보내면 무정하게 보이지 않을까? 적당한 후임자는 있는가?

가장 중요한 가치 창출, 보호, 가능한 역할(적절한 기술과 자질을 가진 사람들과 매칭)에 관해 인재 요건을 명확히 규정하고, 리더의 인재풀을 폭넓게 구축하면 사람을 둘러싼 정치 문제는 대부분 사라진다.

JP모건체이스의 제이미 다이먼은 이 문제에서 중요점을 지적한다. "누군가 훌륭하고, 충성스러우며 회사의 기둥인 사람을 (그에게 최적이 아닌 역할에서) 어떻게 강등시킬 수 있냐고 물으면 답변은 간단하다. 더 이상은 그 일을 잘 해내지 못하는 사람이기 때문이다. 그런데도 그 사람을 업무에서 배제하지 않고 놔두어 그에게 '충성'한다면 그 밖의 모든 사람들과 회사 고객들에게는 '불충'한 태도가 된다. 그게 인재 관리에서 가장 어려운 부분이다."

이번 장에서는 인재에 관해 폭넓게 다루었다. 다음 장에서는 최고의 CEO가 최고의 팀을 이끌기 위해 하는 일을 구체적으로 알아보겠다.

지금까지 최고의 CEO들이 '추상적인 것들을 구체적으로 다루어라'
는 마인드셋을 어떻게 행동으로 옮기는지 살펴보았다. 아무리 최고의
CEO들이라 해도 잘 해내기가 어렵다. 심지어 일부 CEO들은 이 문
제에서 스스로 원하는 만큼 제대로 해냈다고 느낀 적이 한 번도 없다
고 말했다. 다음은 조직 배치의 중요한 과제인 문화, 조직 설계, 인재
관리에서 성공적이었다고 생각하는 CEO들이 어떻게 엄격함과 규율
을 적용했는지 요약한 것이다. 그들은 이렇게 함으로써 성공 확률을
두 배로 높이고 두 배 이상의 성과를 달성했다.

대기업 CEO가 아니더라도 비전과 전략을 실행할 때 조직이나 사
람과 같이 소프트한 요소들을 재무 성과와 같이 하드한 것처럼 취급
하는 일은 매우 중요하다. 자신이 제대로 실행하고 있는지 알고 싶다

최고의 CEO들의 조직적 합의 마인드셋

추상적인 것들을 구체적으로 다루어라	
문화 조성 실천 : 중요한 한 가지에 집중하라	• 작업 환경을 재구성하라 • 스스로 먼저 변화하라 • 의미 있는 일로 만들어라 • 중요한 것들을 측정하라
조직 설계 실천 : 안정민첩성을 추구하라	• 진자 운동을 멈춰라 • 책임 소재를 명확히 하라 • 매트릭스가 아닌 나선 구조로 생각하라 • 스마트하게 선택하라
인재 관리 실천 : 훌륭한 사람이 아닌, 　훌륭한 역할기술서부터 출발하라	• 핵심 가치 창출 역할을 명확히 규정하라 • 레프트 태클을 잊지 말라 • 유력하지 않은 후보자를 찾아라 • 후보군을 만들어라

면 이렇게 자문해보라. 성공을 이루기 위해 필요한 가장 중요한 행동 변화는 무엇인가? 나는 얼마나 깊이 있게 개인적으로 설득력 있는 이야기를 하고, 인센티브를 조정하며, 다른 사람들의 자신감과 기술을 키우는 롤모델로서 행동하고 있는가? 우리 회사는 책임이 명확하고 업무가 지나치게 경직되어 있지 않으면서 혼란을 방지할 수 있도록 조직되어 있는가? 가장 중요한 역할을 그 역할에 가장 적합한 인재가 담당하고 있는가? '소프트한 것'이 올바른 방향으로 움직이는지 측정할 수 있는 믿을 만한 방법이 있고, 그에 따라 올바른 방향으로 진로를 수정하고 있는가? 이런 질문에 긍정적인 답변을 내놓을 수 있을 만큼 열심히 하고 있다면 전략을 실행하기가 훨씬 쉬워진다.

팀 정신을 강화하라

—

입자가 생각할 수 있다면
물리학이 얼마나 어려울지 상상해 보라.

_머레이 겔 맨

최고경영진의 팀워크는 회사를 키우기도 하고 무너뜨리기도 한다. 투자자들은 이 점을 잘 안다. 그래서 그들은 새로운 IPO(신규 상장, 민간 기업이 대중에게 주식을 판매하는 것)를 평가할 때 가장 중요한 비재무적 요소로 최고경영진의 자질을 꼽는다. 투자자들의 이런 본능은 데이터로 뒷받침된다. 최고경영진이 공동의 비전을 가지고 협력하면 기업이 평균치 이상의 재무 실적을 기록할 가능성이 두 배 이상 커진다. 리더십 전문가 존 맥스웰은 말한다. "팀워크는 꿈을 움직이게 한다. 하지만 리더가 큰 꿈을 꿔도 팀이 형편없으면 그 비전은 악몽이 된다."

이렇게 분명한 이점이 있는데도, 고위직 임원의 절반 이상은 회사 최고경영진이 제대로 역할을 하지 못하고 있다고 생각하고 있다. 반면에 CEO들은 이런 현실을 제대로 파악하지 못하는 경우가 많다. 평균적으로 CEO의 3분의 1 미만이 팀에 문제가 있다고 말한다.[1] 이는 지적 단절이 아닌 사회적 단절로 인한 것이다. 개인적 및 제도적 편견, 불편한 집단 역학은 팀의 효율성을 떨어뜨린다. 종종 팀이 독단적인 리더들로 구성되어 서로 다른 관점을 내세우고, 서로 더 큰 영향력을 발휘하려고 겨루며, 희소한 자원을 놓고 싸우고, 최고 자리를 놓고 경쟁하기도 한다. 회의에서는 팀을 위해 여기 와 있다는 표정을 짓지만, 회사의 의제뿐 아니라 개인의 의제가 지켜지고 있는지 확인하고 감시하며 배후에서 은밀히 공작을 벌이기도 한다.

최고의 CEO들은 이런 어려움을 인식하고 있으며 최고경영진이 그들이 가진 잠재력에 부응하고 회사를 발전시킬 수 있느냐 없느냐는 CEO의 리더십에 달려 있음을 잘 안다. 리더의 역량을 최대한 끌어내기 위해 고민할 때 많은 CEO들은 "최고경영진과 얼마나 자주 만나야 할까?" "의제로 무엇을 다뤄야 할까?" 등의 질문부터 시작한다. 하지만 최고의 CEO는 팀이 '무엇을' 함께 하는지가 아니라 '어떻게' 함께 하는지를 더 많이 생각한다. 그들은 팀의 심리를 해결하는 데 몰두하고 조정과 실행 메커니즘이 뒤따르게 한다. 그들은 팀이 무엇을 함께 하는지가 아니라 팀의 구성, 효율성, 운영 리듬을 우선으로 여긴다.

이 장은 주로 대기업의 최고경영진에 대해 다루고 있지만 여기서 얻는 교훈은 모든 규모, 모든 종류의 조직에도 적용할 수 있다.

생태계를 구축하라

팀 구성 실천

**팀의 힘은 각 개별 구성원이고,
각 구성원의 힘은 그 팀이다.**

필 잭슨

오래된 숲속을 걸을 때 나무들을 보면 눈이 휘둥그레질 정도로 각양각색이다. 미송, 백송, 백양, 아메리카 꽃단풍, 참나무가 저마다 하늘을 향해 솟아오르고, 제각기 햇빛과 공간을 좇아 다른 종의 나무들과 경쟁을 벌인다. 그런데 연구에 따르면 사실 지표면 아래에서는 서로 (경쟁이 아닌) 협력을 하며, 숲 전체의 성장을 극대화하기 위해 서로 다른 종의 나무들도 한 팀처럼 행동한다. 과학자들은 나무와 곰팡이가 땅속에서 균근이라 불리는 파트너십을 형성해 뿌리를 서로 연결하고 인과 질소 같은 영양분, 탄소, 물을 공유하며 서로 돕는다는 것을 발견했다.

　이 연구는 이 알쏭달쏭한 현상, 왜 다른 종의 나무들과 햇빛이나 공간 경쟁을 하지 않는지, 왜 단일종으로만 심은 숲의 미송이 다양한 종의 나무들 사이에서 자란 미송들보다 크기가 작은지를 설명하는 데 도움이 된다. 다양한 종이 서식하는 숲속의 (경쟁이 아닌) 협력 관계가 숲의 지속가능한 성장을 가능하게 한다는 사실이 밝혀졌다.[2] 조직 생활에서도 마찬가지다. 최고의 팀은 오래된 숲의 미송들처럼 구성원들이 상호보완적으로 소통해 탁월한 성과를 거둔다.

2014년 라일라흐 아셰르 토필스키는 이스라엘 디스카운트 뱅크IDB의 CEO가 되었을 때, 여러 마리 용을 쳐내야 했다. 은행은 재무 성과가 저조했고 디지털화에서 뒤처지고 있었다. 아셰르 토필스키는 은행의 미래를 이끌기 위해 뭘 해야 할지 잘 알았다. 그녀는 30개의 과감한 변화를 위한 계획 목록을 작성했다. 하지만 신중한 평가를 거쳐 확인해보니 고위경영진 중 다수가 필요한 변화를 실현할 역량과 추진력이 부족했다. 아셰르 토필스키는 말한다. "변화를 믿지 않는 구성원이 있다면 CEO가 조직 내에서 무언가를 바꾸기는 매우 어렵다. 그래서 경영진 중 누구를 교체할 것인지 생각했을 때, 필요한 변화를 믿지 않는 경영진이 포진된 조직 위주로 살폈다."

결국 아셰르 토필스키는 최고경영진의 거의 절반을 교체했다. 크고 가장 중요한 첫 움직임은 인사부 책임자를 새로 임명한 것이었다. 이 자리는 IDB를 미래로 나아가게 할 조직의 에너지를 풀어내는 핵심 역할이었다. 그녀는 IDB 은행의 문화와 역사를 이해하는 내부자이면서 외부인의 감성을 지닌 사람을 찾았다. 그녀가 선택한 사람은 IDB의 직원을 대변하는 노조처럼 큰 조직을 상대할 정도로 강인했고, 직원들의 생산성을 높이는 데 기여할 냉철한 인사 시스템을 설치할 만

큼 똑똑했다. 아셰르 토필스키는 "우리가 시스템을 제대로 갖추고 있
는지 확인하기 위해 누군가가 필요했다"고 회상한다. "직원들이 임금
외에도 저마다 다른 방식으로 고용계약을 맺고 있는 게 문제였다. 예
를 들면 이런 식이었다. '이렇고 저런 이유로 이 직원은 9시부터 3시
까지 출근할 수 있다.'"

아셰르 토필스키가 2019년 말에 CEO직을 그만둘 때까지 IDB는
아이카운트, 페이박스 등 핀테크 스타트업과 파트너십을 맺으며 디지
털 뱅킹의 선두주자로 떠올랐고, 이를 통해 결제 서비스를 개선하고
더 많은 디지털 상품을 제공했다. 또 은행 업무에 AI를 도입해 은행
거래 데이터를 실시간 분석하고 고객에게 맞춤형 재무관리 정보를 전
달했다. 그녀의 재임기간 동안 은행의 자기자본이익률은 2배, 순이익
은 3배 증가했고, IDB는 20년 만에 처음으로 배당금을 지급했다.

아셰르 토필스키와 같은 최고의 CEO들은 팀에 있어야 할 사람이
누구인지, 없어야 할 사람이 누구인지 어떻게 정확히 파악할까?

능력과 태도를 보고 팀을 구성하라

3장에서 살펴본 대로 팀에 누가 필요한가에 관한 올바른 대화는 사람
이 아닌 역할에서 시작되어야 한다. 어떤 최고경영진이 회사를 발전
시킬까? 어떤 지식과 기술이 필요할까? 어떤 경험이 필요할까? 용납
할 수 없는 특성과 태도는 무엇일까? 다양성, 형평성, 포용력은? 그런
기본 요소들을 바탕에 두고 최고의 CEO들은 세심하게 최고경영진

을 구성한다. 아디다스의 허버트 하이너는 축구를 예로 들어 팀을 구성할 때 전체냐 부분이냐를 생각해야 한다고 강조한다. "공격수 11명, 혹은 골키퍼 11명만 가지고 경기할 수는 없다. 훌륭한 골키퍼도 있어야 하고 뛰어난 공격수도 있어야 하고 훌륭하게 보조해줄 선수도 필요하다. CEO 업무에서 가장 중요한 점은 믿음과 시너지로 의지할 수 있는 팀을 만드는 것이다."

소니의 히라이 가즈오는 어떻게 경영진을 선택하는지 설명한다. "내가 기본적으로 찾는 것은 TV 사업, 디지털 이미지 사업, 영화 사업, 플레이스테이션 사업 등 관리를 맡으려는 분야에서의 전문성과 검증된 능력이었다." 그는 능력뿐 아니라 태도도 함께 본다. "나는 상사에게 반대 의견을 말하는 것을 겁내지 않고 자신의 아이디어를 제시하며, 대담하게 밀고 나가는 능력이 입증된 사람을 찾았다. 상사나 CEO에게 그 아이디어는 좋지 않다고 말할 수 있어야 한다. 모두 모인 자리에서 나는 그런 모습을 기대한다고 말했다."

거의 모든 최고의 CEO들이 공통으로 추구하는 능력은 장기와 단기 균형을 맞출 줄 아는 능력이었다. GM의 메리 배라는 이렇게 말했다. "처음에는 '저 사람이 물건을 팔고, 팔고, 팔고, 또 팔게 두자'고 생각했다. 어느 정도까지는 그것도 괜찮다. 하지만 가장 높은 직책에 있는 사람은 현재의 결과를 실행하고 주도할 수 있을 뿐만 아니라 멀리 내다보고 미래를 계획할 줄도 알아야 한다."

최고의 CEO들이 경영진을 고를 때 태도에 있어 기대하는 점은 팀 플레이어가 될 수 있느냐는 것이다. IBD의 라일라흐 아셰르 토필스키는 말한다. "핵심은 공동 미션을 이해하고 자신의 승진에 대해서만 생각하지 않는 사람이다. 그게 가장 중요한 사항이었다." 알파벳의 순다르 피차이는 최고경영진을 뽑을 때 "회사를 우선시하는 특성이 보이는가? 우리의 임무, 우리가 사용자들에게 하려는 일을 생각하는 사람인가?"를 눈여겨본다. JP모건체이스의 제이미 다이먼은 그 점을 더 명확히 설명한다. "팀워크는 보통은 '어울림'의 코드지만 때로는 홀로서기와 무언가를 말할 용기를 뜻하기도 한다. 최고의 팀플레이어는 손을 들고 '당신이 하는 일은 고객이나 회사에 최선이 아니라고 생각한다. 그래서 동의하지 않는다'고 말할 수 있는 사람이다."

최고의 CEO들 가운데 일부는 특정 태도를 선호하기도 했다. 듀폰의 에드 브린은 "내가 가장 중요하게 생각하는 점은 열정이다. 열정적인 사람들은 좋은 의미로 열정을 전염시키고 사람들을 주변으로 끌어들인다. 이력서가 나한테까지 넘어왔다면 이미 학력과 배경은 너무나 훌륭한 사람일 것이다. 그런 부분은 걱정할 게 없다." 케이던스 디자인 시스템스의 립 부 탄은 투명성, 겸손, 배움의 자세를 꼽았다. 에스켈의 마조리 양은 "리더를 뽑을 때 훌륭한 정량적 추론 능력과 호기심, 높은 감성지수를 찾는다"고 말했다. 알파벳의 순다르 피차이도 공감 능력에 큰 가치를 둔다. "8년 전이었다면 그것을 최고의 특성으로 여기지 않았을 것이다. 하지만 오늘날 구글 같은 규모의 조직을 운영하다 보면 (내부 및 외부의 참여 요구 면에서) 대인관계를 다루는 섬세한 능력이 요구된다."

전체적인 경영진 구성도 중요한 고려 사항이다. 시세이도의 우오타니 마사히코는 처음부터 회사에 있었던 사람 절반과 나중에 입사한 사람 절반으로 경영진을 꾸렸다. 페이케 시베스마는 그가 DSM의

CEO가 되기 전에는 최고경영진에게 인사할 때 "숙녀 한 분과 신사여러분"이라고 농담을 할 정도였다고 한다. 그는 관리자급 300명 중 30퍼센트를 여성으로 구성했고, 이사회와 최고경영진 중 50퍼센트를 여성으로 채웠다. 아홀드 델헤이즈의 딕 보어는 절반은 내부 경험이 있고 절반은 외부 경험이 있는 멤버들로 경영진을 구성했다. 인도 최대의 민간 은행 ICICI의 전 CEO KV 카마스는 경영진에서 30대 초반 젊은 인재들의 수를 늘리려고 애썼다.

적합한 능력과 바른 태도는 그저 갖고 있으면 좋은 게 아니라 경영진 모두가 반드시 갖춰야 할 필수 요소다. 그걸 갖추지 못한 직원이 있다면 최고의 CEO들은 행동에 나선다. 하지만 그 행동은 재빠르면서도 공정하게 이루어져야 한다.

빠르게, 그렇지만 공정하게 행동하라

최고경영진이 분명히 해내지 못하거나 팀의 역동성을 해친다는 사실이 명확한 경우가 아니라면, 최고의 CEO들은 공정하고 엄격한 접근법을 적용해 어려움을 겪고 있는 리더들에게 도약할 기회를 마련해준다. 마지드 알 푸타임의 알라인 베자니는 말한다. "전통적인 가르침은 CEO가 사람 문제에 있어 재빨리 움직여야 한다고 말한다. 하지만 나는 그것이 매우 근시안적이고 완고한 견해라고 생각한다. 사람은 변화시킬 수 없다. 내 아이도 바꾸기 힘든데 하물며 회사 경영진이야 오죽하겠는가. 하지만 배우고, 적응하도록 지원하고, 그들이 할 수 있고

원하는 방식으로 진화하는 환경을 만들어줄 수는 있다." 인튜이트의
브래드 스미스는 스포츠에 비유해 요점을 설명한다. "선수를 전부 교
체해야 한다면 생각만큼 좋은 감독은 아니다."

팀에서 누군가를 제거하기 전에, 최고의 CEO는 다음의 질문들에
긍정적인 답변을 내놓을 수 있는지 확인한다.

- 경영진이 자신이 어떤 기대를 받고 있는지 정확히 알고 있는가?
- 의제가 무엇인지, 해당 의제를 추진하기 위해 수행해야 할
  작업이 무엇인지 알고 있는가?
- 경영진이 필요한 도구와 자원을 제공받았는가? 이를 효과적
  으로 사용하는 데 필요한 기술과 자신감을 쌓을 기회를 제공
  받았는가?
- 주변 사람들(CEO를 포함해서)이 공통적으로 한 방향을 향해
  있고 바람직한 마인드셋과 행동을 보여주고 있는가?
- 해당 경영진이 물러날 경우, 그 결과는 명확한가?

숙달되지 못한 CEO들은 이 모든 질문에 "그렇다"고 대답하지 못
한 채, 행동에 나서는 경우가 너무나 많다. 덴마크 제약회사 노보노디
스크의 라르스 레비엔 쇠렌센은 위의 질문에 확실히 긍정적인 답변을
내놓는다. 2015년 〈하버드 비즈니스 리뷰〉의 세계 최고 CEO로 선정
된 쇠렌센은 한때 제조부 경영진이 시장 수요를 충족시킬 만큼 충분
한 규모 확장을 하지 못했다며 그를 해임하라는 압력을 받았다. 하지
만 쇠렌센은 회사의 실적 부진이 제조 역량(사업부가 임무를 수행하는 데

필요한 역량을 구축할 수 있는 자원)에 충분히 투자하지 않은 결과라고 결론짓고 리더를 해고하는 것에 반대했다. 적절한 자원을 제공받은 제조부 경영진은 상황을 반전시켰고 자신의 자리를 지킬 수 있었다.

실적이 낮거나 평균 실적만 유지하는 경영진을 계속 데려가라고 말하는 게 아니다. 이전 경영진 아래서 평범한 성과를 기록했던 경영진이라도 새로운 환경을 마련해 빛을 발할 기회를 주자는 것이다. DBS 그룹의 피유시 굽타는 그의 사고가 진화되어온 과정을 설명한다. "예전에는 성공 확률이 반반인 사람이 있으면 그의 잠재력이 발휘되도록 도우며 함께 일하는 게 내 규칙이었다. 하지만 내 기준은 바뀌었다. 성공 확률이 75퍼센트라면 나는 그 사람과 함께 일할 것이다. 그보다 적다면 이를 악물고 더 성공률이 높은 사람을 찾는다."

굽다의 마음이 바뀐 계기는 그가 1990년대 씨티은행에 있을 때 한 임원 코치 때문이었다. 당시 그는 CEO 임기 3년의 절반을 마친 상태였는데, 임원 코치가 조직도를 앞에 두고 A급, B급, C급 선수들을 분류해보라고 했다. 굽타는 결과를 확인하고 놀랐다. 그는 A급 선수들도 일부 거느리고 있었지만, 그의 경영진은 대부분 B급과 C급 선수들로 구성되어 있었다. 코치는 그의 임기가 이미 절반이나 지났는데 그에게는 A급 경영진이 없다고 직설적으로 말했다. 1년 정도 후에 CEO 자리를 물려줄 때 후임에게 기껏해야 B급 팀을 남기고 떠날 텐데, 그건 주주에게 적절한 수익을 제공하는 방법이 아니라고 했다. 굽타는 그 교훈을 깊이 새겼다.

B급 선수가 A급 선수가 될 수 있도록 공정한 절차를 적용하는 것은 몇 년이 아니라 몇 개월 만에도 해결할 수 있는 문제다. 록히드마틴

의 메릴린 휴슨은 말한다. "당신은 자신의 가설을 시험해보고 평가하고 싶을 것이다. 하지만 변화는 초기에 만들어야 한다. 사람들은 당신이 새 CEO로 왔을 때 변화가 있을 거라고 기대한다. 초기에 하지 않으면 사람들은 거기에 이미 익숙해지고 나중에 변화를 주려고 할 때는 자신들의 기반이 뜬금없이 무너졌다고 느낀다. 그러면 CEO의 일이 훨씬 더 힘들어진다."

웨스트팩의 게일 켈리는 다른 관점에서 이 점을 강조한다. "잠재력도 가졌고 성공하고 싶은 열망도 있지만 거기에 도달하지 못하는 사람들을 자주 봐왔다. CEO가 성공할 수 있는 조건을 마련해 주었는데도 성공하지 못하고 있다면 나아질 가능성은 거의 없다. 그러므로 CEO는 조기에 결정을 내려야 한다. 그편이 그 사람에게도, 회사에도 최선이다. 그게 가장 우아한 대처 방법이다. 그 자리가 잘 맞지 않는다고 말할 수 있기 때문이다. 하지만 너무 오래 방치해두면 그런 논의조차 할 수 없게 된다."

에이온의 그레그 케이스는 공정한 절차에 관해 마지막 조언을 해준다. "최고경영진을 어떻게 교체할 것인지에 관해서는 주의를 기울여야 한다. CEO가 연민을 가지고 일을 처리하는지 아닌지를 동료들은 주시한다. 누군가가 이제 현장에 있지 않을 거라고 해서 그 사람이 훌륭한 사람이 아니라거나 과거에 엄청난 기여를 하지 않았다는 뜻은 아니라는 걸 분명히 해야 한다. 그들이 없었다면 회사는 지금과 달랐을 테니 그들이 재임기간 동안 회사의 성취를 위해 도운 부분이 있다면 자부심을 갖고 떠나게 하라. 그들이 거둔 성공을 기념하고 자리 이동을 축하해줘라."

연계하면서 거리를 두어라

경영진이 A급 선수가 되고 계속 A급을 유지할 수 있도록 CEO는 경영진 각자와 실무 역할을 함께 해야 한다. 비영리 기관인 신시내티 아동 병원의 CEO 마이클 피셔는 말한다. "CEO는 경영진 각자에게 시간과 에너지를 투자하고 한 사람 한 사람을 개별적으로 인식해야 한다. 그들은 각자 요구도, 강점도 다르다. 강점이 보이는 곳은 박수치며 응원하고, 그 강점을 가장 효과적으로 활용할 수 있는 상황에 놓아주어야 한다. 하지만 그 과정에서 일정 주기로 피드백, 가령 '여기서는 더 잘할 수도 있을 것 같다'라거나 '이건 우리가 함께 해볼 수 있겠다'라는 반응을 해줘야 한다."

웨스트팩의 게일 켈리는 최고경영진과 개인적으로 이렇게 소통한다. "나는 적어도 일주일에 한 번은 모든 경영진에게 전화를 건다. 오후 늦게나 아침 일찍, 퇴근길 혹은 출근길에 전화를 걸기도 한다. 경영진에게도 내게 전화를 걸라고 한다. 내 전화를 받았을 때 '왜 전화했지?'가 아니라 '대화하려는 모양이네'라고 생각하는 관계가 되길 바란다. 나는 '내가 이런 걸 봤는데' 혹은 '지금 뭘 보고 있는데 좀 걱정되네' 혹은 '내가 이런 이야기를 들었는데'라고 말하지 않는다. 대신 '이 얘기 좀 들어봐' 혹은 '어떻게 생각해?' 혹은 '와, 이거 정말 근사한데'라고 말하기 시작한다. 내 일은 경영진이 최고가 되도록 만드는 것이다. 그렇게 하려면 나는 그들에 대해 알아야 하고, 취약점, 걱정거리 등을 이해하고 있어야 한다."

아디다스의 허버트 하이너는 경영진과 일대일로 소통할 때의 이

점을 말한다. "최고경영진은 운영상의 판단과 개인적인 문제에 관해 CEO와 소통할 시간이 필요하다. 가끔은 그들도 기분이 얼마나 좋은지, 혹은 얼마나 힘든지 CEO에게 말하고 싶다. CEO가 자기 사람들을 위해 충분히 시간을 쏟고, 그들을 소중히 여기는 모습을 보여주면 그들은 두 배, 세 배로 되갚는다. 미처 깨닫지 못할 수도 있지만 모두들 CEO를 올려다보고 있다."

하지만 일대일로 소통한다고 해서 경영진이 CEO를 가족처럼 느끼게 만들라는 뜻은 아니다. 신시내티 아동 병원의 마이클 피셔는 CEO와 경영진의 건설적인 관계에는 '거리'가 중요하다고 말한다. "CEO는 자신이 그들의 보스임을 인지하고 있어야 한다. 어느 정도는 협력관계가 되고 친숙해질 필요도 있지만 결국 CEO는 회사에서 가장 큰 책임을 지는 사람이고, 최고경영진을 구성할 책임이 있다." DBS의 피유시 굽타는 말한다. "모든 직원들에게 너무 가까이 다가가면 힘겨운 선택을 하지 않고 평범한 선택을 하는 쪽으로 타협하게 된다." 아디다스의 캐스퍼 로스테드는 이 문제에 대해 필요한 책임을 명확히 강조할 수 있도록 흑백론적 입장을 취한다. "회사에서 나는 친절하게 대하려고 하지만 친구를 만들려고는 하지 않는다. 그래야 편견 없는 결정을 내릴 수 있다."

듀폰의 에드 브린이 경영진과 성과에 대한 개별 면담에 대해 말한 것처럼 최고의 CEO들은 "행동을 먼저 평가하고 그다음에 결과를 평가해야 한다." JP모건체이스의 제이미 다이먼은 그 이유를 이렇게 설명한다. "실패해도 괜찮다는 것을 인정해야 한다. 좋은 실수도 있는 법이다. 토론하고 깊이 생각하고 제대로 된 사람들과 이야기했지만 틀릴 수도 있다. 그러니 실패를 허용해야 한다. 우리는 손익계산서만 보는 게 아니다. 대신에 이런 질문을 던져야 한다. 열심히 일했는가? 사람을 고용했는가? 직원들을 훈련시켰는가? 고객을 위해 옳은 일을 했는가? 다른 사람들을 도왔는가? 시스템을 구축했는가? 채용과 같은 일을 부탁했을 때 도움을 주었는가?"

평가 중 모든 피드백은 각 개인에게 맞춤형으로 이루어져야 한다. 신시내티 아동 병원의 피셔는 설명한다. "예를 들어, 어떤 사람들한테는 이렇게 말해야 한다. '이번 미팅에서는 평소처럼 먼저 의견을 제시해서 다른 사람들의 발언 기회를 가져가기보다는 좀 더 귀를 기울여봐.' 하지만 어떤 사람들에게는 '회의 시작하고 30분 동안은 말하지 마. 자기 발등 찍고 싶지 않으면'이라고 좀 더 직설적으로 말할 필요도 있다."

팀을 넘어 리더십 연합을 구축하라

이번 장에서는 조직 내 최고경영진에 대해 집중적으로 다루고 있지만 최고의 CEO들은 더 큰 리더십 연합을 통해 팀워크를 형성하기도 한다. US뱅코프의 리처드 데이비스는 벤치 선수의 폭을 넓히는 방법에 대해 설명한다. "우리 조직 피라미드에서 CEO에게 직속보고를 올리는 직원은 12명, 두 단계 아래에는 76명, 세 단계 아래에는 220명이 있다. 나는 모든 사람들의 이름을 정확히 알고 있고, 위계질서를 통해 일하는 것보다 그들과 직접 소통하는 것을 더 중요하게 생각한다. 멘토링을 위해 혹은 무언가에 노출시키기 위해 그들에게 내가 직접 보고 받으러 가는 것을 겁내는 직원은 없다." 디아지오의 이반 메네제스는 1년에 두 번 조직의 상위 80명 리더들과 일대일 면담을 한다. 메네제스는 "그들은 우리의 고위급 경영진이다. 우리는 사업에서부터 가족, 어떻게 지내는지, 기분은 어떤지 등 모든 이야기를 나눈다. 아직 체계가 잡히지는 않았지만 매우 가치 있는 시간들이다."

피라미드 아래쪽에 위치하는 직원들과 개별적으로 소통할 수도 있지만 그룹 또는 하위 그룹 단위로도 소통이 필요하다. 예를 들어, 듀크 에너지의 린 굿은 유틸리티 기업의 피라미드 상위 100명과 소통할 때 취한 접근 방식을 이렇게 설명한다. "나는 내게 직속 보고를 올리는 직원들, 그들에게 직속 보고를 올리는 아래 직원들, 그 밖의 경영진들과 폭넓게 시간을 보내려고 노력한다. 매달 한 시간 반씩 그들을 불러 모아 전략적인 주제로 토론한다. 분기에 한 번씩은 더 길게 회의를 갖고, 일 년에 한 번씩은 하루 반 동안 모인다. 리더십 팀 간에 믿음과 신뢰를 쌓으려면 시기적절하고 투명한 소통이 중요하다."

GM의 메리 배라는 최고경영진과 정기적인 모임을 갖는 것 외에도 230명의 글로벌 리더들과 1년에 두 번 이상 단체로 만난다. 목표는 모두가 같은 방향을 향해 나아가게 하는 것이다. 배라는 말한다. "그들은 좋은 리더다. '변화와 이유'가 무엇인지, 그리고 '그 이유를 아는 게' 얼마나 중요한지를 이해시키면 다른 모든 것을 뒤로하고 우리 모두를 전진시키는 데 힘을 쏟는다."

최고의 CEO 중 일부는 최고경영진 회의에 아래 단계 혹은 그 아래 아래 단계의 직원들을 참석시켜 폭넓은 리더십 연합을 구축한다. 브래드 스미스는 이를 인튜이트의 표준으로 삼았다. "나는 내게 직접 보고를 올리는 경영진 12명과 내가 회의하는 모습을 회사의 리더 400명이 방송으로 지켜보게 했다. 400명의 직원들이 우리가 의제에 관해 토론하고 결정을 내릴 때 어떤 원칙이 적용되는지 이해할 수 있었다. 덕분에 업무에 가속이 붙었다. 그렇게 모두가 올바른 결정을 내리는 법을 깨우쳐 나갔다."

CEO는 또 주니어 리더들을 여러 기능과 역할에 걸쳐 있는 프로젝트에 더 많이 배치해 리더십 연대를 넓힐 수 있다. 웨스트팩의 게일 켈리는 말한다. "나는 조직 피라미드에서 한 단계 아래로 내려가 업무에 상관없이 각 부서의 최고 우수 인력을 뽑아내고 은행의 장기적 미래를 규정하는 프로젝트에 상근직으로 투입했다. 우리가 함께 일할 때 던진 질문은 다음과 같았다. '우리 회사에 대해 말하고 싶었던 것이 무엇인가' '고객들이 회사에 대해 어떻게 말하기를 바라는가?' 혹은 '직원들이 회사에 대해 어떻게 말하기를 바라는가?' '회사가 지역사회에서 맡았으면 하는 역할은 무엇인가?'"

넓은 리더십 연합을 구축할수록 CEO는 조직을 이끌어가는 데 더 많은 영향력을 갖게 된다. 뿐만 아니라 CEO가 회사가 나아갈 방향에 대해 같은 비전을 품도록 아래 단계의 리더들을 훈련시키면 최고경영진들도 이에 부응해야 한다는 부담을 갖는다.

최고의 CEO들은 올스타가 되는 것에만 관심 있는 리더가 아닌 올스타팀을 구성할 수 있는 역량을 갖춘 리더를 찾는다. 이러한 리더는 팀원이 성공을 거둘 수 있는 조건을 마련해주고, 충분한 거리를 유지하면서 객관적으로 판단하고 성과를 내게 한다. 또 다양한 업무에도

적극적으로 참여하게 한다.[7]

여기서 이야기하지 않은 최고의 CEO들이 보유한 팀 구성이 한 가지 더 있는데, 키친 캐비닛*이라고도 부르는 소규모 비공식 팀이다. 이런 팀이 있으면 매우 민감한 문제들도 안심하고 토론할 수 있고 필터링되지 않은 직접적인 피드백을 얻을 수 있다. 하지만 키친 캐비닛은 CEO가 지극히 개인적으로 구성하는 비공식 자문팀이므로 그 가치와 구성, 활용에 관해서는 CEO 개인의 효율성 관리에 관한 장에서 다루기로 한다.

지금까지 최고의 CEO들이 팀원들에게 올바른 심리와 역학을 적용하는 방법을 알아보았다. 둘 이상의 자녀를 둔 부모라면 누구나 잘 알겠지만, 개인 한 명 한 명을 다루는 것과 개인 간에 존재하는 복잡한 역학관계를 다루는 일은 별개다.

• 대통령 식사에 초대받아 담소를 나눌 정도의 격의 없는 지인, 또는 비공식 자문의원.

팀을 스타로 만들어라
팀워크 강화 실천

재능은 경기의 승리를 가져다주고,
팀워크와 지성은 챔피언십 우승을 가져다준다.

마이클 조던

1992년 미국 남자 올림픽 '드림팀'은 찰스 바클리, 래리 버드, 패트릭 유잉, 매직 존슨, 마이클 조던, 스코티 피펜, 칼 멀론 등 미국 농구 역사상 가장 위대한 선수들로 꾸려졌다. 모두 완성형 프로선수들로, 올스타전뿐만 아니라 올스타팀에서도 활약한 전력이 있었다. 하지만 연습을 시작하고 첫 달이 지나지 않았을 때, 드림팀은 연습 경기에서 대학 선수들에게 8점 차이로 패했다. 마이클 조던은 말했다. "우리는 오늘 망했다. 우리는 화합하지 못했고 연속성도 없었다."[3] 스코티 피펜은 이렇게 요약했다. "우리는 함께 경기하는 방법을 몰랐다."[4]

이러한 결과가 나타난 이유에 대해서는 잘 알려지지 않았다. 척 댈리는 성격관리와 자아관리 능력을 인정받아 드림팀 감독으로 선택되었지만 경기가 진행될수록 사람들이 기대했던 코칭은 하지 않았다. 마이크 크지제프스키 수석코치는 말한다. "많이 쓰는 방법은 아니었지만 그는 일부러 경기에서 지게 내버려 뒀다. 그리고 그때부터는 이렇게 말할 수 있게 되었다. '알다시피 너희도 질 수 있어.' 그는 자신의 일을 훌륭하게 해냈다."

댈리 감독이 만들어낸 심리적 경각심은 팀에 꼭 필요한 것이었다. 오만과 자만은 팀워크와 승리에 대한 목마름으로 바뀌었다. 다음 날 드림팀은 대학 선수들에게 압도적인 승리를 거두며 형세를 역전시켰다. 그 후 올림픽에서 드림팀은 매 경기 100점 이상을 득점하며 손쉽게 금메달을 획득했다.[5]

비즈니스 측면에서 보자면, 드림팀이 연습 경기에서 했던 것처럼 팀이 운영되는 경우가 많다. 좋은 팀워크가 이뤄질 수 있도록 돕는 인사부장 중에서 "우리 회사 최고경영진은 잘 통합된 하나의 팀으로 제대로 운영된다"고 자신 있게 말하는 사람은 6퍼센트에 불과하다. 또 임원들에게 최고경영진이 얼마나 효율적으로 협력하는지 평가하라고 했을 때, 그들이 매긴 점수는 10점 만점 중 5점에 불과했다.[6] 드림팀이 초기에 휘청거린 것처럼 이런 어려움이 생기는 이유는 일반적으로 팀 구성원 개개인 때문이 아니라 팀이 함께 일하는 방식의 역학 관계에서 생긴다.

DSM의 페이케 시베스마는 그 점을 강조한다. "내 경험에 비추어 볼 때, 원칙적으로 적합한 사람들과 팀을 꾸려야 한다. 그저 팀에서 좀 더 약하다 싶은 사람을 해고하고, 훌륭한 사람을 고용하는 것만으로 이제 좋은 팀을 꾸렸다고 생각하는 건 너무 단순한 발상이다. 팀을 성공적으로 꾸리려면 개개인이 서로를 대하는 방식이 중요하다. 팀에서 개인은 벽돌이기도 하지만 시멘트도 된다! 그쪽이 오히려 결과에 더 큰 영향을 미친다."

전문가들이 팀을 이루어 함께 일하는 건 얼마나 어려울까? 켄윈 스미스 박사와 데이비드 버그 박사가 그들의 저서《집단생활의 역설Paradoxes of Group Life》에서 주장한 대로 그룹의 역학은 복잡하고 모순으로 가득 차 있다. 세 가지 예를 들어보겠다. 사람들은 집단에 순응해야 한다는 압박을 느끼지만 집단의 힘은 그 집단 구성원들의 개성을 활용하는 데서 나온다. 팀장은 성공 지향적인 사람들에게 실패를 감수하라고 요구해야 한다. 힘을 가진 위치에 있는 이들은 다른 이들이 힘을 발휘할 수 있는 여건을 만들어야 한다. 아디다스의 허버트 하이너는 이 복잡한 역학 관계에 다음의 사실을 덧붙인다. "경영진은 알파 리더십을 발휘하고 경쟁적인 경향이 있다." 매우 재능 있고 높은 성과를 내는 개개인으로 구성된 최고경영진이 왜 기대만큼의 결과를 내놓지 못하는지 쉽게 알 수 있다.[7]

웨스트팩의 게일 켈리가 CEO로 취임했을 때 호주는 글로벌 금융위기의 초반을 지나고 있었다. 그녀는 자신이 원하는 방식대로 팀을 구성할 수 없었다. 즉각적인 관심을 기울여야 하는 사안들이 너무 많았고, 불확실성이 높다 보니 기존의 낡은 제도적 지식과 전문성 유지가 우선이었다. 게다가 그녀는 회사 역사 200년 중 두 번째 외부영입 CEO였다. 그렇다 보니 직원들은 그녀를 회의적인 시각으로 바라보았다. 특히 최고경영진은 그녀보다 자신들이 더 CEO 자격이 있다고 생각했다. 또 그녀의 전임자는 각 경영진을 일대일로 만나 사업부의 전략 계획, 자본 분배 결정, 주요 인사 결정 등을 개별적으로 논의해왔다. 그 결과, 여러 경영진들은 밀실 명령과 통제 방식으로 업무를 진행하는 데 익숙해져 있었다.

켈리는 팀 신뢰와 협업을 높은 수준으로 끌어올리지 못하면 비전을 향한 발전은 좌절되고 위기를 헤쳐 나가기 어렵다는 것을 깨달았다. 그래서 그녀는 CEO에게 직접 보고를 올리는 열두 명(최고경영진)으로 여러 번의 오프사이트 모임을 통해 최고성과팀을 구성해, 팀원들이 회사의 변혁 업무를 함께 수행하게 했다. 최고경영진의 목적과 기대치도 명확하게 설정했다. 또 원활한 회의를 통해 개인 간 장벽을 허물고 신뢰 관계를 구축했다. 시간이 지나면서 회사는 글로벌 금융 위기의 여파에서 벗어나기 시작했고 켈리는 팀 구성을 미세하게 조정했다. 그녀는 자신이 7년 동안 일궈낸 성공은 상당 부분 팀워크에 대한 기준을 높게 잡은 결과라고 여긴다. 결과는 명백했다. 회사의 가치는 380억 달러에서 790억 달러로 2배 이상 증가했고 켈리는 세계 최고 CEO, 가장 영향력 있는 리더로 선정되는 등 수많은 표창을 받았다.

켈리가 웨스트팩에서 도전을 받아들인 방식처럼, 최고의 CEO들이 최고의 팀을 구성하는 방법을 살펴보자.

그 팀만이 할 수 있는 일을 시켜라

노스코트 C. 파킨슨은 1958년 그의 저서 《진보의 추구The Pursuit of Progress》에서 팀이 기능장애를 일으키는 경우를 언급한다. 어느 경영진이 세 가지 투자 결정을 내리기 위해 모였다. 먼저 그들은 1,000만 파운드에 달하는 원자력 발전소 투자에 대해 논의했다. 이 결정은 2분 30초 만에 승인되었다. 다음 안건은 자전거 보관소를 어떤 색으로 칠할지에 관한 결정이었다(총 비용은 약 350파운드). 45분간의 토론 끝에 결정이 내려졌다. 셋째, 직원들이 사용할 약 21파운드짜리 새 커피머신에 대한 회의를 진행했다. 토론은 1시간 15분 동안 이어졌고 결정은 다음 회의로 보류되었다.[8]

이 이야기는 '사소함의 법칙'('자전거 보관소 효과'라고도 한다)으로 알려져 있다. 세부 사항, 특히 전체 그룹이 직접 관련 있는(그래서 의견을 강하게 어필하게 되는) 항목에서, 모든 그룹 멤버가 사소한 이슈와 세부적인 문제에 너무 많은 관심을 쏟아붓게 되는 경향이 있다는 것이다. 회의로 너무 많은 시간을 보낸다는 불만을 해결하기 위해 회의를 통합해야 한다는 주장도 나온다. 하지만 그 방법은 문제를 악화시킬 뿐이다. 그렇게 하면 덜 효과적인 형식에, 더 적은 시간에, 더 많은 내용을 담게 되어 소비된 시간이 더욱 무의미해진다. 우리 연구와 다른 연구들도 이런 역학관계가 얼마나 현실적인지 뒷받침해준다. CEO에게 직접 보고를 올리는 직원 중 최고경영진이 정말로 이익이 되는 일에 집중하고 있다고 생각한 경우는 38퍼센트밖에 되지 않았다. 또한 CEO들 중 35퍼센트만이 중요 주제에 할당되는 시간이 적절하다고 느꼈다.[9]

하지만 최고의 CEO들이 키를 잡고 있는 회사는 그렇지 않았다. 최고의 리더들은 가시적 변화를 가져올 중요 항목만 의제에 올린다. 써모 피셔 사이언티픽의 CEO 마크 캐스퍼는 자신의 철학을 말한다.

"우리의 성공 이유 중 하나는 함께 작업하는 것에 있어 '가차 없이 우선순위를 설정한다'는 점이다. 우선순위 목록에 없는 건 그냥 놔둬도 괜찮은 하찮은 일이다. 정말 별 상관없는 일이다. 성공의 열쇠는 시간과 에너지를 정말 중요한 일에 쏟는 데 있다."

최고경영진의 우선순위 작업에 포함되는 내용은 일반적으로 기업 전략(우선순위, 목표, 인수합병), 대규모 자원배분, 시너지 및 사업부 간 상호의존성 확인, 모든 직원에게 중요한 영향을 미치는 의사 결정 승인, 회사 재무 목표 이행 보장, 주요 기업 프로젝트의 방향 설정, 바람직한 회사 문화 강조(개인 및 집단 역할 모델 포함), 기업의 리더십 벤치 강도 구축(서로에게 피드백 제공 포함) 등이 있다.

최고경영진이 초점을 맞추지 말아야 할 것은 개인 업무, 영업 종목, 그룹의 하위 집합에서 더 잘 수행할 수 있는 주제에 관해서다. 예를 들어, 분기별 비즈니스 성과 리뷰는 딱히 그 리뷰를 하나의 세션으로 결합해야 할 문화적 이유가 없다면, 기업 리더(예: CEO, CFO, CHRO) 및 개별 사업체에서 수행한다. 기업 지배구조 및 정책 결정(예: 리스크 관리 통제 및 프로세스)은 일반적으로 리더들이 맡아서 하며, 비교 실행이 가능하도록 광범위하게 공유하는 편이 낫다.

에코랩의 더그 베이커는 CEO에게 필요한 점을 이렇게 요약한다. "최고경영진이 큰일을 잘 수행할 수 있게 하는 것이 내 역할이다. 우리의 일은 회사에 성공을 가져다주는 것이 무엇이고, 회사를 죽이는 것이 무엇이냐에 초점을 맞추는 것이다. 나머지는 다 이메일로 하면 된다."

퍼스트 팀의 규범을 정의하라

팀 시간을 어떤 주제에 사용할지 정해지면 그런 주제를 어떻게 다룰지에 대해서도 똑같이 명확하게 규정해야 한다. 우선은 최고경영진이 회사 구성원의 '퍼스트 팀'이라는 마인드셋을 확립하는 것부터 시작한다. 최고의 CEO들은 이 문제에 대해 매우 명확하다. 최고경영진 모두가 자신이 맡은 사업부나 그 업무보다 회사의 요구를 우선시할 것으로 기대한다는 뜻이다. 다시 말해, 최고경영진의 마인드셋은 "나는 내 사업부나 업무를 대표한다. 그래서 경영진으로 참여한다"가 아니라 "나는 회사의 경영진이다. 그래서 이 사업부나 업무를 대표한다"여야 한다는 것이다.

베이커는 에코랩에서 자신이 그 개념을 어떻게 설명했는지 이야기한다. "내가 모든 경영진에게 요구한 것은 한쪽 발은 나와의 일에, 다른 발은 본인의 업무에 걸치고 있으라는 것이다. 예를 들어, 인사부장이라면 '여기서 내가 하는 일은 인사부의 효율성을 극대화하는 것이 아니다. 인사부가 에코랩의 효율성을 극대화할 수 있게 하기 위해 내가 여기에 와 있다'라고 생각하는 것이다. 그들의 일은 회사를 돕는 것이지, 회사가 인사부를 도우려고 모인 게 아니다. 우리 업무는 그런 식으로 이루어진다. CEO와도 마찬가지다." US뱅코프의 리처드 데이비스는 "나의 보물은 동등한 목소리와 동등한 스토리텔러로 구성된 열두 명의 경영진"이라고 거듭 강조했다. 록히드마틴의 메릴린 휴슨은 이런 마인드셋이 고객 경험 마인드셋에도 적용된다고 강조한다. "나의 최고경영진 모두는 하나의 팀으로 회사를 대표하고 고객 서비스를 위해 적절한 인력을 배치하는 것이 자신들의 임무임을 잘 안다.”

최고의 CEO들이 여기에 집착하는 데는 그럴만한 이유가 있다. 3장 ('전체를 위한 해결책을 내놓아라')에서 살펴본 대로, 자원배분에서 부분보다 기업 전체의 이익을 중시할 때 더 큰 이익을 가져온다고 강조한 내용은 기업의 경영 방식에도 적용된다. 우리는 100개국에서 2,000개가 넘는 조직의 데이터를 분석해 최고경영진이 회사 전체에 일관적인 관리 방식을 적용하는 정도를 조사했다. 그 결과 일관적인 관리 방식을 적용한 경우는 평균 3.4배 더 높은 성과를 보였다. 하지만 단점을 꼽자면, 매우 높은 수준의 일관성이 적용되었을 경우에만 성과 향상이 있었고 퍼스트 팀이 최고경영진이 되어야 한다는 데 있어 타협은 없다는 것이다.

이미 살펴본 대로, 많은 CEO들은 퍼스트 팀 마인드의 본질을 포착할 수 있는 캐치프레이즈를 내건다. 메릴린 휴슨은 이 정신을 '원 록히드마틴'으로 묘사했다. 플레밍 온스코브도 이와 비슷하게 '원 샤이어'라고 불렀고, 소니의 히라이 가즈오는 '원 소니'의 기치 아래 자신의 부대를 결집시켰다. 디아지오의 이반 메네제스는 모두가 '원 디아지오'를 내걸고 싸운다는 점을 분명히 했다. 짐 오웬스는 '팀 캐터필러'라고 불렀다. KBC의 요한 타이스는 그룹이 전 세계에서 사용하는 색이 파란색이라는 데서 착안해 '팀 블루'를 사용한다. 그레그 케이스는 '에이온 유나이티드'로 그 개념을 포착했다. 아틀라스 콥코의 로니 레튼은 '아틀라스 콥코 국적'을 내세웠다. 알리안츠의 올리버 바테는 '멀티 로컬에서 글로벌로의 이동'을 강조한다. 퍼블리시스의 모리스 레비는 '하나의 힘'을 홍보한다. 라일라흐 아셰르 토필스키는 IDB의 경영진을 '주먹'이라고 불렀다. 그녀는 이렇게 표현한다. "주먹 쥔 손가락 사이를 비집고 들어갈 수는 없다. 사회도, 노조도, 경쟁업체도, 그 누구도 안 된다." 메드트로닉의 빌 조지는 경영진을 '엔터프라이즈 리더'라고 부른다. "그들은 내가 메드트로닉을 운영하는 것을 돕는 사람들이다. 나 혼자서는 운영할 수 없다."

웨스트팩의 게일 켈리는 최고경영진을 통제하기 위해 어떤 규칙을 적용하는지 이야기한다. "우리는 매우 강력한 행동 헌장을 만들었다. 미팅 때마다 그 헌장을 지주 기준으로 삼았고 그것을 바탕으로 우리 행동을 되짚어 보았다." 행동 헌장에는 '누구라도 무언가에 불만이 있다면 손을 들고 말한다' 등의 내용이 담겼다. "문제가 생기면 즉시 대면으로 대화를 나눈다. 우리는 총괄 관리자들이 우리를 대신해 싸우도록 내버려 두지 않는다. 절대 뒤에서 누군가를 깎아내리지 않는다. 회의에서 자신은 어떤 일에 동의하지 않았더라도, 팀 전체가 동의했다면 어쨌든 지지한다." 켈리가 설명한 대로, 그 영향은 "사내 정치를 약화시키는 데 큰 도움이 되었다. 완전히 없앨 수는 없지만 줄일 수는 있다. 경영진을 회사의 퍼스트 팀으로 여기고 책임감을 갖기 때문이다."

캐터필러의 짐 오웬스는 중요한 규범을 알려준다. 규범은 CEO의 임기 초기에 설정해야 한다. 그래야 사람들을 회의에서 좀 더 솔직해지게 할 수 있다. "재미있게도 CEO가 되면 사람들은 모두들 당신이 갑자기 엄청 똑똑해지기라도 한 것처럼 대한다. 회의에 참석해서 의견을 말하면 모두들 당신 편을 들어준다. 나는 임기 초기에 일부러 이렇게 말했다. '여기 있는 모든 분들을 매우 존경한다. 나도 이 토론에 참여하겠지만 내가 항상 정답을 가지고 있는 것은 아니다. 내 의견에 반대하고 싶은데도 그렇게 하지 않는다면 스스로를 부끄러워하라. 그건 내가 그다지 효율적인 CEO가 아니라는 뜻이니 나 자신도 부끄러워할 일이다.'"

퍼스트 팀 마인드셋을 확립하고 나면 최고의 CEO가 취할 다음 단계는 의사 결정 방식을 확실히 이해시키는 것이다. 방법은 다양하지만 공통적으로 강조하는 것은 데이터, 대화, 속도다.

데이터, 대화, 속도를 결합하라

경영학자 W. 에드워드 데밍은 "무조건 믿을 수 있는 건 신밖에 없다. 그 외에는 모두 데이터를 첨부하라"고 말했다. 이 말은 '데이터 측정과 분석이 올바른 결정에 필수'라는 그의 근본 철학을 뒷받침한다. 최고의 CEO들도 이 만트라를 따른다. 브래드 스미스는 인튜이트에서 데이터 기반의 결정을 내리기 위해 사용한 방법을 설명한다. "우리의 의사 결정 원칙은 증거에 기반을 둔다. 인튜이트의 모토는 '○○ 때문에, 나는 우리가 ○○ 해야 한다고 믿는다'이다. 증거를 기반으로 하지 않으면 그저 의견일 뿐이므로 무시한다. 의견이 아닌 증거에 기반한 주장을 밀어붙이면 의사 결정을 더 명확하게 할 수 있다."

스미스는 최고의 CEO들의 특징인 대화의 중요성도 인정한다. TIAA의 로저 퍼거슨은 "숫자는 거짓말을 하지 않는다. 하지만 숫자만으로 그 의미가 정확히 전달되는 것은 아니다. 그래서 대화가 중요하다"라고 강조한다. 데이터와 대화의 중요성은 연구로 뒷받침된다.

5년 동안 이루어진 수천 건의 주요 결정(신제품 투자, 인수합병, 자본 지출 포함)에 관한 업계 간 연구에서 관리자들은 데이터 분석의 품질과 세부 사항을 보고하라고 요청받았다. 상세한 재무 모델을 구축했는가, 민감도 분석을 했는가, 대화는 견고했는가 등에 관한 질문도 받았다. 또한 적합한 참가자들이 수준 높은 토론에 참여했는가를 묻는 질문도 있었는데 훌륭한 의사 결정에 대화 참여는 데이터보다 여섯 배 더 많은 관련이 있는 것으로 밝혀졌다.[10]

하지만 대화는 팀원들에게 편견이 없는 경우에만 효과가 있다. 가장 흔한 편견은 집단사고다. 우리는 다른 사람들이 그 결정을 얼마나 호의적으로 볼 거라고 생각하는지에 기초해 아이디어를 지지하는 경향이 있다. 또 하나는 확증편향으로, 자신의 신념을 뒷받침해주는 정보만 받아들이고 반대되는 정보는 수용하지 않는다. 세 번째로 널리 퍼져 있는 편견은 낙관주의이다. 최상의 결과가 나타날 것이라는 가정과 기대를 갖는 것이다. 최고의 CEO들은 그런 편견을 줄이려고 적극적으로 노력한다.

DBS는 '레쿤Wreckoon'이라는 접근법을 이용한다. CEO 피유시 굽타는 그 기원과 의도에 대해 들려준다. "넷플릭스는 프로그래밍에 카오스 몽키라는 것을 사용한다. 프로그램을 만들고 나면 이 카오스 몽키를 풀어 프로그램을 일부러 망가뜨리려고 한다. 프로그램에 스트레스 테스트를 하는 것이다. 우리는 그 아이디어에서 착안해 회의를 할 때 우리 생각을 스트레스 테스트하는 '레쿤'을 만들었다." 실제로, DBS의 토론 문서에는 주기적으로 라쿤 사진이 뜬다. 사진이 뜨면 그룹은 회의를 멈추고 라쿤이 던진 질문에 대해 생각해야 한다. 지금 생각해야 하는데 생각하지 않고 있는 것은 무엇인가? 우리가 이 길에서 비틀거리고 있다면 무엇이 문제일까? 이것이 나쁜 결정이라면 어떻게 해야 할까? 굽타는 이런 훈련의 이점을 설명한다. "그냥 사람들에게 반대 의견을 내놓으라고 할 수도 있지만, 이런 작은 연상법을 만들어내면 사람들은 더 쉽게 기억하고 쉽게 해낸다. 실제로 그런 일은 더 많이 일어나고 더 훌륭한 의사 결정으로 이어진다."

때로는 CEO가 방 안에 있는 것만으로도 좋은 대화에 방해가 된다. 에코랩의 더그 베이커는 이렇게 말한다. "특히 시간이 지나면서 직원들이 당신을 성공적인 CEO로 인식하기 시작하면 당신의 견해에 너무 많은 무게가 실린다. 먼저 아이디어를 제안하면 사람들은 지시로 받아들인다. 위험을 완화하기 위해 때로는 그냥 방을 떠나는 게 방법이다. '이 건에 대해 잠깐 이야기 좀 나눠봐요' 하고 나가는 거다. 내가 방 안에 있으면 대화가 경직될 수 있고, CEO의 아이디어라고 생각하면 반대 의견을 내놓지 않으려고 할 수 있다."

의사 결정에서 대화와 데이터를 결합하는 것은 개념상으로는 간단해 보이지만 실제로는 만병통치약과는 거리가 멀다. 왜일까? 균형이 제대로 잡혀 있지 않으면 신속한 의사 결정에 방해가 되고 점점 행동에 나서지 않기 때문이다. 팀은 분석의 늪에 빠질 수 있다. 결정을 내리기 전에 점점 더 많은 데이터를 보고 싶어 하는 욕구가 지속적으로 생기기 때문이다. 또 다른 잠재적인 어려움은 '합의된 혼수상태'라고 불리는 것으로 모든 사람, 심지어 자격 없는 사람들의 의견까지 전부 비중 있게 고려해 회의가 끝이 안 보이게 되어버린다.

이런 결과를 피하기 위해 인튜이트의 브래드 스미스는 영리한 기술을 활용한다. "우리는 의사 결정에 'DACI'라는 도구를 사용하는데, 'D'는 주도자Driver, 'A'는 승인자/책임자Approver/accountability, 'C'는 토론자Contributor, 'I'는 정보를 얻은 모든 참여자Informed를 말한다." 그의 모델에서 모든 개별 결정의 주도자(여섯 쪽의 메모를 작성하는 사람)는 단한 명뿐이다. 승인자는 두 명을 넘을 수 없다. 결정에 앞서 토론하는 자는 다섯 명을 넘을 수 없다. 그래서 전문가를 현명하게 선택해야 한다. 모든 관련자들로부터 답변을 받아야 하고, 결정의 이행에 관련된 사람들도 마찬가지다. 스미스는 말한다. "승인자는 결정을 내릴 때 어떤 원칙을 적용하는지 분명히 밝혀야 한다. 예를 들어, '이 건은 비용 결정 또는 품질 결정이다' 하는 식이다. 승인자는 모든 데이터를 구하지 못했더라도 결정을 내릴 날짜를 정한다."

결정 시기에 대한 스미스의 언급은 매우 중요하다. 록히드마틴의 메릴린 휴슨은 그 이유를 설명한다. "중요한 결정을 내리기 전에 원하는 모든 정보와 합의를 얻는 경우는 절대 없다. 더 많은 데이터를 기다리다가는 기회를 놓친다. 팀과 팀원들이 가진 경험을 신뢰하고 방아쇠를 당기고 결정을 내려야 한다." ICICI의 KV 카마스는 '90일 규칙'을 만들었다. "어떤 일을 하든 90일 이내에 하거나 아니면 아예 하지 않는다."

팀 회의에서 최대한 많은 것을 끌어내려면 규율이 필수다. DBS의 피유시 굽타는 '모조MOJO'라는 메커니즘을 만들어 생산적인 회의가 되도록 이끌었다. '모MO'는 회의주최자Meeting Owner를 가리키며 이들은 회의의 목적을 명확히 규정하고, 적합한 참석자와 정보를 구비하며, 토론을 잘 구성하고 이끄는 역할을 한다. '조JO'는 즐거운 관찰자Joyful

Observer로, 회의 비평가 역할이다. 굽타는 말한다. "저기 앉아서 '이봐, 회의는 이렇게 진행될 거야. 그건 괜찮아. 그건 아니야. 이건 요점에서 벗어나' 하고 말해주는 누군가가 있으면 엄청난 차이가 만들어진다."

DBS는 회의 후에 참석자들이 회의를 평가하는 간단한 도구를 만들었는데, 이는 최고의 CEO들이 이끄는 조직에서 볼 수 있는 회의주최자와 같은 결과를 낸다. 브래드 스미스는 인튜이트에서 시간을 제대로 사용하게 해주는 메커니즘을 설명한다. "우리는 참가자들이 동료들에게 회의를 추천할지의 여부를 0점에서 10점까지 점수로 매기게 했다. 점수가 낮으면 진단을 거쳐 시정하기도 하지만 대부분은 그럴 필요가 없다고 판단했다."

팀 빌딩에 투자하라

불가피하게 반대에 직면했을 때 팀을 구축하려면 용기가 필요하다. GM의 메리 배라는 말한다. "명시적으로 높은 성과를 내는 경영진 구성에 집중하기 시작하자 사람들은 '메리가 우리에게 치료요법을 쓰고 있다'고 말했다. 나는 '아니다. 나는 단지 리더십과 이 팀에 투자할 뿐이다'라고 답했다." 결국에는 가치 있는 일이었다. 배라는 이 장에서 언급한 모든 팀 구성 접근법을 GM에 다양하게 적용했다. "우리 팀원 아무에게나 '성공을 견인할 수 있었던 이유를 한 가지 말해보라'고 하면 팀워크 덕분이라고 대답할 것이다."

거의 모든 CEO들이 팀 빌딩에 대해 비슷한 경험을 이야기했다. 웨스트팩의 게일 켈리는 처음으로 이틀간 팀의 오프사이트를 결정했다. '팀워크'를 위해 퍼실리테이터*를 데려오겠다고 하자 많은 사람들이 불편한 시선을 던졌다. 하지만 켈리는 꼭 필요하다고 생각했기에 신경 쓰지 않았다. "무엇이 사람들을 움직이게 했는지, 무엇이 그들을 불안하게 했는지 말하는 시간이 있었다. 나도 말했다. 나는 매우 약해질 준비가 되어 있었고 다른 사람들에게도 그러라고 했다. 〈우리들의 이야기〉라는 작은 책자를 만들어 각자 한 쪽씩 할애해 강점은 무엇인지, 어떤 일을 하고 있는지 쓰게 했다. '우리 스스로의 비전은 무엇인가? 회사에 관한 비전뿐만 아니라, 정말 개인적인 비전은 무엇인가? 개인으로서의 자신을 움직이는 것은 무엇인가?'라는 질문에 대한 답도 적었다. 이는 신뢰를 쌓는 데 큰 도움이 되었다."

켈리는 오프사이트 세션을 시작으로 팀워크를 지속적으로 향상시킨 여정이 어떻게 시작되었는지 설명한다. "나중에 새로운 인물이 경영진에 합류할 때마다 우리는 〈우리들의 이야기〉를 건네주었다. 그와 동시에 최고경영진과 함께 다면적 검토를 했고, 여기에는 나도 포함되었다. 우리는 말 그대로 동그랗게 둘러앉아 의견을 나눴다. 취약하고 열린 마음을 가지려면 두터운 신뢰와 마음의 준비가 필요했다. 나는 또 총괄 관리자, 우리 바로 아래 직원들, 시니어 리더들과 존경받는 임원들을 불러 개선해야 할 부분에 관해 이야기를 들었다. 그리고 우리는 그들에게 말했다. '맞다. 우리는 개선해야 할 점이 있다. 더 나아

* 개인이나 집단의 문제해결능력을 키워주고 조절해 조직 문제와 비전에 대한 해결책을 개발하도록 자극하고 돕는 중재자.

지기 위해 해야 할 일이 있다.' 그건 정말 큰 효과가 있었다."

이런 기술을 사용해보지 않은 사람들은 별문제 없이 지나간 것처럼 느낄지 모르겠지만 켈리 같은 경우만 있는 것은 아니다. 사실상 모든 최고의 CEO들이 팀 시간을 마련해 함께 일하는 방식을 어떻게 개선할지 구체적으로 고민한다. 우리는 지난 10년 동안 5,000명 이상의 경영진에게 팀원으로서 '최고의 경험'을 떠올려보고 당시의 환경을 설명할 단어나 말을 적어보라고 했다. 그 결과, 놀라울 정도로 일관적이고 훌륭한 팀워크의 세 가지 핵심을 파악할 수 있었다. 첫째는 방향 조정으로, 회사가 지향하는 목표와 이를 달성하는 데 있어 팀의 역할에 대한 공통된 믿음이 중요하다. 둘째는 신뢰, 열린 소통, 갈등을 포용하려는 의지로, 질적인 상호작용이 필요하다. 셋째는 강력한 회복 감각으로, 팀 구성원들이 위험을 감수하고, 혁신하고, 외부의 아이디어에서 배우고, (대개는 역경에 맞서서) 중요한 것을 달성할 수 있다고 느껴 활력을 얻을 수 있는 환경이다. 연구에 따르면 이런 부분이 20퍼센트 향상될 때마다 팀 생산성은 평균 두 배 증가한다.[11]

웨스트팩에서 게일 켈리가 했던 것처럼 많은 팀들이 경영진 코치 또는 한쪽에 치우치지 않는 공정한 퍼실리테이터의 주도로 팀 성과의 세 가지 차원에 관해 토론하며 도움을 받는다. 피유시 굽타는 DBS에서의 그의 경험을 이야기한다. "우리는 어센틱 리더십 기관과 며칠 동안 '조직 행동'에 관한 활동을 함께 하며 카타르시스를 느꼈다. 우리 모두는 자신을 들여다보며 말했다. '우리는 어떤 존재인가? 우리의 목적은 무엇인가? 우리를 움직이는 것은 무엇인가? 어떻게 회사를 조정할 것인가?'" 굽타의 설명대로 그 이틀은 시작에 불과했다. "우리는 더 많은 일을 하며, 더욱 서로를 돕는 더 나은 팀이 되었다."

퍼실리테이터는 또 팀 내의 성찰을 보다 극단적으로 촉발하기도 한다. US뱅코프의 리처드 데이비스는 이렇게 설명한다. "외부 퍼실리테이터는 매우 흥미로운 방법을 시도했다. '열두 명의 팀원에 대해 가장 신뢰하는 사람부터 순서를 매겨라. 그리고 신뢰 수준 이하라고 생각하는 사람의 이름 위에 줄을 그어라.' 팀원 중에 그 선 아래로 내려가는 사람이 있다면 나는 그 내용을 공유하겠다고 약속했다. 그렇게 하는 이유는 단점을 지적하려는 게 아니라 신뢰에 기반을 둔 팀을 운영하겠다고 알리려는 것이다."

팀 빌딩 노력이 오프사이트에서만 이루어지는 것은 아니다. 많은 CEO들은 '팀 코치'를 두고 있는데 이들은 정기적으로 직원회의에 참여해 팀이 어떻게 상호작용하는지 관찰하고 실시간 피드백을 제공한다. 이는 종종 그룹 환경에서 발생하는 의도치 않은 갈등의 원인을 이해하도록 돕기 위한 것이다. 케이던스의 립 부 탄은 도움이 되었던 유용한 접근 방식에 대해 설명한다. "우리 팀은 경영 코치의 도움을 받았다. 우리는 마이어스-브릭스 성격 테스트MBTI를 했고, 이것으로 서로를 더 잘 알게 되었다. 더 내성적인 사람은 누구인가? 의사 결정에 더 집중하는 사람은 누구인가? 이런 식으로 동료들과 자신에 관해 알아가는 일은 전반적으로 가치가 있었다."

그렇다고 퍼실리테이터나 팀 코치와의 경험이 모두 좋기만 한 것은 아니었다. 에코랩의 더그 베이커는 말한다. "CEO가 되고 몇 년 후에 외부 그룹으로부터 컨설팅을 받았다. 나는 직원들에게 서로 짜증 나는 점에 대해 말하게 하는 그들의 접근 방식은 좀 아니라고 생각했다.

'이건 별론데' 하고 생각했고, 정말로 끝이 좋지 않았다." 그런 좋지 않은 경험도 있었지만 베이커는 최고의 CEO들이 하는 것처럼 꾸준히 팀워크에 투자했다. 이후에도 그는 다른 컨설턴트들을 고용해 직원들의 지속적 발전에 도움을 주었다.

지금까지 살펴본 대로, 최고의 CEO들은 일련의 퍼실리테이터를 동반한 오프사이트, 팀 및 개별 코칭, 성찰 훈련을 결합해 팀워크를 향상시킨다. 팀 실적이 높아질수록 업무 규범을 성찰하는 시간도 습관처럼 자리 잡았다. 많은 최고의 CEO들은 주요 결정을 내린 후, 30분 더 시간을 할애해 팀원들과 의사 결정에 관해 성찰하는 시간을 갖는다. 예를 들어, 팀 구성원들은 달성하고자 하는 일에 처음부터 공감대를 느꼈나? 도달한 결론에 대해 기대감이 드는가? 그렇지 않다면, 왜인가? 서로에게서 최고를 끌어냈다고 느끼는가? 그런 질문의 답을 찾는 일은 팀에 배움의 기회를 제공하고, 정답과 상관없이 깊은 신뢰를 쌓게 해준다.

사교 시간을 함께 하는 등의 간단한 조치만으로도 팀워크를 향상시킬 수 있다. 케이던스의 립 부 탄은 말한다. "사교 시간은 경영진의 유대감에 매우 중요하다. 우리는 무엇이 서로에게 동기가 되는지, 서로의 가족은 어떤지 알게 되었고, 결국엔 서로를 더 많이 신경 쓰게 되었다." DBS의 피유시 굽타도 그 생각에 동의한다. "나는 오프사이트와 파티의 열렬한 신봉자다. 나는 현금 보너스보다 그런 것에 더 돈을 쓴다. 사람들을 모을 때 얻을 수 있는 가치, 동료들과의 추억과 교감이 훨씬 더 중요하다고 생각하기 때문이다."

보통 관리자를 온도계, 리더를 온도조절기에 비유한다. 관리자는 환경에 대응하고, 관리하고, 측정하고, 결과를 보고한다. 리더는 환경에 영향을 미치고 사람들의 믿음과 기대를 바꾼다. 리더는 그저 측정만 하는 것이 아니라 행동을 유발하고 목표를 향해 끝없이 노력한다. 팀 워크에 관한 한 최고의 CEO들은 분명 온도조절기다.

최고의 CEO들은 팀워크를 최고 수준으로 끌어올리기 위해 대부분 의 경영자들이 다른 사람에게 맡기는 네 가지를 직접 챙긴다. 첫째, 오 직 팀으로서만 할 수 있는 일에 팀의 시간이 집중되게 한다. 둘째, 최 고경영진 팀이 각자에게도 퍼스트 팀이 되게 만든다. 셋째, 최고 수준 의 의사 결정의 경우 데이터, 대화, 속도로 이루어진 삼각형의 균형을 유지한다. 마지막으로, 팀 빌딩에 정기적으로 투자하며, 더 빠른 진행 을 위해 퍼실리테이터나 팀 코치를 활용한다.

그루브를 타라

운영 리듬 실천

강한 리듬을 타는 것이 최고의 학습 방법이다.

볼프강 아마데우스 모차르트

투르 드 프랑스는 세계에서 가장 혹독한 스포츠 대회로 꼽힌다. 여름에 3주 동안, 각각 8명의 사이클 선수들로 구성된 약 20개의 팀이 프랑스 알프스 산맥의 숨통이 끊어질 듯한 언덕을 포함한 2,000여 마일을 페달을 밟으며 스스로를 한계까지 몰아간다. 언덕을 오르내리는 코스가 승리의 관건이 되는데, 이는 대회를 시작하기 전까지 어떻게 훈련을 해왔는지에 달려 있다.

상젤리제의 결승선을 통과하게 되면 레이스가 끝나게 되는데, 그 이후 몇 달 후부터 긴 훈련 시즌이 시작된다. 선수와 코치들은 다가올 경기에 맞춰 엄격한 리듬에 따라 팀 훈련이 진행될 것임을 잘 안다. 우선 감독들이 시즌 훈련의 윤곽을 잡고, 낮은 강도의 유산소 운동 위주로 훈련을 시작한다. 이후 10월이나 11월쯤 경로가 발표되면 선수를 선발하고 계획을 미세하게 조율한다. 경기 전 5개월 전부터는 훈련 강도와 템포를 점점 높인다. 3개월 앞으로 다가오면 종목별 훈련으로 전환하고, 대회 일주일 전에는 점점 템포를 늦춰 하루에 1시간 정도만 자전거를 타거나 혹은 하루를 전부 쉬기도 한다. 전체 프로세스는 레이스별로 각 선수의 역할, 책임, 기량에 따라 계획되며, 때가 되면 성능을 극대화할 수 있게 특별히 설계된다.[12]

기업에서도 이와 마찬가지로 적시에, 적합한 인재가 업무를 제대로 실행할 수 있도록 체계적으로 한 해 계획이 세워진다. 일부는 이러한 과정이 최고경영진의 책임이 아니라고 하겠지만, 최고의 CEO들은 회사의 전략을 추진하기 위해 팀의 운영 리듬을 적극적으로 만들어낸다. 그리고 일의 순서와 리듬이 정해지면 어떠한 난관이 오더라도 철저히 실행한다.

CEO가 명확하고 효과적인 운영 리듬을 만들게 되면, 최고경영진들도 각자 그들의 특정 업무 영역의 리듬과 회사 전체의 리듬을 동기화할 수 있게 된다. 갈더마의 플레밍 온스코브는 다음과 같이 말한다. "직원들은 조직의 운영 리듬을 알게 되면 더욱 효율적으로 일할 수 있게 된다. 그들은 의사 결정을 위해 어디로 가야 하는지, 어느 부서에서 의사 결정을 내리는지 알게 된다." 그렇게 되면 CEO는 여러 일들을 동시에 할 수 있게 되는 것이다. 그는 이어 말한다. "우리 팀에게 적합한 고강도의 집중된 운영 구조를 만들게 되면, 나는 이 훌륭한 인재들을 최대한 활용할 수 있게 되고, 회의 시간 외에 생각하거나 고객들 또는 이해관계자들을 만나고, 휴가를 보내거나 운동을 할 수 있는 시간을 만들 수 있게 된다. 즉, 관련 없는 일에 회의 시간을 할애하지 않게 되는 것이다."

온스코브와 그의 팀은 2013년 매출 50억 달러 규모였던 샤이어를 불과 5년 만에 매출 150억 달러 규모의 가장 유명한 희귀병 생물약제 기업으로 성장시켰다. 그는 기업의 수익을 36퍼센트에서 44퍼센트로 개선시킨 후 620억 달러에 타케다에 매각했다. 샤이어를 매각한 후, 온스코브는 네슬레에서 분리된 100억 달러 규모의 스킨케어 업체 갈더마의 CEO직을 맡았다. 온스코브는 2019년에 새 회사에서 업무를 시작했을 때를 다음과 같이 회상한다. "당시 회사에는 조율된 운영 리듬이 없었고, 프로세스도 명확치 않았으며, 우선순위에 대한 합의도 부족했다. 온스코브의 초기 과제 중 하나는 회사의 운영 모델을 새 전략에 맞게 전환하는 것이었다."

온스코브는 갈더마에 새로운 운영 모델을 도입하기 위해 스스로 자문해 보았다. "나는 어디에 개입해야 하며, 어떠한 의사 기구들을 구성해야 할까? 전략은 성과, 플랫폼, 그리고 성장으로 구성되어 있으므로, 나는 각각의 위원회를 만들었다. 소위 인라인In-line 위원회라는 것을 구성해 매달 하루 동안 모든 손익 관련 책임자들과 만나 성과를 논의한다. 또한 혁신위원회를 꾸려 매달 미래 성장 동력을 논의한다." 온스코브는 이것을 '파이프라인'이라고 부른다. 세 번째로 기업 위원회에서도 매달 회의를 갖는다. "직원들과 함께 자원배분과 투자, 인력이나 운영 문제를 논의하며 가장 효율적인 회사 플랫폼을 만드는 데 초점을 맞추고 있다."

온스코브는 모든 위원회와 미팅을 마친 후, 경영진 전원을 소집하여 모두 제대로 이해하고 있는지 확인한다. "나의 한 달은 매우 명확하게 구성된다. 3일간 위원회 회의에 집중하고 그 후 반나절은 경영진들과 3일간 토론한 내용을 취합하고 요약하며 실행한다." 온스코브는 그 결과에 대해 이렇게 얘기한다. "의사 결정기구들은 성능, 플랫폼, 성장과 관련된 모든 이슈를 명확하게 이해하게 된다. 조직에 리듬과 예측 가능성이 생기면 업무는 신속하게 진행된다."

모든 CEO가 온스코브처럼 일하는 것은 아니지만, 최고의 CEO들은 모두 조직을 위해 특별히 설계한 확실한 운영 리듬을 갖는다. 여기에서는 이와 관련된 네 가지 역할과 책임에 대해 살펴보자.

템플릿과 템포를 정하라

'CEO 중의 CEO'로 인정받는 래리 컬프는 대부분의 직원들이 많은 자유를 원한다는 것을 잘 안다. "내가 아는 동료 CEO들의 경우 포트폴리오 회사를 운영하는 경우가 많다. 그들은 처음에는 개별 사업부 CEO에게 많은 자유를 허락하는데 그들 역시 예전에 그러한 것을 원했기 때문이다. 그러다가 예상치 못한, 좋지 않은 일로 놀라게 될 경우 생각이 바뀌게 된다." 컬프는 최고의 CEO가 되기 위해서는 기업의 조직, 운영, 그리고 전략 과제들을 주기적으로 점검하는 리듬을 만드는 것이 핵심이라고 여긴다.

기업마다 운영 리듬은 제각각이지만 가장 성공한 CEO들이 사용하는 방법에는 공통점이 많다. 예를 들어, 최고경영진들은 거의 매주 간격으로 만난다. JP모건체이스의 제이미 다이먼은 운영 리듬의 토대가 되는 월요일 아침 경영진 회의를 어떤 식으로 활용하는지 설명한다. "회의에 의제는 없다. 회의에 안건을 상정하는 것은 우리 팀의 몫이다. 모든 문제를 다 가져와야 한다. 고객 문제일 수도 있고, 업무 추진 전 승인 건일 수 있다. 직원 채용 관련된 것일 수 있고, 리스크 문제일 수도 있다. 우리 회사에서 일하는 사람들은 '당신이 그 얘기를 꺼내지 않았잖아'라고 말할 수 없다. 나는 매주 월요일에 내 리스트를 갖고 회의에 참여하고, 다른 사람들 역시 그들 자신의 리스트를 갖고 참석하기를 기대한다."

이와 비슷하게, 에드 브린도 듀폰에서(그리고 그 전에 타이코와 GI에서) 팀이 잘 따라오고 있는지 확인하기 위해 매주 월요일 아침마다 한 시간 정도 경영진 회의를 가졌다. 회의를 최대한 활용할 수 있도록 브린은 빨간색 깃발(어려운 일)/녹색 깃발(축하할 일) 시스템을 이용한다. "우리는 회의에서 빨간색 깃발과 녹색 깃발 안건에 관해 빠르게 의견을 나눈다. 내가 유일하게 화를 내는 경우는 빨간색 깃발에 대해 얘기하지 않았을 때다. 우리가 알아야 할 것이 있다면, 일이 잘 풀리지 않거나, 예측할 수 없거나, 법적 문제가 있거나, 공장에 우려되는 점이 있다면 뭐든 간에 다 이야기해야 한다. 보통은 팀 내의 누군가가 도움을 줄 수 있기 때문이다."

최고의 CEO들이 매주 회의를 통해 잘되고 있는 일과 잘 안 되고 있는 일에 대한 의견을 주고받는 다는 것이 이상하게 여겨질 수도 있다. 그러나 이러한 체크인Check-in은 매우 중요하며, 때로는 기업의 생사에 관련된 문제가 될 수도 있다. GM의 메리 배라가 CEO로 취임하고 얼마 되지 않았을 때 점화 스위치 리콜 문제를 조사하게 되었는데, 이 문제에는 수많은 치명적 충돌사고가 연계되어 있었다(이 사건과 해결 방법에 대해서는 책 뒷부분에서 좀 더 깊이 다루겠다). 그 위기를 되새기면서 배라는 말한다. "점화 스위치 사건을 통해 우리가 배운 큰 교훈은 초반에 증상이 나타났을 때 상황을 제대로 파악했다면 문제 해결이 훨씬 더 수월했을 것이라는 점이다. 우리가 상황을 파악했을 때는 이미 수십억 달러가 드는 문제로 커져 있었고 일부 고객에게는 비극적인 결과를 가져왔다." 배라는 팀에게 '문제는 언제 해결하는 것이 좋을까?'라는 질문을 던진다고 한다. 원하는 대답은 '문제가 있다는 걸 알게 된 순간'이다. 문제는 저절로 작아지지 않는다.

대부분의 훌륭한 CEO들은 주간 회의 외에 더 공식적인 월례 경영진 회의를 진행한다. 예를 들어, 발레오의 자크 아센브로아는 경영진을 4~5시간 동안 한자리에 모은다. 회의에서는 전략, 운영, 조직 관련 이슈들과 외부 환경의 트렌드 관련 진행 상황을 점검한다. 록히드마틴에서는 이런 회의가 하루 종일 이어진다. 메릴린 휴슨은 말한다. "나는 모든 경영진을 미팅에 초대하고 팀워크를 위해 가급적 저녁 식사도 함께 한다. 주로 비즈니스 전략에 대해 논의하지만, 논의 주제는 인수합병 목표, 부서 간 이니셔티브, 다양성과 통합, 비용 절감, 이윤 개선 등 다양하다. 즉, 최고경영진이 다루어야 하는 그런 사안들을 논의한다."

많은 CEO들은, 이렇게 하루 종일 회의와 만찬을 함께 하는 휴슨의 운영 방식을 분기별 회의에 적용한다. JP모건체이스의 제이미 다이먼은 "사이버 보안처럼 매달 상황이 바뀌지 않는" 큰 이슈는 분기별 회의에서 다룬다. 이런 강도 높은 회의에 앞서, 관련 부서들은 특정 주제에 대해 철저히 준비하여 큰 그룹 회의에서 사안이 빨리 다루어질 수 있도록 한다.

연간 운영 리듬의 마지막 부분에는 최고경영진의 수일간의 오프사이트가 진행된다. 예를 들어 다이먼은 매년 7월 나흘 동안 JP모건체이스 최고경영진을 위한 전략 오프사이트를 마련하고, "회사가 직면한 가장 중요한 문제는 무엇인가?"라고 묻는다. 주제는 사업 확장 계획부터 기술 전략, 인사 정책, 리더십 교육까지 다양하다. 이러한 운영 리듬이 회사에 맞게 돌아가고 있는지도 논의한다. 다이먼은 말한다. "우리는 시간 낭비를 하는 것과 그렇지 않은 것, 정말 모든 내용을 논의한다. 우리에게는 매우 중요한 시간이다. 이곳에서 해야 할 수많은 일들이 정해지면 다른 회의들을 통해 한 해 동안 해야 할 일들을 팔로업하게 된다."

탁월한 실적을 내는 우수한 기업들에서는 CEO와 최고경영진이 수백 명의 임원들과 2~3일간 경영진 회의를 진행한다. 아메리칸 익스프레스의 전 CEO 켄 체놀트는 매년 200명의 리더들을 불러 모은다. 이 회의에서 그는 수년에 걸친 회사의 장기적 목표에서, 향후 12개월 회사와 관련된 어떠한 '헤드라인'을 보기 원하는지를 명확히 설명한다. 체놀트는 말한다. "기업의 단기 목표와 장기 목표 간의 건설적인 긴장감을 유지하면서, 이들 간에 트레이드 오프가 있을 수 있다는 것을 명확히 해야 한다." 체놀트는 항상 외부 연사들을 초청해 회사 리더들이 경쟁 상황과 세계 트렌드, 그리고 고객의 시각에 대해 통찰을 키울 수 있도록 한다. "나는 우리 경영진들이 다양한 관점을 통해 우리 현황을 제대로 알고, 경쟁 관점에서 우리의 입지를 파악해 우리가 무엇을 잘했고 무엇을 더 잘해야 하는지 판단할 역량을 키워주고 싶다."

대부분의 운영 리듬에는 CEO와 개별 사업부, 부서 간 회의도 포함된다. 이러한 미팅들은 최소 분기별로 진행되며 계획 대비 성과를 검토하는 것이 목적이다. 아자이 방가는 마스터카드에서 이런 회의가 어떤 식으로 돌아가는지 설명한다. "나는 모든 사업부와 분기별 운영 리뷰를 진행한다. 성과가 좋지 않을 때는 좀 더 긴 시간 동안 검토하며 왜 그렇게 된 것인지 깊이 있게 살펴본다. 반면, 시장 점유율이 높아지고 있고 합의된 핵심성과지표KPI가 개선되고 있다면 미팅 시간이 단축된다. 대다수의 직원들은 나와 긴 미팅을 하고 싶어하지는 않는다." GE의 래리 컬프는 정기 사업 리뷰를 제대로 하고 있다는 평가를 받았던 경험을 들려준다. "사업부장과 함께 공항으로 가던 중이었다. 그는 내게 내가 자신들의 성공에 열심히 투자하고 있다는 느낌을 받는다며, 나의 경험과 통찰력을 최대한 활용하는 것이 자신들이 해야 할 역할이라 생각한다고 말했다." 컬프는 단순히 응원에 그치는 것이 아니라, 지속적으로 실질적인 참여를 통해 사업부 리더들에게 그런 느낌을 안겨주었다.

CEO들이 경영진들을 분기별 사업 리뷰 때만 만나는 것은 아니다. 이들은 정기적으로 일대일 미팅도 진행한다. 어떤 CEO들은 매주 만나지만 또 다른 CEO들은 격주 또는 매달 진행한다. 각 미팅에 소요되는 시간은 그들이 얼마나 성과를 잘 내고 있는지, CEO가 얼마나 큰 도움을 줄 수 있는지에 따라 결정된다. TIAA의 로저 퍼거슨은 이렇게 말한다. "CEO는 선수이자 코치라고 할 수 있다. 내 경험이나 기술, 네트워크 등이 경쟁 우위를 줄 수 있다면 선수처럼 직접 뛰어들 의무가 있지만, 그 외의 영역에는 관여할 시도도 하지 않는다. 그런 영역에서는 리더들을 코칭하고 책임을 묻기도 하지만, 적합한 사람들을 고용했다고 믿고 덜 관여한다."

웨스트팩의 게일 켈리는 템포 설정에 있어 중요한 점을 이야기한다. "신임 CEO의 경우 초기에 적극적으로 조직의 여러 부분이 조화를 이루도록 하는 일이 매우 중요하다. 운에 맡기면 안 된다." 합리적인 것처럼 들리지만 그렇다고 CEO가 주간, 월간, 분기, 연간 별로 개인, 위원회, 팀, 그리고 고위급 리더 200여 명과 일정을 결정하는 것에 직접 관여해야 할까? 켈리는 그렇다고 한다. "그 정도까지 세부적으로 관여해야 한다. 막연히 어떻게 되겠지 하며 기다리면 안 된다. 그런 일은 일어나지 않는다. 의제들이 회의 목적에 부합하는지, 의사 결정이 어디서 이루어지는지 명확히 해야 한다. 전략의 효과는 이러한 것들이 얼마나 명확히 공유되고 합의되는지에 따라 달라진다." 이타우 우니방코의 로베르토 세투발은 이러한 것은 CEO 임기 초기에만 실행하는 일회성 이벤트가 아니라고 말한다. "기업이 성장할수록 의사 결정이 더 체계적으로 이루어질 수 있도록 많은 프로세스를 도입했고, 이러한 일련의 과정이 매우 자연스럽게 진행되고 있다. 중요한 것은, 이러한 프로세스 역시 시간이 지남에 따라 진화해야 한다는 것이다." 그루브가 일상적인 식상한 루틴이 되면 안 되는 것이다.

점들을 연결하라

템포가 정해지면 CEO는 운영 리듬을 만들어내고 관리 프로세스가 효과적으로 운영되도록 해야 한다. 이때 '점dot 연결자' 역할을 하는 것이 가장 중요하다. 에코랩의 더그 베이커는 말한다. "CEO 자리에 있으면 회사 전체 상황에 대한 총체적 시각을 갖게 된다. CEO는 다른 최고경영진도 이러한 총체적 시각을 지니도록 독려해야 한다. 까마귀 둥지와도 같다. 높이 있기 때문에 더 멀리 볼 수 있는 것뿐이다. 그러므로 모두가 그런 시각을 갖도록 하는 것이 중요하다."

다른 사람들이 보지 못하는 것들은 무엇이 있을까? 몇 가지 일반적인 예를 들면, 재무 예산 책정 과정에서 경영진이 '베이스' 목표와 '스트레치' 목표에 둘 다 동의하는 경우가 있는데, 연말 인사에서는 보상 기준은 '스트레치' 목표 기준으로 정하게 되는 것이다. 이러한 일이 한 번 발생하면, 경영진은 목표치를 샌드배깅sand bagging하고 기대치를 낮게 설정하여 목표 결과를 상회하려고 할 것이다. 또 다른 일반적인 예는, 제품 개발팀에서 빠르게 시장 진입을 위해 재정 부서에서 자금을 신속히 조달 받았으나, 기술부에서 프로젝트 대기 시간이 길어지거나 리스크 관리자의 문서 요청으로 속도가 더욱 느려지는 경우가 그렇다. 직급 승진 심사에서 장기 전력 실행과 단기 실적 간에 보상 기준의 균형이 맞지 않을 경우에도 문제가 생긴다.

CEO가 적극적으로 조율하지 않으면 이러한 기능 장애는 고착화된다. 마지드 알 푸타임의 알라인 베자니는 다음과 같이 말한다. "우리는 인재관리 프로세스가 재정 관리 프로세스와 일치하는지를 주의 깊게 살피고 있다. 여기에는 자원분배, 예산, 인재의 적재적소 배치 등이 포함된다. 승계 계획을 논의할 때 예산과 자원 조달에 미치는 영향까지 고려하는가? 비즈니스 사례를 볼 때 인적 자원 요소도 고려하는가? 우연히 적절한 팀이 적절한 시기에 연결되었을 뿐이라면 일관되고 지속적으로 탁월한 성과를 낼 수는 없다."

길 슈베드는 1993년에 정보기술 보안 회사인 체크포인트 소프트웨어 테크놀로지를 공동 설립해 1996년에 상장했다. 2020년까지 88개국에서 제품을 판매했으며 시가총액은 188억 달러에 달했다. 이 회사 제품 중에 25년 넘게 판매된 핵심 제품은 직원들이 회사 서버에 안전하게 원격 액세스하게 해주는 제품이었다. 체크포인트가 최근 다른회사를 인수했는데, 그 회사는 새로 개발된 클라우드 기술로 직원들이 회사 시스템에 원격 액세스하게 해주는 제품을 보유하고 있었다. 슈베드는 자신이 점 연결자의 역할을 해낸 과정을 들려준다.

"우리는 새로 인수한 회사의 마케팅부터 논의했다. 제품의 판매, 이름, 그리고 웹사이트 구성에 대해 의견을 나눴다." 처음 몇 번의 회의에서는 그런 질문에 초점을 맞추다가 이제 점 연결 모드로 들어섰다. "나는 통합 작업팀에게 말했다. '가격에서부터 경쟁업체 확인까지 당신 말이 전부 맞다. 그런데 이 신제품을 우리 기존 제품과 어떻게 연동할 생각인가? 나는 고객에게 '우리에게는 원격 액세스 제품 A가 있고, 원격 액세스 제품 B도 있다. 당신이 골라라'라고 말할 수는 없다." 그 방에 모인 리더들은 그 중요한 질문에 대해서는 생각해본 적이 없었다. 그제야 그들은 한 발 물러서 메시지, 제품, 기술을 통합할 방법을 다시 고민했다. 슈베드의 개입에는 회사가 성장하는 동안 배운 중요한 교훈이 반영되어 있었다. "큰 회사를 운영하다 보면 모두 자기 입장에서 생각한다. 여러 일들을 더 큰 그림에 어떻게 배치할 것인지, 퍼즐 조각들이 모두 합쳐져 어떤 조화를 이루는지 생각하는 게 나의 일이다."

점 연결자의 역할이 그다지 매력적이지만은 않을 수 있다. 마이크로소프트의 사티아 나델라는 이렇게 말한다. "사람들은 CEO라는 직업이 외롭다고 말한다. 나는 그것이 정보의 비대칭 때문에 생기는 문제라고 본다. 당신을 위해 일하는 사람들은 당신이 보는 것만큼 보지 못한다. 당신과 함께 일하는 사람들 역시 당신이 보는 것을 보지 못한다. 이것이 아주 근본적이 문제라고 생각한다. CEO는 모든 것을 보지만 아무도 CEO가 보는 것을 보지 못하고, 그것 때문에 CEO는 좌절감을 느끼게 되는 것이다." 그럼에도 불구하고 침착하게 계속 상황을 예의주시하는 것은 매우 중요하다. 신시내티 아동 병원의 마이클 피셔는 말한다. "CEO의 자리는 회사 전체의 이익을 위한 모든 프로세스가 모이는 매우 드문 자리이다. 나는 각 분야의 문제점을 집어낼 만큼 세분화된 지식을 갖고 있지는 않지만, CEO로서 중요한 가정들을 이해하고, 적합한 인재를 배치하고, 결정을 내리기 전에 조직에 대한 파급 효과를 고려하려고 노력한다. 이러한 중요한 결정들이 각기 독립적으로 결정되지 않는 것이 중요하다."

오케스트라를 지휘하라

최고의 CEO들은 점을 연결하는 것 외에도 회사의 일상적 운영 리듬에 맞춰 오케스트라 지휘자의 역할을 한다. US뱅코프의 리처드 데이비스는 이를 은유적으로 설명한다. "클래식 콘서트에 간다고 생각해 보자. 일찍 도착하면 오케스트라 단원들이 워밍업을 하고 있다. 각자 마음대로 연주하기 때문에 소음처럼 듣기 거북하다. 그러다가 갑자기 연주가 뚝 멈추고, 그때 막대기 하나만 든 사람이 무대로 걸어 들어온다. 오케스트라는 아직 아무것도 하지 않았는데 박수갈채가 터지고 그 사람은 고개를 숙여 인사한다. 그리고 그가 막대기를 공중으로 치켜세우면 아름다운 음악이 따라 나온다. 연주가 끝나고 들려오는 첫 박수는 지휘자를 위한 것이다. 이제 지휘자는 연주자들에게 공을 돌린다. 지휘자는 단 한순간도 악기를 직접 연주하지 않지만 여러 악기들이 언제 끼어들어야 하는지, 언제 더 크게, 언제 더 부드럽게 연주해야 하는지 알고 있기 때문에 오케스트라의 존경을 받는 것이다."

데이비스는 말한다. "훌륭한 CEO는 뒤로 물러앉아 지휘자가 되어 음악을 즐긴다. 그들이 어떻게 보여지는지, 진행이 잘 되고 있는지 지적하지 않고 그저 그 자체를 사랑하는 것이다. 나도 지휘자처럼 하루 중 어느 때라도 뒤로 물러나 있을 장소를 찾고 회의에서 내려진 결정에 자부심을 느끼거나 이루어낸 것들에 대해 겸손한 마음을 가지려고 한다. 말을 적게 할수록 뭔가 잘 해냈다는 생각이 든다. 그러다가 때로 우리가 기본에서 너무 벗어났다는 생각이 들면 그때를 가르침의 기회로 삼는다."

알파벳의 순다르 피차이도 훌륭한 리더십을 이와 비슷하게 설명한다. "일이 잘 풀리면 옆으로 비켜서고, 사람들이 잘 해낸 것에 감사를 표한다. 그리고 나의 흔적은 남기지 않으려고 한다." 넷플릭스의 리드 헤이스팅스는 오케스트라 역할에 대해 다음과 같이 이야기한다. "조직 전반에 의사 결정 근육을 잘 만들어 놓을 필요가 있다. 그래서 리더들이 결정을 적게 하도록 하는 것이다. 나는 이전에 이렇게 말한 적이 있다. '내가 전혀 결정을 내리지 않은 분기가 가장 완벽한 분기이다.' 매 분기마다 아직 일부 의사 결정을 해야 하지만, 내 궁극적인 목표는 내가 전혀 결정을 하지 않는 것이다. 나는 항상 근육을 키우고, 원칙을 가르쳐서 내가 덜 결정하는 방식으로 나아가려고 한다. 결정하는 것이 싫어서가 아니라 그편이 더 오래 효과가 지속되기 때문이다."

헤이스팅스가 언급하는 근육 형성의 중요성은 비로소 CEO 임기가 끝날 때 명확히 드러난다. 레고의 예르겐 비 크누스토르프는 그 점을 몸소 배웠다. "내가 퇴임하자마자 초반에 회사가 많이 흔들렸다. 그때 운 좋게도 당장 내 뒤를 이을 후임자는 아니었지만 내 밑에서 2인자로 일해줄 외부 인재를 찾을 수 있었다. 많은 사람들이 얘기하기를, 내가 너무 모든 일에 깊이 관여하다 보니 있을 때는 몰랐지만 떠나는 순간 이러한 것들이 명백히 드러났다고 했다. 그래서 그 방정식에서 내가 빠지니 회사가 휘청거렸던 것이다. 그건 최상의 방법이 아니었다!"

궁극적으로 CEO가 지휘하는 방식은 사업의 각 단계마다 달라져야 한다. 베스트 바이의 허버트 졸리는 말한다. "회사가 턴어라운드를 해야 할 때 CEO는 전체를 조율하는 데 깊이 관여해야 한다. 그렇다고 CEO가 모든 일을 다 해야 한다는 뜻은 아니다. 나는 과정들을 조율하고 많은 결정을 내렸다. 그러나 그 다음 단계에서는 원칙을 준수하는 선에서 의사 결정을 최대한 위임하여 조직에서 위험을 감수하고 잠재력을 발휘할 수 있도록 했다. 우리는 베스트 바이의 모든 경영진에게 '감옥 탈출 카드'*를 사용할 수 있도록 하면서 이들을 격려했다. 정당한 사유가 있다면 실패해도 괜찮다는 뜻이었다. 가끔은 이러한 카드를 사용하는 것도 나쁘지 않은 것 같다."

엄격한 실행을 요구하라

최고의 지휘자들은 모든 악기에서 나오는 모든 음을 주의 깊게 듣고, 박자나 음정이 맞지 않으면 조치를 취한다. CEO로서 지휘 업무를 수행하려면 운영 리듬을 결정하는 회의들을 신중하게 대해야 한다. GE의 래리 컬프는 다음과 같이 말한다. "일반 관리나 사업부 CEO 직함을 가진 사람들도 재무 수치를 보고하는 것은 익숙하지만, 정말로 그 수치가 어떻게 해서 나왔는지, 어떻게 업무에 적용해야 하는지 이해하지 못한 채 그저 보고를 위한 보고만 하는 경우가 많다. 그래서 운영 리뷰에서는 그들이 그저 보고만 하는 게 아니라 실질적으로 관리하고 이끄는 방법을 가르치는 데 많은 시간을 할애하고 있다."

　최고의 CEO들은 기본적인 재무 수치를 넘어선 제대로 된 정보를

---

* 　모노폴리 게임에서 플레이어가 감옥에 갇혔을 때 사용할 수 있는 탈출권. 문제에 대한 해결책을 뜻한다.

확보하는 것부터 시작한다. JP모건체이스의 제이미 다이먼은 말한다. "훌륭한 리더들에게는 공통점이 있다. 제대로 된 분석부터 시작하는 것이다. 기본적인 것도 제대로 못하고, 가격, 상품, 유통, 변동비용, 고정비용에 대한 세부사항도 이해하지 못하는 사람들을 많이 봤다. 이는 마치 제대로 된 장비를 갖추지 못한 채 비행기를 조종하는 것과 같다. 우선 사실 확인이 중요하다. 숫자들을 계산해봐야 한다. 이는 단순한 재무 정보가 아니다. 나는 사람들에게 '숫자들이 재무 검토를 위한 것이 아니라 사업 운영을 위한 것임'을 지속적으로 상기시킨다."

다이먼은 덧붙여 말한다. "나는 직원들이 이슈에 상관없이 골드만삭스, 모건스탠리, 뱅크오브아메리카 등 동종업계에서 어떻게 하고 있는지 이미 살펴봤을 거라고 기대한다. 동종업계에서 뭘 하고 있는지, 모범사례가 무엇인지 아느냐는 질문은 하지 않는다. 하지만 많은 기업들은 그렇게 하지 않고, 경쟁사가 뭘 하는지도 잘 모른다. 그저 추측할 뿐이다. 하지만 나는 정말 심층 분석을 하고 있다." 아홀드 델헤이즈의 딕 보어도 그 점을 강조한다. "나는 재임기간 동안 의사 결정에 필요한 세분화된 정보가 부족하다는 것을 깨달았다. 사업 관련 정보는 많았지만 집계된 수치만 보고 있었던 것이다. 제대로 된 정보가 없다면 성과 관련 문제를 제대로 해결할 수 없을 것이다."

최고의 CEO들은 조직 내 여러 부서 간에 세분화된 데이터 비교가 가능하도록 한다. 캐터필러의 짐 오웬스는 말한다. "우리 공장에는 카우보이 타입의 리더십을 가진 사람들이 많았다. 공장마다 일하는 방식도 조금씩 달랐고, 뿌리 깊은 제조업 문화가 자리 잡고 있었다. 그래서 글로벌 수준의 토요타식 생산 시스템을 도입하여 공통적인 측정

기준, 프로세스 도구, 관리 시스템을 들여와서 기존의 방식에 변화를 주었다. 우리는 그것을 '캐터필러 생산 시스템'으로 변경했다. 모두 새로운 기준에 따라 일정한 방식으로 작업을 완료, 측정, 보고하도록 했다."

최고의 CEO들은 올바른 정보 활용 외에 회의 진행 방식에 있어서도 엄격하다. JP모건체이스의 제이미 다이먼은 프레젠테이션을 선호하지 않는다. 회의 시간은 결정을 내리는 데에만 쓸 수 있도록 모든 내용을 사전에 읽고 준비를 마쳐야 하는 것이다. 또 다른 접근법은 회의 출석에 대한 기대치를 심어놓는 것이다. 듀폰의 에드 브린은 간단히 표현한다. "병원에 누워 있는 게 아닌 이상, 항상 회의에 참석한다." 웨스트팩의 게일 켈리는 단지 육체적 출석이 아니라 온전한 정신 집중까지 요구된다고 말한다. "회의는 취소할 수 없고, 다른 사람을 대신 보낼 수도 없다. CEO가 그곳에 직접 참석해야 하고 준비가 되어 있어야 한다. 어느 누구도 휴대전화를 보거나 회의 중에 드나들지 못한다. 우리는 어려운 주제들에 대해 심각하게 논의하며 모두가 온전히 참여해야 한다. 한번은 회의실 사이드테이블에 장난감 코끼리가 있었다. 말 그대로 방 안의 코끼리*였다. 회의에 긴장감이 돌 때마다 우리는 코끼리를 회의 테이블 한가운데에 놓고 말한다. '자, 방 안에 코끼리가 있군. 이제 이 코끼리에 대해 얘기해볼까.'"

이러한 엄격함은 CEO 자신에게도 적용된다. 다이먼은 자신에 대

---

* 다들 알지만 말하기 꺼려지는 문제를 뜻한다.

해 이렇게 말한다. "나는 항상 보고서를 읽기 때문에 제대로 내용을 숙지하고 있다. 주말에도 엄청난 양의 문서를 읽고 질문 목록을 작성한다. '왜 특정 지역에서 돈을 잃고 있는가?' '은행원 500명을 추가하기로 했는데 왜 100명만 추가했는가?' '왜 직원 감소율이 8퍼센트가 아니라 15퍼센트일까?' '실망스럽게 왜 나보다 먼저 이런 질문을 하는 사람이 없을까?'" 다이먼은 회의 후 그의 질문들로 불필요한 분석들이 양산되지 않도록 이렇게 말한다. "나를 위한 분석을 하지 말고, 오직 사업 운영을 위한 분석을 해 달라. 그리고 내 질문이 완전히 시간 낭비라고 생각한다면 꼭 말해줘야 한다."

이상적인 세계라면 CEO는 악기를 연주하지 않고 오케스트라를 지휘하는 데 시간을 할애할 수 있지만, 현실에서는 CEO도 팔을 걷어붙이고 깊숙이 관여해야 할 때가 있다. 앞서 마스터카드 아자이 방가의 분기별 리뷰와 TIAA-CREF 로저 퍼거슨의 '선수/코치'에 관한 생각을 언급했다. GM의 메리 배라는 어디까지 깊이 들어가는지에 대해 설명한다. "비전을 잘 이해하는 훌륭한 리더들이 있고 잘 운영되는 영역은 많은 독립성을 갖게 된다. 변화가 진행 중인 영역에는 내가 더 관여하게 된다. 나는 조직이 잘 운영되고 장애물을 제거해주는 것이 내 역할이라 생각한다."

아디다스의 캐스퍼 로스테드도 이와 비슷한 접근 방식을 따른다. "잘 돌아가는 곳에는 굳이 끼어들 생각이 없다. 그런 분야에서는 우리가 어디로 나아가는지, 목표점에 도달하고 있는지, 전략이 잘 실행되고 있는지 등의 대화를 한다. 하지만 일이 잘 풀리지 않는 부분에서는 관련자들과 운영 리뷰를 진행하고 문제를 파악한다. 함께 계획을 세우고, 그들에게 그 계획을 실행할 책임을 부여한다."

최고 CEO들은 문제가 생긴 분야에는 깊숙이 파고든다. 갈더마의 플레밍 온스코브는 회사의 운영 리듬을 이렇게 요약한다. "나는 엄격하게 회의 준비를 하고, 반드시 필요한 안건들만 집중적으로 논의되도록 한다. 관련 자료를 미리 읽고, 심사숙고해서 회의를 제시간에 시작하고 끝낸다. 모든 회의는 시행할 행동과 후속 조치를 요약하는 것으로 끝이 난다. 나는 주주들이 내게 기대하지 않는 것들에 대해서는 기본적으로 거절하는 원칙도 갖고 있다. 나는 불필요한 회의는 내부 회의든 외부 회의든 참석하지 않는다. 업계 모임에서 기조연설을 몇 번 했는가 따위로 나의 성공을 평가하지 않는다."

약 2,500년 전, 중국의 군사 전략가 손자는 《전쟁의 기술》에서 "전술 없는 전략은 승리를 향한 가장 느린 길이다. 전략 없는 전술은 패배 직전의 소음일 뿐이다"[13]라고 말했다. 잘 설계된 운영 리듬은 전략과 전술을 동시에 연결해 회사가 효율적으로 돌아갈 수 있도록 하고 CEO가 현황 파악을 제대로 해서 반드시 필요한 곳에만 관여하게 한다.

하지만 JP모건체이스의 제이미 다이먼이 강조한 것처럼 이를 제대로 해내기가 쉽지는 않다. "대부분의 회사들은 실행에 약하다. 실행은 정말 중요하며, 마치 운동선수 훈련처럼 엄격함이 요구된다. 세부 사항을 제대로 파악하고, 올바른 조치를 취하며, 현명한 결정을 내려야 하는 것이다." 다이먼이 관찰한 것처럼 최고의 CEO들은 조직이 어떻게 운영될지에 대한 템플릿과 템포를 설정하고, 의사 결정 기관들의 각 점들을 연결하고, 오케스트라의 지휘자 역할을 하며, 전략의 엄격한 실행을 요구한다.

지금까지 살펴본 바와 같이, 최고의 CEO들은 팀의 심리 문제를 해결하는 데 중점을 두고 조정과 실행 메커니즘을 따르게 한다. 리더들을 동원하는 세 가지 방법(구성, 효과, 운영 리듬)이 어떻게 행동으로 보여지는지 아래와 같이 요약되어 있다. 이 장의 시작 부분에서 설명한 것과 같이 여기에는 구체적 보상이 따른다. 올바른 마인드셋과 이 단계에서 필요한 실천을 적용한다면, 기업은 평균치 두 배 이상의 기업 성과를 달성할 가능성이 높다.

CEO가 아니더라도 팀의 심리를 해결하는 것은 훌륭한 성과를 거두기 위해 매우 중요하다. 스스로 자문해보자. 우리 팀원들 모두 적합한 역량과 태도를 갖추었나? 만약 아니라면, 당신은 상황을 바로 잡기 위해 용기 내어 재빨리 그러나 공정하게 행동하는가? 외부의 CEO가

최고의 CEO들의 리더를 통한 조직 운영 마인드셋

팀 정신을 강화하라	
팀 구성 실천 : 생태계를 구축하라	• 능력과 태도를 보고 팀을 구성하라 • 빠르게, 그렇지만 공정하게 행동하라 • 연계하면서 거리를 두어라 • 팀을 넘어 리더십 연합을 구축하라
팀워크 강화 실천 : 팀을 스타로 만들어라	• 그 팀만이 할 수 있는 일을 시켜라 • 퍼스트 팀의 규범을 정의하라 • 데이터, 대화, 속도를 결합하라 • 팀 빌딩에 투자하라
운영 리듬 실천 : 그루브를 타라	• 템플릿과 템포를 정하라 • 점들을 연결하라 • 오케스트라를 지휘하라 • 엄격한 실행을 요구하라

들어온다면 이 팀을 계속 유지할까? 그게 아니라면 팀과 너무 허물없이 가까워진 것은 아닌가? 우리 팀은 팀이 같이 만나서 해결해야 하는 일에 집중하고 있는가? 혹은 회의실 밖에서도 해결할 수 있는 우선순위가 낮은 일에 팀 시간을 할애하고 있지 않은가? 당신의 팀은 '최고의 팀'인가? 그렇지 않다면, 왜인가? 회의는 데이터와 대화를 바탕으로 진행되며, 의사 결정은 적시에 이루어지는가? 체계적으로 팀 빌딩에 투자하고 있는가? 효율적이고 효과적인 연간 회의 운영 리듬을 만들었는가? 조직을 위해 다양한 점들을 연결하고, 올바른 상호작용을 조율하며, 필요 시 중요한 영역에서 진전이 이루어지도록 직접 나서고 있는가?

지금까지 다룬 방향 설정, 조직적 합의, 리더를 통한 조직 운영 관련된 마인드셋은 CEO가 아니더라도 많은 리더들에게는 익숙한 분야다. 이제 이사회 및 다양한 외부 이해관계자와의 소통과 관계에 대해 알아보자. GE의 래리 컬프가 말한 것처럼, 이 부분은 CEO의 고유 영역이며 CEO의 성패를 좌우할 수 있다.

›› 4. 이사회와의 협업 마인드셋 ‹‹

이사진이
비즈니스 협력자가
되도록 협업하라

—

혼자 설 만큼 강해지고,
도움이 필요할 때를 알 만큼 영리해지고,
도움을 청할 수 있을 만큼 용감해져라.

_지아드 K. 압델노르

이사회와 협업하는 것은 CEO들이 직면하는 가장 어려운 과제 중 하나일 것이다. 왜일까? 이사진은 회사 지배 구조상 최상의 위치에 있는 CEO의 상사다. 다시 말하면 이사회는 이전에 경험해보지 못한 상사인 것이다. 에코랩의 더그 베이커는 이렇게 설명한다. "우리 신경 구조는 한 명의 보스에 적합하게 설계되어 있다. 우리 경력 전체를 보더라도 보스는 한 명이다. 그런데 갑자기 13명의 보스가 생긴 것이다." GE의 래리 컬프는 덧붙여 말한다. "아, 그리고 그들은 이전의 보스들과 달리 매일 출근하지도 않는다."

　상황을 더 어렵게 만드는 것은, 이사회 구성과 운영에 대한 것은 CEO 결정 영역이 아니라는 것이다. 인튜이트의 브래드 스미스가 그의 멘토인 프록터앤드갬블의 전 CEO A.G. 라플리에게 이사회 운영 방법에 대한 조언을 구했을 때 대답은 간단했다. "이봐, 젊은 양반. 이사회를 관리하는 건 당신이 아니야. 이사회가 당신을 관리하는 것이지." S&P 500 기업의 절반이 CEO가 이사회 의장직을 겸임하고 있지만, 이사회 문제를 책임지는 사람은 거의 항상 사외 이사 리더이다. 즉, 이사회를 운영하는 것은 이사회 의장(또는 사외이사리더)의 역할이며, CEO의 역할은 조직을 운영하는 것이다.

하지만 이사회가 그들만의 방식대로 돌아가게 할 경우 조직에 크게 기여하기 어렵다. 설문조사 결과, 이사회 구성원 중 30퍼센트만이 자신이 참여한 이사회가 효율적으로 돌아가고 있다고 보고했으며[1] 거의 절반에 가까운 임원은 이사회 성과가 미흡하다고 여기고 있다.[2] 최고의 CEO는 이런 결과를 용납하지 않는다. 최고의 CEO는 '이사의 신탁 업무를 돕는 게 CEO의 역할'이라는 전통적인 사고방식에 머물러 있지 않고, '이사회가 비즈니스 협력자가 될 수 있도록 돕는 것이 CEO의 역할'이라고 생각한다. 전자가 중요하지 않다는 것은 아니지만, 최고의 CEO는 필요한 스킬로 이사회를 구성하고, 이사회 시간이 최대 효과를 낼 수 있도록 잘 활용하며, 이사회가 투명하며 효율적으로 운영되도록 적극 나선다. 한마디로 최고의 CEO들은 이사회 의장이 이사회를 잘 운영하도록 도와 이사들이 CEO의 사업 운영에 도움이 되도록 한다. 에코랩의 더그 베이커는 말한다. "이사회는 사업 성공에 정말 중요한 역할을 할 수 있다. 그들과 어떻게 협업할지 잘 알고 있어야 한다."

이사회 모델은 지배구조나 세계 각지의 다양한 관행으로 다르겠지만, 최고의 CEO들이 지닌 '이사진이 비즈니스 협력자가 되도록 돕자'는 마인드셋은 이사회 협업의 세 가지 측면 관계, 역량, 효과적 회의에서 공통적으로 나타나고 있다.

신뢰 기반을 구축하라

이사회 관계 설정 실천

거래의 통화는 돈이고,
상호작용의 통화는 신뢰다.

레이첼 보츠먼

1933년 3월 4일, 미국 경제는 사실상 폐업 상태에 빠졌다. 수천 개의 국내 은행들이 거듭된 공황으로 문을 닫았고, 노동 인구의 4분의 1가량이 일자리를 잃었다. 이날 프랭클린 D. 루스벨트는 첫 취임 연설에서 미국인들에게 "우리가 유일하게 두려워해야 할 것은 두려움 그 자체다"라고 말한 것으로 유명하다. 하지만 그 연설만으로 확신을 심어주기는 부족했다. 루스벨트는 그 후 라디오로 노변정담*을 시작한다.

---

* 난롯가에서 친지들과 정담을 나누듯 편안하게 하는 연설.

첫 연설은 3월 12일이었다. "여러분, 저는 미국 국민들과 몇 분 동안 은행에 관해 이야기하고 싶습니다." 그는 지나칠 정도로 솔직하게 표현했다. "미련한 낙천주의자들만이 현재의 어두운 현실을 부정할 수 있을 것입니다."

루스벨트가 노변정담으로 풀어낸 솔직한 이야기는 피통치자와 통치자 사이에 신뢰를 구축하는 중요한 역할을 했다. 덕분에 그는 많은 것이 실패로 돌아갈 수도 있다는 국민들의 공감을 구축한 상태에서 대공황에 대한 여러 다른 치료법을 시도할 유연성을 갖게 되었다. 일리노이주 졸리에트 출신의 밀드레드 골드스타인은 첫 노변정담 후 루스벨트에게 보낸 편지에서 말했다. "당신은 우리 집에 들어온 첫 대통령입니다. 우리를 위해 일하고 있음을 느끼게 해준 첫 대통령, 무슨 일을 하고 있는지 우리에게 알려준 첫 대통령입니다. 어젯밤까지만 해도 내게 미국 대통령은 그저 전설에 불과했지요. 사진으로만 볼 수 있는 사람, 신문 기사에 나오는 사람일 뿐이었습니다. 하지만 당신은 진짜였습니다. 나는 당신 목소리를 알고, 당신이 무슨 일을 하려는지 알게 되었습니다. 그 공은 라디오에게 돌려야 할 것입니다. 하지만 용기 내어 그 라디오를 이용한 것에 대해 당신에게 더 큰 공을 돌리고 싶습니다."[3]

최고의 CEO들은 루스벨트처럼 자신과 이사회(회사의 주주들을 대리하는 사람들) 사이에 신뢰를 구축할 방법을 찾는다. 마스터카드에서 아자이 방가는 전자결제 대신 현금에 다시 초점을 맞추겠다는 포부(1장에서 설명한 '현금 죽이기' 비전)를 공유했을 때 "숨소리 하나 들리지 않는 정적이 흘렀다"고 회상한다. 하지만 그 정도 리스크는 이미 계산된 것이었다. 그는 사전에 이사들을 개별적으로 만났기에 그들이 어떤 태도를 보일지 회의장에 들어가기 전부터 어느 정도는 예상했다. 방가는 말한다. "매우 믿음직한 이사회 임원 두 명이 회사가 나아갈 방향에 대해 강하게 찬성 의사를 표했다. 나로서는 천군만마를 얻은 기분이었다. 그들은 큰 소리로 '간만에 들어보는 최고의 아이디어'라고 말해주었다. 그때부터 대화의 흐름이 바뀌었다."

그렇다고 거기서부터 모든 일이 순조로웠냐면 그건 아니었다. "우리는 이후 몇 년간 현금 거래를 카드로 돌릴 가장 좋은 방법을 놓고 고군분투했다. 나는 다 터놓고 이야기하는 분위기를 장려했고, 일부 이사들은 말 그대로 자리를 박차고 일어나 탁자를 내려치기도 했다. 격렬한 토론이 벌어졌다. 그러나 이 역시 그들의 역할이므로 괜찮았다. 그날 저녁 그 이사회 임원은 술을 마시며 '적어도 당신은 내 말을 들어주잖아요'라고 했다." 그러던 중 방기도 실수를 했다. 전자상거래 회사 하나를 인수했는데 결국 돈 낭비였다는 결론이 났다. 하지만 신뢰에 차질을 빚기는커녕 오히려 가속도를 붙이는 계기가 되었다. 방가는 그때를 회상하며 말한다. "그 일이 일어났을 때, 나는 이사회에 가서 내가 무엇을 했는지, 무엇을 잘못했는지, 무엇을 배웠는지를 말했다. 덕분에 그들은 내 편으로 남았다. 그들은 '그는 실수를 저질렀을 때도 기꺼이 우리와 공유하려고 한다'고 말했다."

몇 년이 지났을 때, 방가는 잘못한 일보다 잘해낸 일이 훨씬 더 많았다. "내가 CEO가 되던 해에 마스터카드의 수익 성장은 3퍼센트, 비자는 8퍼센트였다. 지난 5년 동안, 우리는 대부분의 분기에 비자보다 더 빠르게 성장했다. 이 사실은 이사회의 누구도 의문을 제기할 수 없는 신뢰를 심어 주었다." 오늘날 그는 이사회를 이렇게 묘사한다. "그들은 마치 동료 같고, 우리는 서로 잘 지낸다. 상호 투명함과 공정함을 유지하고 있다."

최고의 CEO들은 방가처럼 이사회와 선순환 구조를 만든다. 초기에 신뢰를 쌓음으로써 유연성을 갖고 과감한 움직임을 보여 성과를 향상시켰고, 이는 다시 깊은 신뢰를 안겨주었다. 훌륭한 CEO들은 자신이 말한 일을 꼭 해내 믿음을 심어주는 것 외에도 다양한 방식으로 이사회와 신뢰를 쌓고 유지한다.

극단적으로 투명하게 행동하라

CEO들은 이사회와는 정기적으로 가끔 만나기 때문에 어려운 문제에 대해서는 대충 얼버무리거나 잘 공유하지 않고 싶은 마음이 들 수 있다. 예를 들면 CEO가 윤리적으로 문제 있는 어떤 핵심 임원을 해고하야 하는 상황을 가정해보자. 그 임원은 쉽게 교체하기 어려운 사람이다. 회사는 상황만 바로잡고 그 임원의 자리는 그대로 두려고 한다. 사실 관계가 모호하고 해석의 여지가 있을 수 있다. 이러한 일을 굳이 이사회에게 알릴 필요가 있을까? 인수 합병, 규제 준수, 고객 불만 등과 관련된 복잡한 상황 역시 마찬가지이다.

GE의 래리 컬프는 "확신이 없을 때는 공유하라"고 조언한다. 우수한 CEO들은 그런 상황을 이사회에 알리지 않을 경우 더 큰 대가를 치루게 된다는 것을 잘 안다. 앞서 언급한 윤리 문제를 예로 들어

CEO가 이사회에 아무 언급도 하지 않고 나중에 법을 어겼다는 사실이 밝혀질 경우를 생각해보자. CEO의 윤리 수준도 그와 동등한 수준으로 여겨질 가능성이 매우 높다.

에쿼티 그룹의 제임스 므왕기가 민감한 문제를 어떻게 해결했는지 알아보자.[4] 어느 날, 그는 회사 내에 성희롱이 있었다고 말하는 여성 여섯 명이 공동 작성한 편지를 받았다. 그는 그들에게 신뢰를 보여줄 유일한 방법은 내용을 공개하는 방법밖에 없음을 잘 알았다. 그래서 그는 이사회에 이 사실을 알린 후, 내부 투서를 받았으며, 60일 내에 조사 결과를 공개하겠다는 내용의 보도자료를 발표했다. 그는 직원들의 호소를 듣기 위해 중간 관리자급 여성 여섯 명으로 팀을 만들었다. 2주 만에 16명의 여성이 나섰다. 4주 만에 징계 절차가 시작되었고 여섯 명이 해고당했다. 므왕기는 여섯 명을 해고하는 것으로 문제를 마무리했고, 이후 다시는 같은 문제가 발생하지 않았다. "우리는 숙련된 코치이자 멘토였던 인기 많은 매니저를 잃었지만, 그는 에쿼티에 있어서는 안 될 인물의 상징이 되었다."

최고의 CEO들이 이렇게 투명하게 소통하는 것은 윤리 사례에서처럼 단점을 완화시키는 데에 그치는 것이 아니라, 실제 사업에서도 큰 도움이 된다. TIAA의 로저 퍼거슨은 즉각적인 이점 몇 가지를 이야기한다. "나는 이를 극단적인 투명성이라고 말한다. 최악의 상황은 이사회가 내가 동의하지 않는 판단을 내리는 경우이다. 이사회가 의견을 공유한다면 우리는 잘 대화해볼 수 있는 것이다." 베스트 바이의 허버트 졸리는 나쁜 소식으로도 건설적인 대화를 이끌 수 있다고 말한다. "나는 좋은 소식이든 나쁜 소식이든 이사회에 온전히 투명하게 전달한다. 나쁜 소식은 좋은 소식보다 오히려 더 빨리 퍼진다. 그래서 그 사실을 이사회에 투명하게 공개하는 순간 그들은 마음을 놓게 된다. 그러고 나면 그들에게 도움을 청할 수 있다."

신시내티 아동 병원의 마이클 피셔는 이사회와 투명하게 소통하는 이점은 일시적이 아니라 시간이 지나면서 지속된다고 말한다. "나는 무슨 일이든 일찍 공유한다. 투자 건일 수도 있고, 경영진 중 누군가 연계된 힘든 상황일 수도 있다. 문제가 커져 결정을 내려야 할 때도 이사회에 갑자기 문제가 공유되지는 않는다. 그들은 이미 그 과정에 관여하고 있었고 필요 시 의견을 제시한 상태인 것이다." 디아지오의 이반 메네제스는 매년 이사회 오프사이트에서 잘 진행되고 있는 일 일곱 가지, 잘 안 되는 일 일곱 가지 정도의 목록을 가지고 토론을 시작한다. 메네제스는 말한다. "진실성과 용기는 이사회에 있어서 매우 중요한 특성이다. 쉬운 의사 결정은 없기 때문이다. 나는 그들을 진실되게 대하고 대개는 잘 풀리지 않는 의제에 초점을 맞춘다. 그런 데서 신뢰가 쌓이면 이사회는 CEO가 정말로 필요로 할 때, 즉 어려운 시기에 CEO를 이해하고 지지해준다." 에스켈 그룹의 마조리 양은 다른 회사 이사회에서 일하면서 CEO의 투명성이 신뢰 구축에 미치는 영향을 확인했다. "이사회 임원 입장에서는 CEO가 이사회에게 숨기는 비밀이 전혀 없다는 것을 알 때 훨씬 더 많이 신뢰하게 된다."

극단적 투명성을 실천하는 것은 최고의 CEO들에게는 전혀 부담되지 않고 매우 자연스러운 것이며 선한 영향력을 끼친다. 케이던스의 립 부 탄은 이렇게 설명한다. "우리 이사회는 내가 항상 주주들을 예의주시하고 있기 때문에 안심한다. 나는 자신감을 갖고 회사를 위해 옳다고 믿는 일을 한다." 그런 맥락에서 그는 이렇게 말한다. "투명한 문화를 만들면 일이 더 수월해진다. 경영진이 결정을 밀어붙이려 할 때도 이사회가 깜짝 놀랄 일은 없다. 그들은 이미 우리가 뭘 하려는지 알고 있기 때문이다. 그들은 나와 함께 일하는 것이다."

이사회 의장과 강한 유대 관계를 구축하라

투명하게 오픈한다고 해서 이사회에 차고 넘치게 정보를 전달하라는 뜻은 아니다. 그들이 알아야 하는 것이라면 좋은 소식이든 안 좋은 소식이든 그대로 공유한다는 의미이다. 우선은 이사회 의장이나 총괄책임이사부터 시작하는 것이 가장 좋다. 앞서 말한 대로 의장이나 총괄책임이사가 이사회를 운영할 때 CEO와 뜻을 같이 하면 논점이 핵심 이슈에서 벗어나는 것을 막고 적절한 수준으로 집중하게 된다. 그들은 모든 문제에서 CEO의 멘토이자 조언자가 될 수 있고, 또 그렇게 되어야 한다. JP모건체이스의 제이미 다이먼은 그 관계를 잘 보여준다. "회의가 끝날 때마다 총괄책임이사는 직접 손으로 쓴 메모를 들고 내려와 나에게 네 다섯 개의 의견을 건네주곤 했다. '이사회는 이것을 원한다', '우리는 이 점이 우려된다' 등 그는 무엇이든 알려준다."

웨스트팩의 게일 켈리는 이사회 의장과 관계에서는 어떤 것도 운에 맡기지 않는다. "CEO의 역할은 이사진의 업무를 더 쉽게 만드는 것이지 어렵게 하는 것이 아니다. 의장과 좋은 관계를 형성하는 것부터가 시작이다. 그 중요성은 아무리 강조해도 지나치지 않는다. 나는 항상 둘 사이에 좋은 관계를 위해 노력하는 것은 의장의 일이 아니라 내가 해야 할 일이라고 생각한다." 웨스트팩에 재직하는 동안 켈리는 두 명의 다른 의장을 만났고, 두 명에게 각기 다른 접근방식으로 강한 유대 관계를 형성하려고 노력했다.

켈리의 첫 이사회 의장은 그녀를 임명한 사람으로, 사무실에서 많은 시간을 보냈고 다른 회사 업무는 거의 맡지 않았다. 상황이 그렇다 보니 비공식적인 대화가 잦았다. "우리는 금융 위기, 정부, 그 밖의 시사 문제에 대해 이야기했다. 그는 폭넓은 전문 지식을 가진 매우 현명한 사람이었다. 나는 그 대화들이 나의 사고를 정립하는 데는 물론, 우리 사이에 강력한 신뢰 관계를 형성하는 데에도 도움이 된다는 것을 깨달았다." 대화를 나누면서 켈리는 그에게 사업 관련 브리핑도 하고 이사회 의제 구성과 자료 준비에도 도움을 주었다. 대화는 되도록 명확하고 향후에 나눌 대화와도 관련된 내용이었다.

두 번째 의장과는 다른 접근 방식을 취했다. 그는 여러 이사회에 참여하고 있는 전문 의장이었고 회사 바깥 일로도 매우 바쁜 사람이었다. "나는 그의 시간을 매우 존중했다. 나는 매주 금요일에 그에게 전화를 걸었다. 이전 의장과 했던 것처럼 비공식적이고 자유로운 대화는 아니었고, 해결해야 할 문제들 위주로 이야기했다. 예를 들어, 내가 수상과 면담이 있었으면 의장에게 그 내용을 보고한다. 또 특정 안건에 대해 걱정이 될 때도 대화를 나눈다." 첫 의장과 그랬던 것처럼 켈리는 두 번째 의장과도 좋은 관계를 형성했다. "지금은 우리 둘 다 은행을 떠났지만 아직도 가끔 금요일 오후에 전화를 걸면, 그는 '아 게일, 금요일 오후 회의군요' 하고 말한다. 나는 이러한 순간을 정말 사랑한다."

최고의 CEO들은 그들의 생각을 정리하기 위해 의장이나 총괄책임이사의 의견을 묻기도 한다. 토탈의 파트리크 푸안네는 외부 출신인 오일 산업 총괄책임이사와 정기적으로 만난다. "그녀의 역할은 나에게 큰 도움이 된다. 그녀는 마치 외부의 거울과 같다. 그녀는 내부인사는 아니지만 정보를 흡수하고, 듣고, 문제를 해결하는 데 매우 뛰어나다." 푸안네는 인수를 제안하거나 자본 투자 결정을 내리는 이유를 이야기하면서 어떤 반응이 나오는지 테스트해본다. "나는 더 명확히 표현하고, 더 깊이 분석하고, 가장 적합한 단어를 찾기 위해 노력한다. 그렇게 할 수 없다면 그 결정이 확고하지 않고 더 명확히 해야 할 부분이 있다는 것이라 생각한다. 나 자신에게 더욱 솔직하게 된다." 스웨덴 엔지니어링 회사인 샌드빅의 회장이자 아사 아블로이의 전 CEO 요한 몰린은 이사회 의장이 그런 대화를 반긴다며 그의 생각을 전해주었다. "우리의 역할은 적합한 CEO를 선택한 것을 넘어, 그들의 스파링 파트너가 되는 것이다. 나는 현재 CEO와 격주로 몇 시간 동안 대화를 나눈다. 그저 대화일 뿐, 내가 CEO 역할을 빼앗으려고 하는 것은 아니다."

이사회 의장과 CEO의 관계를 올바르게 유지하기 위해, 최고의 CEO는 자신이 원하는 관계를 분명히 한다. DSM의 페이케 시베스마는 임기 초기에 의장과 그들 관계의 본질에 대해 토론했다. "나는 나를 지원하는 것뿐 아니라 문제를 제기해 달라고 요청했다." 그는 말했다. "그러기 위해서 상호 간에 신뢰와 소통이 필요하다는 것을 알게 되었다. 서로 신뢰하지 않으면 지지할 수 없고, 그 의도를 믿을 수 없다면 비난을 받아들이기 어려운 것이다."

상호 신뢰를 형성하기 위해 시베스마와 이사회 의장은 회의, 특히 쉽지 않았던 회의들을 평가하는 시간을 가졌다. 시베스마는 말한다. "처음에는 이 문제에 익숙해질 필요가 있었다. 때로 힘들었던 이사회가 끝나고 나면 임원 한 명이 '이 문제는 다시 논의하지 맙시다. 이 문제는 이걸로 해결되었어요'라고 말한다. 하지만 우리는 무슨 일이 일어난 건지 이해해보자고 고집했다. 이는 상호 존중과 신뢰를 형성하는 데 큰 도움이 되었다. 단순하게 들리지만, 의장과 CEO의 관계에서 그런 유형의 개방성은 흔히 찾아보기 어렵다."

이사회 의장과 돈독한 관계를 맺는 것의 가치는 아무리 강조해도 지나치지 않는다. 데이비드 토디가 2014년 호주 통신사 텔스트라의 CEO로 취임했을 때, 한 가지 문제가 있었다. 이전에 국유기업이었던 이 유선전화 사업자는 호주에서 가장 큰 사업자였지만 고객 서비스에 대한 평판이 좋지 않았다. 토디가 가장 먼저 한 일은 텔스트라를 호주뿐 아니라 전 세계에서 가장 신뢰받는 회사로 만들고 싶다고 이사회에 발표하는 것이었다. 다수의 이사들은 토디의 고객 주도 전략이 너무 모호하다고 맞섰다. 적어도 한동안은 반대하던 이사들의 말이 옳았다. 텔스트라는 토디의 임기 첫 6개월 동안 두 번의 수익 저하 경고를 발표해야 했고, 주가는 빠르게 하락했다. 한 이사회 임원은 신임 CEO에게 말했다. "데이비드, 만약 이번에 제대로 해내지 못하면 우리는 다른 옵션을 찾아볼 것입니다."

그의 전략을 실행할 시간을 얻기 위해, 토디는 총괄책임이사에게 연락했고 그녀의 신뢰를 얻기 위해 열심히 일했다. 그는 매주 그녀를 만나 새 계획이 어떻게 진행되고 있는지 알려주었다. 토디는 말한다.

"그녀의 기대치는 매우 명확했다. 그녀는 완고하지만 매우 유능하고 자상한 임원이었다. 그녀가 이사회와 나와의 사이에서 내가 하고 있는 일을 변호해주었다고 생각한다. 또 이사회가 나에 대해 갖고 있는 우려 사항도 알려주었다. 매우 진실된 소통이 이루어졌다."

토디와 그의 이사회 의장이 신뢰를 쌓을 수 있었던 이유는 진행 상황을 보여줄 수 있는 지표들에 대해 합의를 했기 때문이다. 신뢰는 카리스마나 우정으로 만들어지는 게 아니다. 신뢰는 전달에 기초한다고 토디는 강조한다. "내가 할 일은 이사회에 가서 이렇게 말하는 것이다. '여기에 결과가 나왔습니다. 좋은 결과와 나쁜 결과가 있으며 나는 앞으로 이렇게 해결하겠습니다.'" 토디는 이사회 합의를 위해 '모바일 고객 이탈율'을 사용했으며 이를 18퍼센트에서 9퍼센트로 줄이고, 통신망 설치에 필요한 고객과의 상호작용 횟수도 15회에서 9회로 줄였다. 이러한 행동들과 다른 요인들로 인해 텔스트라의 자본이익률은 그의 재임기간 약 23퍼센트 상승했다.

개별 이사들에게 다가가라

최고의 CEO들은 주로 이사회 의장이나 총괄책임이사와 시간을 보내지만, 그들만큼은 아니라도 다른 이사회 임원들 모두와 관계 형성에 시간을 투자한다. GE의 래리 컬프는 말한다. "이사회는 단일체 조직이 아니다. 열 명에서 열두 명의 개개인으로 이루어져 있고 모두들 자신만의 독특한 의견을 갖고 있다. 전체적인 관리도 중요하지만 개별적으로도 관리해야 한다."

최고의 CEO들은 개별 이사들을 개인적으로 알아가는 것이 그들의 책임이라 생각한다. 그들의 세계관, 우선순위, 선호하는 의사소통방식, 그리고 그들이 기여할 수 있는 것을 이해하기 위해서다. CEO들은 그들의 생각을 정리하기 위해 이사들과 개별적으로 시간을 보내기도 한다. "나는 개별 이사진과 시간을 충분히 보낸다. 그래야 그들도 본인들 의견이 잘 받아들여지고 있다는 것을 알게 되고, 또 그들 의견을 공유할 기회를 갖게 되는 것이다. 나는 나의 비전을 공유하고 전략적 틀을 구상하는 여정에 그들을 참여시키기 시작했다. 이사들과의 열린 대화를 하면서 그들의 의견을 건설적으로 활용할 수 있게 되었다."

에이온의 그레그 케이스는 CEO 임기 초기에 이사진과 개별적으로 관계를 구축하는 것이 특히 중요하다고 말한다. "신임 CEO라면 임기 초기에 더 많은 시간, 아주 많은 시간을 할애해야 한다. 이사회가 CEO를 이해하고 CEO가 이사들을 개별적으로 이해하는 것이 절대적으로 중요하다. 그것이 신뢰와 투명성을 형성해준다. 나도 좀 더 일찍 거기에 시간을 할애했으면 좋았겠다는 생각을 한다." 캐터필러의 짐 오웬스는 그의 근본적인 사고방식에 관해 이야기한다. "나는 이사회가 나의 이사회가 아니라는 것을 깨달았다. 이사회는 내가 CEO가 되기 전부터 거기 있었고, 결국, 날 고용한 건 그들이었다. 이사회는 두 명의 전 CEO들이 좌지우지하고 있었기 때문에, 처음 6~9개월 동안 이사진 한 명 한 명씩 그들의 사업장에서 직접 만나 저녁 식사를 하며 조금씩 알아갔고 사업에 대해 깊이 있는 이야기를 나누었다."

회사를 계속 통제하고 싶어하는 전직 CEO가 이사회 의장으로 있는 상황에서는 개인적인 관계 구축이 성패를 좌우한다. 에코랩의 더그 베이커는 그 교훈을 힘들게 얻었다. "그것을 알아내기까지 시간이 걸렸다. 전임자는 이사회에 너무 오래 머물렀고 나는 그가 몇 가지 면에서 나를 신뢰하지 않는다고 느꼈다." 베이커는 이사회에서 일해본적이 없었고, 그의 이사회 경험은 신입 임원이었을 때 이사회에서 몇번 프레젠테이션을 한 게 다였다. "나는 마침내 내가 문제라는 것을 깨달았다. 처음부터 내 전임자인 의장하고만 이야기할 게 아니라 다른 이사진들에게도 연락을 취했어야 했다." 베이커가 보기에, 이사회와의 역학 관계에서 CEO가 초기 주도권을 잡는 것은 매우 어려운 일이다. 비공식 권력과 공식 권력이 있는데, 이사회에서는 비공식 권력을 제대로 이해해야 한다. 베이커가 언급하는 비공식 권력은 이사들이 개별적으로 휘두르는 영향력의 정도, 그들 사이의 동맹 관계, 공개적으로 언급된 것 이외의 다른 의제 등과 관련이 있다.

보통, 최고의 CEO들은 일 년에 한두 번 모든 이사진을 한 차례씩 방문한다. 듀폰의 에드 브린은 이렇게 조언한다. "이사회 회의 사이에 각 이사진과 업무 통화 일정을 잡는 것이 좋다. 그래서 반년이 지날 때쯤이면 모두와 일대일로 30분 정도 이사회 밖에서 대화를 나눌 수 있어야 한다. 그들이 궁금한 것은 다 질문하게 하라. 어떤 이사는 다른 이사들에 비해 나서는 걸 좋아하지 않는 경우도 있다. CEO들은 이사들이 마음을 열고 도움을 주기를 바라는데, 먼저 CEO 자신이 이사들에게 마음을 열고 솔직해져야 한다." GM의 메리 배라는 일 년에 한번 이상 모든 이사회 임원들의 홈구장으로 방문한다. "우리는 적어도 한 시간, 보통은 두 시간씩 대화를 나눈다. 나는 회사와 이사회에 대해 몇 가지 질문을 하고 우리가 어떻게 하면 더 잘할 수 있는지 묻는다."

일 년에 한두 번 이상은 너무 많게 여겨진다. 인튜이트의 브래드 스미스는 다음과 같이 말한다. "이사들은 체크리스트 목록처럼 여겨지는 것을 좋아하지 않는다. 그들도 매우 바쁘기 때문이다. 그러나 어떤 이사들은 좀 더 자주 만나야 하는 경우도 있다. 개별 이사들마다 다른 스킬과 경험을 갖고 있으므로 그들을 잘 활용하길 바란다. 이사들 입장에서 도움을 요청한다는 것은 매우 기분 좋은 일임을 기억해두자."

아틀라스 콥코의 로니 레튼은 다음과 같이 강조한다. "이사회 멤버가 열 명일 경우 열 사람과 같은 종류의 관계를 맺기는 불가능하다. 어떤 사람은 금융 전문가이기 때문에 이사회에 있는 것이고, 다른 사람은 시장의 특정 부문에서 강점이 있을 것이기 때문이다. 따라서 CEO는 필요에 따라 특정인들의 의견을 구하면 된다."

이사진들과 개별적으로 교류하면서 최고의 CEO들은 항상 관계의 본질에 대해 냉정한 시각을 유지한다. 갈더마의 플레밍 온스코브는 이렇게 조언한다. "그들은 CEO의 친구가 아니다. 그들은 주주나 소유주를 대신해 CEO가 주어진 시기에 그 역할을 해낼 적합한 사람인지, 최선을 다하고 있는지 확인하려고 그 자리에 있다. 이사회와 격식을 차리지 않는다고 생각하는 CEO가 있다면 상황을 잘못 판단하고 있는 것이다. 항상 미리 준비하고 함부로 편하게 대하지 말아야 한다."

US뱅코프의 리처드 데이비스는 간단히 충고한다. "이사회는 CEO의 상사이다. 상사와 친구가 되지는 않는다. 그냥 그러지 말길 바란다."

이사회를 경영진과 만나게 하라

이사회가 경영진을 직접 만나게 하는 것도 신뢰를 쌓는 방법이다. 최고의 CEO들은 "이사회는 경영진과 관계를 맺고 싶어한다"는 에코랩의 더그 베이커의 말에 동의한다. 그렇게 되면 경영진은 이사회에서 더 적극적인 역할을 수행하게 된다. TIAA의 로저 퍼거슨은 프레젠테이션을 거의 하지 않고 다른 경영진들을 시킨다. 하지만 이런 접근법에는 잠재적인 단점이 있다. 이사회의 질의를 받을 때 다른 경영진들은 CEO만큼 배짱이 두둑하지 못한 경우가 많다. 퍼거슨은 말한다. "우리 이사회는 반대 입장을 표하는 경우가 많다. 이사회가 우리 일을 지지하지 않는다는 의미가 아니라는 사실을 이해시키는 것도 나의 역할이다. 그들은 그저 자신들의 일을 하고 있을 뿐이다." 또 다른 리스크는 다른 경영진들은 CEO만큼 필요한 것을 제시하지 못한다는 점이다. 이런 문제를 완화하기 위해 최고의 CEO들은 경영진이 이사회 앞에서 성공적으로 해낼 수 있도록 실시간 코칭을 해준다. 아사 아블로이의 요한 몰린은 말한다. "나는 '이 내용은 너무 지엽적이므로 좀 더 큰 주제로 종합하거나 제외하라'는 식의 조언을 주고, 이들이 적절한 수준으로 공유할 수 있도록 한다."

이러한 리스크가 있는데, 왜 최고의 CEO들은 이사회를 직접 운영하지 않을까? 그렇게 하면 이사회에 위험신호가 될 수 있기 때문이다. 갈더마의 플레밍 온스코브는 말한다. "이 하루는 격월 또는 분기별로 이사회가 CEO를 관찰할 수 있는 시간이다. CEO가 경영진들과 어떻게 일하는지 볼 수 있다. 이사회에 누구를 데려오나? 다양한 사람들을 승진시키고 있나? 누군가 말할 때 잘 경청하는가? 항상 CEO 혼자만 떠드는가? 아니면 팀원들이 주로 말하는가? 개선이 필요한 부분이 있을 때도 긍정적인가, 아니면 팀에 대해 항상 부정적인가? 이러한 모든 행동들이 중요하다."

또한 경영진과 이사회를 연결하면 시간과 에너지를 크게 절약할 수 있다는 점에서 CEO들에게 추가적인 이점이 된다. IDB의 라일라흐 아셰르 토필스키는 말한다. "나는 경영진에게 많은 이사회 활동을 넘겼다. 우리는 리스크 위원회, 전략 위원회, 기술 위원회 같은 여러 위원회를 가지고 있는데, CRO(최고리스크책임자), CFO, CIO 등 고위경영진들이 이사회 의장과 함께 시간을 보내고 회의에 참석했다. 나는 그들이 나와 이사회 의장처럼 똑같은 관계를 맺기를 원했고, 몇 달 후에는 내가 위원회 회의에 참석하지 않아도 되었다. 경영진은 내가 알아야 한다고 생각하는 특정 사안에 대해서만 보고했고, 대부분 그들이 직접 진행했다."

최고의 CEO들은 이사회 회의 중 프레젠테이션을 하는 것 외에도 이사회를 회사 경영진에게 노출시킬 여러 기회를 만들어낸다. US뱅코프의 리처드 데이비스의 말이다. "우리는 갤러리 워크라는 것을 진행한다. 최고경영진이 직접 보고할 사항 몇 가지를 들고 방에 들어오는데 칵테일도 같이 곁들인다. 이사진들은 마치 그룹 맞선을 보는 것처럼 서너 명씩 모인 작은 그룹 사이를 걸어 다닌다. 각 그룹에서 최고경영진은 몇 분 동안 직접 보고를 한다. 그렇게 한 테이블을 지날 때마다 이사회 멤버는 회사의 전체 리더뿐 아니라 그 리더의 최고경영진 세 명씩을 만나는 것이다. 프레젠테이션을 하는 것도 아니어서 긴장하지 않고 칵테일을 마시며 편안하게 이야기를 나누게 된다."

경영진과 이사회가 함께 현장을 방문하게 하는 방법도 있다. 이 방법을 자주 쓴 사람은 제너럴 밀스의 켄 파월이었다. "함께 알아갈 기회가 된다. 연례회의 저녁 식사 때는 이사회 멤버들이 경영진 10여 명과 함께 테이블에 앉아 식사를 한다. 무슨 이야기가 나올지 사전에 논의하는 것도 아니고, 이사회에서 나오는 질문을 통제할 수도 없다." 토탈의 파트리크 푸얀네는 적용 방식을 약간 바꾸었다. 이사진 3명과 경영진 4명이 한 조를 이뤄 향후 경영진이 될 사람 한두 명을 인터뷰한다. "그들은 정말 이 과정을 즐겼다. 이 과정을 통해 회사의 전략과 그 사람이 어울리는지 확인하고 경영진에 대해서도 알아갔다. 또 이사회 멤버들끼리 서로 알아갈 기회도 되었다."

우리는 최고의 CEO들이 이사들을 폭넓게 경영진과 접촉하게 한다는 사실을 여러 차례 확인할 수 있었다. DBS의 피유시 굽다는 말한다. "이사회는 나의 파트너이다. 그들은 경영진의 어느 누구와도 대화할 수 있다. 정보의 자유로운 흐름은 이사회와 경영진 간의 온전한 관계에 도움을 준다고 생각한다." 하지만 그런 접근 방식에는 몇 가지 주의할 점이 있다. 인튜이트의 브래드 스미스는 최고경영진에게 말한다. "어떤 이사회 멤버와 소통해도 좋다. 굳이 날 통하지 않아도 된다. 하지만 그들이 어떻게 도움이 될 수 있는지를 명확히 하고 지금은 은퇴했을지라도 그들 모두 다른 회사에서 일하던 사람임을 염두에 두고 존중해야 한다." 웨스트팩의 게일 켈리는 경영진에게 이사회 멤버와의 업무에 문제가 생기면 자신에게 알려달라고 요청했다. 가끔은 이사회 멤버들에게 자문을 구할 때 자신을 거쳐 가기를 바라는 CEO들도 있지만 공통적으로 모든 CEO들은 이사회 멤버들이 경영진과 만나 의견을 나누기를 권한다.

"신뢰는 올 때는 두 발로 걸어오고, 떠날 때는 말을 타고 달려간다"라는 격언은 모든 관계에 적용된다. 이사회와의 관계에서 최고의 CEO들은 신뢰가 말을 타고 다가와 절대 떠나지 않게 할 방법을 찾는다. 그렇게 하기 위해 좋은 일, 나쁜 일, 추한 일까지 모두 이사회에 투명하게 공개하고 (이사회 의장에게 초점을 맞추지만) 개별적으로 이사회 임원들과 관계를 맺고, 이사회와 경영진을 만나게 한다.

지금까지 CEO들이 이사들과 개별적으로 신뢰 기반을 구축하고 유지하는 방법에 관해 알아보았다. 신뢰가 쌓일수록 CEO는 이사회가 사업에 가치를 더할 수 있도록 돕는다.

원로들의 지혜를
활용하라

이사회 역량 강화 실천

나는 당신이 할 수 없는 일을 할 수 있고
당신은 내가 할 수 없는 일을 할 수 있다.
함께 우리는 위대한 일을 해낼 수 있다.

테레사 수녀

중세 봉건제도에서 영국 인구의 75퍼센트는 노예나 다름없는 농노로
서의 삶을 살았다. 1200년 5월 25일, 존 왕은 영국 역사상 가장 오래
된 왕실 '자치' 헌장을 부여해 북해 근처에 사는 소수 그룹 사람들에
게 '자유'를 주었다. 그 헌장으로 새로 해방된 입스위치 마을 주민들은
관리 선출권을 갖게 되었다. 6월 29일, 마을 사람들은 세인트메리타워
교회 경내에 한데 모여 왕이 명한 대로 지도자(집행관으로서 활동한 두 명
의 집달관과 왕의 이익을 대변하는 네 명의 관료)를 선출했다.

다음에 일어난 일은 헌장의 일부가 아니었고 전례도 거의 없었다.
투표를 마친 후 마을 사람들은 서기가 기록한 대로 결정한다. "이로써

이 자치구에는 열두 명의 항구관리인을 둔다. 이들은 자치구 전체를 위해, 자치구를 통치하고 유지하기 위해, 자유를 위해, 자치구에서 판결을 내리기 위해, 자치구의 안녕과 명예를 위해 온전한 권력을 갖는다." 이를 통해 입스위치는 영국에서 최초로 문서화된 이사회를 창설한 셈이다.[5]

입스위치 시민의 구체적인 동기에 대해서는 기록된 바 없지만 많은 역사학자들은 모든 시민들이 마을을 통치할 수 있는 적합한 지식이나 판단력을 가질 수 없다는 점, 모든 시민이 마을 집회에 참석할 수 없다는 점 등이 결합된 결과라고 추측한다. 그래서 오늘날 기업 통치 구조와 유사한 구조를 갖게 되었다는 것이다. 실제로 입스위치와 다른 자치구의 사례는 초기 무역회사들의 통치 방식 모델에 큰 영향을 미쳤고, 이는 현대 기업의 기반이 되었다. 최고의 CEO들은 입스위치의 주민들과 마찬가지로 이사회가 기업 번영에 도움이 될 지식과 판단력을 지닐 수 있게 적극적으로 노력한다.

제이미 다이먼이 2000년 봄, 뱅크원의 CEO가 되면서 했던 경험이 좋은 사례이다. 당시 언론은 논란이 됐던 이사회 회의 장부를 공개했고, 이 일로 다이먼이 CEO로 선임되었다. 그 기간에도 여전히 다수 이사진의 지지를 받고 있던 CEO 대행은 다이먼의 임명을 완강히 반대했다. 또 뱅크원과 퍼스트 시카고 파벌 간의 격렬한 내분도 잘 알려져 있다(두 은행은 2년 전에 합병했고 다이먼이 CEO를 맡게 되었다).

당시 다이먼은 아마존과 실리콘밸리 유수의 기업들로부터 일자리 제안을 받았고, 그의 가족과 지인들은 그가 뱅크원으로 가는 것을 반대했다. "거기에 가면 안 돼. 완전 난장판이야." 다이먼은 전 고용주인

씨티그룹과 매우 아쉽게 결별한 이후 일 년 넘게 휴식을 취하면서 무엇을 하고 싶은지 오랫동안, 열심히 생각했다. 그의 마음은 금융 서비스에 집중되어 있었고, 온갖 어려움에 직면한 뱅크원은 정말로 큰 차이를 만들어낼 좋은 기회였다.

다이먼은 이미 22명(퍼스트 시카고와 원래의 뱅크원에서 절반씩)으로 구성된 이사회가 효율적인 결정을 내리기에는 규모가 너무 크다고 판단했다. 게다가 이사회 멤버들은 서로를 싫어했고 내분으로 정신이 없었고 중복 프로세스, 중복 소프트웨어 시스템, 곪을 대로 곪은 정치가 난무했다. 이사들은 외부인이 회사의 관심사를 이해하거나 문화를 바꿀 수 있다고 믿지 않았다.[6]

첫 이사회 회의에서 다이먼은 말했다. "나는 이 회사를 위해 옳은 일을 할 것입니다. 나는 진실만을 말할 것입니다. 많은 약속을 하지는 않을 것입니다. 실제 그럴 수 없기 때문입니다. 나는 단지 내 생각과 그렇게 생각하는 이유를 말할 것입니다. 만약 내가 잘못했다면 사실 그대로 고백할 것입니다." 그는 은행 운영 방식을 계속 설명하다가 잠시 멈춘 뒤 다시 이어 말했다. "하지만 나에게는 정말 당신들의 도움이 필요합니다. 당신들이 예전에 뱅크원과 퍼스트 시카고에 얼마나 충성했는지는 신경 쓰지 않겠습니다. 당신들은 몇 년 동안 그 합병에 맞서 싸웠고, 나는 이제 다시는 그 두 개의 이름을 듣고 싶지 않습니다. 내가 원하는 것은 회사가 앞으로 나아가는 데 옳은 일, 고객에게 옳은 일을 하는 것입니다. 우리는 그것만 생각하면 됩니다."

다이먼은 재빨리 이사회를 설득해 22명의 멤버를 14명으로 줄였다. "우리는 공정한 프로세스를 통했고, 적절하고 다양한 경험과 역량을 확보할 기준을 마련했다. 이를 바탕으로 가장 큰 가치를 창출할 인재를 선정했다. 나는 이사회에 '지금은 뭘 해야 하는지 말할 수 없지만 우리는 옳은 일을 할 것이다'라고 말했다. 이사들은 내 말에 동의해주었다." 다이먼은 대손충당금을 늘리고 회사의 배당금을 삭감하는 등의 어려운 결정을 밀어붙였다. 그는 이사회를 이끌고 지지하면서 신뢰를 얻어갔고, 결국 뱅크원은 '요새 같은' 대차대조표를 내놓을 수 있었다.

2004년에 수익성은 급상승했고 다이먼이 CEO가 된 이후 주가는 80퍼센트 상승했다. 상황이 호전되자 JP모건체이스와의 획기적인 합병의 길이 열렸고, 당시 씨티그룹에 이어 두 번째로 큰 금융 서비스 기관이 탄생했다.

다이먼이 뱅크원에서 했던 경험은 매우 극단적인 경우지만 모든 이사회는 시간이 지남에 따라 미세 조정을 해나갈 필요가 있다. 최고의 CEO들은 어느 정도의 변화가 필요한지 명확하게 파악하고 있다. 그들이 어떠한 방법을 통해 변화를 꾀하는지 살펴보도록 하자.

역할을 기술하라

개념적으로 상장사에서의 이사회 역할에 대해서는 이견이 거의 없다. 이사회는 소유주(즉, 대부분 회사에 직접 관여하지 않는 주주)를 대표하는 독립적 지배구조 메커니즘이므로 이사회는 CEO가 아닌 주주에게 책임을 진다. 반면에 CEO가 이끄는 경영진은 이사회에 책임이 있고 회사를 운영할 책임을 진다. 케이던스의 립 부 탄은 이렇게 설명한다.

"이사회에는 세 가지 주요 기능이 있다. 첫째는 CEO를 고용하고 해고하는 승계 계획이고, 둘째는 회사의 전략(향후 5년 후, 혹은 10년 후 바라는 회사의 모습)을 승인하는 것이다. 셋째는 감사, 지배구조, 보상위원회를 통해 리스크를 감시하고 관리하는 것이다."

명확하게 들릴지 모르겠지만 실제로 그 내용이 의미하는 바는 항상 논란의 여지가 있다. CEO나 경영진은 이사들이 간섭한다고 여길 때 종종 민감하게 반응한다. 다년간의 경험을 가진 중역 이사들은 자기 뜻대로 하는 데 익숙하고 자신들의 조언이 무시되면 실망감을 내비치기도 한다. CEO와 이사회의 관계는 잘 관리하지 않으면 신뢰를 잃고 비효율적이 된다. 하지만 최고의 CEO들은 처음부터 이사회와 협력하며 긴장을 완화시킨다. 그 방법에는 이사회의 역할을 명확히 규정하고 경계를 제대로 이해시키는 것도 포함된다.

US뱅코프의 리처드 데이비스는 후자가 중요한 이유를 설명한다. "이사회는 CEO가 규정하는 수준만큼 운영된다는 것을 잘 알아야 한다. CEO가 이사회를 잡초밭으로 데려가면 그들은 잡초밭에서 활동하게 되는 것이다." 데이비스는 여러 이사회에서 활동하며 양측이 따로 노는 모습을 많이 지켜보았다. "나는 사외이사로 재직하는 몇 년 동안 CEO가 매번 이사회 전에 모든 이사에게 전화를 걸어 그들의 생각을 타진하는 상황을 많이 봐왔다. 그건 끔찍한 생각이다. 대신에 CEO는 자신이 가장 유익하다고 생각하는 수준으로 이사회를 끌어올려야 한다." 그래서 데이비스는 이렇게 조언한다. "이사들이 수행하기 원하는 역할을 명확히 해야 한다. 총괄책임이사나 의장부터 시작하라. 이사회를 관리하는 것은 그의 역할이지 CEO의 역할이 아니다. 하지만 이사회와 CEO와의 관계가 어느 방향으로 나아가야 할지를 결정하는 것은 CEO에게 달려 있다."

그럼 여기서 이러한 질문을 해볼 수 있다. 최고의 CEO들은 이사회에 어떤 역할을 제안할까? 아메리칸 익스프레스의 켄 체놀트는 하지 말아야 할 역할에 관해 이야기한다. "CEO에게 가장 안 좋은 이사회는 단순히 하고 싶은 일에만 동의하고 나머지에는 관여하지 않는 수동적인 이사회이다." 데이비스처럼 체놀트도 양쪽 입장에 모두 서 보았다. "다른 회사 이사회에 있을 때 경영진이 이사회나 이사회 멤버가 자신들을 이해하지 못한다고 느끼는 상황을 많이 봤다. 누군가 벌써 다 아는 내용으로 프레젠테이션을 하고 그 결과 아무도 거기에 관여하지 않으면 조직은 약해진다. 시간이 지날수록 이는 경영진의 결의나 신뢰에도 영향을 미친다."

이사회의 역할에 관해 시세이도의 우오타니 마사히코는 대학 교수이자 전직 변호사였던 이사회 멤버가 비유한 내용을 들려준다. "그는 나에게 말했다. '기업 지배구조는 초고속열차 신칸센과 같다는 사실을 명심해야 합니다. 우리는 당신을 CEO로 임명했어요. CEO로서 당신은 이 회사를 경영하고 있지요. 당신에게는 자율성이 필요하고, 강력한 권력이 필요합니다. 분명 당신은 당신이 옳다고 생각하는 일을 하고 싶을 거예요. 매번 작은 결정을 내릴 때마다 이사회로 돌아가 승인을 요청할 필요 없어요. 그렇게 하면 속도가 떨어지고 CEO 일은 재미없어지지요. 시속 300킬로미터로, 아주 빨리 달리세요. 하지만 신칸센은 필요하다면 1분 안에도 정지할 수 있어야 합니다. 당신이 잘못된 길로 가는 것을 발견한다면 우리는 당신을 당장 멈춰 세울 것입니다.'"

최고의 CEO들은 방식은 달라도 모두 이 '신칸센' 아이디어에 동의한다. 넷플릭스의 리드 헤이스팅스는 설명한다. "우리는 이사회가 전략을 수립하는 것을 원치 않는다. 그게 틀렸다면 회사에 치명적일 수 있기 때문이다. 그렇다면 그들은 제대로 된 판단을 내릴 수 없지 않을까? 이사회들이 전략을 수립한다면 그들은 객관적일 수 없다. CEO는 이사회가 경영진의 일을 제대로 이해하고 결과에 대해 제대로 된 판단을 내리고 필요한 변화를 만들어내며 거기에 책임을 지기를 바라는 것이다." 일렉트로닉 아트의 앤드루 윌슨은 CEO와 이사회의 바람직한 역학은 역할에 대한 공통의 이해가 바탕이 되어야 한다고 말한다. "이사회는 방향을 제시하기 위해 존재하는 것이 아니다. 이사들은 다양한 관점을 제시하려고 존재하는 것이다. 이사진의 다양한 배경과 의견을 고려해볼 때, 그들의 피드백은 그 자체로 갈등을 야기하게 된다. 경영진으로서 우리의 역할은 그 피드백을 수용하여 이용 가능한 정보를 바탕으로 최선의 결정을 내리는 것이다. 이사회의 역할은 관점을 제시하고 우리를 지원하는 것이다."

마이크로소프트의 사티아 나델라도 마찬가지로 이사회 멤버들에게 이렇게 지시한다. "여러분의 역할은 내 판단에 대해 판단을 내리는 것입니다. 그것이 여러분이 해야 할 일입니다. 그러니 우리가 하는 모든 업무를 다 이해하려고 돌아다닐 필요는 없습니다." 인튜이트의 브래드 스미스는 이런 믿음을 갖고 있다. "이사회는 우리 회사가 전략을 가지고 있는지, 그 전략이 안 좋은 것은 아닌지 확인하는 역할을 한다. 냄새만 맡되 손은 내밀지 말아야 하는 것이다. 만약 이사회 임원이 홈페이지 버튼을 움직이기 시작한다면 그건 이사회의 역할을 벗어나게 되는 것이다." 베스트 바이의 허버트 졸리는 새로운 이사회 멤버를 채용할 때 다음의 사실을 분명히 한다. "당신의 의견을 듣기는 할 테지만 당신 말을 그대로 따르는 게 내 역할은 아닙니다." 이런 합의는 이사회와 경영진 간의 연례 토론에서 공식화되는 경우가 많고, 일부 CEO는 각 당사자의 역할을 문서로 명확히 설명할 것을 요구하기도 한다.

이렇게 이사회와 조직의 관계를 규정하는 것을 넘어 최고의 CEO들은 논란이 될 수 있는 영역에서의 기본 규칙을 정한다. 예를 들어 제이미 다이먼은 JP모건체이스 이사회와 인수합병 부분에 있어 명확한 합의를 했다. "이사회와 합의를 위해 곧바로 인수에 관한 절차를 정했다. 합병 논의를 하고 이사회에 알리지 않았다고 CEO들이 해고되는 경우가 있다. 동시에 가벼운 입은 화를 부르기 때문에, 나는 이사회와 공유할 것과 공유하지 않을 것을 명확히 했다. 아주 초기적인 대화 단계라면 이사회에 말하지 않을 것이지만, 조금이라도 문제가 심각해질 것 같으면 총괄책임이사에게 전화를 걸어 진행 상황을 알릴 것이다. 이사회 소집 여부는 총괄책임이사의 결정에 맡겨둘 것이며, 절대 그들을 갑자기 놀라게 하는 일은 없을 것이다."

물론, 이사회를 위해 엄격하게 규정해 놓는 영역도 있다. 다이먼은 말한다. "CEO의 승계나 보수 문제, 이사회의 기능 방식에 관한 논의는 CEO가 참석하지 않은 상태로 결정한다. 또 위기가 닥쳤을 때 CEO가 잘못한 것이 없는지 판단할 수 있는 프로세스를 제대로 갖추었는지도 확인해야 한다."

원하는 이사의 프로필을 명시하라

일부 고대 그리스 도시 국가에서 원로 평의회는 국민의 목소리 투표로 선출되었다. 승자는 어떤 후보가 각각 얼마만큼의 함성을 받았는지는 알 수 없었고, 각 건물에 파견된 사람들이 어떤 고함소리가 가장 큰지만 판단해서 결정했다.[7] 법제도가 잘 갖춰진 오늘날의 지배구조도 과정이야 덜 시끄럽지만 결국에는 이와 비슷한 형태다. 이사의 최종 선임과 해임은 주주들이 의결한다. 이사회 또는 지명 소위원회가 후보자들 중에서 이사를 뽑는다. CEO에게 중요한 것은 이사회가 보통은 경영진에게 이사 지명에 관한 의견을 구한다는 점이다. 최고의 CEO들은 질문을 받을 때까지 기다리지 않는다. 그들은 사업 발전을 위해 어떤 기술과 경험을 가진 사람이 필요한지 적극적으로 주장한다.

TIAA의 로저 퍼거슨은 말한다. "우리는 디지털 기술, 자산 관리 기술, 소매 자문 기술을 가진 사람을 원한다. 그렇게 다양성을 추구하는 방향으로 변화를 가져갔으며, 현재 이사회에는 우리가 하려는 거의 모든 일에 관해 전문 지식을 가진 사람들이 한 명씩은 있으며, 그들은 우리가 사업을 이끌어나가는 데에 매우 큰 도움이 된다." 볼터스 클루버의 낸시 맥킨스트리는 전부 네덜란드 출신으로만 이루어진 이사회를 다국적 이사회로 바꿨다. 그녀는 또 회사의 법률, 세무, 의료 사업 고객으로서 기술과 경험을 가진 인재들을 데려왔다. "이사회가 회사를 반영하고 또 어느 정도까지는 고객을 반영하는 게 목표였다"고 그녀는 말한다. 베스트 바이의 허버트 졸리는 전략적으로 중요한 건강 분야에 전문 지식을 가진 이사진을 영입했다. 산탄데르의 아나 보틴은 다국적 은행의 특성을 반영하기 위해 국제적 영향력을 가진 인물을 찾았다. 에퀴티 그룹의 제임스 므왕기는 이사 아홉 명 중 네 명을 여성으로 채웠다. 그는 "은행의 젊은 여성들에게 그들이 얼마나 높은 자리까지 올라갈 수 있는지 영감을 주기 위한 결정"이었다고 말한다. 이 밖에도 수많은 예들이 있다.

적합한 이사를 배치하기 위한 도구 중 하나는 이사회 매트릭스다. 인튜이트의 브래드 스미스는 이렇게 설명한다. "이사회가 하는 일에 끼어들지 않으면서 이사회 구성에 영향을 미칠 수 있는 체계적인 방법 몇 가지를 도입했다. 한 가지 도구는 역량 매트릭스이다. 클라우드 플랫폼 기업에 맞는 설계적 사고를 가진 사람을 이사회에 영입하고자 필요한 기술과 영역을 목록으로 작성했다. 그 아래에는 모든 이사들의 이름을 나열하였고, 이사들은 자신에게 해당되는 기술과 경험을 이사회 회의실에서 공유하며 자기평가를 할 수 있다. 그렇게 해서 이사회는 살아 움직이는 도구가 된다. 그 후 그 목록에 동그라미 표시를 하며 우리에게 필요한 기능과 실제 능력 간의 차이를 식별한다." GM의 메리 배라는 말한다. "우리는 이사회 기술 매트릭스를 매년 새로 평가한다. 회사의 변화에 맞춰 매트릭스를 체계적으로 조정하고 향후 5년간 우리에게 필요한 기술에 맞게 업데이트한다." 매트릭스 자체뿐 아니라, 이런 평가를 통해 이사회 구성 요건에 문화, 성별, 인종, 지역적 고려사항이 제대로 반영되었는지 확인한다.

이튼의 CEO 샌디 커틀러는 2000년대 초 비즈니스 라운드 테이블에서 기업지배구조 태스크포스TF 위원장을 맡았을 때 기업들이 역량 매트릭스를 채택하도록 강하게 밀어붙였다. 당시 S&P 500의 대다수

기업들 중 사외이사를 둔 기업은 소수에 지나지 않았다. 커틀러는 매트릭스를 전략 계획 프로세스와 동기화하는 것이 중요하다고 말한다. 그는 핵심 질문을 밀어붙인다. "회사 앞에 놓인 과제와 기회에 비추어 볼 때, 우리 이사회에 필요한 능력은 무엇입니까? 과거가 아닌 미래를 내다봐야 합니다."

정식 이사회가 없는 CEO는 위에서 설명한 것과 동일한 접근방식을 적용해 외부 자문위원회를 구성하라는 조언을 종종 받는다. 신시내티 아동 병원의 마이클 피셔는 이곳의 CEO가 되기 전, 세계 자동차 산업의 공급업체인 프리미어 매뉴팩처링 서포트 서비스(이 회사는 결국 서비스마스터에 매각되었다)의 CEO를 역임했다. "나는 은퇴한 COO, 인사부 임원, 성공한 기업가, 뛰어난 영업 및 마케팅 담당 임원, 노동 이코노미스트들로 외부 자문 위원회를 구성했다. 아직 그런 사람들을 고용할 여력은 안 되지만 회사의 잠재력을 끌어내기 위해 그들의 전문 지식과 경험이 필요했다."

이사회를 교육시켜라

적절한 멤버를 이사회에 참여시키는 것은 중요하다. 그러나 이보다 더 중요한 것은, 넷플릭스의 리드 헤이스팅스가 말한 대로, 이사회는 비즈니스를 이해해야 하며, 이사회가 그렇게 할 수 있도록 돕는 것이 CEO의 의무인 것이다. 이사회 멤버들은 시장, 기회, 위협, 내부 관계자, 외부자까지 파악하고 있어야 한다.

조사에 의하면 이사회 멤버의 10퍼센트만이 회사가 속한 산업의 역학을 제대로 이해하고 있으며 21퍼센트만이 회사의 비즈니스가 어떻게 가치를 창출하는지 충분히 이해한다고 느낀다.[8] 산업을 이해하는 이사회 멤버가 있다 해도 과거 잣대에 의존하는 경우가 많다. 지난 20년 동안 성공적이었던 사실로 미루어 향후 20년 동안도 동일할 거라고 여긴다. 하지만 대부분은 그렇지 않다. 이런 문제를 해결하려면 이사회가 회사 내부와 외부에서 일어나고 있는 일에 관해 교육받는 시간이 필요하다. 탁월한 CEO는 이 교육이 어떤 형태로 이루어져야 할지 결정하고 이사회가 사업에 가치를 더할 수 있도록 돕는다.

2013년 DBS의 피유시 굽타는 은행 비즈니스 세계의 디지털 혁신을 선도하겠다고 결심했다. 알리바바 창업자 마윈과 나눈 대화에서 영감을 얻은 굽타는 DBS를 은행계의 알리바바(기술을 제공하는 금융회사가 아닌 금융 서비스를 제공하는 기술 회사)로 만들고자 했다. 그해 8월, 그는 이사진을 데리고 이틀 동안 한국으로 갔다. 한국의 은행들이 발전된 디지털 기술 몇 가지를 실험하고 있었기 때문이다. 또 미래 사회가 어떻게 기술을 사용할 것인지 보여주기 위해 SK텔레콤 티움 미래기술체험관도 방문했고, 삼성과 같은 큰 기술 회사들을 방문해 어떻게 하고 있는지도 살펴보았다.

굽타는 이사회에 아직 교육 현장의 생생한 감동이 있을 때에 새로운 전략 계획을 선보였다. "이것이 내가 해보고 싶은 것입니다. 나는 테크놀로지에 더 많은 돈을 투자하고 우리만의 독자적인 테크놀로지 스택을 구축해야 한다고 생각합니다." 이사회는 그의 말을 듣고 이렇게 말했다. "당신이 내년에 하겠다는 일을 전부 다 하게 해주면 알리바바를 따라잡을 수 있을까요?" 굽타는 웃으며 말했다. "아닙니다. 알리바바는 우리보다 10년 앞서 있기 때문에 아주 오랜 시간이 걸릴 것입니다." 그러자 이사회는 이렇게 말했다. "그렇다면 당신 비전을 달성하지 못하는 것 아닌가요? 우리는 당신이 좀 더 야심 차고 과감해지길 바랍니다." 이사회는 굽타에게 수십억 달러가 넘는 자금을 기술 투자에 사용하라고 내어주었고, 회사는 10억 달러를 거기에 쏟아부었다. 굽타는 이렇게 말한다. "이사회는 회사가 나아가야 할 방향에 거액을 쏟아부을 용의가 있음을 시사한 것이다. 그 수표는 회사에 가서 마음껏 하라고 활력을 심어주는 엄청난 신뢰의 증거이다."

CEO들이 이사회의 시야를 넓히는 또 다른 방법은 다른 장소에서 회의를 개최하고 회의를 중심으로 교육 이벤트를 계획하는 것이다. 제너럴 밀스의 켄 파월은 말한다. "우리는 상하이, 파리 등지에서 이사회를 열었다. 현지 공장을 방문하며 지역의 규제 문제, 소비자 선호도, 경제, 비즈니스에 영향을 미치는 그 밖에 이슈들을 이해할 수 있었다. 여행은 이사회가 사업을 더 잘 이해하게 하는 데 도움이 될 뿐 아니라 관계를 돈독히 다지는 데에도 도움이 되었다."

하지만 지속적인 교육에 반드시 여행이 필요한 것은 아니다. 신시내티 아동 병원의 마이클 피셔는 좀 불편할 수 있는 테크닉을 활용했다. "CEO가 되고 나서 나는 분기 이사회마다 만찬 연설을 할 외부 인사를 불러왔고 효과는 매우 좋았다. 우리는 다른 의료 시스템, 대형 의료 보험사, 대형 산업 파트너, 대형 고객의 CEO들을 모셔왔다. 의료 산업에 대한 더 넓은 시야를 제공하기 위해 투자 은행의 CEO들도 불렀다. 그 방법은 이사진의 이해와 지식을 높이는 데 큰 도움이 되었다.

이사진들이 우리만큼 우리 사업에 관해 잘 알거라고 기대해서는 안 된다."

신입 이사진을 위한 좋은 오리엔테이션 프로그램도 강력한 교육 도구가 된다. 기술 변화, 리스크 증가, 경쟁기업 증가, 거시경제 시나리오 변화 등 새 이사진이 알아야 할 근본적인 지식을 전달할 뿐 아니라 역할과 기대를 강조하며 효율적인 이사진이 된다는 게 어떤 의미인지 제대로 알려줄 수 있다. 당연한 소리로 들릴지 모르지만 이사회에서 처음 일을 맡고 충분한 오리엔테이션을 받았다고 느끼는 사람은 33퍼센트에 불과하다.[9] 최고의 CEO들은 이런 일을 사전에 예방한다.

셸의 피터 보저는 이사회 멤버들을 오프쇼어 플랫폼, 가스-액체 플랜트, 정유공장으로 데려간다. 보저는 말한다. "대부분은 석유회사가 실제로 무엇을 하는지 전혀 모른다. 우리는 기술자들을 데려와 해저 2,500미터를 비행하는 로봇이 어떻게 구멍을 고치는지 설명했고, 이사진들은 깜짝 놀랐다. '이런 것까지 하는 줄 몰랐다'고 그들은 말했다. 이사회는 딥워터 호라이즌[•] 사건에서 본 것처럼 유지보수를 수행할 수 없는 경우에 얼마나 위험이 큰지 이해할 필요가 있었다. 또 석유 탐사 사업은 대부분 확률 게임이라는 사실을 체득할 필요가 있었다. 성공률이 60퍼센트만 돼도 기뻐해야 한다. 소매업이나 산업체에 있던 이사들은 이런 점을 받아들이기 어려워하기 때문에 시간을 할애할 필요가 있다."

• 2010년 미국 멕시코 만에서 벌어진 대형 폭발사고이자 환경재난 사건인 딥워터 호라이즌 시추선 폭발 사건.

지속적으로 갱신하게 하라

적절한 지배구조의 중요성을 고려해보면, 이사들의 32퍼센트만이 정기적으로 공식 성과 평가에 참여하고 있으며, 23퍼센트만이 이사회 의장으로부터 미팅 진행에 관한 피드백을 받고 있다는 답변은 매우 놀랍다.[10] 그런 피드백 없이 이사회의 성과 관리를 하기는 매우 어렵다. 고령으로 인한 성과 감소, 너무 많은 수의 이사회 참여, 경영진에 문제제기 주저 등의 이유로 이사회 멤버 중 적어도 한 명을 교체해야 한다고 생각하는 사람이 이사회 전체의 82퍼센트였다.[11] 그럴 때는 임기와 나이 제한을 두면 도움이 된다. 하지만 그런 조건을 정해도 이사회는 비대해지고 진부해지기 쉽다. 마스터카드의 아자이 방가는 이렇게 지적한다. "일정 주기로 이사회 멤버를 바꾸는 데 동의해야 한다. 그렇지 않으면 이사회에 계속 남아 있게 되고, 이사들이 14년, 18년, 22년씩 계속 남아 있으면 제대로 돌아가지 않게 된다."

최고의 CEO들은 의장에게 정기적으로 이사회 성과를 평가하게 한다. 브래드 스미스는 인튜이트의 이사회 프로세스가 어떻게 이루어지는지 설명한다. "외부 컨설턴트가 이사회의 연례 평가 프로세스를 실시한다. 우리는 다음의 질문들이 적힌 양식을 작성한다. '위원회가 어떻게 일을 수행하고 있다고 생각하는가? 이사회가 전반적으로 어떤 성과를 내고 있다고 생각하는가? 더 나아질 수 있다고 생각하는 부분은 무엇인가?' 익명으로 다면평가도 실시한다. 이를 통해 다음과 같은 질문에 대한 통찰력을 얻을 수 있다. '이 이사는 어떤 면에서 회사와 관련도가 높고 회사의 대의명분을 발전시킬 수 있는가? 이 이사의 가장 효율적인 요소 한 가지를 대라. 이 이사는 슈퍼스타인가 느림보인가?' 우리는 이 질문들을 통해 실제 이사진을 교체하기도 한다."

　이사회 내의 역학을 위해 외부 전문가를 부르는 것도 도움이 되겠지만, 이를 위해서는 참여하는 모든 사람이 성숙한 관점을 갖고 있어야 한다. 베스트 바이의 허버트 졸리는 이렇게 설명한다. "사외 컨설턴트를 초빙해 CEO와 이사회의 유효성을 평가한다. 처음 이 작업을 진행할 때 컨설턴트는 이사회를 개선할 방안에 관해 온갖 제안을 내놓았다. 당시 사업이 회복됨에 따라 거만해진 나의 첫 반응은, '이 사람들은 도대체 뭐야? 회사는 성과를 잘 내고 있고 우리는 서로 감사와 축하의 말을 하면 되지 않나?'였다. 이러한 피드백을 받아들이는 데에 1,2주가 소요되었고, 결국 내가 받은 것은 피드백이 아니라 '피드 포워드feedforward' 즉, 더 나은 미래를 위해 무엇을 노력해야 하는지에 대한 내용임을 깨달았다. 비판에 귀 기울이고 '맞아, 우린 이것보다 더 잘할 수 있어'라고 말하는 데는 용기가 필요하다. 결국 그 과정을 통해 큰 에너지를 얻게 된다."

　모든 팀이 그렇지만 이사회도 적합한 기술과 잘 해내려는 의지를 가진 사람들로 채우는 게 이상적이다. 하지만 대부분의 팀과 달리, 이사회 멤버들이 함께 일하는 시간은 통상 10퍼센트 미만이다.[12] 최고의 CEO들은 이사회 의장이나 총괄책임이사와 함께 작업해 적절한 인재를 이사회에 영입하고 이사회의 역할을 경영진의 역할과 명확하게 구분해 서로가 윈윈할 수 있는 조건을 마련한다. 또 이사회 임원이 가져야 할 프로필을 구체화해 사업에 도움이 되게 하고, 이사회를 적극적으로 교육시키며, 이사회 구성을 계속 갱신하도록 장려한다.

신뢰의 바탕을 확립하고 적절한 이사회 구성에 영향을 미치는 것을 넘어 더 중요한 단계는 이사회 회의를 최대한 활용하는 것이다.

미래에 집중하라
이사회 회의 실천

어제의 일로 오늘을 낭비하지 말라

윌 로저스

짐 캐리는 대부분의 코미디언 지망생들이 그렇듯 초기에 파산했고 앞으로의 전망은 어두웠다. 1990년의 어느 날, 그는 1,000만 달러짜리 수표를 자신 앞으로 쓰고 날짜는 5년 후로 적었다. 그는 항상 그 수표를 지갑에 넣고 다니며 매일 아침 꺼내보면서 1,000만 달러를 벌기 위해 뭘 해야 할지, 얼마나 열심히 일해야 할지 생각했다. 그는 자신에게 수표를 쓴 지 거의 5년 만에 영화 〈덤앤더머〉가 히트를 치며 단번에 천만 달러를 벌었다.[13]

짐 캐리는 명확한 의도를 가지고 관심 있는 곳에 집중하면 더 나은 결과로 이어진다는 것을 잘 알았다. 마지드 알 푸타임의 알라인 베자니는 이사회도 이와 마찬가지라고 말한다. "경영진은 이사회로부터 최선의 노력을 이끌어내는 데 매우 중요한 역할을 한다. 어떻게 해야 그들과 관리자 역할 이상의 협업을 할 수 있을까?" 그 질문의 밑바탕에는 지배구조의 본질은 리스크와 평판에 나쁜 일이 일어나는 것을 막는 것이라는 인식이 깔려 있다. "이사회가 CEO의 실패를 막는 것을 목적으로 삼는다면, 논의의 초점은 실패에 맞춰진다. 그보다는 미래에 집중해야 한다. 그렇게 하면 리스크만 관리하는 데 그치지 않고 기회를 포착하고 성장을 촉진하며 회사를 발전시키는 데에 도움이 된다."

DBS의 피유시 굽타는 "이사회는 비즈니스에서 최고위 경찰관"이라고 말한다. 최고의 CEO는 이런 접근방식에 따라 이사회에서 보내는 시간을 낭비하지 않는다. 그들은 이사회 회의를 통해 비슷한 관심사를 지닌 현명한 사람들의 지혜를 활용할 수 있다고 여긴다. 마스터카드의 아자이 방가도 그렇게 밀한다. "이사회는 CEO가 갖출 수 있는 최고의 전문 컨설턴트이다. 그들은 CEO를 위해 무엇이든 하려고 한다."

아메리칸 익스프레스의 켄 체놀트는 이사회를 능숙하게 이용해 미래를 설계하는 데 도움을 받는다. "정말 좋은 아이디어가 오고갔다." 그는 회사 카드와 결제 상품을 서비스 플랫폼으로 재고하는 전략을 수립할 때 이사회가 어떤 도움을 주었는지 회상한다. 예를 들어 이사회는 비용 절감을 위해 상당한 리엔지니어링 노력을 추구하면서도 동시에 미래의 성장을 위한 대규모 투자를 할 수 있게 밀어주었다. 2001년 9·11 테러가 일어났을 때 헨리 키신저 전 미 국무장관을 비롯한 일부 이사들은 앞으로 벌어질 일에 대한 생각을 공유함으로써 많은 도움이 되었다. 체놀트는 당시 일을 이렇게 회상한다. "그는 국제 정세를 알려주었고, 이는 우리에게 시사하는 바를 총체적으로 이해하는 데에 큰 도움을 주었다."

기업은 1년에 4~10회 이사회 회의를 개최한다. 이 회의를 생산적이고 미래지향적으로 만들기 위해 최고의 CEO들은 무엇을 하는지 살펴보자.

사적인 회의부터 시작하라

2007년에 페이케 시베스마가 DSM의 CEO가 되었을 때, 모든 이사회 의제 끝부분은 다른 기타 사업에 할애되어 있었다. 그는 의장에게 그 의제를 마지막이 아니라 회의의 첫 순서로 옮겨도 되겠는지 물었다. 일부 이사들은 당황하며 물었다. "기타 비즈니스, 즉 나머지 사업에 대해 먼저 이야기하고 싶다고요?" 시베스마는 그렇다고 대답하고 의장에게 다음과 같이 요청했다. "매번 회의 첫머리에는 이렇게 질문해주었으면 합니다. 페이케, 의제에 있는 것 외에 우리가 승인해야 할 일은 뭐가 있나요? 당신 생각은 어떠한가요? 가장 신나는 일과 가장 우려되는 일은 무엇인가요?" 시베스마는 마지막으로 요청했다. "그리고 토론의 공식 구조나 준비된 프레젠테이션 자료도 없어야 합니다."

시베스마의 요청의 요점은 두 가지였다. 첫째, 회의 중 이사회가 듣게 될 내용의 맥락을 정해 논의에 가장 도움이 되는 방향으로 나아갈 수 있게 해야 한다. 둘째, 아직 결정 단계가 아닌 주제는 따로 표시해

의제로 올리지 말아야 한다. 시베스마는 이렇게 말한다. "우리는 그대로 시도했고 결과는 아주 좋았다. 우리는 그 사항에 대해 한 시간 넘게 이야기했고 그것이 이사회 회의의 표준이 되었다. 이사회와 경영진의 관계는 더욱 개방되고 신뢰도 높아졌다."

시베스마의 요청은 당시 이사회 의장이 보기에는 생소했지만, 그는 단지 최고의 CEO들이 하는 방식대로 했을 뿐이다. 듀폰의 에드 브린은 말한다. "나는 신입 CEO들에게 처음에 이사회와 단독 회의 시간을 가지라고 말한다. 회사의 다른 경영진은 참석해서는 안 된다. 최근에 한 CEO가 그 조언이 가장 좋았다고 말해주었다. 그렇게 하면 이사회 멤버들은 CEO가 다루는 사안에 대해 더 나은 시각을 가질 수 있고, CEO에게 더 나은 지침을 제공할 수 있다."

CEO와의 단독 회의는 앞에서 설명한 대로 지극히 투명하게 접근할 때만 성공할 수 있다. 써모 피셔 사이언티픽의 마크 캐스퍼는 CEO가 되고 맨 처음에는 모든 이사회 회의를 비공개 회의로 시작했다. "나는 우려되는 점과 우리가 직면한 과제에 초점을 맞췄다. 그렇게 한 유일한 이유는 이사들이 문제를 찾는 데 시간을 낭비하지 않도록 투명성 문화를 조성하기 위해서였다. 이사들도 그것을 원했지만, 우선 경영진이 이사회에 문젯거리를 들고 온다는 것을 알아주기를 원했다. 결과적으로 그것은 전혀 다른 문화를 만들어낸다. CEO는 이사들의 신뢰를 얻고 그들은 CEO에게 높은 수준을 기대한다. 대화 수준도 높아지고 영향력도 커지게 된다."

JP모건체이스의 제이미 다이먼은 필요한 상황이 되면 이사회 회의를 이런 식으로 극단적으로 진행한다. 예를 들어, 세계 금융 위기 때는 그 순간 정말로 해야 할 일들이 있었기에 다른 어떤 논의도 방해가 된다고 생각하면서 이사회에 참석했다. 그는 '여기서 이야기해봐야 침몰하는 타이타닉에서 밴드 이야기를 하는 꼴'이 될 거라고 생각했다. 다이먼은 자신의 생각을 주저리주저리 늘어놓느라 시간을 낭비하지 않고 이사회에 이렇게 말했다. "나는 일하러 가야 합니다. 긴급히 처리해야 할 몇 가지 현실적인 문제들이 있습니다. 지금 나와 함께 가지 않겠어요?" 이사회는 거래 트레이딩 데스크 바로 앞으로 가 섰다. 화면에는 리스크 노출 신호와 팔거나 헤지하길 추천하는 항목들이 잔뜩 떠 있었다.

비공개 CEO 단독 회의 외에도 일부 CEO들은 다른 방법으로 이사회와 직접 소통한다. 듀크 에너지의 린 굿은 "복잡한 문제에 대해서는 이사회와 더 자주 대화할 수 있도록" 이슈에 따라 2주마다 이사회에 편지를 보낸다. 시세이도의 우오타니 마사히코는 말한다. "이사회 멤버들에게 항상 이메일을 보내 상황을 공유한다. 그들이 들어본 적 없는 시세이도에 관한 내용을 신문이나 뉴스 피드를 통해 알게 하고 싶지는 않다. 나는 항상 사전에 정보를 주려고 노력한다." 이를 위해 우오타니는 투자자 회의를 위한 출장을 마치고 일본으로 귀국하는 비행기 안에서 이사회에 건넬 7~8페이지 분량의 메모를 열심히 작성했다고 한다.

미래지향적인 의제를 논의하라

최고의 CEO들은 비공개 회의를 마치면 이사회의 신탁 주제 외에 미래 지향적인 주제를 의제에 올린다. 대체로 이사회는 이를 반긴다. 이사회 멤버의 절반 이상이 전략, 조직 건전성, 인재 등 기업의 실적을 좌우하는 의제에 시간을 할애하고 싶어한다.[14] 하지만 그런 의제를 효율적으로 진행하기는 생각보다 어렵다. 아홀드 델헤이저의 딕 보어는 이렇게 설명한다. "대개 이사회 멤버들은 8주 전 회의에서 CEO가 한 말을 잊어버린다. 그 사이에 CEO는 사업에 관한 자신의 견해를 정립하고 매일 경영진과 협력해 전략을 발전시켜 나간다." 인튜이트의 브래드 스미스는 더 복잡한 문제를 알려준다. "도움이 필요한 곳을 명확히 말하지 않으면 이사회는 CEO가 도움을 원하지 않는 분야에까지 온갖 아이디어를 내놓으려 한다."

이런 문제를 극복하기 위해 최고의 CEO들은 이사회와 합의된 전략적 프레임워크를 구축하여 회의 전반에 걸쳐 일관성을 확보한다. 예를 들어 아홀드 델헤이즈의 보어는 소매업 재건과 성장 촉진을 위해 여섯 개의 기둥을 만들었다. 첫 번째 기둥에는 고객 충성도 구축, 혁신 추진, 신규 시장 진출이 포함된다. 두 번째 그룹은 내부적으로 사업 단순화, 기업 책임 육성, 인재 육성에 중점을 둔다. "프레임워크를 마련하고 나니 이사회에 보고하기가 훨씬 쉬워졌고, 훨씬 더 가치 있는 피드백을 받을 수 있었다."

CEO의 전략적 프레임워크는 제각각 다르지만 전략, 문화, 인재 요소를 포함하면 이사회 의제도 자연스럽게 가장 중요한 미래 지향적 주제로 이어진다. 모든 회의에 이런 의제가 포함되어야 할 필요는 없지만 일 년에 한 번씩만 다루고 말 주제는 아니다. 보통은 경영진의 자체 운영 리듬에 맞춰 서너 번쯤 다루게 된다. GE의 래리 컬프는 설명한다. "회사 운영 리듬과 박자에 이사회 운영 리듬이 맞춰지면 회사를 운영하기가 훨씬 수월해진다."

전략 수립을 예로 들어보자. 첫 번째 회의에서 전체적인 전략적 프레임워크에 관련된 변경 승인을 요구한다. 다음 회의 때는 광범위한 제안에 대한 승인을 받은 후, 특정 옵션을 선택하고 승인한다. 그 후 향후 회의에서는 시장이나 경쟁 환경이 변화하는 상황에서, 재무 결과뿐만 아니라 주요 성과 지표의 진척을 재검토한다. 인재에 관한 주제라면, 이사회는 첫 회의에서 회사가 추구하는 전체적인 인재 관련 목표를 논의하고, 다음 회의에서는 상위 30~50명의 경영진 성과 평가를 검토하고, 다음 회의에서는 리더십 벤치의 역량을 향상시키기 위한 전반적인 계획을 검토하는 식이다. 이런 주제는 신탁, 이사회 교육, 이사회 평가(뒤의 두 가지 의제에 관해서는 11장에서 논의)와 함께 나란히 의제에 포함된다.

CEO가 인재에 관한 의제 중 이사회에 제대로 꺼내지 못하는 주제가 하나 있는데(특히 재임 초기에 그런 경우가 많다) 바로 자신의 후계자 승계 계획이다. 때가 되면 그들은 차기 CEO 선정과 아무 관련도 없어질 수 있지만, 최고의 CEO들은 잠재적 CEO 후보자를 양성하는 데 주도적인 역할을 한다. 현직 최고경영자는 회사 전략에 대해 유일하게 광범위하고 깊이 있는 이해를 가진 사람이므로 어떤 후임자가 가장 적합한지도 잘 안다. 실질적으로(그리고 편견이 프로세스를 왜곡시키지 않도록) CEO, 인사 책임자 및 선정된 이사진은 내부 후보자 선정 기준을 정기적으로 검토하고, 최종 후보자를 평가 또는 재평가하고, 피드백을 제공하며, 필요에 부합하는 계획을 수립하고 구현해야 한다.

마스터카드의 아자이 방가는 취임 첫해부터 이런 대화를 시작했고 이후 매년 12월마다 대화를 나눴다. 그는 그 과정이 이사회만큼이나 자신에게도 도움이 되었다고 말한다. "CEO들에게 가장 해주고 싶은 조언은 후계자 승계 계획을 일찍 시작하라는 것이다. 자신이 자리를 떠난 후, 다음 CEO가 성공하기 위해 지녀야 하는 자질들을 떠올려보고, 그 문제를 이사회와 적극 논의하면서 그들의 피드백을 받길 바란다. 이는 자신이 실제로 어떻게 하고 있는지 평가할 수 있는 방법이기도 하다."

이사회에서 다루는 모든 미래지향적 의제에 대해 경영진이 이사회에 요구하는 바를 명확하게 설명하는 것이 가장 좋은 실천 방법이다. 브래드 스미스는 인튜이트에서 다음과 같은 방식으로 접근했다. "이사회에서 하는 모든 프레젠테이션에 개요를 기재한 커버 페이지를 넣고 오른쪽에는 조언이 필요한 두세 가지 주제를 박스 안에 기재했다. 그 결과 이사회는 해당 주제에 집중하고 90퍼센트 에너지를 우리를 돕는 데에 사용할 수 있었다."

더 큰 효과를 보려면 그런 조언 요청이 진실해야 한다는 것이다. 그렇지 않으면 대화는 최대한 가장 도움이 되는 방향으로 나아가지 않는다. 베스트 바이의 허버트 졸리는 재임 초기 자신의 태도가 얼마나 거슬렸는지 회상한다. "나는 초기에 내가 무척 똑똑하다고 생각했다. 나 혼자서도 잘할 수 있다고 여기고, 이사회 보고는 마치 요란한 서커스 같다고 생각하기도 했다. 나는 이사회에 깊은 인상을 주려고 노력했고, 그래서 그들은 내가 한 말을 바꾸거나 덧붙이려고 하지 않았다. 이게 과연 옳았을까? 나이가 들수록 겸손해지고 경험을 통해 지혜가 쌓이면서 나는 접근 방식을 바꾸게 되었다."

이사회 멤버의 입장이 되어라

가장 좋은 방법은 CEO가 다른 회사의 이사가 되어 이사회 멤버의 역할을 직접 체험해보는 것이다. 이사회 회의를 반대편에서 경험해보는 것은 매우 중요한 학습 경험이 된다. 거기서 효과 있었던 방법은 취하고 그렇지 않은 방법은 피할 수 있다.

에이온의 그레그 케이스는 말한다. "나는 이사회의 역학을 이해하고, 어떤 식으로 돌아가는지 잘 알고 싶어 다른 회사 이사회에 들어갔다. CEO는 이사회에 앉아서 좋은 대화를 나눈 후 자리를 뜬다. 그 후에 CEO 관련된 일들이 이사회에 보고된다. CEO가 떠난 후 오가는 대화를 경험하고 싶다면 다른 회사 이사회에 참여해보는 것도 좋다. 절대 다른 식으로는 경험할 수 없는 소중한 배움의 기회가 될 것이다."

아메리칸 익스프레스의 켄 체놀트처럼 일부 CEO들은 외부 이사 경험이 있다. 체놀트는 말한다. "내가 CEO가 되기 전, 처음 합류한 이사회는 IBM이었다. 이사회에서 일한 경험 덕분에 나중에 CEO로서 개인적으로 직면하게 될 문제와 그 관리 방법을 더 잘 이해할 수 있게 되었고, 리더로서 회사에 더 많은 기여를 할 수 있었다."

최고의 CEO들은 보통 재임 첫 몇 년 동안 다른 이사회 한 곳에 참여해볼 것을 권한다. 제너럴 밀스의 켄 파월은 그 이유를 이렇게 설명한다. "제 전임자는 세 회사의 이사회 멤버로 있었다. 당시에는 이런 경우가 흔했고 충분히 할만 했다. 하지만 오늘날은 CEO나 이사들에게 요구되는 시간이 현저히 늘어났기 때문에 CEO가 여러 회사의 이사를 맡는 것은 잘못된 것이라 생각한다. 다만, 한 곳 정도라면 무척 가치 있는 경험이 될 것이다. 다른 입장이 되어 보는 것만큼 좋은 경험은 없다."

또 다른 회사의 이사회 멤버가 되어 보는 것은 다른 시각을 갖게 해주는 것 외에도 다른 기업이 어떻게 운영되는지 파악할 기회가 된다. 듀크 에너지의 린 굿은 말한다. "지배구조뿐 아니라 전략, 인재, 대규모 자본 결정이 이루어지는 방식 등 사업에 관한 모든 것을 내부에서 들여다보는 것은 무척 흥미롭다. 이사회에 있다는 것은 이 모든 것을 맨 앞자리에서 관람하는 셈이다."

이사회가 자체적으로 돌아가게 하라

이 장에서 최고의 CEO들이 이사회에 어떻게 참여하고 있는지에 관해 이야기한 내용을 보면 그들이 이사회에 많은 시간을 할애할 거라고 추측하기 쉽다. 하지만 실제로 최고의 CEO들은 그렇지 않다. JP모건체이스의 제이미 다이먼은 말한다. "자기 시간의 30퍼센트를 이사회에 할애한다고 말하는 CEO를 봤다. 나는 그 말을 들으면서 '뭐지?'

라고 생각했다. 내가 이사회에 할애하는 시간은 그보다 훨씬 적다. 물론 지금은 이사회에 대해 잘 아니까 그런 것도 있겠지만 초기에도 그렇게까지 많은 시간을 할애할 생각은 해보지 못했다. 이사들도 내가 자신들과 그렇게 많은 시간을 보내는 걸 원치 않으리라 생각한다."

에이온의 그레그 케이스는 그 점을 강조한다. "나는 정말 운이 좋다. 우리 이사회는 규율이 매우 엄격하다. 그들은 자료를 회의 전에 다 읽고 오며, 회의실에서는 자료를 읽지 않는다. 또 우리는 꼭 필요한 만큼만 회의를 진행한다. 몇몇 동료들은 자기 시간의 20퍼센트를 이사회에 할애한다고 말하는데, 나는 그건 아니라고 생각한다. 질 낮은 열 번의 회의보다는 질 높은 네다섯 번의 회의가 더 낫다. 가장 중요한 이슈에 집중하고 세부 사항은 위원회에서 논의하게 하면 된다. 현명하고 능력 있는 훌륭한 경영진이 있다면 CEO가 모든 위원회에 참석할 필요는 없지 않은가."

핵심 업무를 위원회에 맡기는 것 외에, 최고의 CEO들은 이전 장에서 설명한 것 이상으로 지배구조 문제에 관여하지 않는다. US뱅코프의 리처드 데이비스는 이렇게 강조한다. "이사회의 프로세스에는 절대, 절대, 절대로 끼어들지 말아야 한다. 내 말은 절대, 절대, 절대로 간섭하면 안 된다는 뜻이다. 이사회가 이 위원회에 누굴 새로 영입해야 한다고 생각하느냐고 묻는다면, '그건 당신에게 맡기겠다'라고 말하라. 나는 그럴 때 이렇게 대답하곤 한다. '후보들 모두 자격이 충분합니다. 당신이 누구보다 이사회를 잘 아니까 당신이 직접 결정하세요.' CEO가 어떤 식이든 이사회 일에 관여하는 건 결코 현명한 일이 아니다. 나중에 이사회에서 CEO의 편견이나 선호도가 결정에 영향을 미쳤다고 여길 수도 있기 때문이다. 별 다른 의도 없이 물어본 질문에 CEO 가 대답해서 나중에 오히려 역효과가 나는 것을 종종 보기도 했다."

JP모건체이스의 다이먼은 우리가 논의한 영역 외에는 이사회 지배 구조 문제에 손을 떼는 게 중요하다는 것을 보여준다. "런던 고래 사 건(직원이 파생상품을 거래하면서 은행에 60억 달러 이상의 손실을 초래한 사건) 이 발생했을 때, 나는 이사회에 이렇게만 말했다. '이사회에서는 이사 회 각본을 갖고 진상 조사를 하십시오. 나를 포함해서 조사해야 할 것 입니다. 나도 CEO로서 조사를 진행하겠지만, 이사회는 나와는 별도 로 내가 잘못한 게 없는지, 이사회가 잘못한 건 없는지 확인해야 합니 다. 내 일은 문제를 해결하고 분석해서 다른 문제가 있는지 당신들에 게 알려주는 것입니다.'"

후계 구상에 있어서도, 앞서 설명한 내부 후보자를 키우는 것과 별 개로, CEO는 가능하면 한 발 떨어져 있는 것이 좋다. 에코랩의 더그 베이커는 이사회 멤버들에게 후보자를 인터뷰하고 각 평가는 외부 그 룹에 맡겼다. "나는 이사회가 모든 데이터를 입수할 때까지는 내 의견 을 말하지 않았다. 외부 평가 결과와 후보자 면접을 본 다른 이사진으 로부터 받은 평가 결과를 먼저 받기를 원했는데, 내 견해를 말함으로 써 그들에게 미리 선입견을 주고 싶지 않았기 때문이다. 그것은 궁극 적으로 이사회가 결정할 문제이므로 최종 결정이 무엇이든 감수할 수 있고, 전적으로 지지하겠다고 말했다. 머리로도 그렇게 받아들였고, 어떤 결과가 나왔어도 그렇게 행동했을 것이다. 물론 감정적으로는 이사회의 선택이 나의 선택과 일치했으면 하는 마음은 있었다. 우리 모두 인간이니까."

운전할 때 계기판과 백미러를 오래 쳐다보지 않는 것처럼 이사회 회의에 너무 많은 시간을 할애하면 문제가 될 수 있으므로 주의해야 한다. 최고의 CEO들은 이사회가 전문 지식을 충분히 활용해 미래를 내다볼 수 있도록 교육 기회를 제공한다. 중요한 의제를 미리 살펴볼 수 있도록 사적인 비공개 회의부터 시작한다. 또 신탁 항목뿐만 아니라 전략, 문화, 인재 문제도 의제에 포함되게 한다. 또 다른 회사의 이사회 멤버가 된다는 게 어떤 의미인지 경험하고, '이사의 입장이 되어' 이사회가 어떻게 돌아가는지 이해하며, 다른 회사가 어떻게 운영되는지에 대한 실질적인 통찰력을 얻는다. 뿐만 아니라 실무적인 이유(시간 투자)와 철학적인 이유(독립성 확보)로 이사회 업무에 개입하는 것을 피한다.

❖ ❖ ❖

지금까지 베스트 바이의 허버트 졸리가 말하는 신임 CEO의 '가장 큰 변화와 과제'에 대해 이야기했다. DBS의 피유시 굽타는 최고의 CEO와 다른 CEO를 구별하는 마인드셋을 이렇게 요약한다. "대부분의 사람들, 대부분의 이사회는 자신을 지배조직이라고 생각한다. 하지만 나는 이와 다르게 처음부터 이사회를 비즈니스 파트너로 여기고 접근했다."

다음의 내용은 CEO와 이사회의 협업에서 이루어지는 세 가지 주요 측면(역량, 관계, 회의)을 요약한 것이다. 이사회의 효율성을 제대로 유지하는 것은 매우 중요하다. 연구 결과에 따르면 이는 더 나은 성과, 더 훌륭한 시장 평가와 강한 상관관계가 있으며 원치 않는 행동주의

최고의 CEO들의 이사회 회의 협업 마인드셋

이사진이 비즈니스 협력자가 되도록 협업하라	
이사회 관계 설정 실천 **: 신뢰 기반을 구축하라**	• 극단적으로 투명하게 행동하라 • 이사회 의장과 강한 유대 관계를 구축하라 • 개별 이사들에게 다가가라 • 이사회를 경영진과 만나게 하라
이사회 역량 강화 실천 **: 원로들의 지혜를 활용하라**	• 역할을 기술하라 • 원하는 이사의 프로필을 명시하라 • 이사회를 교육시켜라 • 지속적으로 갱신하게 하라
이사회 회의 실천 **: 미래에 집중하라**	• 사적인 회의부터 시작하라 • 미래지향적인 의제를 논의하라 • 이사회 멤버의 입장이 되어라 • 이사회가 자체적으로 돌아가게 하라

투자자들의 접근을 막아내는 역할을 해준다.

대기업의 CEO가 아니더라도 이 교훈들은 여전히 많은 사람이 활용할 수 있다. 스스로에게 물어보라. 조언도 해주면서 나의 약속에 책임을 묻는 나의 독립 자문 위원회는 누구인가? 이 사람들이 가진 기술 중에서 내게 중요한 것은 무엇인가? 그들에게 없는 기술은 무엇인가? 그들은 내 상황과 연결되어 있고 내 상황을 충분히 이해하고 있으며, 그러한 점이 그들이 주는 조언에 담겨 있는가? 내가 어디에 있고 무엇을 필요로 하는지 그들에게 투명하게 말하고 있는가? 리스크 관리와 기회 포착에 대해 얼마나 깊이 있게 이야기하는가? 나는 누구의 자문 위원회에 소속되어 있고 거기서 무엇을 배웠는가?

'왜'로 시작하라

누구나 다 중요한 존재다.
문제는 그 이유를 파헤치려는 데서 생긴다.
_에모리 R. 프리에

사업을 운영하거나 이사회를 관리하는 것도 충분히 힘든데, 오늘날의 CEO들은 생각했던 것보다 더 자주 이해관계자 그룹과 소통해야 한다는 사실을 깨닫는다. 마이크로소프트의 사티아 나델라는 말한다. "결국 우리 업에서는 고객, 파트너, 직원, 투자자, 정부가 전부이다. 사업 성과도 CEO가 그런 상호작용을 얼마나 잘 관리하느냐에 달려 있다." 조사에 따르면, 외부 이해관계자와의 관계는 기업 수익에 30퍼센트 영향을 미치는 것으로 나타났다.[1] 또한 이해관계자의 관여는 기업의 운명에 상당히 예기치 않게 영향을 미칠 수 있다. 위기가 닥쳤을 때 어떤 일이 벌어질지는 리더의 상황 대응 방식에 따라서도 달라지지만 그동안 다양한 이해관계자 그룹과 믿음과 신뢰도를 쌓기 위해 무엇을 했는지 혹은 하지 않았는지에 따라서도 크게 달라진다.

대부분의 CEO들은 이런 현실을 이해하고 있으며 홍보 부서에 이해관계자들과 좋은 관계를 유지할 수 있도록 도와달라고 요청한다. 대개 초점은 누구와 무엇을 언제 이야기하느냐에 맞춰져 있다. 하지만 최고의 CEO들은 '왜?'라는 질문에서부터 시작한다. 우리 회사는 왜 이 사회에서 활동할 가치가 있는가? 왜 각 이해관계자들은 우리에게 의미가 있는가? 왜 우리는 각 이해관계자들에게 의미가 있는가? 왜 그들은 그렇게 하기로 선택했을까? 우수한 CEO들은 이해관계자들의 동기, 희망사항, 두려움을 깊이 있게 이해하여 외부 세계와 강력한 유대를 형성하고 장기적으로 사업의 번영에 도움이 되게 한다.

다음 장에서는 CEO가 '왜?'라는 마인드셋을 가지고 사회적 목적 수용, 강력한 관계 형성, 위기관리자의 역할을 수행할 때 이해관계자와 소통하는 세 가지 실천 방법을 살펴보자.

큰 그림을 그려라

사회적 목적 실천

목적이 구체화되면 성취가 시작된다.

W. 클레멘트 스톤

1946년 빅터 프랭클은 나치 강제수용소에서 생활한 경험을 연대기로 써내려간《죽음의 수용소》를 출간했다. 희망 없고 절망적인 상황에서 왜 일부는 살아남고 다른 사람들은 그렇지 못했는지 의문을 품은 그는 살아남은 자들은 더 큰 목적의식을 가지고 살았다고 결론짓는다. 그는 헛간 같은 수용소 시설을 오가며 다른 사람들을 위로하고 마지막 빵 한 조각을 나눠주던 사람들을 떠올렸다. 프랭클은 이렇게 쓰고 있다. "수적으로는 훨씬 적었지만 그들은 사람으로부터 다른 모든 것은 빼앗을 수 있어도 딱 한 가지, '인간이 가진 자유의 마지막 하나(주어진 일련의 상황에서 자신의 태도를 선택하고, 자신의 길을 선택하는 것)'만큼은 빼앗을 수 없다는 충분한 증거를 제시한다."[2]

70여 년이 지난 후, 프랭클의 책은 천만 부 이상 팔렸고, 24개 언어로 번역되었으며 미국 의회도서관 선정 '가장 영향력 있는 책 열 권'으로 꼽혔다. 이 책이 그토록 인기와 영향력을 얻게 된 이유는 '세상에서 살아남고 번영하기 위해서는 의미를 찾아야 한다'는 인간의 심오한 진실을 다루고 있기 때문이다.

그렇다면 일터에서의 의미는 어디서 찾아야 할까? 연구에 따르면 직원들은 최소 다섯 가지 목적과 동기를 갖는다.[3] 첫 번째는 개인에 관한 것으로 개인의 발전, 재정 및 비재정적 보상, 행동의 자유 등이 이에 해당한다. 두 번째는 동료 직원이다. 소속감, 서로에 대한 배려, 그룹을 위한 옳은 일이 이에 해당한다. 세 번째는 회사다. 최선의 실천과 경쟁에서의 승리를 통해 업계 선두 자리를 차지하는 것이다. 네 번째는 고객에게 미치는 영향이다. 우수한 서비스나 제품을 제공하여 고객에게 더 쉽고 더 나은 삶을 만들어주는 것이다. 다섯 번째이자 마지막은 사회에 미치는 영향, 즉 세상을 더 나은 곳으로 만드는 것이다.

대부분은 다섯 가지 모두에서 어느 정도 의미를 찾지만 다섯 가지 중 특히 한 가지에서 더 많은 동기를 얻는 사람들도 있다. 또 조사에 따르면 직원 중 어느 집단을 고르든 주로 일의 활력을 얻는 항목이 이 다섯 가지에 거의 고르게 분포되어 있음을 알 수 있다. 5분의 1은 개인의 발전, 5분의 1은 동료 직원에 의해 동기 부여를 받는 식이다. 따라서 CEO는 조직이 다섯 항목 각각에서 수행하는 작업을 '왜?' 하고 있는지에 대해 강력한 이유를 심어줘야 한다. 예를 들어, CEO가 연설할 때 어떻게 해야 경쟁사를 이길지에 대해서만 이야기하면 여기에 깊이 공감하는 직원은 20퍼센트밖에 되지 않는다. CEO는 다섯 가지 항목에서 골고루 '왜?'를 명확히 해야 직원 모두에게 가장 동기가 되는 요인을 건드릴 수 있다.

사회적 목적과 다른 네 가지 의미 사이의 경계는 갈수록 희미해지고 있다. 현재 미국 고객의 87퍼센트가 자신이 관심을 갖는 문제를 지원하는 기업의 제품을 구입하겠다고 답했고,[4] 사회생활을 시작하는 사람의 94퍼센트는 자신의 재능을 활용해 이익을 창출하고 싶다고 답했다.[5] 앞서 설명한 바와 같이 소셜 미디어의 증가로 기업의 비즈니스 활동에 대한 투명성도 높아지고 있다. 일반 대중은 21세기까지는 불가능했던 방식으로 사회 및 환경에 기업이 미치는 영향에 대해 책임을 묻는다.

JP모건체이스의 제이미 다이먼, GM의 메리 배라, 듀크 에너지의 린 굿, 록히드마틴의 메릴린 휴슨 등 181명의 미국 주요 CEO들이 이사회에 참여하고 있는 로비그룹 비즈니스 라운드테이블에서는 2019년 '기업 목적'에 대한 정의를 바꾸었다. '어떤 비용을 치르더라도 이익을 최대화하는 것'이라는 낡은 자본주의적 목적에서 벗어나 '기업의 활동에 영향을 받는 모든 것과 모든 사람들의 안녕을 추구하는 것'이라는 보다 총체적인 목적으로 방향을 전환한 것은 전혀 놀랍지 않다.[6]

이 결정은 전 세계의 헤드라인을 장식했고, 그 후 사실상 대기업의 모든 CEO들이 사회적 목적을 명확히 해달라는 구성원들의 요청을 받았다. 하지만 최고의 CEO들은 이미 그런 목적을 갖고 있었다. 조사에 따르면 지난 20년 동안 명확한 사회적 목적을 지닌 기업들은 S&P

500의 성장률을 크게 웃돌았다.[7] 이해관계자 자본주의의 여러 이점을 바탕으로 그들은 뛰어난 재정적 성과를 냈다. 이들 기업은 고객 충성도 향상, 효율성 향상(리소스 사용 감축을 통해), 직원 동기 부여, 자본 비용 절감, 리스크 포착 및 완화를 다른 기업보다 빨리 실현해냈다. 월 스트리트는 이런 접근법에 이점이 있다고 본다. 지속가능한 투자는 1995년 이후 18배 성장했다.

사회적 목적을 갖는 것이 사업에 도움이 된다는 증거는 많지만 대부분의 회사들은 이를 실천하지 않는다. 기업의 82퍼센트가 목적의 중요성에 대해서는 긍정을 표했지만, 목적을 명시한 회사 중 42퍼센트만이 큰 효과를 보았다고 보고했다.[8] 한편, 소비자의 절반 이상은 자신이 구매하는 제품의 브랜드가 자신들이 주장하는 만큼 사회에 헌신하지 않는다고 생각하고 있으며, 3분의 1만이 구매 브랜드를 신뢰한다고 대답했다.[9]

나이로비에 본사를 둔 에퀴티 그룹 홀딩스는 약 10억 달러의 자산과 1,500만 명의 고객을 보유한 동아프리카 최대 금융 서비스 회사다. 이들의 사회적 목적은 삶을 변화시키고, 존엄성을 부여하고, 부를 창출할 기회를 만드는 것이다. 이 사명을 완수하기 위한 많은 노력 중 하나로 에퀴티 은행은 '윙 투 플라이 프로그램'을 만들어 3만 6,000명의 고아들에게 4년간 중등학교 전액 장학금을 전달했다. 2005년 이후 CEO로 지내온 제임스 므왕기는 말한다. "수천 개의 마을에 '에퀴티가 없었다면 그 아이는 힘들었을 것'이라고 말하는 사람들이 존재한다는 의미이다. 또 우리가 지역 고아들의 교육을 책임지고 있기 때문에 그들은 우리 제품이나 서비스를 소비하는 것으로 보답한다. 그래서 더 많이 공유할수록 양측 모두 더 많은 목적을 달성하고 수익을 향상시키게 된다. 그야말로 공생적인 관계이다. 나는 더 이상 그것을 기업의 사회적 책임이라고 부르지 않고, 공동의 번영이라고 부른다."

이번 장에서는 므왕기가 이야기한 것처럼 최고의 CEO들이 '공동의 번영'을 만들어내는 방법들에 대해 살펴보자.

사회적 '왜?'를 명확히 하라

조직이 사회적 목적을 가진다는 개념은 결코 새로운 것이 아니다. 1960년 3월 8일, 휴렛 패커드의 공동 설립자이자 후에 CEO가 되는 데이브 패커드는 HP의 트레이닝 그룹에서 연설을 이렇게 시작했다. "나는 애초에 이 회사가 왜 존재하는지부터 이야기하고 싶습니다. 다시 말하자면 우리가 왜 여기 있는지에 대해서입니다. 많은 사람들은 회사가 단순히 돈을 벌기 위해 존재한다고 생각하지만 이는 잘못된 가정입니다. 그것은 기업의 존립이 걸린 중요한 문제이긴 하지만 기업의 존재 이유를 찾으려면 그보다 훨씬 더 깊이 들어가야 합니다." 패커드는 이어 기업은 사회에 기여하기 위해 존재한다는 견해를 내세웠다. 그는 이어 HP가 과학 발전에 큰 기여를 할 책임이 있음을 설명했다. "목적을 특정 목표나 비즈니스 전략과 혼동해서는 안 됩니다. 목표를 달성하거나 전략을 완성하여도 목적을 달성하는 것은 아닐 수 있습니다. 목적은 지평선에 떠 있는 길잡이별처럼 영원히 따라가기만 할 뿐 붙잡을 수 없습니다. 목적 자체는 변하지 않지만 변화를 불러일으키죠. 목적을 온전히 실현할 수 없다는 사실은 조직이 계속해서 변화와 진보를 추구해야 한다는 뜻입니다."[10]

패커드처럼 최고의 CEO들은 조직에 명확한 사회적 목적의식을 심어준다. 메릴린 휴슨은 말한다. "록히드마틴의 직원에게 직업이 무엇인지 물어보면, 단지 비행기, 레이더, 미사일 방어 시스템을 만드는 게 아니라 미국과 연합군의 글로벌 보안 강화에 도움을 주고 있다고 말할 것이다. 단순히 소프트웨어를 기록하는 것이 아니라 정부가 수백만 명의 시민들에게 필요한 서비스를 제공하도록 지원하고 있는 것이며, 단순히 인공위성과 로켓을 설계하는 게 아니라 과학적 발견의 경계를 넓히고 있는 것이다." 제너럴 밀스의 전 CEO 켄 파월은 말한다. "직원들은 소비자들이 좋아하는 제품으로 세상을 위해 봉사한다고 말한다." 플레밍 온스코브가 CEO로 있는 갈더마에서 직원들은 "우리는 피부 건강을 위한 과학 기반 솔루션에 초점을 맞춰 삶의 질을 향상시킨다"고 말한다. 우리가 인터뷰한 최고의 CEO들은 모두 회사가 존재하는 이유와 회사가 사회에 가치를 더하는 방법에 대해 명확하고 설득력 있는 표현을 내놓았다.

파타고니아, 톰스, 워비 파커, 세븐스 제너레이션, 벤 앤 제리 등 설립 때부터 명확한 사회적 사명을 내세운 회사들도 있다. 사회적 정체성이 명확하지 않은 기업의 경우에도 최고의 CEO들이 회사의 비전을 재구성할 때 사용하는 것과 동일한 렌즈를 적용한다. 이 때문에 최고의 CEO들도 비전, 사명, 목적의 개념을 혼용해서 쓰기도 한다. 브래드 스미스가 인튜이트의 '약자의 승리' 정신을 재정립하고, 사티아 나델라가 "우리가 만드는 기술로 다른 사람이 더 많은 기술을 만들어

내게 한다"는 마이크로소프트의 초기 이상을 다시 끌어온 것처럼 회사의 기원에서 사회적 의도를 발견하는 사례도 있다.

헨리크 풀센은 2012년에 덴마크 국영 에너지 기업 오스테드를 인수한 후, 최근 들어 가장 극적인 목적 주도 기업으로의 변혁을 일궈내 많은 이들의 놀라움을 자아냈다. 덴마크의 가장 큰 공익사업에서 성장이 정체되자 풀센은 사업에 새 활력을 불어넣을 방법을 찾기로 한다. 새로운 방향을 모색하던 중, 풀센과 그의 경영진은 이렇게 자문해보았다. "세상이 필요로 하는 것은 무엇이며, 우리 회사가 잘하는 것은 무엇인가?"

그들은 이 산업이 화석연료에서 청정에너지로의 거대한 전환기로 들어서는 초입에 있다고 생각했다. 풀센은 말한다. "우리는 전 세계가 지구 온난화의 위기에 직면해 있다는 과학적 경고에 대한 입장을 취해야 했다." 그는 결정을 내렸다. "옳은 길이라면 더 일찍 발을 들이는 게 맞다." CEO는 당시 오스테드 포트폴리오에서 화석연료로 생산된 전력보다 훨씬 비쌌던 해상 풍력 프로젝트가 장기적으로 커다란 성장 기회를 제공할 것이라 장담했다. 그것은 비경제적인 틈새시장이었고, 수요도 불확실했지만 풀센은 자신이 매크로 트렌드의 올바른 길로 가고 있다고 믿었다.

변혁 초기 단계에서 그는 오스테드 포트폴리오에서 화석연료 자산을 제거하기 위해 일련의 과감한 조치들을 취했다. 그중 하나는 2014년에 회사의 18퍼센트를 골드만삭스의 사모펀드 사업체에 매각하여 자본을 조달한 것이었다. 당시 덴마크 정부는 오스테드의 지분을 다수 보유하고 있었고, 계획을 실현하기 위해 자본이 필요했던 풀센은 정부로부터 자금을 더 모으려 했지만 실패했다. 골드만삭스와의 거래를 발표했을 때는 반발이 심했다. 많은 덴마크인들은 그가 싼 가격에 사업을 팔아치웠다고 생각했다. 국민의 68퍼센트가 매각에 반대했고 각료 여섯 명을 포함한 다수의 정치인들이 사임했다. 하지만 풀센은 영국, 독일 등지에서 일련의 프로젝트를 수주해 골드만삭스에서 조달한 자본을 활용하며 방침을 고수했고, 결국에는 해안 풍력 분야의 글로벌 리더가 되었다.

2016년 오스테드는 성공적으로 상장해 160억 달러 가치의 회사가 되었고, 이듬해 석탄 사용을 단계적으로 중단하고 석유 및 가스 사업을 이네오스에 10억 달러에 매각했으며, 회사명을 덴마크산 석유와 천연가스Danish Oil and Natural Gas의 약자였던 동에너지DONG Energy에서 '오스테드'로 변경해 재생 에너지로의 전환을 반영했다(전자기장을 발견한 덴마크의 과학자 한스 크리스티안 오스테드에서 이름을 따왔다). 오늘날, 회사 에너지의 90퍼센트는 재생가능한 자원에 의해 생산된다. 강력한 사회적 임무(기후 변화)를 내세워 변혁을 이룬다는 목표는 큰 결실을 맺었다. 2021년 폴센이 퇴임할 때까지, 오스테드는 시장 가치가 아홉 배 증가한 800억 달러 규모의 세계에서 가장 지속가능한 기업이 되었다. 그의 재임기간 회사의 해상 풍력 전기 생산능력은 다섯 배 이상 커졌다.

폴센은 이렇게 회상한다. "지난 8년을 돌아보면 조직의 목적을 깊게 뿌리내리는 것은 대단히 중요했다. 사람들은 근본적으로 우리가 하는 일을 믿었다. 이 모든 것이 생산성으로 이어지고 실행 능력으로 변환되며, 궁극적으로 경쟁력을 향상시키게 된다. 우리의 확신이 커짐에 따라, 주변 세계도 우리가 옳은 일을 하고 있다고 점점 더 확신하게 되었다. 시장의 근본적인 요구와 연계된 목적이 있고, 그것이 사람들이 정말로 관심을 갖는 일이라면 이보다 더 큰 자산은 없다."

모든 기업의 사회적 목적이 오스테드만큼 명백히 드러나지는 않는다. 그렇다면 CEO는 회사의 목적이 올바른 것인지 어떻게 알 수 있을까? 이것이 정서적으로 영향을 미치는지(우리가 정말 이 일을 할 수 있을까?'라는 도전적 영감을 직원들에게 심어주는가?)와 합리적으로 이해가 되는지를 테스트해봐야 한다(기업의 비전, 전략, 능력, 문화, 브랜드와 공생하고 있는가?). 갈더마의 플레밍 온스코브는 이전에 생명공학 회사의 CEO로 지내면서 자신이 옳다는 사실을 어떻게 확신했는지에 대해 이야기한다. "샤이어에서 일하던 직원을 우연히 만났는데 그녀가 말했다. '제가 새로 간 회사에서는 간과하고 있는 게 있어요. 샤이어에 있을 때 나는 항상 우리가 하는 일을 왜 하고 있는지 잘 알고 있었고, 그 목적은 내게 아주 명확했어요. 집에 돌아오면 나는 가족들과 희귀병에 대해 이야기하고 그 병을 다루는 일이 얼마나 중요한지, 우리가 거기에 어떻게 헌신하고 있는지 이야기했습니다.'"

목적을 중심에 두어라

일부 비평가들은 사회적 목적에 대해 이야기하는 CEO들에게 그것이 기업의 운영 방식과 도대체 무슨 관련이 있는지 의심스런 눈초리를 보내기도 한다. 그들의 말도 일리는 있다. 기업의 사회적 목적을 내세워야 한다는 여론의 압박에 따라 워크 워싱woke-washing*하는 CEO 들도 늘고 있다. 기업이 좋은 대의를 지지한다고 말하면서 취약한 지역사회에 계속 해를 끼치는 것이다. 반면에 마이크로소프트의 사티아 나델라는 위대한 CEO들이 열망하는 것에 대해 이렇게 말한다. "누군가 이런 말을 한 적이 있다. 같은 일을 생각하고, 말하고, 행동하는 사람만 믿을 수 있다고. 같은 이유로, 사람들은 같은 일을 생각하고, 말하고, 실행하는 기업들만 믿게 된다. 기업에게는 이런 일관성이 필요한 법이다."

예를 들어, 에코랩의 더그 베이커는 지속가능성을 관심이 아닌 성장의 결과로 만드는 것을 목표로 삼았다. 베이커는 말한다. "'성장하려면 오염을 야기할 수밖에 없으므로 대신 그것을 상쇄할 수 있는 것을 구매하겠다'라는 접근방식은 갈등을 초래할 수밖에 없다. 우리는 자원을 적게 사용하면서 세계 최고 수준의 결과를 실현할 프로그램을 설계해 마찰을 없애려고 노력해왔다. 그 결과 성장할수록 물과 에너지 소비량을 줄이고 긍정적인 영향을 미칠 수 있게 되었다." 베이커는 지속가능성을 홍보 캠페인이 아닌 에코랩 운영 방식의 필수 요소로 만들었다.

베이커는 CEO 재임 초기에 의료기기 제조업체 메드트로닉의 연례 보고서를 훑어보면서 목적에 대한 깨달음을 얻었다. "그들의 강령을 읽다가 뒤통수를 맞은 기분이 들었다. 메드트로닉은 심박조율기 회사

였는데 그들은 여기서 확장해 생명을 구하는 제품을 만든다고 여겼다. 회사는 환자를 초대해 메드트로닉이 어떻게 그들의 생명을 구했는지 직원들과 이야기 나누게 했는데, 정말 감동적인 순간이었다. 나는 그걸 보면서 에코랩은 더 많은 일을 할 수 있는 힘이 있음을 깨달았다. 나는 점수판에 점수를 매기면서 하는 비즈니스 게임을 좋아하고, 정말 재미있어 한다. 하지만 인생에서는 돈 버는 게 다가 아니며, 팀의 마음과 정신을 사로잡을 줄 알아야 한다."

베이커는 최고경영진이 회사의 영향력과 목적에 대해 더 깊이 있게 생각하도록 만들었다. 당시 80년 된 이 회사는 노동력 절감과 비용 절감을 촉진하면서 산업용 세정제, 식품 안전 제품 및 서비스를 판매하고 있었다. 베이커와 그의 경영진은 여러 번 시도 끝에 지속가능성에 대한 목표를 정했다. 세상을 더 깨끗하고, 안전하고, 건강하게 만들고, 사람과 핵심 자원을 보호하는 것. 그 결과 물과 에너지를 절약하는 데 더 초점을 맞췄고 이로 인해 경제적, 환경적 이익을 창출할 수 있었다. 에코랩은 물과 에너지 효율을 높이기 위해 제품을 엔지니어링하기 시작했고, 그 역량을 강화하기 위해 날코(수처리)와 챔피언(에너지 서비스) 등을 인수했다.

베이커는 이렇게 조언한다. "낮 동안 악을 행하고 오후 6시부터 7시까지 선을 행해 이를 상쇄하려고 하지 말아야 한다. 이것은 실패한 모델이라는 것을 금세 깨닫게 된다. 그런 방법은 장기적으로는 효과가 없다. 우리는 두 가지를 결합해 더 많이 팔수록 물과 에너지를 더 많이 절약할 수 있게 했더니 일과 가치라는 두 마리 토끼를 모두 잡을 수 있었다." 그 충고는 충분히 새겨볼 만하다. 베이커는 2004년 약 70억 달러였던 시가총액을 2020년 600억 달러 이상으로 끌어올려 에코랩을 성장시켰고 미국에서 가장 가치 있는 100대 기업으로 우뚝 서게 만들었다. 베이커 자신도 〈하버드 비즈니스 리뷰〉에서 100대 CEO로 선정되었다. 또 조직을 움직이는 주요 지표 중 하나인 회사 고객이 연간 절약하는 물의 양은 2030년 3,000억 갤런이 목표인데 현재 이미 2,060억 갤런에 달한다.

베이커처럼 최고의 CEO들은 회사의 사회적 목적을 비즈니스의 핵심 운영에 포함시켜 둘 사이의 긴장을 최소화한다. 그들은 전략, 제품, 서비스, 공급망, 성과 지표, 인센티브가 회사 목적에 부합하는지 확인한다. 또 정기적으로 이렇게 자문한다. "가장 비판적인 이해관계자들은 우리가 어떤 분야에서 위선적으로 행동하고 있다고 말할까?", "아직 측정되거나 보고되지 않은 것 중 미래에 이 사회가 우리에게 책임을 물을 만한 것은 무엇인가?"

베스트 바이에서 허버트 졸리는 기술로 삶을 풍요롭게 한다는 목적을 바탕으로 회사의 전략을 테스트하면서 새로운 성장 기회를 발견했다. 고객을 위해 무엇을 할 수 있을지에 대한 생각을 크게 확장할 수 있었던 것이다. 예를 들어, 인구의 고령화라는 세계적 추세에 편승해보면 노년층 의료 분야에 진출할 수 있다는 생각이 든다. 노년층은 보다 오래 집에 머무르고 싶어한다. 그편이 더 낫기 때문이다. "우리는 여러 자료를 수집하여, 노년층의 집에 센서를 설치하고, 인공지능을 사용해 그들의 일상 활동을 모니터링할 수 있었다." 졸리는 또 이렇게 말한다. "잘 먹고, 잘 마시고, 잘 자고 있는지 모니터링하다가 문제가 생기면 경보가 울리는 시스템이 센터에 있다. 서비스는 보험회사를 통해 판매되고, 우리에게는 고성장할 수 있는 기회이다. 기존의 방식으로만 비즈니스를 바라봤다면 그런 쪽으로는 전혀 생각할 수 없었을 것이다."

강점을 활용해 차별점을 만들어라

명확하고 설득력 있는 사회적 목적을 가지고 있다고 해도 이해관계자가 요구하는 기업의 사회적 책임CSR을 실천하기 위해 모든 조치를 취하고 있는 기업은 거의 없다. 이는 기업의 사회적 책임 리스크와 환경, 사회, 지배구조 요인ESG을 둘러싼 비즈니스 기회와 관련이 있다. 환경적 요인으로는 에너지 효율, 오염, 삼림파괴, 폐기물 관리 등이 있다. 사회적 요인은 다양성과 포용력, 근로 조건, 인권 보호, 공정한 임금, 지역사회와의 원만한 관계 등을 들 수 있다. 지배구조 요소로는 리스크 관리, 임원 보수, 기부, 정치 로비, 조세 전략, 투명성 등이 포함된다. 최고의 CEO들은 이 모든 요소에 주의를 기울이고, 그 과정에서 회사의 강점을 활용하여 큰 성과를 낼 분야를 모색한다.

인종 간 빈부 격차 문제를 해소하는 데 기여하기 위해 JP모건체이스는 5년간 300억 달러를 투자하여 소외된 지역의 흑인과 라틴계에 경제적 기회를 제공한다. 이 투자는 모기지론, 리파이낸싱, 저가 주택에 대한 지분 투자, 중소기업 대출의 형태로 이루어지며, 이 모든 것은 회사에 힘을 실어주는 근육이 된다. 제이미 다이먼은 말한다. "체계적이며 조직적인 인종차별은 미국 역사의 비극이다. 특히 우리는 흑인과 라틴계 사람들에게 인종차별과 광범위한 경제적 불평등을 조장하는 시스템을 타파하기 위해 더 많은 일을 할 수 있고 더 잘할 수 있다. 우리 사회는 좀 더 일찍 인종적 불평등 문제를 구체적이고 의미 있고 지속가능한 방식으로 다루었어야 한다."[11]

코로나19가 유행하기 시작했을 때, 최고의 CEO들은 회사가 도움이 될 수 있도록 힘썼다. GM은 인디애나주 코코모에 있는 공장을 정리해 자동차용 전기 부품을 만드는 기계를 산소호흡기 제조용 조립라인으로 교체했다. 목표는 이윤을 남기는 것이 아니라(산소호흡기는 미국 정부가 원가로 구매했다) 국가의 전략적 비축량을 4배로 늘리려는 전국적 움직임에 보탬이 되려는 것이었다. 넷플릭스는 영화 및 TV 제작 전문가들 중 일자리를 잃은 이들을 위해 1억 달러의 구제 기금을 마련했으며, 그들 중 다수는 프로젝트 기준으로 시간당 급여를 받았다. 신시내티 아동 병원의 마이클 피셔는 이사회에서 코로나19로 위독한 성인 환자들을 위해 지역사회가 우리 시설 일부를 용도 변경해야 한다면 자신은 그렇게 할 준비가 되어 있음을 밝혔다.

환경, 사회, 지배구조 관련 이슈에서 차이를 만들어내기 위해 회사의 강점을 이용하는 것은 비단 위기가 닥쳤을 때만 해당되는 일은 아니다. 켄 파월은 제너럴 밀스에서 어떤 접근방식을 썼는지 이야기한다. "우리는 우리 산업에서 의미 있는 전 세계 식량 안보와 지속가능한 농업에 초점을 맞췄다. 우리는 그 분야에서 세계적으로 놀라운 일을 해왔다. 제너럴 밀스 직원이고 아프리카의 소규모 식품 창업을 돕기 위해 자원봉사를 하고 있다면 이는 매우 보람 있는 일이다. 충성과 헌신을 다하는 것은 매우 특별한 기회이다."

마찬가지로 라르스 레비엔 쇠렌센은 노보노디스크 임기 초기에 제약업계가 의약품에 대한 적절한 접근 방법을 찾지 못했다고 생각했다. 기업들은 지적 재산권을 보호해야 했지만 개발도상국들은 취약한 사람들을 위해 저비용 약을 생산해야 했다. 쇠렌센은 말한다. "우리는 가장 가난한 나라들에 인슐린을 원가에 판매하기로 했다. 더 중요한 것은 세계당뇨병재단이라는 독립기구를 만든 것이다. 우리가 인슐린을 판매할 때마다 일정 부분이 이 재단에 기부되어 개발도상국의 역량을 키우는 데 사용된다." 오늘날 이 재단은 전 세계 만성질환에 거액을 지원하고 있다.

사회적 목적을 내세우는 것과 마찬가지로 CSR보고서와 ESG보고서를 냉소적으로 보는 사람들도 많다. 최고의 CEO들은 사회적 목적이 회사의 정신을 반영한다는 것을 알고 있기 때문에 이를 세세하게 파고든다. DSM의 페이케 시베스마는 말한다. "우리는 CSR보고서를 포기하고, 모든 활동과 다양한 시각을 연차보고서에 통합했다. 우리 비즈니스의 핵심은 돈을 벌고 이를 통해 더 나은 세상에 기여하는 것이다. 나는 우리의 목적, 혹은 사회공헌을 우리의 역량과 사업의 중심에 두고 싶었다. 그렇게 해서 지속가능성이 우리의 목적이자 비즈니스 모델이 되었다. 지속가능성이 지속가능하게 된 셈이다." 시베스마의 이런 지속가능성의 리더십을 바탕으로 DSM은 3년 연속 〈포춘〉의 세계를 가장 변화시킨 기업에 선정되었으며, 시베스마는 CEO로 지내는 동안 UN 올해의 인도주의자상을 수상했다.

필요할 때는 입장을 표명하라

회사의 사회적 목적과는 거리가 멀더라도, 좋든 싫든 오늘날의 CEO 들은 사회적 이슈로 주목받는 경우가 많다. 최고의 CEO들은 늘 준비가 되어 있으며 많은 CEO들이 적극적으로 임하는 쪽을 택한다. 마지드 알 푸타임의 알라인 베자니는 말한다. "많은 조직원들은 그들의 CEO가 이 시대 주요한 문제에 관해 적극적으로 나서는 모습을 보고 싶어한다. 사회 문제나 글로벌 문제는 정부가 단독으로 대처하기에는 너무 크고 정부, 기업, 시민 사회 간의 참여가 매우 중요하다. CEO는 이야기를 이끌고 건설적인 토론을 할 수 있는 포럼에 참여하는 등 중요한 역할을 한다. 말과 아이디어를 행동으로 옮기기 전부터 변화는 시작되는 것이다."

에코랩의 더그 베이커는 15년이 넘는 재임기간 동안 이와 관련된 CEO 역할의 진화를 되돌아본다. "과거에는 논평하지 않았을 문제에 대해 이제는 훨씬 더 많은 목소리를 내야 한다. 그 점을 업계에서도 이해하고 있다고 생각한다. 예를 들어 치안 유지 등의 사회 정의 문제들에 대해 예전 같으면 의사 표시를 하지 않았을 것이다. 물론 개인적인 의견이 있고, 이를 친구들에게 말할 수도 있다. 하지만 CEO로서는 '여긴 내가 나설 자리가 아니다. 사람들은 내게서 그 이야기를 듣고 싶어하지 않는다'라고 생각했다. 그런데 오늘날 우리가 당연히 반대할 만한 일에 부정적인 목소리를 내도 '그렇게 입장을 취해줘서 무척 기뻐요'라고 말하는 사람들이 정말 많다. 놀라울 정도로 시대가 많이 달라졌다."

베이커만 그런 경험을 한 것은 아니다. 2021년 초, 트위터의 CEO 잭 도시와 페이스북의 CEO 마크 저커버그는 도널드 트럼프 미국 대통령의 트위터 계정과 페이스북 페이지를 폐쇄하기로 결정을 내렸다. 트럼프가 조 바이든에게 패배한 선거에 대해 소셜 미디어에 거짓을 퍼뜨리는 것을 막기 위해서였다. 이에 다른 많은 CEO들도 행동에 나섰는데, 특히 아메리칸 익스프레스, 베스트 바이, 마스터카드 등은 미국 50개 주의 선거인단 투표를 비준하기 위해 열린 합동회의에서 선거 결과에 굴복하지 않는다고 투표한 147명의 의원들에게 더 이상 기부하지 않겠다고 발표했다. JP모건체이스, 마이크로소프트, 에이온 같은 다른 회사들도 선거 결과를 뒤집으려는 시도는 자신들의 가치와 맞지 않는다며 모든 정치 기부를 중단하겠다고 했다.

최고의 CEO들은 개인적인 열정을 회사의 원칙과 혼동하지 않는다. CEO는 언제 개인으로 나서야 할지, 언제 회사 구성원과 이해관계자들을 대표해 나서야 할지에 대해 최고경영진, 이사회, 직원들의 의견을 수렴하는 것이 중요하다. 인튜이트의 브래드 스미스는 말한다. "2016년 대통령 선거 이후, 나는 트럼프 후보가 당선되어 얼마나 기분이 나쁜지 직원들에게 편지를 써달라는 압력을 많이 받았다. 나는 그 요청을 거절하면서 말했다. '부탁이 있다. 우리 사무실 위치를 표시하고 직원들이 빨간색(공화당 성향)인지 파란색(민주당 성향)인지 알려주길 바란다. 터보텍스 고객과 퀵북 고객도 어느 쪽인지 표시해 달라.' 결과는 빨간색과 파란색이 골고루 나왔다. 내가 이쪽을 지지하고 저 사람은 다른 쪽을 지지했을 수 있지만 우리는 개인의 원칙을 내세우려고 이 자리에 있는 게 아니다."

스미스는 계속해서 말한다. "우리가 말해야 할 것은 무엇을 옹호하고 있는가이다. 그래서 우리는 몇 가지 원칙을 적었다. '우리가 옹호하는 것은 우리의 가치다. 우리가 옹호하는 것은 인권, 시민의 자유, 법 아래에서의 평등한 보호다. 우리가 옹호하는 것은 사업을 운영하는 모든 주와 국가의 법을 준수하는 것이다. 이들 중 하나라도 위반된다면, 우리는 우리가 적합하다고 생각하는 방식으로 행동에 나설 것이며, 가장 먼저 나서서 영향력을 행사할 것이다.' 많은 CEO들이 이런 일을 해본 적이 없다고 생각한다. 하지만 이는 매우 중요한 일이다." 스미스는 이 메시지를 처리하는 것이 그의 임기 마지막 3년 동안 가장 힘든 점이었다고 말한다. "많은 기업이 중도에 포기한다. 어떤 직원들은 입장을 표명하길 기대하고 자신이 마음속에 그리는 리더가 되길 바란다. 또 어떤 이들은 견해가 다르다. 그렇기 때문에 어렵지만 길을 헤쳐 나갈 방법을 찾아야 한다."

듣는 것이 말하는 것보다 더 중요할 때도 있다. 스미스는 말한다. "불편한 대화를 편안하게 여길 수 있어야 한다. 공청회를 열어 '이건 어떻게 해야 할지 모르겠다. 어떻게 도와주면 될까? 우리가 뭘 할 수 있을까? 당신들은 뭐가 필요한가?' 하고 물어보길 바란다. 사람들에게 해결책을 내놓을 기회를 줘라." US뱅코프의 리처드 데이비스는 미국 경찰의 흑인 과잉진압 사건 이후 정확히 그렇게 했다. 그는 은행의 25개 지역 리더들에게 청취 행사를 열게 했고 그중 일부에 참석했다. "은행과는 아무 관련 없는 일이기에 주주들은 우리의 행동에 개의치 않아 했다. 중요한 건 의견을 듣는다는 것이고, 그렇게 한 것에 대해 수많은 감사 인사를 받았다."

베스트 바이의 허버트 졸리는 그 아이디어를 더욱 확장해 나간다. "CEO는 머리로만 이끌어낼 수 없다. 마음과 영혼, 귀, 눈으로도 이끌 어내야 한다." 그는 이어 말한다. "이런 자질은 20년 전 전형적인 CEO 의 모습과는 매우 다르다."

오늘날은 그 어느 때보다도 사회적 목적이 비즈니스 목적을 반영한 다. 하지만 최고의 CEO들은 이익과 목적이 불가분의 관계에 있음을 예전부터 잘 알고 있었다. 1946년 빅터 프랭클에 따르면 사회적 목적 은 그저 큰 이익을 가져다주는 것 이상의 영향력을 미친다. '목적을 가 지고 산다'고 응답한 사람은 그렇지 않은 사람보다 삶의 수준이 다섯 배 더 높고, 일에 더 바쁘게 몰두할 가능성이 네 배 더 높다. 직장 생활 외에도 목적을 가진 사람들은 더 오래, 더 건강하게 산다는 연구 결과 가 있다.[12]

최고의 CEO들은 사회적 목적이 가져올 수 있는 모든 영향을 파악 할 때 가장 먼저 기업의 사회적 이유부터 정확하게 파헤친다. 그런 다 음 비즈니스 운영 방식의 핵심에 자신의 목적을 끼워 넣는다. 다음으 로, 동시대의 환경, 사회, 지배구조의 문제를 해결하는 데 기업의 강점 을 활용한다. 마지막으로, 최고의 CEO들은 필요한 상황이 오면 자신 의 플랫폼을 사용해 목소리를 내고 입장을 표명한다.

명확한 사회적 목적의식은 이해관계자와의 관계를 구축하는 데 강 력한 기반이 된다. 하지만 적절한 소통을 위해서는 CEO가 이해관계 자의 '왜?'를 파악해야 한다.

핵심에 집중하라

이해관계자와의 상호작용 실천

사물을 그 사람의 관점에서 생각하지 않으면
그 사람을 진정으로 이해할 수 없다.

하퍼 리

한 인기 만화에서 두 사람이 각각 땅 위의 숫자를 가리키고 있다. 숫자 한쪽에 서 있는 사람이 숫자 6이라고 말한다. 반대편에 서 있는 사람은 9라고 말한다. 만화 아래에는 이런 문구가 쓰여 있다. "내가 옳다고 남이 틀린 건 아니다." 아주 간단한 이 그림은 동일한 상황이 관점에 따라 다르게 해석될 수 있음을 보여준다. 이 밈은 여러 이해관계자를 다루는 일이 얼마나 복잡한지에도 적용해볼 수 있다.

CEO 역시 다양한 이해관계자와 상호작용하는 역할을 담당하기에 그에 따른 위험이 클 수밖에 없다. 마지드 알 푸타임의 알라인 베자니는 말한다. "CEO가 사업을 영위할 수 있는 자격을 부여하는 것은

CEO가 영향을 주는 이들 즉, 개인, 공동체 또는 사회이다. 최적의 전략, 기술, 대차대조표를 갖고 있어도 그 사람들에게 변화가 생기면(그게 CEO의 통제 하에 있는 일이든 아니든) 조직에 어마어마한(직접적이든 간접적이든) 영향을 미치게 된다. 처음에는 별것 아닌 것처럼 보여도 나중에 심각한 문제가 되기도 한다. 이런 관계를 잘못 다루면 회복할 수 없을 정도로 평판이 훼손되며, 그럴 경우 CEO 자리에서 물러나야 할 수도 있고 최악의 경우에는 사업이 망하거나 전략을 바꿔야 할 수도 있다."

베자니가 밝힌 것과 같은 이유로 피터 드러커도 이렇게 말했다. "어떤 조직에서든 사명에 관계없이, CEO는 내부(조직)와 외부의 연결고리다. 내부에는 오로지 비용밖에 없다. 결과는 오로지 외부에만 있다."[13] 드러커가 말하는 '외부'는 주주, 채권자, 투자자, 분석가, 정부 규제기관, 정부 입법기관, 고객, 공급자, 유통업자, 지역 및 전국 커뮤니티, 일반인(글로벌 커뮤니티), 미디어, 노조, 무역단체, 전문 협회, 옹호단체, 경쟁자 등을 말하고 이 목록은 계속 늘어날 수 있다. 이런 이해관계자 대부분은 때로는 경쟁 관계에 있고, 때로는 상호의존 관계에 있는 등 복잡한 거미줄로 연결되어 있다.

최고의 CEO는 이해관계자와의 관계를 최대한 활용하기 위해 언제 어디서나 비즈니스를 지원하는 데 필요한 모든 작업을 수행한다. 거대 석유회사 로열 더치 셸의 전 CEO 피터 보저는 국제 석유회사들의 지배력이 떨어지고 국영 석유회사들의 파워가 점점 더 강력해지는 상황에 직면했다. 보저는 셸이 계속 성장을 이어 나가려면 국영 석유회사 및 그들을 지배하는 정치인들과 더 나은 관계를 구축해야 한다는 것을 알았다. 예를 들어, 이 거대 석유회사는 브루나이 GDP의 약 80퍼센트와 오만 GDP의 약 65퍼센트를 창출했다. 보저는 말한다. "이 두 나라의 술탄이 CEO 이외의 사람과 대화를 하려고 할까? 그렇지 않다. 우리에게는 큰 책임이 따르고 반드시 결과를 내놓아야 한다."

보저는 계속해서 말한다. "나는 내가 CEO이면서 셸의 대사이기도 하다고 강하게 믿는다. 나는 10만 명의 직원, 35만 명의 소매 지점 직원, 우리를 위해 프로젝트를 진행하는 50만 명의 직원, 다 합해서 100만 명의 직원들을 대표한다." 그는 주주들을 상대하는 것을 제외하고 외부 이해관계자들에게 업무 시간의 절반을 할애한다고 추산한다. 주로 출장을 가고, 이 나라 저 나라를 방문하면서 셸이 어떻게 그들의 번영을 위한 장기적인 이익을 만들어낼지 설명하고 보여준다. "러시아 대통령이나 중국의 주석, 오만의 술탄이 CEO를 만나고 싶다고 하면 '3주 후에 오겠다'고 대답하면 안 된다. 당장 '내일 가겠다'고 말해야 한다."

우리가 인터뷰한 모든 CEO들과 마찬가지로 보저도 이해관계자와의 소통이라는 힘든 작업의 성과에 대해 들려준다. "아무도 열지 못한 문(기회)을 열었을 때가 가장 기뻤다." 하지만 모든 CEO들이 최고의 CEO들이 하는 방식대로 외부 상황을 관리하는 것은 아니다. 전체적으로 30퍼센트 미만의 CEO만이 외부 이해관계자와 효율적으로 협력하고 있다고 느낀다. 최고의 CEO들에게는 어떠한 특징이 있는 것일까?

외부에 시간을 할애하라

피터 드러커는 CEO를 내부와 외부의 연결고리라고 정의하면서 우선순위를 부여하는 게 중요하다고 강조했다. 그는 2004년 〈월스트리트 저널〉 칼럼에서 "조직의 의미 있는 외부를 정하는 것이 CEO의 첫 임무"라고 강조했다. "그것을 규정하기는 명확하지도 않고, 쉬운 일도 아니다." 그는 어떤 기업도 외부의 모든 분야에서 리더가 될 수 없다면서 그 이유를 설명하고, 어떤 이해관계자에게 집중할지를 결정하는 것은 "매우 위험하고, 변경하거나 되돌리기 힘든 결정이며 오직 CEO만이 할 수 있고 CEO가 해내야 하는 일"이라고 결론지었다.[14]

그렇다면 CEO는 어떻게 우선순위를 정해야 할까? 대부분의 CEO는 몇 가지 기준을 적용해 이해관계자를 식별하고 순위를 매긴다. 하지만 최고의 CEO들은 한 단계 높은 곳에서 시작한다. 그들은 외부에 얼마나 많은 시간을 할애할지에 대해 확고하고 절대적인 경계부터 정한다. 인튜이트의 브래드 스미스는 이렇게 설명한다. "버킷에 무엇을 담을지부터 정해야 한다. 나는 내 시간의 20퍼센트를 외부에 할애한다. 그리고 그 20퍼센트를 원하는 사람들은 내가 왜 그들에게 시간을 할애해야 하는지 증명해야 한다. 내 비서는 모든 스케줄을 색깔별로 코드화하고 월말에는 내가 시간을 제대로 쓰고 있는지 분석한다. 예를 들어, 내가 최고 주주들과 보낼 시간을 빼서 〈포춘〉과 인터뷰를 하러 가야 한다면 정당성이 있어야 한다. 그들은 내가 시간을 내어 자신을 만나야 할 합당한 이유를 제공해야 한다. 그리고 20퍼센트를 넘는 일은 있을 수 없다."

우리가 인터뷰한 모든 우수한 CEO들은 이런저런 형태로 외부 이해관계자와 보내는 시간에 평균 30퍼센트를 할애했지만 표준 편차가 매우 컸다. 예를 들어 아홀드 델헤이즈의 딕 보어는 10퍼센트만 외부와의 관계에 할애한다. 반면 넷플릭스의 리드 헤이스팅스는 정부, 홍보 관계자, 주주들에게 3분의 1의 시간을 할애했다. 거기다 포커스 그룹의 의견이나, 어떤 작품을 보고 있는지와 그 이유를 이해하기 위해 고객과 함께 시간을 보내는 것까지 하면 그의 외부 활동 스케줄은 50퍼센트까지 늘어난다. 꽤 많은 시간이지만 앞서 말한 셸의 피터 보저만큼은 아니다. 이러한 시간 할애는 일반적으로 CEO의 상황 변화에 따라 달라진다. US뱅코프의 리처드 데이비스는 "재임 초기에는 동료들과 내부 이니셔티브에 더 집중했다"고 말한다. 그는 신뢰할 수 있는 적절한 팀을 배치하고 나서는 외부 이해관계자와 보내는 시간을 늘렸다.

최고의 CEO들은 외부 이해관계자와 함께 보낼 시간을 정하고 나면 어떤 상호작용이 회사의 목적에 부합하고 전략을 실현하며 장단기 리스크를 관리하는 데 도움이 되는지에 따라 미팅의 우선순위를 정한다. 볼터스 클루버의 낸시 맥킨스트리는 외부 대면 시간의 대부분을 고객에게 할애한다. 듀크 에너지의 린 굿은 규제 당국 및 정치인들과 시간을 보내는 것을 중요하게 여겼다. US뱅코프의 데이비스는 상당한 시간을 '지역사회의 일'에 할애한다. 록히드마틴의 메릴린 휴슨은 국제관계 구축을 강조했다. IDB의 라일라흐 아셰르 토필스키는 노조와의 관계 구축에 많은 투자를 했다. 에퀴티 그룹의 제임스 므왕기는 수많은 UN 및 기타 자문 이사회의 멤버가 되는 것을 선택했다.

기업의 목적과 전략에 관계없이 모든 상장기업 CEO에게 투자자 커뮤니티는 중요한 이해관계자다. 최고의 CEO들은 일반적으로 회사의 가장 중요한 15~25명의 투자자(가장 관련 지식이 풍부하고 해당 업무에 종사하는 사람)와 시간을 보내고 나머지는 CFO 및 투자 관련 부서에 할애한다. 또 일 년에 한두 번은 콘퍼런스에 참석하지만 그 이상 여러 번 참석하지는 않는다.

처음에 DSM의 페이케 시베스마는 CEO로서 그의 투자자 관계 팀과 함께 주주들을 방문했다. 그는 그때를 회상하며 말한다. "그들은 단기적으로 일어나는 일, 심지어 바로 다음 분기에 일어날 일을 알고 싶어했고, 그것과 관련된 질문들을 했다. 그들은 회사의 미래에는 그만큼 신경을 쓰지 않는 것 같다." 시베스마는 그게 그들의 목표라면 주식을 팔라고 제안했다. 투자 홍보팀은 그것이 주주들을 상대하는 최신의 전략인지 의문을 제기했지만 그는 단호했다. "물론이다. 우리는 회사를 혁신할 것이므로 더욱 그렇다."

시베스마는 자신이 하는 일을 잘 알았다. "우리는 우리에게 맞는 주주 명단을 작성했다. 아직 우리 주식을 보유하지 않은 사람들도 많았고, 이렇게 말하는 사람들도 많았다. '누가 당신 회사를 소유할 것인지 당신은 결정할 수 없습니다. 어떤 회사를 소유할지 결정하는 것은 그 사람들입니다.' 하지만 나는 이렇게 말했다. '그렇습니다. 그건 그들의 돈입니다. 나는 그들 대신 결정해줄 수 없습니다. 하지만 우리가 걸어갈 여정에 맞는 투자자들을 끌어들일 수는 있지요.' 우리는 거기에 더 많은 시간을 할애했다. 주주는 저절로 찾아오지 않는다. 노력해야 하고 그들과 더 많이 대화해야 한다. 그러면 더 많은 주주를 당신의 여정에 불러들일 수 있고 신뢰를 쌓을 수 있다." 그레그 케이스도 에이온에서 똑같이 했다. "약 10년 전만 해도 우리는 '투자자들이 별로 마음에 들지 않는다'고 말했다. 그들은 너무 단기 투자에 편중되어 있었기 때문이다. 그래서 우리는 그들을 바꾸기 시작했다." 그는 이렇게 말한다. "우리는 분석을 진행했다. '우리의 전략을 고려하면, 누가 우리를 소유하는 것이 좋을까?' 우리는 사람들과 이야기를 나누면서 누가 우리 주식을 소유해야 하는지, 그렇지 않은 사람들은 누구인지 식별하고 우리 회사 주주로 적합하다고 생각하는 이들에게 다가갔다."

외부 이해관계자들에게 얼마나 시간을 할애할지, 누구와 이야기할지가 명확해지면 최고의 CEO들은 1분도 허투루 쓰이지 않도록 일정을 최적화한다. 웨스트팩의 게일 켈리는 호주에서 가능한 한 많은 이해관계자들을 분기별 지역 방문 스케줄에 포함시키는 것으로 유명하다. 그녀는 지점 직원, 고객, 지방 정부, 언론들과 만났다. "나는 이 부분을 매우 엄격하고 가차 없이 관리한다." 록히드마틴의 메릴린 휴슨은 엄격한 스케줄도 중요하지만 유연성이 필요하다고 말한다. "매년 9월, 우리는 일 년 앞을 내다보고, 투자자 상담이나 고객 방문, 에어쇼, 콘퍼런스 등 언제 무엇을 할지를 계획한다. 새로운 일이 생기면 나는 그 일을 못하거나 아니면 기존 계획을 취소하고 그 일을 한다. 물론 조정이 아예 불가능할 정도로 엄격한 것은 아니지만 올해의 우선순위가 무엇인지는 파악할 수 있다."

고객의 '왜?'를 이해하라

앞 장에서 기업의 '왜?'를 명확하게 이해하기 위해 이해관계자와의 소통이 중요하다는 점을 설명했다. 최고의 CEO들이 '무엇'을 넘어 이해관계자의 '왜?'를 이해하려고 노력하는 것도 같은 맥락에서 볼 수 있다. 그렇게 하면 보다 심오한 관계를 맺고 갈등을 해결하며, 적어도 이야기를 들어주고 존중받는다는 느낌을 심어준다.

리드 헤이스팅스는 넷플릭스의 일부 이해관계자들에 대해 어떻게 생각하는지 밝힌다. "언론을 예로 들어보자. 언론에 대한 내 생각을 말하자면, 그들은 진실을 말하고 싶어하지만 현실적으로 흥밋거리가 있어야 한다고 강요받는다. 그 갈등을 이해한다면 CEO는 언론이 흥미를 유발하면서도 약간의 진실을 전달하도록 도울 수 있다. 정치인의 경우에는 사회 대다수 사람들의 지지를 계속 얻게 하는 게 중요하다. 그건 매우 어려운 일이다. 그걸 이해하면 정치인들이 이성적이지 않은 행동을 할 때도 그들을 용서하게 되고 대중의 심리를 움직이는 그들의 독특한 기술을 존중할 수 있게 된다. 두 가지 경우 모두 상대를 진정으로 이해하려는 노력이 필요하다."

록히드마틴의 메릴린 휴슨은 도널드 트럼프 전 미국 대통령과 매우 공개적이고 부담스러운 경험을 했다. 2016년, 그녀는 이스라엘 남부 지역에 있는 이스라엘 네바팀 공군 기지로 향하고 있었다. 그 방문은 최초의 F-35 스텔스 전투기 두 대를 이스라엘 공군에 인도하기 위한 것이었다. 그때 그녀의 휴대전화가 당시 대통령 당선자 트럼프가 1,600만 명이 넘는 팔로워들에게 보낸 트윗으로 울렸다. "F-35 프로그램과 비용은 통제를 넘어섰다. 1월 20일(트럼프 대통령 취임일) 이후에는 군수물자(및 기타) 구매로 수십억 달러를 절약할 수 있고 절약할 것이다." 록히드마틴의 주가는 폭락하기 시작했고 하루 만에 40억 달러가 날아갔다. 휴슨이 목적지에 도착하자 베냐민 네타냐후 이스라엘 총리는 새 미국 대통령이 더 나은 구매 조건을 받게 된다면 현재 비행기에 대한 리베이트를 받을 수 있는지 물었다. 참고할 수 있는 상황이나 로드맵 등의 전례는 없었다.

휴슨은 특유의 냉정하고 침착한 태도를 유지하며 앞으로 나아갈 방법을 논의하기 위해 핵심 경영진을 소집했다. 그들은 대통령 당선인과 그의 행정부에게 제공할 수 있는 정보를 간략하게 제시했다. 또 F-35 프로그램 매니저를 언론에 공개하여 이해를 넓히고 질문을 받아 최신 정보를 제공하게 했다. 일주일 후 휴슨은 플로리다에 있는 트럼프의 해안가 사유지인 마라라고에 초청을 받았다. 방 안으로 들어가자 많은 정부 관계자들과 업계 리더들이 그녀를 맞았다. 휴슨은 준비해온 내용으로 대통령이 이 프로그램을 더 잘 이해할 수 있게 설명했다. 또한 그녀는 F-35 프로그램의 비용을 공격적으로 절감하겠다고 개인적으로 약속했다. 회의를 마치고 나오면서 매우 좋은 대화를 나눴다고 느꼈다. 하지만 그날 오후, 대통령 당선자는 또 다른 트윗을 날렸다. "록히드마틴 F-35의 어마어마한 비용과 초과 비용에 근거하여, 나는 보잉의 F-18 슈퍼 호넷에도 그런 비싼 가격을 책정해 달라고 했다!" 록히드마틴의 주가는 지난 번 트윗으로 받은 피해에 더해 또다시 폭락하기 시작했다.

휴슨은 그다음에 일어난 일에 관해 이렇게 말한다. "나는 무슨 일이 일어나고 있는 건지 진심으로 이해하고 싶어서 내가 신뢰하는 두 명의 최고경영진과 시간을 보냈다. 그 문제로 대화를 나누면서 트럼프의 목표는 '국가 방위에 집중하겠다', '저렴한 가격에 거래할 것이다', '납세자의 세금을 현명하게 사용하겠다'는 메시지를 미국인들에게 전달하는 것이라는 결론을 내렸다. 그 점을 이해하고 나자 우리는 '그의 요구를 이해했다는 것을 보여줄 새로운 방법을 생각해보고, 우리도 국방비 지출이 중요하고 현명하게 쓰여야 한다는 견해에 동의한다는 것을 언론에 알리자'고 결론지었다." 휴슨은 공공장소, 회사 보도 자료 및 일대일 고객 미팅에서 책임 있는 관리를 하겠다는 메시지를 전달했다.

몇 달 후, 비용 절감에 대한 합의가 이루어졌고 그 직후, "트럼프를 적에서 친구로 바꾼 록히드마틴의 휴슨"이 기사의 헤드라인을 장식했다. 이후 취임한 대통령은 백악관 회의에서 "그녀는 디프해!"리머 휴슨의 해결사 기질을 극찬했다고 한다. 휴슨은 F-35에 관한 경험을 떠올리며 말한다. "그냥 그들이 하는 말을 듣는 게 다가 아니다. 왜 그런 말을 하는지 시간을 들여 이해하고 나면 그들이 장기적 사고를 확립하는 데 도움을 줄 수도 있다."

이해관계자의 '왜'를 이해하는 데 추측이 들어가서는 안 된다. 대부분은 직접 질문을 할 수 있고 그렇게 해야 한다. 네스테의 전 CEO인 마티 리보넨이 핀란드 정유사를 더 지속가능한 회사로 만들겠다고 했을 때 거기까지 가는 게 쉬운 여정은 아니었다. 회사는 연료를 만들기 위해 더 많은 재생 가능한 공급원료(도시 폐기물, 재활용 목재, 플라스틱 등)를 사용하겠다는 목표를 세웠지만 진척은 느렸다. 그리고 2011년

10월의 어느 날, 리보넨은 회사의 분기 어닝콜 때문에 사무실로 차를 몰고 가다가 본사 외벽에 걸려 있는 그린피스 현수막을 보았다. 활동가들은 정문을 막고 벽을 타고 오르려고 했다. 리보넨의 커뮤니케이션 담당 이사는 긴장했고 직원들은 충격에 빠졌다. 그린피스는 네스테가 야자유를 정제 원료로 사용하는 것에 항의했다. 리보넨은 말한다. "우리는 야자유와 관련해 지속가능성을 확보하기 위해 열심히 획기적인 작업을 해왔다. 하지만 그린피스가 우리 회사의 경영과 평판에 미칠 수 있는 영향을 고려해 그들의 우려에 귀 기울이고 대처해야 한다고 판단했다."

CEO는 대화를 위해 활동가들을 회사로 불러들였고, 강당에 약 500명이 모였다. 리보넨은 그들의 질문에 답하고 우려를 해결하는 데 힘썼다. 단, 그들도 그에게 같은 예우를 보일 필요가 있었다. "투명성은 쌍방이다. 첫 번째 만남에서 모든 답을 제시할 수는 없다. 하지만 네스테는 그 대화로 더 나은 회사가 되어가기 시작했다. 모든 내용에 동의한 것은 아니지만 비판의 목소리를 듣는 것은 중요하다." 경영진의 투명한 태도를 보면서 회사 내 분위기도 바뀌었다. 네스테는 연구와 지속가능성 노력을 개선하고 새로운 원료를 연구했다. 리보넨의 임기가 끝날 무렵, 네스테는 재활용 원료 포트폴리오를 대폭 확대해, 폐기물과 잔류물을 정제한 재생 가능한 디젤과 제트 연료의 세계 최대 생산 기업이 되었다.

그는 말한다. "비판을 변화의 기회로 여겨야 한다. 다른 이해관계자의 입장이 되어보는 것이 중요하다. 그러면 그들의 신뢰를 얻을 수 있을 뿐 아니라 우리 자신도 발전하게 된다."

새 아이디어를 수집하라

대부분의 CEO들은 일반적으로 의사 결정, 합의 또는 이해 달성을 위해 명확한 목표를 염두에 두고 이해관계자를 참여시킨다. 최고의 CEO들은 항상 더 큰 목표를 가지고 모든 이해관계자와의 상호작용을 위해 지름길을 이용한다. 사업 개선에 도움이 되는 새 아이디어를 수집하는 것이다. 예를 들어 샤이어와 갈더마 모두에서 플레밍 온스코브가 다양한 인수 합병의 길을 걷게 된 것은 고객과의 대화를 통해서였다. "샤이어에서 했던 적어도 두세 건의 딜은 이전에 알던 의사들로부터 영감을 얻었다. 그들은 내게 이런 말들을 해주었다. '이건 꼭 생각해봐야 한다', '나는 이 제품 개발에 관여하고 있다', '나는 이 제품의 임상시험에 참여하는 환자를 맡았었다.'"

에이온의 그레그 케이스는 고객과의 대화에서 정기적으로 새로운 제품 개발 아이디어를 채택한다. 사이버 보안 리스크와 지적재산권 침해의 예가 대표적이다. 케이스는 자신의 철학을 설명한다. "CEO는 고객에게 서비스를 제공하기 위해서도 고객과 대화하지만 바꾸고 싶은 회사의 모습을 이해하기 위해서도 고객과 대화한다."

고객 이외의 이해관계자로부터도 영감을 얻는다. 공급업체, 파트너, 심지어 정치인들도 새 아이디어의 강력한 촉진제가 된다. 놀랍게도 최고의 CEO들은 심지어 그들에게서 정보를 찾는 투자자와 분석가들에게서 역으로 아이디어를 얻기도 한다. 제너럴 밀스의 켄 파월은 말한다. "나는 최고 주주들과 많은 시간을 보냈다. 물론 당장의 성과만 원하는 사람들도 있었지만 매우 건설적이고 업계를 잘 이해하는 오랜 주주들도 있었다. 그 대화는 많은 에너지를 주었고, 아이디어를 다듬거나 이미 생각하고 있던 것을 강화하는 데 도움이 되었다."

듀폰의 에드 브린은 행동주의 투자자들에게도 그렇게 한다. "나는 행동주의 투자자들과도 만나 소통하는데, 들어보면 좋은 아이디어를 가지고 있는 경우가 많다. 나는 그들이 백서에 쓴 내용의 80퍼센트는 동의한다. 동의하지 않은 부분은 우려하는 문제를 해결하는 방법에 관한 부분이었다. 그들은 '당신에게 그것을 고칠 더 나은 방법이 있다면, 가서 해봐'라는 생각이었다. 그들은 그저 문제를 고치길 원했다. 나는 이런 접근 방식을 통해 그들과도 동맹이 될 수 있다는 것을 깨달았다."

토탈의 파트리크 푸얀네에게 특별한 이익 집단은 영감의 원천이 된다. 예를 들어, UN기후회의에서 그는 100명의 기업체 리더들이 탄소중립에 관해 하는 이야기를 들었다. 그는 "그곳에는 석유나 가스 회사의 대표는 없었다"라고 회상한다. "그 회의를 마치고 나왔을 때, 나는 그 안에 진짜 이야기가 담겨야 한다는 것을 깨달았다." 푸얀네는 이런 상호작용에서 영감을 받아 수십억 달러를 투자해 보다 적극적으로 재생 에너지 분야로 이동하며 책임 있는 에너지 분야의 글로벌 기업이 되겠다는 토탈의 사명을 추구했다.

때로는 외부 파트너십에서 좋은 아이디어를 얻기도 한다. 네슬레가 디즈니와 커뮤니케이션 전략을 개선하기 위해 파트너십을 맺었을 때 전 CEO 피터 브라벡 레트마테는 로스앤젤레스 디즈니 스튜디오에서 시간을 보냈다. 그는 그곳에 머물면서 디즈니가 애니메이션 영화 한 편을 구상할 때, 시작 단계에서부터 어떻게 하면 향후 10년 동안 그 영화를 최대한 활용할 수 있을지까지 고민한다는 사실을 알게 되었다. 캐릭터 구상 때부터 상품화할 방법까지 미리 생각한다. 영화를 극장에서 개봉하고 나서는 DVD 등으로 옮겨가고, 그동안 영화의 모든 요소를 활용해 10년 동안 가치를 증폭시킨다. 다시 말해, 디즈니는 단순히 영화를 만드는 것뿐만 아니라 전체 프랜차이즈에 대해 생각했다.

브라벡 레트마테는 네슬레로 돌아와 자사 제품에 대해서도 똑같이 하기로 했다. 그는 연구원들에게 자신이 브랜드화할 수 있는 영양 성분을 만들어 달라고 부탁했다. 첫 번째는 LC1으로 다른 제품에 포함되어 있는 박테리아였다. 브라벡 레트마테는 이렇게 말한다. "한 제품에만 가치가 한정된 한 가지 성분을 만드는 게 아니라 영양 성분을 브랜드로 바꿀 방법, 향후 10년간 그것을 활용할 방법에 대해서도 생각했다. 당신이 어디에 있는지, 어떤 역할을 하는지는 상관없다. 사람들은 항상 다른 방식으로 일을 창조할 수 있다. CEO도 항상 무언가를 배우고 회사에 적용해야 한다."

일관된 메시지를 전달하라

최고의 CEO들은 수많은 이해관계자와 소통하면서 서로 다른 메시지를 전달하는 것이 어리석은 일임을 잘 안다. 최고의 CEO들은 외부와의 대화에서 기업의 사회적 목적뿐 아니라 사업의 모든 측면과 관련해 단일한 서술을 활용하는 편이 더 생산적이고 자유롭다고 여긴다. 자크 아셴브로아는 발레오의 이해관계자를 관리하는 방식을 예로 든다. "내가 이사회에 말하는 것과 주주들에게 말하는 것, 그리고 경영진과 조합에 얘기하는 것은 모두 같다."

IDB의 라일라흐 아셰르 토필스키는 특히 주식 시장에 개방적이고 정직하며 일관성 있는 태도를 보이는 게 중요하다고 강조한다. "비전을 제시하고 비전을 어떻게 이루어나가는지 보여주어야 한다. 내부나 외부에서 어떤 일이 일어났을 때 당신은 계속해서 똑같은 방식으로 소통하고, 그들에게 '이것이 우리가 말한 것이다, 그 일은 이렇게 된 것이다, 그 이유는 1, 2, 3 때문이다'라고 말해야 한다. 지나친 약속을 하지 말라. 기회뿐 아니라 문제에 대해서도 솔직해져야 한다. 그러면 시장에서 '저 약속은 과하다, 가격을 낮추자' 같은 말을 듣게 되지는 않을 것이다."

이런 솔직한 태도를 유지하는 게 당장은 불편할지 몰라도 진정한 믿음과 신뢰를 확립할 수 있는 유일한 방법이다. US뱅코프의 리처드 데이비스는 부정적인 소식을 들었을 때 투자자들을 어떻게 대했는지를 이야기한다. "나는 종종 투자자들에게 말한다. '자, 우리는 가공하지 않은 진실을 알려주고 있다. 이게 우리가 하고 있는 일이다. 당신은 진실을 들을 자격이 있고, 우리는 당신들의 신뢰를 얻을 자격이 있다. 일이 놀라울 정도로 잘 풀리고 있다고 말할 때도 있지만 그렇지 않을 때는 잘 풀지지 않고 있다고 말한다. 우리는 끝까지 투자자들에게 정직할 것이다."

에이온의 그레그 케이스는 임기 초기에 외부 이해관계자에게 명확하고 일관된 스토리를 유지하는 게 중요하다는 점을 배웠다. 2005년 이 거대한 회사에 CEO로 취임한 지 한 달 만에 그는 투자자의 날에

CEO 발표가 있을 예정이라는 말을 들었다. 회사는 몇 년 동안 한 번도 그런 행사를 연 적이 없었다. 케이스는 이렇게 회상한다. "내가 좀 더 경험이 많았다면, '좋아. 취소하자'고 말했을 것이다. 하지만 그땐 몰랐다. 나는 '좋아, 준비하자'고 말했다. 의미 있고 설득력 있는 에이온의 미래 전략에 대해 뭐라고 말할 수 있었을까? 아무것도 없었다. 한 달 만에 그 답을 얻었더라도 우리는 투자자들에게 이야기하지 않고, 먼저 동료들과 이야기했을 것이다. 그렇게 뭔가 훌륭한 것을 만들어낼 기반이 마련되고 나면 그때 투자자에게 전달했을 것이다. 하지만 그때는 전혀 몰랐다. 우리는 한 달 만에 투자자 앞에 섰고, 그건 지옥의 소방훈련이었다." 그 사례의 교훈은 명확했다. "계획을 갖고 있어야 한다. 그런 다음 당신이 하려는 일을 모두가 이해할 수 있게 해야 한다."

모든 이해관계자 그룹에게 일관된 메시지를 전달하게 되면, CEO는 이해당사자에게 할애할 시간을 단축할 수 있는 선순환 구조를 마련할 수 있다. 베스트 바이의 허버트 졸리는 이렇게 말한다. "이해관계자와의 관계의 핵심은 '말하는 것과 하는 것'의 비율 즉, 어떤 일을 하겠다고 말한 것과 이미 완수한 일 간의 비율을 적절히 조절하는 것이다. 그래야 신뢰를 얻을 수 있다. 그들은 '앞으로 하겠다'는 CEO의 말을 최대한 덜 듣고 싶어한다. 그보다는 CEO가 더 사업에 전념하고 약속을 이행하는 데 시간을 할애하기를 원한다."

외부 이해관계자와의 관계는 사업 운영에 필수적인 요소다. GM의 메리 배라는 "정부, 딜러, 공급업체, 노조, 지역사회 같은 이해관계자와의 관계는 '하면 좋은 일'이 아니라 회사 경영의 일부이다"라고 말한다. 지금까지 살펴본 대로, 이해관계자들과 소통하기 위해서는 어마어마한 양의 업무가 필요하며, CEO 시간의 상당 부분을 할애해야 한다. 실수를 하면 안 된다는 점도 힘들다. CEO는 직원들에 대한 직접적인 권한을 갖지만 이해관계자들에게는 그렇지 않고, 이들은 회사 운명에 영향을 미칠 수 있다. 또 이해관계자들은 그 어느 때보다 더 기업을 면밀히 조사하며, 활동가들은 경영진을 공격할 점점 더 정교한 도구를 개발하고 있다.

하지만 에스켈 그룹의 마조리 양이 말했듯이, 최고의 CEO들은 외부 이해관계자들과 너무 많은 시간을 보내느라 경영진과 충분한 시간을 보내지 못하는 함정에 빠져서는 안 된다. 이들은 이해관계자와 보내는 시간의 경계를 정하고 최적화할 방법을 마련하며, 상대의 '왜?'를 이해하고 소통함으로써 각각의 상호작용을 최대한 생산적으로 이끈다. 또 최고의 CEO들은 외부와의 접촉에서 새로운 아이디어를 수집하여 비즈니스를 개선할 기회로 여긴다. 마지막으로, 최고의 CEO들은 시간이 지남에 따라 모든 이해관계자들에게 일관된 메시지를 전함으로써 신뢰도를 높이고 복잡한 외부 환경을 쉽게 관리한다.

이해관계자와의 강력한 관계는 늘 중요하지만, 위기가 닥쳤을 때는 성패의 갈림길이 되기도 한다.

자신감을 잃지 말라
위기 관리 실천

**최악에 대비되어 있다면
최선을 바란다고 나쁠 것은 없다.**

스티븐 킹

2015년에는 웰스 파고의 CEO인 존 스텀프가 모닝스타에서 올해의 CEO로 선정되었다. 상을 받은 지 10개월 만에 그는 회사의 판매 관행 스캔들로 사표를 제출했다. 보잉의 CEO 데니스 밀렌버그는 2018년 〈에이비에이션 위크〉에서 올해의 인물로 선정되었다. 11개월 후 이사회는 737맥스 대실패의 책임을 물어 그에게 사임을 요청했다. BP의 토니 헤이워드는 딥워터 호라이즌 원유 유출 사고 직후 사임했다. 우버의 트래비스 칼라닉은 사내 갈등과 잇다른 불상사에 대한 우려로 일부 이사들에게 사임 요청을 받았다. 안타깝게도 '칭찬에서 사임으로' 이어지는 CEO들의 스토리는 차고 넘친다.

위기를 관리하는 최선의 방법은 예방하는 것이다. 기업이 아무리 잘 운영되어도, 최고의 CEO들에게도 이러한 위기관리에 대한 것은 '만약'이라기보다 '언제'에 해당되는 질문이다. 지난 10년간 〈포브스〉 글로벌 2000에 선정된 100대 기업의 이름은 위기라는 단어와 함께 헤드라인을 장식했고, 과거 10년간은 그런 경우가 80퍼센트 증가했다.[15] 기술과 글로벌 공급 체인에 의해 제품 및 서비스의 복잡성이 계속 증가하고 있는 것을 고려하면 그다지 놀랍지도 않다. 앞 장에서 살펴본 대로 문제를 더욱 심화시키는 것은, 첫째 이해관계자의 기대치가 높아지고, 둘째 트위터나 페이스북과 같은 소셜 미디어 플랫폼이 신속하고 효과적으로 우려를 키우고, 셋째 많은 지역 정부들이 구성원들을 위해 개입할 의지가 커졌다는 점이다.

위기는 어디에서나 발생할 수 있다. 때로는 이목을 끄는 언론 기사가 위기를 촉발시키기도 하는데, 당시 유나이티드 항공의 CEO이자 후에 경영 회장이 된 오스카 무노즈는 오버부킹된 비행기에서 끌려나오다가 부상을 입은 승객의 이야기가 언론에 알려지며 위기를 맞았다. 신용 대행사인 이퀴팩스의 전 CEO 리처드 스미스는 사이버 공격의 확산으로 위기에 맞닥뜨렸다. 안전 문제, 윤리적 행동, 적대적 인수 시도 등의 문제로 위기를 맞을 가능성은 무한하다. 위기는 특정 회사에만 해당되는 것이 아니다. 거시경제 관련 사건, 전염병, 국제 분쟁, 자연 재해, 사회 갈등, 테러 공격 등 다른 수많은 외부 요인들이 CEO들에게 위기 상황을 제공할 수 있다.

메리 배라가 CEO로 취임한 지 불과 몇 주 후인 2014년 1월, GM은 수많은 치명적 충돌사고로 이어진 점화 스위치 결함으로 수백만 대의 차량을 리콜해야 했다. "위기가 닥쳤을 때 그 중요성을 항상 바로 인식할 수 있는 것은 아니다. 안 좋은 소식을 접했다고 해서 처음부터 '아, 이건 위기야'라고 생각하지는 않는다. 하지만 점화 스위치 사건이 불거지기 시작할 때부터 우리는 상황이 심각하다는 것을 금세 깨달았다." 그녀는 GM의 주주인 워런 버핏에게 조언을 구했다. 그는 그녀가 문제 있는 살로몬 브라더스를 인수했을 때도 "제대로 파악하고, 빨리 해결하고, 빨리 털고 나오고, 빨리 잊어라"고 조언을 해주었다.

배라는 15명으로 구성된 경영진 중 5명을 뽑아 위기관리 담당으로 배치하고 매일 만났다. 초기에 팀원들은 답변보다 질문이 더 많았다. 그래서 배라는 가서 답을 찾아오라고 팀원들을 내보냈다. 회의는 때로는 두 시간, 때로는 20분이 걸렸지만 배라는 계속 가까이서 연락을 주고받았다. 한편, 나머지 경영진에게는 매일 판매를 촉진하고 차량 판매 프로그램을 정상적으로 돌리면서 계속 사업을 운영하게 했다.

흥미롭게도 그녀는 위기 속에서 필요한 문화 변화를 가속화할 기회를 보았다. 배라는 말한다. "위기에 처했을 때 우리는 '고객 우선'을 가치로 삼아 '투명하게 하겠다. 우리는 고객을 지원하기 위해 할 수 있는 모든 일을 할 것이며, 이와 같은 일이 다시는 재발되지 않도록 하겠다' 라고 다짐했다. 그것은 단순히 벽에 붙여 놓은 말이 아니라 우리의 진짜 가치였다."

그해 봄 배라는 의회에 출석해 질문공세를 받았다. 혹독한 질문을 받은 그녀는 때때로 아직 답을 찾지 못했고 조사가 끝나지 않아 답변을 할 수 없다고 고백했다. 그녀는 이렇게 회상한다. "그 일로 큰 비난을 받았지만, 정확히 뭐가 문제인지 섣불리 추측하려고 하지 않은 것은 잘했다고 생각한다. 내 추측이 틀렸을 수 있기 때문이다. 그러면 상황이 더 악화되었을 것이다. 그럼 또 '전에는 그렇게 말해놓고, 이젠 이렇게 말한다'는 비난을 들어야 했을 것이다." 배라의 경영진은 새로운 사실을 알게 되면 즉시 대중과 정보를 공유했고, 고객을 돕기 위해 할 수 있는 모든 것을 했다. 결국 GM은 260만 대 이상의 차량을 리콜하고 수천 건의 상해 소송을 해결했다. GM은 차량 소유주들과 임차인들이 제기한 집단 소송을 해결하는 데 1억 2,000만 달러를 쏟아부어야 했다.

위기를 극복해낸 배라는 2014년 〈포춘〉이 선정한 '올해 최고의 위기 관리자'에 뽑혔다. 그녀는 이 일로 인한 비극에 깊은 유감을 표하면서, 이를 통해 배운 것을 되돌아보며 말했다. "이 모든 일을 겪으면서 가장 크게 깨달은 점은 우리는 때로 결정을 내리고 말고 할 게 없는데도 리더로서 결정을 내려야 한다고 생각한다는 것이다. 결국 옳은 결정은 단 한 가지밖에 없다. 더 깊이 생각할 필요는 있지만 정말 옳은 선택은 하나뿐이다. 많은 경우 사람들은 이렇게 말한다. '우리에겐 이런 문제가 있다. 그건 재정에 이런 영향을 미칠 거다.' 그러면 나는 이렇게 답한다. '무엇이 옳은 일인가? 재정에 타격이 가는 건 안 좋겠지만, 정말 옳은 일은 무엇일까?'"

그렇게 하지 않으면 그 위기로 CEO의 커리어가 끝날 수도 있다. 아니면 그 위기를 잘 이용해 위기 이후 회사가 더 큰 성과를 낼 단계로 도약할 수도 있다. 그 극단적인 두 상황 중 어디로 갈 것인지는 CEO가 자신의 역할을 어느 정도로 해내는지에 따라 달렸다.

정기적으로 스트레스 테스트를 하라

최고의 CEO들은 "예방이 치료약보다 낫다"는 옛 속담을 충실히 따른다. 에코랩의 더그 베이커는 말한다. "위기는 위기가 닥친 날 대비할 수 없다. 위기 예방은 상황이 발생하기 전에 회복력을 갖추는 것이다." 에스켈 그룹의 마조리 양은 유용한 비유를 들려준다. "위기가 닥친다는 건 돛단배를 타고 폭풍 속으로 들어가는 것과 같다. 폭풍 속으로 들어가기 전에 우선 보트를 준비해야 한다. 항해가 시작되고 폭풍우가 닥칠 때 사람들이 무엇을 해야 하는지 알 거라고 기대해서는 안 된다."

사실상 모든 기업은 미래를 예측하기 위해 어떤 형태로든 예측 방법론을 사용한다. 더 나은 기업이라면 최선, 중간, 최악으로 시나리오를 나눠 예측을 한다. 양극단의 상황에 대비해 비상 대책을 수립하고 단점을 완화하며 장점을 극대화할 수 있다. 최고의 기업들은 여기서 한 발 더 나아가 스트레스 테스트를 통해 몇 가지 '블랙 스완'(희귀하고 심각하지만 나중에 보면 명백해 보였던 위기)에 대응할 능력을 기른다.

예를 들어, 넷플릭스의 리드 헤이스팅스는 이런 문제를 제기해 스트레스 테스트를 한다. "10년 후, 넷플릭스는 실패한 회사가 된다고 가정해보자. 다양한 원인의 확률을 추정해본다. 원인 중 하나로, 비행기 추락으로 넷플릭스 본사가 파괴되었다고 가정할 때, 그렇게 될 확률을 따져보면 0.00001이다." 그런 다음 헤이스팅스와 경영진은 목록의 나머지 부분을 조사하고 각각의 확률을 평가한다. "그런 시나리오를 평가하는 것은 생각보다 훨씬 어렵다. 때로는 리스크에 대비해 우리가 무엇을 할 수 있는지도 논의한다. 하지만 우리가 직면할 가능성 있는 위험을 규정하는 것만으로도 현명하게 행동하고 회복력을 높일 수 있다."

다양한 측면으로 스트레스 테스트를 수행하면 CEO와 경영진이 위기관리 각본을 만드는 데 사용할 다양한 시나리오의 패턴을 발견할 수 있다. 인튜이트의 브래드 스미스는 말한다. "제각기 다른 위기라도 한 걸음 물러서서 보면 동일한 특성이 70~80퍼센트 발견된다. 같은 각본을 사용하는 것도 좋지만 상황에 따라 맞춤형으로 적용할 필요가 있다."

적절한 위기 시나리오에는 위기 발생 시의 리더십 프로토콜, 상황실 구성, 행동 계획, 커뮤니케이션 접근 방식이 마련되어야 한다. 또 위협이 증가할 때 주요 지표를 규정하고 측정한다. 제너럴 밀스의 켄 파월은 말한다. "위기관리의 한 가지 비밀은 위기가 있을 때 그것을 인식하는 것이다. 코로나19의 대유행처럼 모든 위기가 항상 명백하게 보이는 게 아니다. 어떤 위기는 명확히 보이지 않아 정말로 북을 두드려야 할 때도 있다. 회사를 이기려는 매우 열성적인 스타트업 때문에 위기가 올 수도 있다. 광적인 사용자가 수천 명 되는 회사가 있다면 잘 살펴야 한다. 관심을 쏟고 일찍 반응해야 위기가 다가오지 않을 것이다."

캐터필러의 짐 오웬스는 초기 경고에 대한 대응이 회사의 궤도를 어떻게 바꾸었는지 설명한다. "2007~2008년에는 경영진 모두가 채굴 장비 용량을 두 배로 늘려야 한다고 확신했다. 캐터필러 내부적으로는 상황을 낙관적으로 보고 있었는데, 뉴욕과 워싱턴에서 많은 시간을 보내고 있던 나는 우리가 순항하던 길 끝에는 폭포가 있다는 것을 느꼈다. 우리는 세계 경제 상황이 우려되어 증산을 하지 않기로 했다. 반면, 광산 회사들은 우리가 그들의 수요를 충족시킬 만큼 충분한 작업장을 확보하지 못하고 있다고 말했다. 그 다음 해에 그들은 주문량의 절반도 안 되는 양만 가져갔다!"

위기 대응책이 실제 도움이 되려면, CEO는 경영진이 실제 위기 상황이 발생했을 때 어떻게 해야 하는지 알 수 있도록 주기적 시뮬레이션을 진행해야 한다. 오웬스는 매년 캐터필러에서 리더들을 스트레스 테스트로 몰아넣었다. "모든 사업체에 지난 25년 동안 있었던 최악의 주기적 하락에 직면할 경우, 수익성을 유지하려면 어떻게 할 것인지 계획을 세우게 했다. 모두가 일 년에 한 번씩 그런 테스트를 받는다. 모두들 5년째 기록적인 성장과 수익을 거두고 있는데 그런 테스트는 쓸데없는 일이라고 생각하기 시작했다. 하지만 2008년 11월 글로벌 금융 위기가 시작되었을 때 우리는 말했다. '좋아. 심각한 경기 침체 시나리오를 꺼내서 실행하자.'"

스트레스 테스트는 단고테 그룹이 코로나19 위기를 극복하는 데에도 도움이 되었다. CEO 알리코 단고테는 말한다. "코로나19가 대유행하기 전부터 우리는 비즈니스 프로세스, 지배 구조, 조직 구조를 강화하고 개선했다. 예를 들면 이런 경우에 확실히 대비하기 위해 강력한 리스크 관리 기능을 도입하는 훈련을 했다." 코로나19의 대유행으로 어려울 때에도 단고테는 경영의 핵심 측면을 능동적으로 모니터링하고 재정 부문의 부정적 영향을 완화할 수 있었다. "사업 연속성 프레임워크가 제대로 작동하자 그룹 전체적으로 사업을 운영하는 데 도움이 되었다."

위기가 발생하지 않더라도 정기적인 스트레스 테스트를 통해 사업의 회복력을 높일 기회를 발견하기도 한다. 이는 실적이 부진한 사업체 처분, 초과 비용 절감, 고도 성장 지역에 투자 증대, 인수합병 계획 강화, 최고경영진의 효율성 향상, 기술에 대한 투자로 이어질 수 있다. 에코랩의 더그 베이커는 이런 행동의 중요성을 설명한다. "사업을 하다 보면 항상 문제가 생긴다. 눈에 보이는 문제는 바로 뒤쫓아 해결해야 한다. 그래야 예측할 수는 없지만 다가올 게 확실한 문제들도 관리할 능력이 생긴다. 회복력이 있어야 문제가 발생했을 때 지속적으로 대처해나갈 수 있다. 사업에서는 절대 문젯거리를 쌓아두면 안 된다."

스트레스 테스트는 사업상의 어려움 외에도 앞 장에서 설명한 피터 드러커의 '의미 있는 외부' 이해관계자를 관리하는 게 왜 중요한지 다시 한 번 깨닫게 해준다. 베이커는 말한다. "필요 없다는 생각이 들 때에도 이해관계자들과 우호적인 관계를 구축해야 한다. 오랜 시간 비축해두는 통화라고 생각하라. 나는 US뱅크에 이사회 멤버로 있었는데, 그들은 금융 위기 전에 규제당국과 신뢰의 형태로 많은 통화를 비축했다. 서브프라임 대출에 관여하지 않았고 투명성을 유지하고 전반적으로 훌륭한 시민으로서의 역할을 했다. 이것이 회사에 대한 인식을 바꾸었고 위기가 왔을 때 회사가 받는 대우에 영향을 미쳤다. 악을 쌓으면 밝혀지지 않은 일도 유죄로 여기지만 선을 쌓으면 유죄가 입증되기 전까지는 무죄로 여기는 것이다."

"계획을 세우는 데 실패하면 실패를 계획하는 것과 같다"는 격언처럼 위기를 앞두고 회복력을 기른 CEO들은 앞으로 닥칠 일에도 훨씬 쉽게 대처할 수 있다. 하지만 미리 계획을 세우는 게 전부는 아니다. 전 헤비급 복싱 챔피언 마이크 타이슨은 말했다. "누구나 그럴싸한 계획을 가지고 있다. 한 방 얻어맞기 전까지는." 이제 위기 상황에서 CEO들이 어떤 행동을 취하는지 알아보자. 올바르게 대처하는지에 따라 CEO와 회사의 운명은 극단적으로 달라진다.

지휘본부를 만들어라

위기가 닥쳤을 때 CEO는 지역사회나 고객, 생계 및 환경에 심각한 피해를 줄 수 있음을 예상해야 한다. 투자자들은 격분하고 이사회와 관련 규제기관은 책임을 물으려 할 것이다. 적대 세력이 생겨 회사의 실수를 밟고 올라서려 할 수 있다. 활동가들이 동원되고, 소비자는 보이콧을 하고, 경쟁업체들이 고객이나 직원을 채갈 수 있고, 해커가 회사 시스템을 노리거나 언론이 회사의 과거 실수를 모두 끄집어낼 수도 있다. 현장에서의 사실관계는 파악하기 어려워지고, 위기의 심각성과 회사가 공모했을 거라는 루머가 난무한다. 최고경영진이 연루될 수도 있다. 다른 사람들은 도움이 되기에는 너무 경험이 부족하거나 스트레스 상황에 취약해 일시적으로 끌어 쓰기도 적합하지 않다.

이 혼란의 한가운데 서 있을 때 새로운 사실이 더 나올 때까지 기다렸다가 사실은 보이는 것만큼 상황이 나쁘지 않다는 게 밝혀지길 기대하면서 외부에 애매한 성명만 발표하는 기업들이 너무 많다. 하지만 위기가 가중되면 그동안의 부정적 헤드라인에 반응해온 것 때문에 악순환은 계속된다. 메리 배라는 GM의 점화 스위치 리콜 사건에 대해 말한다. "경영진 중에는 보도 자료를 내면 문제가 해결될 거라고 생각하는 사람들도 있었다. 나는 그들에게 말했다. '이건 사라지지 않습니다. 우리는 그 이상을 해야 합니다. 조용히 앉아서 언론 자료만 배포해서는 안 됩니다.' 그래서 우리는 일부 경영진의 반대에 맞서 기자회견을 열었다."

GM에서 배라가 했던 것처럼, 최고의 CEO들은 즉시 CFT Cross Functional Team로 이루어진 지휘본부를 가동해 1차 위협(상호 관련 법률, 기술, 운영, 재무 문제)과 2차 위협(주요 이해관계자에 대한 대응) 모두에 대처한다. 이 지휘본부는 일반적으로 소규모로 민첩하게 운영된다. 전담 시니어 리더가 이끌며, 매우 높은 수준의 자금 지원을 받고, 며칠이 아닌 몇 시간 안에 결정을 내리고 구현할 수 있는 의사 결정 권한을 갖는다. 지휘본부가 없으면 조직은 아무리 계획을 잘 세워도 기능이 마비될 수 있다. 관리자들은 비조직적으로 움직이고 부정확한 정보로 행동에 나서게 된다. 여러 단계로 승인을 받다 보니 중앙의 의사 결정이 늦어지며, 최악의 경우 서로에게 손가락질을 하고 영역 다툼 문제가 불거지며 교착 상태에 빠진다.

지휘본부의 핵심 역할은 내부 및 외부 커뮤니케이션을 원활히 조정하고 가능하게 하는 것이다. 코로나19가 대유행하기 시작했을 때, 신시내티 아동 병원의 마이클 피셔는 내외부 이해관계자들과의 커뮤니케이션을 극적으로 강화했다. 그는 위기관리팀에게 온라인상에 '자주 묻는 질문' 페이지를 만들게 했다. 그와 최고경영진은 직원들을 대상으로 경영진이 보내는 영상을 만들었다. 매주 월요일 한 시간 동안 경영진은 800명의 매니저들과 소통했다. "우리는 매니저들에게 '우리 모두가 알아야 할 것'에 대해 알리고 매니저들은 'CEO와 경영진이 알아야 할 일'에 대한 정보를 주는 데 초점을 맞췄다." 피셔가 본 대로,

그것은 이해관계자들과 신뢰를 유지할 뿐 아니라 더욱 강화하는 기회가 되었다.

피셔의 경험에서 알 수 있듯이, 적절한 위기전담팀을 두면 많은 이점이 있다. 위기 이면의 규모, 범위, 사실을 최대한 이해할 수 있다. 이런 정보를 바탕으로 리더들은 편견에 사로잡히지 않고 위기 해결에 얼마나 시간이 걸릴지 냉정하게 평가할 수 있다. 아울러 장래에 기업의 신뢰도(또는 CEO에 대한 신뢰도)를 더 갉아먹을 수 있는 헛된 약속을 함부로 하지 않게 된다. 위기관리팀은 이해관계자들의 극단적인 반응을 진정시키는 조치를 취하여 위협을 더 잘 이해하고 대처할 수 있는 시간을 벌어준다. 예를 들어, 비즈니스 파트너를 위한 긴급 금융 패키지, 소비자에 대한 선의의 보상 또는 제품 리콜을 제안할 수 있다. 또 필요에 따라 규제 당국에 긴급히 대응한다.

지휘본부를 마련해 얻을 수 있는 가장 큰 이점은 CEO가 위기에만 몰두하지 않고 위에서 설명한 필수적인(때로는 기존의) 작업들을 처리할 수 있다는 점이다.

장기적 관점을 유지하라

당신이 전함의 선장인데 어뢰에 맞았다면 어떻게 할 것인가? 최고의 선장이라면 선체 파손을 고치는 데 일부 선원들을 투입하고 자신은 함교에 남아 속도를 최대로 올리며 나머지 선원들과 전투를 계속할 것이다. 기업에 위기가 닥쳤을 때도 이와 유사한 정신이 필요하다. 조직의 한두 부분에는 위기가 직접 영향을 미치기도 하지만 그 밖의 직원들이 사업을 계속 진행하도록 집중할 수 있게 해주는 게 CEO의 몫이다. CEO가 안정감 있게 폭넓은 시각을 제공할 수 있어야 직원 전체가 계속해서 최고의 업무를 수행할 수 있다. 아메리칸 익스프레스의 켄 체놀트는 회사 전체가 영향을 받을 때에도 위기에 처한 사람들에게 필요한 건 지속적인 의사소통뿐만이 아니라고 말한다. "CEO는 상황도 설정해야 한다. 단기, 중기, 장기적 기대치를 어떻게 규정할 것인가?"

장기적 관점을 유지하는 것은 코로나19 유행 기간 동안 디아지오에 많은 도움이 되었다. 전 세계의 바와 술집들이 문을 닫자, 이반 메네제스와 경영진은 수천만 파운드를 들여 유통기한이 얼마 남지 않은 팔지 못한 맥주들을 모두 되사기로 했다. "2분기 동안 수익이 감소했지만 재정이 얼마나 감소할지는 신경 쓰지 않았다. 단기적인 압박감을 떨쳐낸 것이 우리가 가장 잘한 일이었다. 우리는 직원들에게 브랜드를 지원하고, 고객을 지원하는 것이 옳은 일이라는 메시지를 전달했다. 힘든 시기를 벗어나면서 우리는 대부분의 시장 점유율을 회복했다."

아홀드 델하이즈의 딕 보어는 말한다. "내가 CEO로 지내는 동안 닥쳤던 위기를 돌아보면 미래의 CEO들에게 줄 세 가지 교훈이 떠오른다. 첫째, 위기관리팀을 직접 이끌거나 거기서 의장직을 맡지 말라. 그냥 보고만 받자. 그러면 위기만이 아니라 사업의 전반적인 요소를 감독할 시간과 공간을 확보할 수 있게 된다. 둘째, 회사에 자신감을 내비처라. CEO가 상황을 통제하고 있다는 것, 무슨 일을 해야 하는지 알고 있다는 것, 직원과 고객을 돌보고 있다는 것을 보여줘라. 셋째,

아직 폭풍이 몰아치고 있더라도 그 이후를 생각해야 한다. 위기가 끝나고 나면 미처 생각하지 못했던 기회와 처리해야 할 상황이 생길 수 있다."

보어는 당시 상원의원이었던 존 F. 케네디가 한 말을 들려준다. "위기라는 단어를 한자로 쓰면 두 글자가 된다. 한 글자는 위험을, 다른 한 글자는 기회를 뜻한다."[16] 위기관리팀이 위험을 최소화하는 동안 CEO는 또 다른 기회를 모색해야 한다. GM의 메리 배라가 위기를 이용해 기업에 필요한 문화 변화를 가속화한 것처럼 말이다. 아디다스의 캐스퍼 로스테드는 그 아이디어를 이렇게 확장한다. "좋은 위기를 낭비해서는 안 된다는 말이 잘 알려져 있듯이, 실제로 위기가 닥쳤을 때가 회사에 근본적 변화를 가져올 최적기가 될 수 있다. 이때야말로 CEO는 조금 더 독단적으로 '우리는 더 이상 이것을 하지 않겠다'고 말할 수 있다. 불필요한 출장을 줄이든, 디지털 채널을 활용하든, 그 밖에 다른 어떤 것이든 간에 위기가 없었다면 지속했을 것에서 떠나 2~3년은 더 앞서가야 할 때인 것이다."

최고의 CEO들은 위기를 조직 변화의 기회로 삼는 것을 넘어 사업의 새로운 방향을 모색할 이유로 삼는다. 인튜이트의 브래드 스미스는 말한다. "위기가 점점 가속화하는 경향을 잘 파악해야 한다. 금융위기 속에서 플랫폼, 모바일 기기, 글로벌화는 예상보다 빠르게 도입되었다. 코로나19 위기로 가상 협력, 옴니채널 상거래, 더 나은 경제 지식과 자금 관리의 필요성은 가속화될 것이다. CEO는 무엇이 더 빨라졌고, 무엇에 빠르게 적응하고 무엇을 채택해야 하는지 자문해봐야 한다." 위기 중에 채택된 일부 관행은 이전에 행하던 접근법보다 우수할 수 있다. 그는 "위기 전보다 현재 더 잘 작동하는 실행 목록을 작성하고, 이 목록을 검토해 새로운 운영 모델로 삼을 항목을 결정하라"고 제안한다. "예를 들어, 코로나19 기간 동안 줌Zoom은 최고의 도구가 되어주었다. 어쩌면 이제 사무실에서 일할 필요가 없을지도 모른다."

최고의 CEO들은 장기적 사고를 유지함으로써 단기적 해결책 때문에 조직이 장기적으로 피해를 입는 상황을 피한다. 불경기가 닥쳤을 때 이튼의 샌디 커틀러는 경영진에게 말했다. "우리는 사람들을 해고하고 싶지 않다. 다시 성장할 때 이 사람들의 기술이 필요할 것이다. 그러니 그것보다 더 나은 방법을 찾아야 한다." 그들은 자발적으로 휴직 신청을 받았다. 휴가를 내서 다른 직원들에게 일자리를 양보할 의향이 있는지 물은 것이다. 또한 고위경영진 전체가 인센티브를 포기하고 기본급도 삭감했다.

"반응은 믿을 수 없을 정도였다." 커틀러는 말한다. "우리는 사람들에게 이렇게 말하고 싶었다. '여기서 우리 모두가 허리띠를 졸라매고 서로를 보살필 수도 있다. 이렇게 하는 편이 나중에 사업에도 더 나을 것이다.' 사람들은 많은 비난을 퍼부었고 월스트리트는 우리가 3~4만 명을 해고한다고 말했다. 하지만 우리는 '그게 아니다. 그건 진부한 생각이다. 우리는 자원을 비축하고 지출을 더 가변적으로 만들고 있다'고 말했다." 커틀러는 자신의 결정을 비판하는 투자자들에게 분명히 말했다. "우리 회사를 소유하지 않기로 한 결정을 분명 후회하게 될 것이다. 이제 여러분은 수많은 직원을 해고한 회사들보다 우리가 훨씬 더 빠르게 회복하는 모습을 보게 될 것이다."

위기에 처했을 때 대부분의 CEO들은 이사회가 그들의 지지층임을 간과한다. 듀크 에너지의 린 굿은 말한다. "위기에 처했을 때 언론은 회사를 면밀히 조사하고 비판할 수 있다. CEO는 이사들이 그 미디어의 보도 상황을 이해하고, 이 상황에 대처하기 위해 CEO가 무엇을 하고 있는지 이해하기를 바란다." 그건 이사회 쪽으로 향하는 일방통행 도로가 아니다. 앞부분에서 말한 대로 이사회도 사업을 도울 수 있다. 린 굿은 이어서 말한다. "이사회가 특정 이슈에 초점을 맞춘 소위원회를 지정해 그들이 가진 특정 능력을 바탕으로 보다 빈번히 만나며 심도 있는 논의를 진행하기도 한다. 위기가 닥치면 예정된 다음 이사회까지 기다리지 않아도 된다. 이사회가 가진 능력을 활용해 유연하게 적응하며 소통하길 바란다."

초기 광풍이 가라앉은 후에도 최고의 CEO들은 경영진이 근본적인 원인을 해결했다는 확신이 없으면 그 문제를 뒤로 제쳐 두지 않는다. 여기서는 대부분 기술적인 문제가 아니라 사람(문화, 의사 결정권, 능력), 프로세스(리스크 지배구조, 성과 관리, 표준 설정), 시스템과 도구(유지보수 절차)에 관련된 문제가 많다. 이런 문제들은 해결하는 데 몇 년이 걸릴 수 있다. 또 이해관계자들은 위기를 조성한 모든 사람들의 책임을 CEO에게 묻고, 관련 이해관계자들에게 보상을 하라며 크고 지속적인 제스처를 취한다. 또 향후 몇 년간 이 이슈와 관련해 CEO가 언론과 국회의원들의 화살받이가 되어줄 것을 요구한다.

개인의 회복력을 보여주어라

위기는 조직뿐만 아니라 그곳의 리더에게도 중요한 순간이다. 최고의 CEO들은 대실패를 겪었을 때 이해관계자들의 분노가 자신에게 집중되고 가족과 친구들에게도 영향을 미친다는 것을 잘 안다. 일방적인 보도와 소셜 미디어 계정에서 풍자가 난무하고, 시위대는 집 앞까지 들이닥치며 가족들은 온라인상에서 표적이 된다. 며칠, 몇 주, 심지어 몇 달, 아니 몇 년이 지나도 스포트라이트는 사라지지 않는다.

　2014년 스포츠웨어 제조업체인 아디다스는 여러 사건이 겹치며 실적이 급감했다. 처음에는 골프 사업부터 무너졌다. 당시 테일러메이드와 아디다스 골프는 같은 회사 산하에 있었고 세계 최대 골프 회사였다(캘러웨이의 두 배). 그런데 세 번째로 큰 시장인 러시아에서 루블화가 폭락했다. 우크라이나와의 정치 상황에 이어 유럽연합EU이 러시아에 제재를 가하자 한 달 만에 아디다스의 수익 중 3억 5,000만 달러가 날아갔다. 아디다스는 수익성 저하 경고를 내렸고 주가는 하락했다. 여기서 시작된 부정적인 투자자 여론은 허버트 하이너 개인에게 향했다. 그는 "투자자들이 나를 찍어 눌렀다"라고 말한다. "그들은 '경기도 호황인데 이게 무슨 일이냐? 그는 너무 늙었다. 아이디어가 바닥났다. CEO로서 13년은 너무 길다'고 말했다."

　하이너는 휘둘리지 않으려고 갖은 애를 썼다. "그때가 가장 힘든 시기였다. 버티기 위해 점심 식사 후에는 한 시간가량 산책을 하며 신선한 공기를 마셔야 했다." 하이너는 걸으면서 안정을 찾으려고 했다. "처음에는 '이 사람들이 무슨 말을 하는 거지? 내가 지난 13년간 여기서 뭘 했는지 잊은 건가? 거기에 대해서는 고마워하는 마음이 없나? 왜 모두 불평만 하지?'라고 생각했다. 그다음에는 '좋아. 모두 미쳤어. 나도 지긋지긋하다. 이제 내가 싫다면 다른 사람에게 맡기라지.' 그리고 마지막에는 나 스스로에게 말했다. '좋아, 이 세상에, 특히 이 비평가들에게 내가 다시 할 수 있다는 걸 보여주자.'" 하이너는 다시 일터로 돌아왔고, 직원들에게 그들이 뛰어난 사람들임을(이전에 훌륭하게 해냈으니까) 상기시켜주고, 이 폭풍우를 헤쳐갈 수 있다는 확신을 주었다. 12개월 만에 아디다스의 주가는 55달러에서 거의 110달러로 두 배 가까이 뛰었고, 그 이후로도 계속 양호한 궤적을 그리며 정상으로 돌아갔다.

하이너는 CEO 임기 동안 개인의 회복력을 키우며 스스로를 단련할 수 있었다. 아디다스가 후원한 선수가 비난받을 때는 하이너도 비난을 받았다. "나는 종종 이런 질문을 받았다. '뭐하고 있는 거지? 어떻게 아디다스가 그걸 그냥 내버려둘 수 있지?' 임기 초기에는 투자자, 언론, 기타 관계자 등 외부의 이해관계자들과 일선에 나란히 서 있다는 것을 인정하기가 가장 힘들었다." 하이너는 일선에서 CEO만이 할 수 있는 일을 하며 점차 깨달았다. "지금이 얼마나 어려운 시기인지는 중요하지 않다. 아무리 상황이 암담해 보여도 자신과 직원들을 믿고 긍정적인 태도를 유지하는 것이 중요하다. 자신이나 회사가 통제할 수 없는 상황에 너무 좌지우지되지 마라."

일렉트로닉 아츠의 CEO인 앤드루 윌슨은 16년 동안 브라질 주짓수를 배우면서 위기가 닥쳤을 때 회복력을 유지하는 방법을 훈련했다. "주짓수에서 배운 중요한 교훈이 있다. 덩치가 작은 사람(예를 들면

150파운드라고 해보자)이 300파운드가 나가는 사람과 싸우다 보면 아무리 실력이 좋아도 언젠가 한 번은 불리한 위치에 놓인다는 것이다. 주짓수는 불편한 자세에서 편안함을 찾는 방법을 가르쳐주고 숨만 쉴 수 있으면 계속 싸울 수 있다는 걸 가르쳐준다. 300파운드의 무게에 눌려 바닥에 깔려도 숨 쉴 자리를 찾아 몸을 비틀다 보면 다음에 어떻게 움직여야 할지 계획이 세워진다. 무엇보다 질 싸움을 하지 말고 내가 강한 쪽으로 싸움을 이끌어가는 것이다."

월슨은 사업을 하면서도 300파운드 밑에 깔린 기분을 여러 번 느꼈다. "최고의 인재를 채용하고 계속 보유하며, 경쟁이 치열한 업계에서 고품질의 제품을 내놓아야 하는 과제에 직면하다 보면 종종 곤란한 입장에 처한다. CEO는 당황해서는 안 되는 직업이다. 우리는 그 상황을 편안하게 느끼고 호흡을 되찾아 다음 움직임을 계획해야 한다. 우리가 강점이 있는 환경에서 경쟁하거나 일할 방법을 항상 찾아나서는 것이 중요하다. 우리는 항상 누군가와 경쟁을 하기 때문에 상대방을 그들의 강점이 돋보이는 환경에서 끌고 나와야 한다. 숨을 고르고 편안하고 긍정적인 행동을 취할 수 있는 자세를 잡기 위해 노력해야 한다."

핀란드의 한 유력 경제잡지는 CEO가 된 지 채 3개월도 되지 않은 네스테의 마티 리보넨을 국내 최악의 CEO로 선정해 당장 해고하라고 제안했다. "최악이라고 너무 비관할 필요도 없고, 최상이라고 너무 우쭐할 필요도 없다. CEO 역할에는 공적인 요소가 있기 마련이다. CEO는 현실을 직시하고 그저 자기가 할 수 있는 부분에서 최선을 다하면 된다. 전에는 스트레스를 많이 받았지만 건강 문제가 불거지고 나서야 깨달았다. 나를 지지해주는 가족들은 내가 균형을 다시 잡는데에 도움을 주었고 자문 역할도 해주었다. 나는 경영진이나 회사와 함께 성공을 축하하면서도 더 큰 목적을 바라보았다. 그리고 CEO 역할 너머의 삶이 있음을 깨달았다." 몇 년 후, 네스테는 원유에서 바이오 연료로의 혁신적 전환을 알렸고, CEO는 가치 창출에 대해 표창을 받았다.

록히드마틴의 메릴린 휴슨은 CEO로서 롤러코스터를 겪은 일을 되돌아보며 말한다. "내가 받을 필요 없다고 생각되는 비난을 받던 시기가 있었다." 그런 상황에 대처하기 위해 한 일은 CEO의 역할과 개인을 분리하는 것이었다. "그런 비난들을 개인적으로 받아들이지 않았다. 내가 회사의 얼굴이니까 나를 향한 발언이었을 수 있다. 하지만 사적으로 나에 대한 비난은 아니었다." 아메리칸 익스프레스의 켄 체놀트는 계속해서 회사의 '왜?'로 돌아가는 것도 중심을 잡는 좋은 방법이라고 말한다. "모든 것은 회사가 무엇을 대표하느냐에 근간을 두어야 한다. 예를 들어 금융 위기 때 나는 아메리칸 익스프레스의 중심은 서비스 사업이라는 점을 다시 강조했다. 우리는 거기에 초점을 맞추고 서비스를 제공한다는 게 어떤 의미인지 진정으로 이해할 필요가 있다."

CEO의 역할을 개인화하지 않고 개인적인 비판에 대해 사려 깊고 신중하게 대응하며 회사의 가치가 흔들리지 않게 하는 것은 쉬운 일이 아니다. 최고의 CEO들은 수면, 짧은 휴식(하이너처럼 산책을 하며 새로운 시각으로 바라보기), 영양, 운동, 사랑하는 사람들과 보내는 양질의 시간 등이 큰 도움이 된다는 것을 잘 안다. 산탄데르의 아나 보틴의 좌우명은 "기분이 좋을 때 더 많은 일을 할 수 있다"이다. 다음 장에서는 최고의 CEO들이 시간과 에너지 관리를 통해 개인의 회복력을 키우는 방법에 대해 자세히 이야기해보겠다.

《실행의 리더십Leadership on the Line》의 저자인 론 하이펠츠와 마티 린스키는 리더들에게 주기적으로 무대에서 내려와 발코니로 올라가라고 조언한다.[17] 위기 때 CEO는 무대로 나가 현실을 직시하고 긴급한 문제를 해결하고 경영상의 변화를 추진한다. 최고의 CEO들은 종종 발코니에 서서 넓은 시야로 패턴을 보고, 지평선 너머에서 희망을 찾고, 기회를 발견한다. 또 정기적으로 스트레스 테스트를 시행해 위기 상황에 대비하고 지휘본부를 꾸려 사실을 파악하고 교통 정리를 하며 당면한 문제를 해결한다. 최고의 CEO들은 이런 일을 모두 시행하면서 장기적인 안목을 가지고 인신공격에 견딜 만큼 회복력을 기르고, 비판에 신중하게 대응하며, 의사 결정에서 늘 회사의 '왜?'를 먼저 생각한다.

❖ ❖ ❖

지금까지 최고의 CEO들이 이해관계자들과 협력하는 어렵고 때로는 위험한 역할을 어떻게 해내는지 알아보았다. 많은 시사점을 제공해주는 사례 중에는 가장 중요한 이해관계자들을 즉시 만나기 위해 세계 곳곳을 돌아다니는 셸의 피터 보저가 있었다. F-35 프로그램에 대한 트럼프 대통령 당선인의 부정적인 트윗 발언 뒤에 숨겨진 '왜?'를 이해함으로써 성공적으로 대처한 록히드마틴의 메릴린 휴슨 이야기, 점화 스위치 사건 때 투명성을 내세워 모든 당사자들과의 문제를 능숙하게 조종한 GM의 메리 배라의 이야기도 있었다.

　다음은 이해관계자와의 '왜?'를 연결하는 사고방식, 즉 기업 수익의 3분의 1만큼의 큰 영향을 미치는 이해관계자와의 소통 마인드셋이 세 가지 실천 방법(사회적 목적 실천, 강력한 관계 실천, 위기 대처 실천)에서 어떻게 나타나는지 요약한 것이다.

　CEO가 아닌 독자에게도 이런 교훈은 조직이나 프로젝트의 '외부'를 탐색할 때 유용하게 쓰일 수 있다. 스스로에게 물어보자. "우리가 하는 일이 사회에 전체적으로 어떤 영향을 미칠지 충분히 알고 있는가? 우리가 목표를 향해 나아가고 있음을 나타낼 구체적인 사항은 무엇인가? 사회 환원을 위해 우리는 장점을 어떻게 활용하고 있는가? 우리는 중요한 사회적 이슈에 대해 목소리를 높이고 있는가? 이해관

최고의 CEO들의 이해관계자와의 소통 마인드셋

'왜'로 시작하라	
사회적 목적 실천 : 큰 그림을 그려라	• 사회적 '왜?'를 명확히 하라 • 목적을 중심에 두어라 • 강점을 활용해 차별점을 만들어라 • 필요할 때는 입장을 표명하라
이해관계자와의 상호작용 실천 : 핵심에 집중하라	• 외부에 시간을 할애하라 • 고객의 '왜?'를 이해하라 • 새 아이디어를 수집하라 • 일관된 메시지를 전달하라
위기 관리 실천 : 자신감을 잃지 말라	• 정기적으로 스트레스 테스트를 하라 • 지휘본부를 만들어라 • 장기적 관점을 유지하라 • 개인의 회복력을 보여주어라

계자와 소통하는 데 소요되는 시간을 적절히 제한하고 있는가? 나의 가장 중요한 이해관계자는 누구이며, 그들은 '왜' 그렇게 행동하는가? 이해관계자와의 소통에서 나는 어떤 새로운 아이디어를 얻었는가? 나는 여러 이해관계자들에게 일관된 이야기를 하고 있는가? 앞으로 일어날 피할 수 없는 위기에 대비해 스트레스 테스트를 하고 있는가? 위기 때 관점을 유지하고 건전한 판단을 할 수 있도록 개인의 회복력을 기르기 위한 계획이 있는가?" 이 질문에 긍정적 답변을 할 수 있는 리더라면 효과를 볼 수 있을 것이다.

지금까지 최고의 CEO를 차별화하는 다섯 가지 마인드셋과 실천 방법에 대해 알아보았다. 바로 앞에서 위기를 타개하기 위해 개인적 회복력을 유지하는 방법을 이야기했다. 이제 자신을 스스로 리드하는 주제로 넘어가보자. CEO가 여러 접시를 한꺼번에 돌리기 위해서는 개인의 운영 모델operating model을 가져야 한다.

오직 CEO만이 할 수 있는 일을 하라

—

안 해도 될 일을 효율적으로 하는 것만큼
쓸모없는 것도 없다.

_피터 드러커

이 책에서 이야기한 다양한 CEO의 책임을 수행하려면 살인적인 스케줄이 요구된다. 이런 문제를 해결하기 위해 최고의 CEO들은 심리적으로나 신체적으로나 모두 건강한 상태를 유지한다. 그것도 쉬운 일은 아니다. 마지드 알 푸타임의 알라인 베자니의 말대로, "자신의 삶의 주체가 되는 것은 가장 어렵고 힘든 일"이다. 가장 큰 용기가 필요한 것이다.

그래서 우리와 인터뷰한 CEO들은 이 주제에 대해 조언해주기 어려울 것 같다고 생각하는 사람들이 많았다. 어느 CEO는 이렇게 말하기도 했다. "매일 지뢰밭을 걷는 기분이다. 그저 아직 폭발하지 않았을 뿐. 일이 너무 많다." 하지만 말은 그렇게 해도 그들은 다른 어느 분야보다 개인의 업무 효율을 관리하는 일이 좀 더 스스로의 통제하에 있음을 인식하고 있었다. 마스터카드의 아자이 방가는 이렇게 지적한다. "CEO로서 자신에게 무엇이 중요한지 파악하지 못하고 또 그럴 시간을 낼 생각이 없다면 그건 자신의 문제이다. 아무도 도와줄 수 없다."

사실, 이 주제는 매우 중요하고 어려운 문제이기 때문에 많은 CEO들은 이 일을 첫 장에서 다루자고 제안했다. 하지만 우리는 CEO가 에너지를 쏟아야 할 책임에 대해 먼저 깊이 이해해야 한다고 생각했기에 이 부분은 마지막 장으로 남겨두었다. 절반에 가까운 CEO들이 CEO라는 역할이 자신이 예상했던 것과는 다르다고 말한다.[1]

최고의 CEO들이 개인의 안녕과 효율성을 관리하기 위해 내리는 선택은 제각기 다르다. 하지만 몇 가지 공통점이 있다. 갈더마의 플레밍 온스코브는 말한다. "사람들은 저마다 매우 다른 방식으로 성공적으로 해낸다. 하지만 내가 존경하고 잘 아는 CEO들을 보면 모두 원칙을 세우고 실천한다." 온스코브의 말을 들으면 이런 질문이 떠오른다. '무슨 원칙?' 보통의 CEO들은 이 질문에 이렇게 대답한다. "내 역할은 해야 할 일을 하는 것이다." 하지만 최고의 CEO들은 그런 식으로 생각하지 않는다. 그들은 오히려 '자신의 역할은 오직 자신만이 할 수 있는 일을 하는 것'이라고 생각한다. 캐터필러의 짐 오웬스는 말한다. "개인 업무 효율화의 핵심은 CEO만이 해결할 수 있는 가장 중요한 문제를 우선적으로 하고 남은 업무는 위임하는 것이다."

최고의 CEO들은 시간과 에너지 활용, 리더십 모델 선택, 관점 유지의 세 가지 차원에서 개인의 효율성을 관리하고 자신만이 할 수 있는 일을 한다.

일련의
전력 질주를 관리하라
시간과 에너지 활용 실천

시간에 지배당하지 말고 시간을 지배하라.

골다 마이어

16온스짜리 물 한 잔의 무게는 얼마나 될까? 답은 질문 안에 있다. 물 잔을 들어보면 무게를 추측할 수 있을 것이다. 하지만 물잔을 한 시간 동안 들고 있으면 어떨까? 팔이 아프고 16온스보다 훨씬 더 무겁게 느껴질 것이다. 또 물 잔을 하루종일 들고 있다면 어떨까? 그때쯤이면 구급차를 불러야 할지도 모른다. 그럼 여기서 교훈 하나! '물 한 잔의 무게는 변하지 않지만 얼마나 무거운지는 얼마나 오래 들고 있었느냐에 따라 달라진다.'

이 비유는 인간의 노력이 들어가는 대부분의 성과에도 적용된다. 예를 들어, 보디빌딩의 핵심은 에너지 소비와 회복 사이를 왔다 갔다

하는 것이다. 뛰어난 테니스 선수들은 각 포인트 사이에 정교한 회복 의식을 치르며 심박수를 15~20퍼센트나 극적으로 낮춘다. 역사상 가장 위대한 골퍼 중 한 명인 잭 니클라우스는 〈골프 다이제스트〉에 이렇게 썼다. "나는 집중력을 봉우리까지 최대치로 끌어올렸다가 계곡 밑바닥까지 완화시키고 필요할 때 다시 끌어올리는 방법을 개발했다."[2] 레오나르도 다빈치는 그의 걸작 〈최후의 만찬〉을 그리는 데 더 오랜 시간을 할애하라는 요청을 받았을 때 단호하게 거절하며 대답했다. "위대한 천재들은 적게 일할 때 더 많은 것을 성취한다."

최고의 CEO들은 이 역학이 자신들에게도 비슷하게 적용된다는 것을 잘 안다. 인튜이트의 브래드 스미스는 말한다. "내 전담 코치는 다음과 같이 말한다. '이 업무를 다 해내고 살아남은 사람은 없다. 열심히 일해서 이 자리까지 왔다는 생각이 들어도 일은 늘 당신이 하는 것보다 더 많다." 신시내티 아동 병원의 마이클 피셔는 말한다. "나 자신을 돌보지 않았다면 CEO 역할을 10년도 버티지 못했을 것이다." 아디다스의 캐스퍼 로스테드는 이렇게 말한다. "더 많은 시간 일할수록 당신이 이 자리로 돌아올 가능성은 더욱 희박해진다. CEO는 자신이 상관할 일이 아닌 일에 끼어들기가 너무 쉽다. 하지만 스스로 시간 제약을 두면 뭐가 더 중요한 일인지 알게 된다."

로스테드의 말은 명확하고 규율 잡힌 운영 모델을 가지라는 말로 해석할 수 있다. 그는 대부분 오후 6시에 퇴근한다. 이후에는 달리기를 하거나 운동을 한다. 그는 스키광이기도 하다. 또한 주말이면 아내와 네 명의 아이들과 시간을 보낸다. "회사 동료들을 좋아하지 않는 것은 아니지만 집에서 바비큐 파티를 할 때까지 그들을 부르고 싶지는 않다." 이는 상사로서 객관적인 태도를 유지하는 데 도움이 된다. "같은 경영진인데 누구와 누구를 다르게 대하는 것은 부적절하다. 그러면 사람들이 두 부류로 나뉘기 마련이다." 그는 또 CEO라는 역할 때문에 따라오는 사회적 기회도 명백한 사업상의 이유가 없는 한 거절한다. "오스카 시상식에 초대받아도 나는 가지 않는다. 그냥 관심이 없기 때문이다."

그는 자신의 시간을 우선순위에만 할애할 수 있게 최소 3개월 전에 스케줄을 정하고 긴급 상황이 발생했을 때 충분히 대응할 수 있도록 여유를 둔다. 그는 매일 이메일을 삭제해 이슈가 쌓이지 않게 한다. 또 자신이 관여해야 할 일의 우선순위를 철저하게 정한다. 경영진이 잘하고 있고 훌륭한 계획을 갖고 있다면 굳이 그들과 시간을 보내지 않고 각자 일하게 놔두는 편이 낫다. "직원들이 일을 잘 해내면 나는 그들의 일에 간섭할 생각이 없다."

로스테드가 추구하는 모델은 효과가 있었다. 헨켈에서 CEO를 지낸 8년 동안 그는 회사의 주가를 세 배로 올려놓았다. 그는 임기 첫 3년 동안 주주수익률을 두 배로 올려 〈포춘〉이 선정한 올해의 기업인에 꼽히기도 했다. 아디다스에서 그의 이야기는 지금도 계속되고 있다.

로스테드의 접근방식이 모두에게 들어맞는 것은 아니지만 최고의 CEO들이 시간과 에너지를 어떻게 관리하는지 살펴본 결과 많은 공통점을 발견할 수 있었다.

타이트하면서도 느슨한 스케줄을 유지하라

최고의 CEO들의 개인 시간 활용이 극도로 구조화되어 있다는 사실은 그다지 놀랄 일이 아니다. 마스터카드의 아자이 방가는 말한다. "시간은 가장 가치 있는 유일한 자원이며 한정되어 있다. 처음 2년 동안은 정말 힘들었다. 솔직히 겨우겨우 시간 관리를 하면서 버텨왔다. 시작은 좋지 않았다. 내가 전부 다 하려고 했기 때문이다. 소통하고, 사람을 알아가고, 변화를 주도하고, 새로운 관계를 맺을 사람을 찾고, 그들에게 나의 메시지를 전달하려고 했다." 그는 상황이 잘 통제되지 않을 때의 삶이 어떤지 설명해준다. "나는 출장도 다녔다. 잠을 제대로 잘 수 없었다. 아시아 출장으로 밤 11시에 호텔방으로 돌아와보면 미국에서 온 이메일 100여 통이 답장을 기다리고 있었다. 나는 경영진에게 24시간 이내에 모든 이메일과 전화에 응답을 주겠다고 약속했었다."

방가는 다양한 사업 우선순위에 초점을 맞추고 회의 중간에, 특히 출장 중에 생각할 시간을 갖기 위해 스케줄을 조종할 필요가 있었다. 그래서 그는 캘린더에 컬러 코딩 시스템을 도입했다. 고객, 감독 기관, 사내 등 그가 보낸 시간이 각기 다른 색으로 표시되었다. "내가 각 영역에 제대로 시간을 할애하고 있는지는 스케줄표를 슬쩍 보기만 해도 충분히 알 수 있다. 내 비서 한 명의 주요 업무는 회의의 균형이 제대로 맞는지 확인하는 것이었다."

바쁜 스케줄과 많은 업무에 모두 성공적으로 대응하기 위해 일부 CEO들은 전통적인 방법을 이용한다. 바로 목록을 작성하는 것이다. 에코랩의 더그 베이커는 말한다. "지금도 나는 분기별 목표를 수기로 작성한다. 내가 마무리해야 할 일은 무엇인가? 리더 한 명을 골라야 한다거나 하는 간단한 일도 전부 적는다. 나의 목표는 회사의 연간 목표를 바탕으로 나온다. 전략 실현을 위해 기본적으로 해야 할 일이다. 나는 그런 식으로 내게 책임을 지운다." 베이커는 목표 목록을 코드화한다. 별 하나면 작업 중, 동그라미는 목표에 거의 다다랐음을 의미한다. 줄을 그은 것은 마무리했다는 뜻이다. "원초적인 방식이지만 여러 개의 목표가 아직 시작도 못한 채로 있다면 나는 문을 나서기 전까지 세 가지 일을 끝내겠다고 다짐한다."

체크포인트 소프트웨어의 길 슈베드는 할 일 목록을 세 가지로 분류한다. 첫째 사소한 수정이나 개선이 필요한 부분, 둘째 해결해야 할 더 큰 문제가 있는 부분, 셋째 사업이 옳은 방향으로 나아가도록 과감한 움직임이 필요한 부분이다. 슈베드는 설명한다. "매일 하고 있는 모든 일이 첫 번째 범주(심플한 것)에 속한다는 것은 모든 게 훌륭하게 돌아가고 있거나 아니면 시스템에 당신이 필요 없거나 충분한 가치를 부여하지 못하고 있다는 뜻이다."

CEO들은 모든 스케줄을 체계적으로 관리하면서도 유연성을 확보하는 데는 서툰 면모를 보이기도 한다. 록히드마틴의 메릴린 휴슨은 말한다. "나는 목표 달성에 필요한 일을 제대로 하고 있는지를 확인하기 위해 매달 내가 사용한 시간을 추적했다. CEO라는 직업은 매일매일이 다르다는 사실을 깨달아야 한다. 일이 그냥 뚝 떨어진다. 틀을 제대로 갖춰놓지 않으면 위기상황에서 반드시 처리하지 않아도 되는 일을 계속 다루게 되고 리듬이 맞지 않아 일을 위임하지도 못하는 경우가 생긴다. 하지만 '다음 주에 백악관에 와달라'는 메시지를 받으면 민첩하게 움직여야 한다."

최고의 CEO들은 스케줄에 일부러 공백을 끼워 넣기도 한다. 마지드 알 푸타임의 알라인 베자니는 스케줄을 과감하게 비워두기도 한다. "나는 내 시간의 70퍼센트를 비워두려고 한다. 그래야 중요한 일이 생겼을 때 생각하고, 돌아보고, 대처할 수 있다. 그렇게 하기가 쉽지는 않지만 나는 희망을 놓지 않았다! 내가 쓸모없어져 이 방에 없어도 대부분의 일을 기대했던 대로 처리할 수 있다면 나는 CEO로서 성공한 것이다. 조직이 번창하는 데 필요한 힘과 두뇌, 근육을 키웠다는 증거이기 때문이다."

CEO의 시간을 요구하는 요청에 대해 언제, 어떻게 '아니요'라고 대답할지를 알아야 한다. 갈더마의 플레밍 온스코브는 자신의 신조를 이야기한다. "내 하루의 모든 시간을 회사에 쏟아부을 필요는 없다. 훌륭한 CEO는 그런 식으로 되는 게 아니다. 삶의 균형을 잡고 건강을 유지해야 한다. CEO라는 직업은 정신적으로나 육체적으로 지치고 시간을 잡아먹는 일이기 때문이다." 이 균형을 잡으려면 "거절하는 법을 배워야 한다. 누군가 전화를 걸어 '기조연설을 해달라'거나 '이거 오프사이트로 하면 좋을 것 같다'거나 '저녁 먹자'고 할 때 처음에는 거절하기가 불편했다. 하지만 정중하게 거절해야 한다. 그 후에는 내 시간을 쓰기로 한 일을 최대한 생산적으로 해낼 방법을 찾아야 한다."

웨스트팩의 게일 켈리는 시간을 많이 잡아먹는 외부 일정을 관리하는 방법에 대해 마지막 팁을 전해준다. "회사 만찬을 할 때는 테이블 사이사이를 걸어 다닐 수 있게 하고 적당한 때가 되면 자리를 뜬다." 직원들도 그렇게 할 수 있게 도와준다. 속도감 있는 진행으로 서둘러

다음 그룹으로 이동하게 하거나 조용히 빠져나가게 한다. "내일도 또 바쁜 하루가 될 것이고, 나는 체력 관리가 필요하다. 그래서 차를 타고 집으로 바로 가는 습관을 들였다."

시간 관리는 필수다. 또 다소 기계적으로 이루어져야 한다. 정신적, 감정적 상태를 관리하는 것은 시간을 효과적으로 사용하는 데 필수이며, 그것은 분류하는 능력에서부터 시작된다.

충분히 분류하라

'순간을 살아라'라는 심리학 개념은 갈더마의 플레밍 온스코브가 말한 "여기에 있다면 몸과 마음 모두 여기 있어야 한다"와 통하는 말이다. 이는 모두 현재에 최선을 다하는 데 방해가 되는 과거나 미래, 다른 일에 빠지지 말라는 뜻으로, 높은 성과를 내는 데 꼭 필요한 태도라할 수 있다. 해야 할 일이 매우 많은 CEO에게 감정적 측면에서 가장어려운 점은 이전 회의에서 발생한 일로 다음 회의가 방해받지 않고 일정을 소화해야 하는 것이다.

US뱅코프의 리처드 데이비스는 말한다. "일정 분류는 필수다. 모든 회의에서 모든 부담을 다 지고, 잔뜩 쌓인 일거리로 하루를 시작하고, 하루의 시작보다 하루의 마지막에 더 힘들고 짜증 난다면 일정을 분류하는 방법을 몰라서 그렇다. 모든 것을 있는 그대로 받아들인 후 분리하고, 관리하고, 분리하고, 관리하기만 하면 된다. 그렇게 하면 하루가 끝날 무렵에 아무것도 잊어버리지 않고 부담도 가중시키지 않으면서 일을 해낼 수 있다는 사실을 알게 된다. 사람들은 당신을 좋은 습관을 지닌 잘 집중하는 사람이라고 인식할 것이다."

온전히 그 순간에 집중하라는 말은 가정생활에도 적용된다. CEO라는 직업이 가족에게 미칠 영향을 고려하면 이는 더욱 중요하다. 에이온의 그레그 케이스는 말한다. "CEO라는 역할은 생각보다 가족에게 훨씬 더 많은 영향을 미친다. 공적인 부분이 많기 때문이다. 때로는 당신에 대해 그다지 긍정적이지 않은 말들이 가족들 귀에 들어간다." 제너럴 밀스의 켄 파월은 자신의 경험을 들려준다. "우리 딸들은 내가 CEO가 되었을 때 전혀 기뻐하지 않았다. 오히려 싫어했다. 신문에 오르내리고 연봉이 공개되고, 일을 망치면 나에 대해 떠들어댄다. 그건 아이들에게 힘든 일일 수 있다. 그러니 파트너와 충분히 상의해야 한다. 내 아내는 '괜찮아. 단점도 있고 장점도 있는 거지' 하면서 동의했다."

캐터필러의 짐 오웬스는 사적인 부분과 공적인 부분을 어느 정도 구분하기 위해 매일 의식을 행한다. "나는 내 삶과 시간을 분류한다. 특히, 서류 가방을 가득 들고 사무실 문을 나가 차 뒷좌석에 놓으면 다음 날까지는 일 생각을 하지 않는다. 집에 돌아오면, 내 마음은 온전히 가족에게 향해 있다." 마스터카드의 아자이 방가도 비슷하지만 그의 접근법은 뉴욕 스타일이다. "나는 퇴근 후에 집으로 걸어간다. 걸어서 집에 가는 이유는 운동을 하려는 게 아니라 해독을 위해서다. 일 생각을 뒤로 떨쳐버리는 과정이다. 집에 도착할 때면 그 작업은 끝나 있다."

집에 있는 동안 급하지 않은 일은 멀리한다. 듀폰의 에드 브린은 대부분 주말에는 집에서 일한다. "스트레스를 풀고 더 큰 것에 대해 생각하기 좋은 시간이다." 그러면서도 그는 일이 가정생활을 완전히 잠식하지 않게 여러 조치를 취한다. "내가 주로 사용하는 방법은 팀 전체가 알고 있기에 숨길 수 없다. 나는 휴대전화로 이메일을 보지 않는다. 경영진은 급한 일이 있으면 내게 전화를 건다. 그렇게 하면 토요일 저녁 식사 자리에서 무슨 일이 있는지 계속 휴대전화를 들여다볼 필요가 없다."

또 최고의 CEO들은 휴가 시간을 적극적으로 챙긴다. 마스터카드의 방가는 이런 방법을 쓴다. "직원들은 내가 휴가를 가면 매일 두 통의 이메일이 온다는 것을 잘 안다. 처음은 오전 7시 반쯤에 쓴다. 가족들이 내게 아무 관심도 없을 때다. 두 번째는 오후 4시쯤, 다들 와인을 두어 잔씩은 마셨을 시간에 보낸다. 수영장 근처를 어슬렁거리느라 아무도 날 찾지 않는다. 그 외에는 휴대전화를 금고에 넣고 아내가 암호를 설정한다. 휴대전화를 쥐려면 아내에게 금고를 열어서 달라고 해야 한다."

셸에서 휴가를 보낼 때 피터 보저는 경영진들이 각자 다른 기간에 휴가를 낸다는 사실을 알게 되었다. 그렇게 하면 서로를 더 효과적으로 커버할 수 있다는 생각에서 시행된 일이었다. 어느 해에는 모두 동시에 휴가를 내고, 하던 일을 동료가 아닌 부하직원들에게 위임하기로 했다. 보저는 말한다. "그렇게 했더니 내게 오던 이메일 수가 확 줄었다. 다른 직원들도 마찬가지였다. 실무를 담당하는 사람들에게 권한을 부여하는 게 최선의 방법이었다. 위기 상황이 아니면 보통은 전화가 오지 않는다."

일정을 분류하는 것에는 언론이나 월스트리트의 외부 비판을 듣지 않는 일도 적용된다. 케이던스의 립 부 탄이 처음 CEO로 지명되었을 때, 소셜 미디어에서는 그가 적합한 인물이 아니라고 떠들어댔다. 성공한 벤처 투자가였던 립 부 탄이 회사를 팔아치우고 사라질 거라는 추측이 난무했다. 다른 사람들은 그가 회사의 핵심 칩 설계 소프트웨어 사업에 대해 얼마나 아는지 의문을 제기했다. "꽤 상심이 컸다. 나는 서재에서 막내아들에게 그 댓글을 읽어주었다. 아들은 다 듣고 나서 내게 훌륭한 조언을 해주었다. '아빠는 그냥 아빠 할 일을 해. 그런 댓글은 보지 마.' 그건 가장 훌륭한 조언이었다. 나는 이제 나에 관한 댓글은 보지 않는다."

일상에 활력을 불어넣어라

에너지 관리 분야를 연구하는 사람들은 에너지를 일정 수준으로 관리하는 것이 시간 관리만큼이나 중요하며 성과에 더 큰 영향을 미친다고 주장한다. 베스트 바이의 허버트 졸리는 이렇게 지적한다. "우리는 물리학에서 에너지가 유한하다고 배웠다. 하지만 인간 역학에서는 그렇지 않다. 에너지는 무에서도 창조될 수 있다."

최고의 CEO들은 에너지를 내게 하는 것과 고갈시키는 것을 잘 알고 있으며, 에너지 계곡(에너지를 갉아먹고 좌절감을 주는 장기간의 활동)을 피하려고 애쓴다. 인튜이트의 브래드 스미스는 에너지를 유지하는 방법에 대해 설명한다. "우선은 자신의 최고점과 최저점, 회복 시간을 제대로 파악해야 한다. 나는 아침형 인간이다. 아침 회의 때는 상태가 아주 좋다. 반면에 늦은 오후에 열리는 회의에는 날 데려가지 않는 편이 낫다. 나는 가장 전략적이고 중요한 회의는 아침 일찍 잡는다."

갈더마의 플레밍 온스코브는 말한다. "일하는 방식은 제각기 다르다. 버거워지기 시작한다는 징후와 증상이 나타나면 휴식을 취해야 한다. 너무 피곤하거나 과민반응하면 자신과 평판에도 손상을 입힌다." 웨스트팩의 게일 켈리는 회의 일정 사이에 '공백'을 끼워 넣는다. "나는 일정 하나하나마다 전력을 다해야 한다고 생각한다. 그러기 위해서는 일정 사이에 10~15분 정도 생각할 시간을 두어야 한다." 켈리는 평일에는 적당한 시간에 퇴근한다. "그렇다고 일을 그만하는 건 아니지만 어쨌든 회사에서 벗어난다. 가족과 저녁 식사를 하고, 여유를 찾고, 산책을 하면서 나를 다시 추스른다."

어떤 CEO들은 직원들과의 교류를 통해 에너지를 얻는다. 허버트 하이너는 말한다. "직원들과의 대화는 큰 힘이 된다. 나는 5,000명이 함께 식사하는 구내식당에 가서 직원들이 있는 곳에 자리를 잡고 대화에 참여하곤 한다. '어느 부서에서 일하지? 무슨 일을 하나? 일은 어때?'" 알리안츠의 올리버 바테도 사람들과 소통하며 에너지를 얻는 편이지만 모든 경우가 그렇지는 않다는 사실을 염두에 둔다. 에너지를 생성하는 사람도 있지만 반사하거나 흡수해가는 사람도 있다. "나는 에너지를 주는 사람들과 시간을 보내려고 한다."

탁월한 CEO들은 업무 중의 에너지 관리뿐만 아니라, 업무 외적으로도 재충전할 방법을 찾아낸다. 스티브 태핀은 《정상의 풍경》에서 이렇게 말한다. "CEO가 가지고 있는 주된 감정은 좌절, 실망, 짜증,

버거움이다." 이런 감정들이 오랜 시간 지속되면 번아웃이 찾아온다. 스포츠 세계와 마찬가지로 이 사슬을 끊는 열쇠는 고강도의 업무 기간과 저강도의 긍정적 활동, 즉 원기를 회복시켜주는 '회복기'를 적절히 혼합하는 것이다.

록히드마틴의 메릴린 휴슨은 자신만의 회복 방법을 들려준다. "몇 가지 기본적인 것들을 해야 한다. 제대로 먹고, 제대로 자고, 운동하는 것이다. 몇 년 전 누군가는 CEO를 '기업의 운동선수'라고 불렀다. 스스로를 돌보고 가족과 시간을 가져야 한다. 나는 휴가도 비즈니스 리듬의 일환으로 미리 계획하고 가족과 함께 보낸다. 재충전할 시간을 만들어야 한다." 산탄데르의 아나 보틴도 일정을 꼼꼼히 관리하고 잠자는 시간을 우선 확보하고 피아노를 친다. "나는 핏빗 제품을 사용해 내가 무엇을 먹는지, 얼마나 자는지, 운동을 얼마나 하는지 측정한다. 내 생활이 지루하다고 말하는 친구들도 있다. 하지만 나는 지루한 게 아니라 그저 매우 습관이 잘 배어 있다고 생각한다."

탁월한 CEO들은 다른 직원들에게도 회복 시간이 중요하다는 것을 잘 안다. 인튜이트의 브래드 스미스는 말한다. "가끔 사람들이 주말에 읽으라고 15페이지 분량의 파워포인트를 내게 보낸다. 그러면 나는 그들에게 쪽지를 보낸다. '월요일에 읽어보고 어떤지 알려주겠다.' 나는 그 사람이 가족들과 주말 동안 재충전할 시간을 갖기를 바란다. 이렇게 경계를 확실히 정해줌으로써 나는 일과 삶의 균형을 더 잘 유지하는 데 있어 역할 모델이 된다."

아틀라스 콥코의 로니 레튼은 일하고 싶어하는 사람이 있다면 그것도 괜찮다고 말한다. "CEO는 모두가 최상의 상태에서 창의력을 발휘하고 삶의 균형을 잡을 수 있는 분위기를 조성해야 한다. 어떤 사람들은 주말에 재충전의 시간을 갖고 싶어 하고 어떤 사람들은 축구를 하고 싶어 한다. 또 영화 보는 걸 좋아하는 사람이 있는 반면에 일하고 싶어하는 사람도 있다. 그것도 괜찮다. 가족에게 받는 스트레스를 피해 일에서 안정을 찾는 사람도 있는 법이다. 나는 이런 차이를 수용하고 제각기 원하는 위치에 있는 사람들을 만나려고 노력하며 조직을 성공의 길로 이끌어갔다."

이런 에너지 생성 실천은 비교적 명확하지만 이를 실제로 적용하기는 말처럼 쉽지 않다. 레고의 예르겐 비 크누스토르프는 자신의 경험을 들려준다. "나는 내가 잘 해내고 있는지 몰라 100퍼센트 올인했다. 처음 5년 동안은 건강이 상당히 안 좋았다. 검진을 받으러 갔는데 의사가 내 신체나이는 65세라고 했다. 그때 내 나이 마흔을 향해 가던 때였다. 그제야 좀 더 건강을 의식하기 시작했다."

마이크로소프트의 사티아 나델라는 틀을 정한 방식에 대해 이야기한다. "최고경영진의 일은 연중무휴, 하루 24시간 이어진다. 가끔은 일과 삶의 균형을 잡기가 어렵다고 느낀다. 그래서 나는 균형을 잡으려고 하기보다는 조화를 이루려고 애썼다. '균형'을 잡으려고 하면 어떻게 해도 균형이 맞지 않아 기분이 상한다. 나는 일이 내 삶을 침해한다고 생각하지 않는다. 나중에 내 삶을 돌아볼 때 이렇게 말하고 싶다. '아, 마이크로소프트의 내부와 외부에서 진정으로 소통할 수 있는 사람들, 배움을 얻을 수 있는 사람들과 시간을 잘 보냈구나.'"

비서진을 당신에게 맞춰라

나델라가 설명한 것과 같은 결과를 얻으려면 CEO가 탄탄한 비서진을 갖춰야 한다. 최고의 CEO들은 개인 비서진에 출장과 이벤트 일정을 관리하는 유능한 전담 관리비서(혹은 2명)를 항상 포함시킨다. 비서는 CEO의 시간 관리를 돕고 우선순위에 초점을 맞추며 필요한 만큼 회복 시간을 스케줄에 포함시켜 CEO의 에너지를 관리한다.

CEO 역할을 시작하는 이들에게도 이런 지원은 새로운 내용이 아닐 것이다. 하지만 어느 정도의 자유도 있다. GE의 래리 컬프는 말한다. "CEO가 되어 좋은 점 중 하나는 기업의 일정을 마음대로 관리할 수 있다는 점이다. 나는 스케줄 관리에 늘 열심이다." 컬프는 심지어 아이들 학교 운동부 감독에게 전화를 걸어 스포츠 일정이 발표되기 훨씬 전부터 스케줄을 확인한다. 그의 딸이 라이벌 학교와 소프트볼 경기를 하면 늘 스탠드에서 요란하게 응원하는 아빠가 있다.

많은 CEO들이 복잡한 스케줄을 관리하기 위해 수석비서를 별도로 둔다는 점도 새롭게 알게 된 사실이다. 많은 CEO들은 처음에는 스케줄을 관리하는 수석비서가 필요치 않다고 생각하지만 업무가 과중하다는 느낌이 들기 시작하면 마음을 바꾼다. 인튜이트의 브래드 스미스는 자신의 경험을 들려준다. "내가 CEO가 될 때는 행정비서만 있고 수석비서는 없었다. 그러다 결국에는 새로 뽑기로 했고 그게 판도를 바꿔놓았다. 덕분에 생각보다 훨씬 더 리더십을 기하급수적으로 확장시킬 수 있었다. 수석비서는 변혁을 이끌고 적절한 방법으로 의제를 적용하고 실행하는 일을 도와주는 변화 전담맨이다."

때로 CEO는 과도한 비서진의 규모를 줄이기도 한다. 마스터카드의 아자이 방가가 CEO가 되었을 때 CEO 사무실에는 직원 11명, 보조비서 3명이 있었다. 그는 수석비서 1명과 보조비서 2명만 남겨두었다. 방가는 수석비서의 직무를 다음과 같이 간단히 설명한다. "내가 일을 망치지 않게 하는 사람." 그러려면 비서가 CEO의 이메일과 캘린더, 기타 필요한 모든 항목에 접근할 수 있어야 한다. 방가는 말한다. "나는 수석비서와 모든 것을 공유한다. 우리 사이에 틈은 없다. 내가 출장을 가면 수석비서도 함께 갈 거라고 생각한다. 회의도 나와 함께 참석하고 내가 우려해야 할 점들에 대해 상기시켜준다. 그들은 내가 더 나은 CEO가 되도록 도와준다. 최고의 수석비서는 CEO의 머릿속에 들어갈 수 있어야 한다. CEO의 문장을 완성할 수 있고, 뒤를 받쳐줄 수 있어야 한다. CEO가 미처 못 보고 넘어간 부분이 앞으로 어떻게 될지 내다볼 수 있어야 한다. 대부분의 CEO들은 한 가지에 너무 몰두해 다른 일은 잘 잊어버리기 때문이다. 지난 10~11년 동안 내 수석비서로 일했던 사람들이 없었다면 지금의 나도 없었을 것이다."

방가는 또 18개월에서 2년마다 수석비서를 교체한다. 잠재력이 높고, 새로운 커리어를 쌓고 싶고, 학습과 멘토링의 기회를 얻고 싶어하는 사람을 발탁한다. "내가 받은 만큼 돌려주는 게 목표다." 이렇게 계속 새 피를 수혈하는 방식에는 또 다른 장점이 있다. 방가처럼 CEO가 수석비서를 CEO의 확장판으로 활용하게 되면 너무 큰 권한을 갖게 된다. 그럴 때는 사람을 교체해 위험을 줄일 수 있다.

우리가 인터뷰한 많은 CEO들은 수석비서 직책을 통해 신진 인재를 배출해내기도 한다. 반면에 그 직책을 더 영구적으로 가져가는

CEO들도 있다. 예를 들어, 신시내티 아동 병원의 마이클 피셔는 전략적인 프레젠테이션 준비에서부터 조직의 변화를 이끄는 데 도움을 주는 것까지 모든 일을 해내는 강력한 수석비서를 장기적으로 끌고 간다. 그는 자신의 수석비서에 대해 이렇게 말한다. "나의 수석비서는 지성과 성실함, 탁월한 판단력을 지닌 다재다능한 파트너로 언제나 내 곁에서 묵묵히 자신의 일을 한다. 그녀는 내가 모든 공을 저글링하고 이 회의 저 회의를 다니며 심사숙고해서 일을 진행할 수 있게 도와준다. 내게 특별한 접근권을 가진 유일한 인물이다. 한 시간만 만나도 여덟 가지 주제를 다룬다. 회의 일정 여덟 개를 잡지 않고도 일을 진행할 수 있다. 경영진과 매일 이어지는 회의를 준비하며 마케팅, 커뮤니케이션 부서를 리드하는 역할까지 한다."

에이온의 그레그 케이스는 수석비서의 역할을 하나 더 추가한다. "우리 결정에 불만을 가지는 사람들에게 안전밸브 역할도 한다. 사람들이 그녀에게 가서 이야기하면 그녀는 그들의 우려를 필터링해 내게 알려준다." 듀크 에너지의 린 굿은 두 가지를 덧붙인다. "수석비서가 커뮤니티의 많은 일을 처리하며 업계나 커뮤니티 이사회에서의 역할을 확실히 지원해준다. 또 경영진 회의에 오를 의제도 나와 긴밀히 협력해 적절한 안건을 적절한 타이밍에 경영진 회의에 올린다. 2020년 사회적 불안이 온 나라를 덮칠 때에는 인사부장과 긴밀히 협력해 다양성, 형평성, 포용에 관한 의제도 앞장서 이끌고 있다. 그녀의 업무 덕분에 DE&I는 최고경영진에 대한 적절한 집중과 관심을 발휘할 수 있었다." '비서실'에서 일과 가정의 경계를 넘나들며 지원해주는 경우도 있다. 에스켈의 마조리 양은 말한다. "여성 회장 겸 CEO이기 때문에 사무실 밖에서도 지원이 필요하다. 내게는 삶 전체를 관리하는 데 도움을 주는 이들이 있다. 나는 두 가정을 책임지고 있고, 95세의 어머니도 계시다. 해당 일들을 도와주는 개인 비서도 있다."

CEO는 전력 질주만 계속하거나 하루 종일 물잔을 들고 서 있는 식으로 역할 관리를 해서는 안 된다. 그렇게 하다가는 금세 구급차에 실려 가고 만다. 마라톤도 그다지 적절한 비유는 아니다. 가장 높은 층의 비즈니스 세계에서는 천천히 안정적으로 달릴 여유가 거의 없다. 인터벌 트레이닝(짧고 강도 높은 활동 및 회복 시간을 번갈아 갖는 실천)이라고 하는 편이 더 적절하다. 지속가능한 패턴으로 단기간에 더 많은 작업을 수행할 수 있는 방식이다.

최고의 CEO들은 '타이트하면서도 느슨한' 스케줄(극도로 구조화되어 있지만 예상 밖의 문제에 대응할 수 있게 유연한 스케줄)을 유지함으로써 이 인터벌 트레이닝을 실행한다. 그들은 일터에서든, 집에서든 사람들과 함께 할 순간을 의식적으로 선택하고 분류한다. 이들은 일상에 에너지를 불어넣고 에너지가 고갈되는 것을 방지하고 스케줄에 회복 시간을 충분히 챙겨 넣어 번아웃이 찾아오지 않게 한다. 마지막으로 필요와 선호에 맞는 맞춤형 개인 지원으로 회사 업무를 최대한 효율적으로 해나간다.

지금까지 CEO가 시간과 에너지를 어떻게 관리하는지 알아보았다. 최고의 CEO들은 매일매일 충만한 상태로 나설 수 있도록 규율을 습관화해 지킨다.

투 비 리스트 대로 살아라

리더십 모델 실천

되고 싶은 게 없다면 뭘 해도 부족하다.

에크하르트 톨레

마하트마 간디를 만나려고 기다리는 수백 명 중에 한 어머니와 어린 아들이 있었다. 그들의 차례가 되자 여자는 간디에게 아들에게 단 것을 먹는 습관에 대해 조언해달라고 부탁했다. 간디는 2주 후에 다시 오면 아이와 이야기를 해보겠다고 했다. 그녀는 왜 지금 말해주지 않는지 궁금했지만 간디가 시키는 대로 했다. 2주 후에 그들은 돌아왔고, 몇 시간 동안 기다렸다가 다시 간디를 만났다. 똑같은 요청을 들은 간

• To be List

디는 바로 아이와 이야기를 나눴고 아이는 단 것을 끊어보겠다고 했다. 간디의 현명하고 연민이 담긴 말에 감사를 표하고 나서 여자는 간디에게 왜 처음부터 조언을 해주지 않았는지 물었다. 그러자 간디가 대답했다. "2주 전 당신이 찾아왔을 때 나도 단 것을 먹고 있었어요." 그는 자신이 직접 단 것을 끊어보지 않고 아들에게 단 것을 끊으라고 말하거나 가르칠 수 없었다고 설명했다.[3]

이 일화를 비롯해 여러 비슷한 이야기들은 영국의 지배에 대항해 인도의 비폭력 독립 운동을 이끌었던 간디가 왜 달라이 라마나 골다 메이어, 마가렛 대처, 마틴 루터 킹 주니어, 넬슨 만델라, 시몬 볼리바르, 윈스턴 처칠 같은 인물들과 함께 세계에서 가장 위대한 인물로 존경받는지를 잘 보여준다. 미국의 19세기 노예해방론자이자 신학자인 제임스 프리먼 클라크는 정치인과 위인의 본질적인 차이에 대해 말한다. "정치인과 위인의 차이는, 정치인은 다음 선거를 생각하고 위인은 다음 세대를 생각한다는 것이다."

클라크가 한 말 중 우리 목적에도 부합하는 내용은 정치인과 위인들이 하는 일이 놀라울 만큼 유사하다는 것이다. 그들의 일은 소통과 설득, 네트워킹으로 요약된다. 다만 차이를 만드는 것은 "어떤 사람이냐"는 것이다. 위인들은 여론조사에 좌지우지되지 않는다. 그들의 밑바탕에는 자신들이 믿는 근본적 진실이 있다. 이들은 핵심 가치를 고수한다. 그들의 목표는 정치에서 출세하는 것이 아니라 더 큰 목적을 위해 봉사하는 것이다.

최고의 CEO들은 '하는 것'과 '되는 것'의 차이를 알고, 두 가지 모두를 바르게 한다는 것이 얼마나 큰 잠재력을 가지고 있는지 잘 안다.

신시내티 아동 병원의 마이클 피셔는 그 차이를 명확히 한다. "나는 항상 '투 두 리스트To Do List'를 작성하는 습관을 길러 왔다. 오늘의 할 일 A, B, C를 캘린더에 표시해두고 이를 인쇄해 가지고 다니며 메모도 한다. 또 매일 내가 어떤 사람이 되고 싶은지에 대해서도 일부러, 정말 의도적으로 생각한다. 그래서 나는 '투 비 리스트'도 추가했다. 예를 들어, 오늘은 관대하고 진실된 사람이 되고 싶다는 목표를 세운다. 물론 매일 그러면 더 좋겠지만 오늘은 더 확실히 그런 사람으로 남고 싶은 것이다. 경영진과 중요한 회의가 있다면 단지 필요에 의한 전술적 상호작용이 아니라, 정말로 그들에게 감사한 마음이 들어서 관대하게 대하도록 노력한다. 어떤 날에는 협조적이고 변화의 촉매 역할을 해야 한다면, 그 역할에 집중한다. 그렇게 나는 매일 두 가지 자질, 두 가지 되고 싶은 모습을 마음에 새기고 일상에서 실천하려고 노력한다."

자기 성찰은 때로 다른 사람들의 논평에 의해 촉발되기도 한다. 인튜이트의 브래드 스미스는 말한다. "CEO 역할을 제안받았을 때 나는 전임 CEO인 스티브에게 만장일치의 결정이었는지 물었다. 그가 말했다. '맞아, 만장일치로 당신이 적임자라고 했어. 하지만 우려하는 점에 대해서도 만장일치야. 당신이 강하게 나갈 수 있을까? 당신은 남부 출신이고, 앞에 잘 나서지 않지. 우리는 지금 힘든 시기를 겪고 있어. 당신의 친절함으로 이 위기를 극복할 수 있지 않을까?'" 스미스는 그 피드백을 마음에 새기고 아버지에게 연락했다. 아버지는 친절과 나약함을 착각하지 말라고 말씀하셨다. 아버지는 프레드 로저스가 진행하는 어린이 TV 프로그램 〈미스터 로저스〉를 예로 들었다. 당시 홀리데이 인 수영장에서 흑인들이 수영을 했다며 수영장에 락스를 쏟아부은 사건이 있었는데, 이때 로저스는 흑인 경관을 초대해 한 대야에 함께 발을 담그며 프로그램을 진행하기도 했다. 로저스는 부드럽고 친절했지만 자신의 주장은 분명하게 표현하는 사람이었다.

아버지가 들려준 이야기에는 스미스가 어떤 CEO가 되고 싶은지에 대해 알아야 할 전부가 담겨 있었다. "그 사고방식은 터프한 결정을 내리면서도 공감을 표하는 법을 가르쳐주었다. 마야 안젤루의 시에는 내가 성취하고자 하는 것이 잘 드러나 있다. '사람들은 당신이 한 말과 한 일은 잊을 테지만 당신이 준 느낌은 결코 잊지 않을 것이다'" 스미스는 그의 신념에 따라 살 수 있었다. 그가 은퇴할 때 회사는 건물에 그의 이름을 새겼고 그 아래에는 그가 항상 하던 말을 적었다. "열심히 일하고, 친절하고, 자부심을 가져라."

피셔나 스미스와 같은 최고의 CEO들은 일터에서 어떠한 사람이 될 것인가에 대해 여러 공통점을 갖고 있다.

캐릭터를 일관되게 유지하라

캐릭터의 일관성이라는 건 모든 상황에서 동일한 원칙을 따른다는 뜻이다. 부모의 역할을 예로 들어 생각해보자. "얘야, 거짓말하면 안 된다고 했지만 지금은 영화표 할인을 받아야 하니까 나이를 실제보다 적게 말해도 돼." 이렇게 원칙을 지키지 않는 부모를 보면 아이들도 배워서 똑같이 한다. 아이들은 일관성 없는 부모의 행동을 예측하고 규칙을 회피하는 방법을 배운다. 부모가 바쁘거나 피곤할 때까지 기다렸다가 어물쩍 넘어가려고 하는 것이다. 가장 고위직에 있는 사람에게 모든 시선이 쏠린다는 점에서 리더십은 다 비슷하다. 베스트 바이의 허버트 졸리는《비즈니스의 심장The Heart of Business》에서 그 역학에 대해 설명한다. "머리뿐만 아니라 영혼과 마음으로 이끌어야 한다. CEO들이 이런 식으로 일관되게 행동하면 그들의 원칙은 하향식이 아니라 유기적으로 조직에 전달된다."

자신의 가치에 충실하면 단기적으로는 손해처럼 느껴질 수 있지만 최고의 CEO들은 장기적으로는 항상 좋은 결과를 가져온다는 사실을 잘 안다. 예르겐 비 크누스토르프는 레고에서의 경험을 들려준다. "나는 사람들 비위를 잘 맞추는 스타일이 아니다. 회의실에 걸어 들어가면서 '어떻게 하면 모두가 나를 좋아하게 만들까?' 같은 생각은 하지 않는다. 우리 모두는 자신만의 시련과 인생 스토리를 가지고 있다. 그러다 보니 다소 위험을 감수하더라도 용기 내어 말하는 편이다. 사람들은 이렇게 말할지도 모르겠다. '어떻게 거기서 일어나 그런 말을 할 수 있지?'" 크누스토르프는 레고에서 임원으로 일한 지 3년밖에 되지 않았을 때, 회사가 처한 위기를 이사회에 전달해야겠다고 생각했다. 그는 메모를 작성했다. "회계상으로 이 회사는 지난 15년간 대부분 이익accounting profit을 냈지만 단 하루도 수익economic profit(기회비용을 반영한 이익)이 플러스였던 적이 없습니다. 다들 어느 정도는 만족하고 있지만 우리는 손해를 보고 있습니다."

크누스토르프는 당시 일을 회상하며 말한다. "이사회는 충격에 빠졌다. 나는 이사회 회의실에서 쫓겨났고 아내에게 전화를 걸어 말했다. '이 일도 좋긴 했는데 이제 다시 학계로 돌아가야 할 것 같아.'" 하지만 다음 날 의장이 크누스토르프에게 전화를 걸어 그의 메모를 세 번이나 읽었고 진지한 대화를 나누고 싶다고 말했다. 일 년도 채 지나지 않아 이사회는 크누스토르프를 레고의 차기 CEO로 임명했다. 그는 한결같은 성격 덕분에 최고 자리를 차지했고, 또 그 덕분에 성공적으로 실적을 호전시켰다. "CEO가 기존 팀의 스타일에 자신을 맞추려고 하는 것은 위험하다. 내가 일하던 회사는 약간 남자들의 클럽 같았다. 서로에게 도전하지 않았고, 모두 상당히 비슷한 스타일이었다. 내가 CEO가 되었을 때, 많은 기존 경영진은 '와, 그것 참 희한한 선택일세' 하고 생각했을 것이다." 크누스토르프는 있는 그대로를 말했다. 불편한 접근 방식일 수는 있어도 문화에 빠른 변화를 가져오고 혁신을 가능하게 했다. "그 방식이 성공하면서 내 스타일대로 나가는 것에 더욱 자신감이 생겼다."

모든 CEO들이 크누스토르프처럼 직설적이어야 한다는 건 아니지만, 비용이 들고 어렵더라도 자신의 신념이 무엇인지 알고 진실할 필요는 있다. 범아프리카의 핀테크 기업이자 아프리카에서 몇 안 되는 유니콘(최소 10억 달러 규모의 스타트업)의 하나인 인터스위치의 창립자 겸 CEO 미첼 엘렉비는 자신의 캐릭터를 일관되게 유지하기 위해 어려운 결정을 내려야 했던 일을 들려준다. "첫 번째로 배운 교훈은 이기는 것과 승리의 차이다. 전쟁에 나가 병사를 전부 잃고도 전투에서 이길 수 있다. 유일한 생존자인 당신이 집으로 돌아온다. 이긴 것이다. 하지만 전쟁에 나가 전투에서 이기고 모든 병사들을 고향으로 데리고 돌아온다면 그것은 승리이다. 나는 어떤 상황에 직면할 때 '이기고 싶은가 아니면 승리를 원하는가?' 하고 자문한다. 나는 이기는 것보다 승리하는 게 훨씬 낫다고 생각한다."

실제로 엘렉비는 결정을 내릴 때, 동료, 그들의 가족, 주주, 사회에 어떤 영향이 미칠지를 그려본다. 그 그림이 마음에 들지 않으면 그 일에 발을 들이지 않는다. 특히 부패에 관련된 일에 있어서 그렇다. "정부 관계자가 뭔가를 하고 싶다고 할 때가 많다. 나는 그것이 승리로 끝나지 않을 것임을 알기에 그냥 물러난다. 그 제안을 받아들였다면 계약을 따낼지도 모르지만 우리가 누구인지 잘 알고 있고, 그렇게 얻은 수익이 달갑지 않을 것임을 잘 알기 때문이다."

텔스트라의 데이비드 토디는 뿌리 깊은 문화적 변혁을 이루려면 캐릭터를 일관되게 유지하는 것이 얼마나 중요한지 깨달았다. 그는 호주 텔레콤을 보다 고객 중심 회사로 만들겠다는 캠페인을 벌이며 직원들에게 비용이 얼마가 들든 일정 한도 내에서는 고객 만족을 위해 뭐든지 하라고 요청했다. 하지만 일부 직원들은 그 메시지를 제대로 받아들이지 않았다. 어느 날 현장 기술 책임자가 들어와 북부 지방 폭우 때문에 많은 구리선에 결함이 발생했는데, 분기 예산을 맞추려면 수리를 다음 분기까지 기다려야 한다고 말했다. 토디가 고개만 끄덕여 승인하면 예산을 맞추기는 쉬웠을 것이다. 하지만 그는 엔지니어에게 말했다. "잠깐만, 그게 우리의 우선 과제인가?" 그 후 CEO는 회선 결함이 텔스트라의 북부 지방 고객들에게 미치는 영향에 대해 설명했다. 하지만 엔지니어는 수리하는 데 4천만 달러가 든다고 대답했다. 토디는 간단히 말했다. "그냥 진행해요." 토디가 텔스트라를 호주에서 가장 신뢰할 만한 기업으로 만들 수 있었던 것은 힘들 때도 자신의 믿음을 한결같이 유지했기 때문이다.

회사의 필요에 맞게 조정하라

일관성을 유지하라고 해서 CEO에게 융통성이 필요 없다는 말은 아니다. 자신의 핵심 가치를 저버리지 않으면서도 상황에 따라 기업을 이끄는 방식을 기꺼이 바꿀 수 있어야 한다. '상황적 리더십'의 개념은 50년 전에 《상황적 리더situational leadership》의 저자인 폴 허시 박사와 《1분 매니저The One Minute Manager》의 저자 케네스 블랜차드가 도입했다. 요점은 리더들이 진정성은 유지하면서 상황에 맞게 자신의 스타일을 약간씩 조정하면 좋은 결과를 얻을 수 있다는 것이다.[4] 레고의 예르겐 비 크누스토르프는 이렇게 요약한다. "회사에 어떤 CEO가 필요한지 알아야 한다."

하지만 상황적 리더십은 진정성과 모순되는 개념이 아닌가? 그렇지 않다. DSM의 페이케 시베스마는 수십 년 전 조정이 불가능하다고 생각했던 일을 해낸 경험을 떠올린다. "CEO가 되고 얼마 지나지 않았을 때 나는 '진실된 모습을 보이는 게 좋은 것'이라고 생각했다." 그 후, 한 번은 컨설턴트가 있는 자리에서 팀 전체가 서로 피드백을 주고받는 시간을 가졌다. 시베스마는 몇 가지 발언에 짜증이 났다. "아니, 그게 내 방식이야. 그게 내 진짜 모습이라고" 하고 말했다. 그는 팀에 충고를 했고 몇몇 팀원들은 그의 태도를 이해했다. 하지만 컨설턴트는 시베스마를 보며 말했다. "페이케, 이게 당신의 진짜 모습이라고요? 좋아요. 그런데 왜 가끔 그것 때문에 힘든 사람들이 생겨나죠?" 시베스마는 아무 대답도 할 수 없었다. '진정성도 필요하지만 더 나은 리더십 기술을 갖춰야 한다'는 뜻이었다. "그다지 즐거운 경험은 아니었지만 그건 진실이었다. 나는 거기서 큰 영향을 받았고, 그것은 나의 경력에도 도움이 되었다."

웨스트팩의 게일 켈리는 처음에는 자신의 스타일을 바꾸길 거부했지만 결국은 그게 회사를 위해 옳은 일이라고 판단했다. "나는 고객의 언어를 사용했기 때문에 투자자들에게 내 언어는 울림을 주지 못했다. 나는 타 은행 CEO들처럼 전문적으로 보일 만큼 충분히 은행가의 언어를 구사하지 못했다. 투자자들은 '그녀는 소프트한 요소에 강해 보인다. 하지만 그녀 옆에 숫자에 강한 CFO가 있어서 다행이라는 생각이 든다'고 피드백을 해주었다. 그런 부분에 화가 났다."

회장이 켈리에게 언어와 메시지를 바꾸라고 강하게 충고했지만 그녀는 처음에 저항했다. "'아니요. 저는 제 스타일로 가겠습니다'라고 말했다. 그러다가 '잠깐만, 그 충고를 따르는 게 낫겠어'라는 생각이 들었다. 그래서 나는 달라지기로 결심했다. 내가 중요하게 생각하는 것들을 바꾸지는 않았지만 투자자들 앞에서 사용하는 언어를 바꾸었고 답변을 할 때 수치를 많이 인용하기 시작했다. CFO나 CRO에게 답을 떠넘겼을지 모를 질문들도 맡아서 답변했다. 남의 충고에 귀 기울이는 것은 정말 중요하다. 임기가 흐르다 보면 바꿔야 할 점들이 있을 것이다."

인튜이트의 브래드 스미스는 처음에 '칭찬은 공개적으로, 코칭은 개인적으로' 하는 방식을 택했다. 그 접근법은 한동안은 효과가 있었다. 하지만 그는 곧 그의 리더십 모델이 이미 오래전에 바뀌었어야 한다는 것을 깨달았다. 그는 "11년 임기 중 6년째에 다면평가 피드백을 받았다. '브래드는 리뷰에 너무 친절해서 회사의 기준치를 떨어뜨리고 평가에 너무 관대해 아무도 문제를 지적하려 하지 않는다. 그는 공적으로는 칭찬을, 개인적으로는 코칭을 한다는 것을 철칙으로 삼고 있다. 그러다 보니 그가 칭찬의 기준을 어디에 놓고 있는지 의아해진다.'"

스미스는 자신의 신념을 바꾸려 하지 않았지만 회사는 달라져야 했다. 그래서 그는 자신의 접근 방식을 바꾸기로 했다. "나는 공적인 자리에서 비즈니스 성과에 관해 코칭을 하고 사적인 자리에서 칭찬을 하기 시작했다. 원래 내 모습에서 벗어나 사람에게는 친절하게 대하면서도 이슈에 대해서는 강경하게 나갔다. 회사 직원들 모두 나의 노력을 알아보았다. 나는 사람들에게 말했다. 내가 당신의 성과에 대해 충분한 구체적 근거 없이 평가한다고 생각한다면 꾸준히 충실하게 행해보길 바란다. 하지만 내가 당신을 난처하게 만들려는 게 아니라는 걸 알아줬으면 좋겠다. 나는 당신을 존중과 존경으로 대하고 싶다."

록히드마틴의 메릴린 휴슨은 그 해답은 자신의 행동을 맞춰가는 게 아니라 왜 그렇게 행동하는지에 대한 이유를 제시하는 데 있다고 말한다. "나는 열정적인 사람이지만 어떤 사람들은 질문을 많이 하는 내 스타일을 위협적으로 여긴다. 상황적 리더십이 중요하다는 건 배웠지만 질문을 멈추지는 않을 것이다. 그렇지만 내가 왜 그렇게 하는지, 나라는 사람에게서 왜 이런 결과물이 나왔는지를 설명하는 것도 중요하다."

지금까지 살펴본 바와 같이, 자신의 신념에 충실하면서 회사에 필요한 존재가 되려면 피드백 없이는 불가능하다. 최고의 CEO들은 필요한 정보를 얻는 일을 운에 맡기지 않는다.

지속적인 성장을 추구하라

CEO들이 받는 감시 수준을 감안하면 지속적 피드백이 쇄도할 거라고 생각할 것이다. 하지만 그건 사실과 거리가 멀다. 앞서 말한 대로 CEO는 역할을 함께 수행하는 동료가 없다. 이사회가 CEO를 감독하지만 아무도 그들의 일상적 행동을 주의 깊게 관찰하지 않는다. 그 결과 CEO는 일반적으로 직접적인 코칭은 거의 받지 못하고 건설적 비판에서도 점점 고립된다. DBS의 피유시 굽타는 말한다. "최고 자리에 있으면 사람들은 당신을 보러 올 때마다 가장 좋은 모습을 보이려고 한다. 사람들은 CEO에게 안 좋은 소식을 전하기를 두려워한다." 인튜이트의 스미스는 말한다. "내게 오는 정보의 상당 부분이 CEO라는 자리 때문에 필터링되었다는 사실을 깨닫지 못하는 경우가 많다. CEO가 되는 순간, 키가 10인치는 더 커지고 내뱉는 농담은 세상 가장 재밌는 말이 된다."

스미스는 단체 회의에서 연설을 하고 나면 항상 직원 몇 명에게 "나어땠어?" 하고 묻곤 했다. 그러면 당연히 "진짜 훌륭했어요"라는 답변이 돌아온다. 하나같이 다 똑같은 피드백만 돌아오자 그는 어느 날 회장에게 자기가 진실을 듣고 있는 건지 모르겠다고 고백했다. 회장은 노련하게 즉답했다. "당연히 아니지." 스미스는 회장이 한 조언에 대해 말한다. "그는 다음에 무대에서 내려올 때는 '어떻게 하면 더 잘할 수 있을까? 어떻게 하면 다르게 할 수 있을까?' 하고 질문을 던지라고 했다." 다시 말하면 일반적이고 폭넓은 질문을 피하고 듣고 싶은 답변이 나올 수 있게 질문하라는 것이었다. "그렇게 하면 진짜 피드백을 얻을 수 있다."

아홀드 델헤이즈의 딕 보어는 올바른 피드백을 얻기 위해 올바른 질문을 하는 게 얼마나 중요한지 강조한다. "내가 배운 교훈은 건설적인 비판을 계속 요구하라는 것이다. 그게 진짜 피드백이다. 진짜 피드백을 제공할 수 있게 사람들을 훈련시켜야 한다. 나는 긴 회의를 끝낼 때마다 항상 이렇게 물었다. '나한테 해줄 말 있어? 말해줘. 내가 듣기 좋은 말 말고 우리가 더 잘해야 한다고 생각하는 걸 말이야.'"

많은 CEO들은 피드백을 수집하고 행동하는 데 코치의 도움을 받는다. 베스트 바이의 허버트 졸리는 말한다. "몇 년 전에 누군가 내게 '스캇이 코치의 도움을 받는다'고 했으면 나는 '뭐, 스콧한테 무슨 일 있나?'라고 생각했을 것이다. '무슨 곤경에 처했나? 회사에서 그를 해고하려고 하나?' 하지만 이제는 경영 코치가 성공적인 리더들에게 더 잘할 수 있도록 도움을 준다는 사실을 알고 있다. 세계 랭킹 100위 이내의 테니스 선수들도 전부 코치가 있고, 미국 프로풋볼리그NFL 팀들도 전부 코치(코칭스태프)를 보유하고 있다. 그러니 CEO와 경영진이 코치를 두지 못할 이유가 어디 있는가? 우리에게 필요한 것은 한 번의 개입이 아니라 지속적 향상을 지원해줄 연속적인 코칭 프로세스다."

록히드마틴의 메릴린 휴슨은 코치진을 이용해 경영진의 객관적인 피드백을 모은다. "CEO가 보지 못하는 사각지대가 분명히 있다. 그래서 CEO가 보지 못하는 조직에 미치는 영향을 파악할 메커니즘이 필요하다. 나는 외부 코치를 고용해 몇 가지 질문을 하고 경영진의 온도를 측정한다. 그렇게 해서 내 스타일을 바꿀 수 있었다. 나는 경영진과 이런 이야기를 나눈다. '이게 당신이 말해준 내용이고, 내가 하려는 건 이렇다. 이걸 점검해 달라. 하지만 나는 이렇게 바꿀 생각이다.'"

또 지속적인 학습은 조직 아래쪽으로 손을 뻗어 피드백을 얻으며 이루어지기도 한다. 넷플릭스의 리드 헤이스팅스는 말한다. "나는 상위 50명 직원들에게 '당신이 CEO라면 넷플릭스에서 뭘 다르게 하고 싶은가?'라고 묻는다. 관련 내용은 공유 스프레드시트에 두세 문장이나 단락을 작성하게 한다." 인튜이트의 브래드 스미스는 더 조직 깊숙이 들어간다. "조직 내 여러 직급 사람들과 일주일에 두 번 미팅을 가졌고 각 그룹에서 8~10명씩 참석했다. 대학을 졸업한 지 1~3년이 채 되지 않는 직원들도 포함되었다. 어떤 때는 엔지니어들만 혹은 고객관리 담당자들만 참여하기도 했다. 모두에게 세 가지 질문을 던졌다. '6개월 전보다 지금 더 나아진 일은? 충분히 진척이 없거나 잘못된 방향으로 가고 있다고 생각하는 일은? 아무도 나에게 말하지 않지만 내가 알아야 한다고 생각하는 일은?' 그 결과는 정말 대단했다. 몇 단계를 건너뛰어 사업의 최전선에 있는 사람들에게 배우려는 노력이었기 때문이다. 중간 단계를 잘라내 필터를 없앤 것이다."

어떤 CEO가 '될지'에 대해 새롭고 더 나은 방법은 회사 외부에서 얻을 수도 있다. ICICI의 KV 카마스는 좋은 리더십의 근본은 호기심이라고 말한다. "나는 매년 자신을 재창조하고 재충전해야 한다. '모르겠다'고 말하는 것을 어느 누구도 부끄러워해서는 안 된다고 나는 큰소리로 말한다." 카마스는 매년 며칠씩은 세계적인 경영 구루 C. K. 프라할라드 교수와 시간을 보내기도 했다. 카마스는 말한다. "그는 내 안에 신에 대한 두려움을 심어주고 생각하는 법을 가르쳐주었다." 그는 또 다른 사업체에서도 배움을 얻는다. 포뮬러1의 팬인 그는 레이싱 경기에서 두 가지 교훈을 얻었다. "첫째, 어떻게 자동차 타이어 네 개 전부를 3초 안에 교환할 수 있을까? 프로세스를 이해하고 방법을 배우면 더 뛰어나게 해낼 수 있다. 포뮬러1은 필요한 조정 능력, 정신력, 신경계 등을 고려해 속도를 최대치로 끌어올리면서도 제한 속도를 넘어서지 않는 법을 가르쳐준다. 그걸 비즈니스에서 어떻게 활용할 수 있을지 궁금하다. 어쩌면 자제력을 잃으려는 순간 브레이크를 잘 밟는 것이 아닐까?"

듀폰의 에드 브린은 다른 CEO들과 비공식적으로 만나 주요 토픽을 논의할 수 있는 그룹에 한두 개쯤 가입하라고 조언한다. "사람들이 시장에서 뭘 보는지 듣는 것만으로도 배울 점이 많다. 〈월스트리트 저널〉의 기사보다 훨씬 더 깊이 있는 것들을 배우게 된다. 나는 아직도 이런 모임에 나가는데, 거기 다녀올 때마다 6~7가지 새 아이디어를 얻어온다." 글로벌 상황을 보다 잘 이해할 수 있는 회의를 만들려는 토탈의 파트리크 푸얀네의 노력은 대개 실질적인 효과로 이어졌다. "다른 사람들을 보고, 변화를 느끼고, 대화하면서 나 자신도 생각을 하게 된다. 그런 다음, 네트워크를 구축하고 해당 이슈에 시간을 할애한다." 푸얀네에게는 그런 네트워크 중 하나가 인도 업계 리더들과의 미팅이었고, 덕분에 2021년 초 토탈은 세계 최대 태양광 개발업체인 인도의 아다니 그린 에너지의 지분 20퍼센트를 인수할 수 있었다.

지속적인 학습에는 용기가 필요하다. 베스트 바이의 허버트 졸리는 말한다. "우리는 CEO를 슈퍼스타로 여기곤 한다. 리더의 취약성에 관한 개념은 최근에서야 생겨났다. 우리는 인간은 모두 불완전한 존재임을 받아들여야 한다. 자신과 주변 사람들에게 완벽을 기대하는 것은 매우 위험하다. 그러다 보면 화가 날 것이다. 작업 공정에서 결점이 제로이길 바라는 것은 괜찮다. 하지만 결점이 없는 공정을 원하는 것과 결점 없는 사람을 기대하는 것은 엄연히 다르다."

졸리가 지적한 대로, 어려운 일은 늘 생기기 마련이지만 그런 어려움 앞에서 CEO가 어떤 태도를 보이느냐가 중요하다.

항상 희망을 심어주어라

리처드 보이애치스, 프랜시스 존슨, 애니 맥키가 공동 집필한《울림을 주는 리더Becoming a Resonant Leader》에서 저자들은 리더의 기분은 전염성이 있어서 회사 전체에 빠르게 퍼져나간다는 사실을 신경학, 심리학 연구들을 토대로 설명한다. CEO가 화를 내고, 겁먹고, 확신이 없으면 그런 감정이 회사 전체에 스며든다. 반대로 CEO가 기회를 찾고 희망을 갖고 결의를 보이면 조직은 이를 따른다.[5]

듀크 에너지의 린 굿은 일종의 깨달음을 전해준다. "항상 쇼타임이다. CEO는 어두운 시기에도 내부적, 외부적으로 낙관적인 태도를 보여야 한다. 그렇게 하지 않으면 경영진도 내가 위기를 극복할 거라고 믿지 않는다." 에스켈의 마조리 양도 긍정적인 태도의 중요성을 강조한다. "내 일은 두려움과 좌절감을 몰아내는 것이다. 두려움은 모든 비즈니스의 가장 큰 적이다. 내가 긍정적인 마음으로 사무실에 들어서면 모두의 기분이 상승한다. 리더로서 내 일은 미래에 대한 자신감을 유지하고 자신감을 발산하는 것이다."

그런 입장을 취한다고 해서 현안을 무시해도 좋다는 뜻은 아니다. 아메리칸 익스프레스의 켄 체놀트는 말한다. "나는 매일 리더십의 만트라를 되뇌인다. 리더의 역할은 현실을 정의하고 희망을 주는 것이다. 나폴레옹이 한 말을 조금 바꾼 것이지만 나는 여기에 덧붙여 나폴레옹처럼 끝내지는 않겠다고 스스로에게 경고한다. 현실을 정의하기는 매우 어렵다. 무엇이 진실인지, 무엇이 사실인지 분명히 말하려면 어느 정도의 투명성과 용기가 필요하다. 하지만 그것만으로는 충분치 않다. 어떤 전술을 갖고 있는가? 어떤 전략을 갖고 있는가? 희망을 가져야 할 이유는 무엇인가? 리더로서 나를 이끌어주었던 건 현실을 정의하고 희망을 주는 데 초점을 맞추는 것이었다."

체놀트가 언급한 대로 희망을 준다는 건 인위적일 수 없다. 믿어야 할 진실된 이유를 찾는 게 CEO의 역할이다. 그렇지 않으면 직원들은 CEO가 어떤 사람인지와 CEO가 하는 행동이 일치하지 않는다는 것을 금세 깨닫는다. 아디다스의 허버트 하이너는 말한다. "항상 잔은 반쯤 차 있다고 생각한다. 나는 천성적으로 낙관적인 사람이다. 지금 상황이 얼마나 힘든지는 중요하지 않다. 늘 해결책은 있기 마련이다. 문제가 아닌 해결책에 대해 이야기하라. 이런 사고방식을 갖고 있으면 다른 사람들에게도 전달된다. 인위적으로 동기부여를 하려고 하면 사람들도 깨닫는다. '아, 난 의욕이 넘쳐'라고 외치고 나서 무기력해 보인다면 의미 없는 말이 되어버린다."

JP모건체이스의 제이미 다이먼은 뱅크원 CEO 시절, 희망을 주면서도 현실에 맞선 방법에 대해 들려준다. 그는 팀원들과 지극히 솔직한 대화를 나누었다. "당신들은 의욕에 대해 이야기하고 의욕을 내세위 많은 일을 해왔다. 하지만 사실 회사의 모든 사람들은 우리가 정치적이고 관료적이며 손실을 보고 있다는 것을 안다. 좋은 회사가 되지 않으면 의욕도 고취되지 않는 법이다." 그러면서 다이먼은 문제 해결에 적합한 사람들을 데려와 "우리가 이 자리에 있는 것은 최고가 되기 위해서다"라며 희망을 심어주었다.

일렉트로닉 아츠의 앤드루 윌슨은 오늘날 회사는 CEO에게 전문적인 지침뿐 아니라 개인적, 정신적, 철학적 지원도 기대한다고 생각한다. 때로 직원들을 고무시키려면 약간의 인간성도 보여야 한다. 코로나19 대유행 기간, 원격 근무를 할 때 윌슨은 7,000명의 직원들과 줌 미팅을 하고 있었다. 회의 중간에 다섯 살 난 아들이 방에 들어와 종이비행기를 만들어 달라고 했다. 윌슨은 회의를 잠시 멈추고 종이비행기를 만들어주었다. "당시 나는 그저 아버지로서 할 일을 했을 뿐이다. 30초밖에 걸리지 않았으니 괜찮았다. 그 후, 사람들이 연락을 해왔다. '고마워요. 우리에게도 부모로서 시간을 내어도 된다고 허락해주신 거예요.'"

윌슨은 말한다. "이렇게 자연스럽게 행동하는 순간들이 조직에 힘을 실어주거나 영감을 주기도 한다. 훌륭한 CEO 친구들과 이야기할 때, 나는 회사가 얼마나 규모가 큰지, 주가가 얼마나 높은지, 돈을 얼마나 버는지, 글로벌 GDP가 얼마나 중요한지에 귀 기울이지 않는다. 나는 그들이 직원들에게 어떤 느낌을 주는지를 유심히 듣는다. 그것이 훌륭한 CEO가 가진 유산이다."

미국의 베스트셀러 작가 커트 보네거트는 "나는 무엇을 해서가 아니라 그저 존재만으로 인간이다"라는 문구로 유명하다. 사실, 대부분의 사람들에게 리더의 어떤 점에서 가장 큰 영감을 받았는지 조용히 물어보면 답변은 리더들이 했던 구체적인 '행동'이 아니라 그들의 '존재' 자체임을 알 수 있다. 그렇기 때문에 최고의 CEO들은 어떤 사람이 되고 싶은지, 그 역할을 수행하기 위해 필요한 것은 무엇인지 명확하게 알아내려고 지속적으로 노력한다.

그 출발점은 자신의 신념을 바탕으로 어떤 상황에서도 중심에 있는 믿음에 대해 진실성을 유지하는 것이다. 동시에, 최고의 CEO들은 그들의 핵심 신념에 위배되지 않는 한, 회사가 그들에게 요구하는 것에 맞게 리더십 스타일을 기꺼이 바꾸려고 한다. CEO들은 솔직하고 건설적인 조언을 받을 가능성이 낮기 때문에 적극적으로 피드백을 구하며 이런 변화를 추구한다. 그러면서 직원들에게 미래에 대한 희망을 심어준다.

지금까지 CEO가 '어떤 일을 하는 것'과 '어떤 사람이 되는 것'에 접근할 때 어떻게 해야 개인의 효율성을 높일 수 있는지 살펴보았다. 이제 한 발 물러서서 최고의 CEO들이 어떤 관점에서 자신의 역할을 유지하는지 살펴보는 것으로 이야기를 마무리하려고 한다.

겸손하라

관점 실천

큰 의자가 왕을 만들지 않는다.

수단 속담

조지 워싱턴 미국 대통령이 어느 날 친구들과 집 근처에서 말을 타다가 돌담을 뛰어넘는데 돌 몇 개가 떨어졌다. 워싱턴은 친구들에게 "무너진 돌담을 고쳐야겠다"고 말했다. 다른 친구들은 "그냥 농장 주인이 하게 돼"라고 대답했다. 하지만 워싱턴은 옳지 않은 일이라고 생각했다. 승마가 끝나고 워싱턴은 길을 되돌아갔다. 그는 무너진 돌담을 찾아 돌을 조심스럽게 다시 올려놓았다. 승마를 함께 했던 친구 한 명이 말을 타고 지나가다가 그의 행동을 보고 소리쳤다. "너는 그런 일을 하기엔 너무 큰 사람이야." 그러자 워싱턴이 대답했다. "아니, 딱 적당해."[6]

겸손 어린 행동을 다루는 뉴스는 보기 힘들다. 스포츠 스타, 연예인, 정치인들은 스포트라이트를 받으려고 치열하게 나서고, 미디어는 그런 이들에게만 스포트라이트를 비춘다. 겸손이라는 단어는 다른 인상을 불러일으킬 수 있다. 메리엄 웹스터 대학사전은 겸손을 '자존심이나 오만으로부터의 자유'라고 정의한다. 자신감이나 역량 부족에 관한 내용은 없다. 영국 작가이자 신학자인 C. S. 루이스는 이렇게 쓰고 있다. "진정한 겸손은 자신을 하찮게 생각하는 게 아니라 나보다 상대를 더 생각하는 것이다." 겸손이라는 단어의 정의를 볼 때 세계 거대 기업의 리더들 얼굴이 떠오르지는 않더라도 그들을 볼 때 겸손이라는 단어가 떠오르게 만들어야 한다. 그들이 쌓아온 경력이 아무리 저 높은 곳에 있어도 우리가 인터뷰한 CEO들은 현실적이고 진정으로 동료와 회사를 섬기는 마음을 갖고 있었다.

마지드 알 푸타임의 알라인 베자니는 그들의 공통직인 주세에 관해 들려준다. "CEO는 자신이 이 회사에서 최고이며, 자신이 하는 일 대부분이 환상적이고 선견지명이 있다고 느끼기 쉽다. 하지만 그건 사실과 다르다. 그런 과대망상에 빠져 허우적거리지 말고 항상 적절한 시각으로 바라볼 필요가 있다. CEO는 최고 경영 '관리자'이고, '관리자'라는 건 CEO도 직원이며, 그저 우연히 그 의자에 앉게 되었을 뿐이라는 뜻이다. 그 특권은 당신이 하루하루 얻어내어야 하는 것이다."

IDB의 라일라흐 아셰르 토필스키는 겸손함을 유지하기 위해 매일 의식을 치른다. "나는 매일 아침 사무실에 들어갈 때마다 의자를 보면서 사람들이 이 방에 들어와 저 의자에 대고 이야기하는 모습을 떠올린다. 지금은 내가 저 의자에 앉아 있지만 겸손해야 한다고 다짐한다.

모두가 똑같다는 사실을 기억하려고 한다. 내가 저 의자에 앉아 있기 때문에 힘을 가졌지만 나중에는 내 의자가 아닐 것이다."

마이크로소프트의 사티아 나델라는 성공의 상당 부분을 전임자 덕으로 돌리며 겸손을 보여준다. "인도 공무원이었던 아버지는 조직을 이끄는 사람들 이야기를 들려주시곤 했는데 그들은 항상 자신들보다 후계자들이 일을 더 잘한다고 말했다고 한다. 나는 그 말이 마음에 들었다. 마이크로소프트의 차기 CEO가 나보다 더 잘 해낸다면 내가 일을 제대로 했다는 생각이 들 것이다. 차기 CEO가 회사를 망쳐버리면 반대로 생각할 것이다. 그래서 나는 나뿐 아니라 스티브(나델라의 전임자 발머)도 도화선을 당겨준 것에 대해 충분한 공을 인정받아야 한다고 생각한다. 클라우드 컴퓨팅으로의 이행을 포함해 그가 한 일이 아니라면 나도 이런 성과를 달성할 수 없었을 것이다."

마지막 장에서는 최고의 CEO들이 역할을 수행하면서 관점을 유지하는 방법에 대해 살펴보자.

성공을 자신의 공으로 돌리지 말라

에이온의 그레그 케이스에게 개인 운영 모델에 대해 물어봤을 때, 그는 본능적으로 답했다. "잠깐만, 이건 나에 관한 것이 아니라 고객이나 동료에 관한 것이다. 내 일은 그들을 돌보는 것이다. 그들의 짐을 함께 들어주는 것이 나의 특권인 셈이다." 이타우 우니방코의 로베르토 세투발은 이 아이디어를 확장시킨다. "모든 CEO는 자문해볼 필요가 있다. '나는 무엇으로 기억되고 싶은가? 위대한 사람인가? 아니면 회사를 위대하게 만든 사람인가?' 회사를 위대하게 만들고 싶다면 회사를 먼저 생각하고, 자신을 두 번째로 생각해야 한다. 인정받고 싶은 것은 인간의 본성이기 때문에 자신보다 회사를 우선시하는 게 쉽지는 않지만, 그렇게 할 수 있고, 훌륭한 지원 시스템과 사고방식, 헌신이 있다면 잘 해낼 수 있는 것이다."

마스터카드의 아자이 방가는 비유를 통해 그 점을 기억에 남게 강조한다. "당신이 사라져도 아무도 당신을 기억하지 못한다. 그건 사실 좋은 일이다. 당신도 회사가 당신을 기억하지 않고 앞으로 나아가며 성공하기를 원한다. 스티브 잡스나 빌 게이츠처럼 회사의 설립자라면 사람들이 기억하겠지만 그렇지 않으면 기억하지 않는다. 우리 같은 사람들은 그저 바다를 항해하는 배에 탑승한 시스템 관리자일 뿐이다. 그저 그 자리에 있으면서 배기 가라앉지 않게 하고 여분의 돛 몇 개와 새로운 엔진 기술을 적용하면 된다. 보트가 더 잘 작동되게 하는 게 CEO의 일이다. 하지만 보트에 '아자이 방가 보트' 같은 이름을 붙이거나 그렇게 부르지 않는다."

회사 외부에서 어떤 사람들과 교류하는지도 겸손을 유지하는 데 차이를 만든다. 에코랩의 더그 베이커는 말한다. "계속 현실을 직시하면 더 나은 CEO가 될 수 있다고 생각한다. 그리고 그렇게 할 방법이 있어야 한다. 처음 CEO가 되었을 때는 내 아이들이 중심이었다. 집에 10대 아이들이 세 명이나 있으면 현실을 직시하지 않을 수 없다. 아이들이 떠난 후에는 친구들이 더 중요해졌다. 이웃과 친구로서의 내 가치를 알아주는 사람과 장소를 찾아라. 어떤 권력을 가졌느냐가 아니라 내가 어떤 사람인가가 더 중요하다."

에코랩의 베이커가 말한 대로 가족과 보내는 시간은 중요하다. US 뱅코프의 리처드 데이비스 이야기다. "우리 아이들은 이렇게 말하곤 했다. '회사 사람들은 아빠 농담에 억지로 웃겠지만 솔직히 아빠가 생각하는 것만큼 아빠 농담은 재미없어요.' 일을 그만두고 나면 바로 그 말이 떠오를 것이다. 이제 사람들은 더 이상 당신의 농담에 웃지 않고 전화도 하지 않을 것이다." 케이던스의 립 부 탄은 자신의 경험을 덧붙인다. "아내는 내게 현실을 깨우쳐준다. 가끔은 CEO라는 역할에 도취되어 당신이 거둔 성공에 우쭐해질 때가 있을 것이다. 매일 아침 아내는 함께 일하는 사람들에게 고마워하라고 상기시켜준다. 그녀는 내게 말한다. '당신이 한 일이 아니야. 당신은 그저 당신 몫을 하고 있는 것뿐이지. 그 영광을 하나님께 돌려.' 그 말은 내가 계속 현실을 직시할 수 있게 해준다."

단고테 그룹 CEO에게 현실에 기반을 둔 정신은 중요하다. "나의 중심은 신에 대한 믿음과 신앙에서 나온다. 덕분에 몇 년 동안 나는 끊임없이 인간성을 키울 방법을 추구해왔다." 알리코 단고테는 아프리카에서 가장 부유한 사람이지만 이런 정신은 그가 더 큰 그림을 그릴 수 있게 도와준다. "아프리카 경제를 변혁한다는 우리의 비전은 나를 지탱해준다. 나는 항상 더 나은 아프리카 대륙의 스토리를 위해 움직인다. 우리가 얼마나 다양한 방식으로 대륙의 삶을 개선할 수 있는지 보는 것이 나의 즐거움이다."

세상에서 가장 큰 권력을 가진 직책(마치 연예인처럼)을 차지하고 있으면서 실수를 하지 않고 '나의 공이 아니다'라는 태도를 유지하기는 쉽지 않다. 그 점을 보면 왜 최고의 CEO들이 한 걸음 더 나아가 서번 트리더십 사고방식을 수용하는지 알 수 있다.

서번트리더십을 발휘하라

1932년에 출간된 헤르만 헤세의 《동방 순례Journey to the East》에는 레오 라는 인물이 등장하는데 그는 순례를 하다가 '동맹'이라는 종파에 합 류한다. 레오는 다른 인물들처럼 평범한 종으로 묘사된다. 순례는 즐 겁고 깨달음을 주기도 하는데 어느 날 갑자기 레오가 사라진다. 그러 자 종파는 순식간에 분위기가 바뀌어 갈등과 말다툼이 만연해진다. 사람들은 나중에 레오가 단순한 종이 아니라 종파의 수장이라는 사실 을 알게 된다.[7]

로버트 K. 그린리프는 레오로부터 영감을 얻어 1970년 에세이 〈종 같은 리더〉에서 '서번트리더십'의 개념을 설명할 때 이를 인용했다. 그린리프가 말하는 섬기는 리더는 타인의 성장, 지원, 권한 강화에 힘 을 발휘하고 성공을 추구한다.[8] 냉소적인 사람들은 이 개념을 이상주 의적인 용어에 불과하다고 치부하지만 최고의 CEO들은 거기에 강하 게 집착한다. 아메리칸 익스프레스의 켄 체놀트는 말한다. "리더십은 특권이라고 굳게 믿는다. 리더가 되고 싶다면 섬기는 데 헌신해야 한 다."

록히드마틴의 메릴린 휴슨은 그런 사고방식을 보여주는 전형적인 예다. "밤에 자다가 깨면 내가 내려야 할 결정에 대해 생각한다. 그것이 우리가 위험 지역으로 보내야 하는 사람들, 군대, 그들의 가족에게 영향을 미치기 때문이다. 이런 결정은 나에겐 항상 현실이었다. 주주에 대한 책임과는 별개다. 록히드마틴 주식을 산 사람들이 손해를 보지 않을까도 걱정이 된다. 하지만 록히드마틴에 의지하는 10만 명의 직원들과 그들의 가족, 그 모든 게 내게는 늘 현실이다. 나도 힘든 어린 시절을 겪었기 때문에 좋은 직업을 갖는다는 게 가족에게 어떤 의미인지 잘 안다."

리드 헤이스팅스는 넷플릭스를 설립하기 전 서번트리더십의 힘을 경험했다. "나는 스물여덟 살의 엔지니어였고, 밤낮으로 열심히 일했고, 일을 사랑했다." 헤이스팅스의 자리에는 늘 커피잔이 쌓여 있었는데, 이 커피잔은 청소부가 일주일에 한 번씩 정리해주곤 했다. 그러던 어느 날 헤이스팅스는 여느 때처럼 새벽 4시에 출근했는데, CEO가 자신의 커피잔을 닦고 있었다. "일 년 내내 내 커피잔을 씻어준 사람은 청소부가 아니라 CEO였다. 내가 그 이유를 물었더니 CEO가 대답했다. '당신은 우리에게 많은 걸 해주고 있다. 이것은 내가 당신에게 해줄 수 있는 한 가지 일일 뿐이다.' 그렇게 겸손하게 행동하면서 그 공을 인정받으려 하지도 않는 모습에 나는 그를 존경하지 않을 수 없었다. 그리고 그를 지구 끝까지라도 따라갈 수 있을 것 같았다."

헤이스팅스의 경험은 서번트리더십의 역설을 보여준다. 리더는 리더이기 때문에 봉사하고 또 한편으로는 봉사하기 때문에 리더이기도 하다. US뱅코프의 리처드 데이비스는 이에 대해 더 자세히 설명한다. "겸손을 실천하는 것은 좋은 행동일 뿐 아니라 그 어떤 전략이나 전술, 명령보다 더 많은 추종자를 만든다는 사실을 CEO들이 충분히 이해하지 못하고 있다." 데이비스는 그런 생각을 바탕으로 잘난 체하지 않으려고 애썼다. 그는 지점을 방문할 때, 참모들을 데리고 다니지 않는다. 창구까지 걸어가서 창구 직원들을 만나곤 했다. 그러고 나면 돌아다니면서 경영진을 만났다. 그는 강조한다. "나는 상아탑에 앉아 있으면서 평사원들을 만나 이야기할 특사를 보내지는 않는다."

아사 아블로이의 요한 몰린도 비슷한 정신을 추구한다. 그가 CEO를 맡고 가장 먼저 한 일은 여러 운영상의 문제가 있었던 영국으로 가서 생산 라인 직원들과 함께 상황을 파악하는 것이었다. "그때는 새시자물쇠가 뭔지 몰랐었지만 지금은 안다." 베스트 바이의 허버트 졸리는 부하직원들에게 서번트리더십이 진짜임을 보여준다. "자기 자신이나 상사 혹은 CEO를 섬기고 있다고 생각한다면 괜찮다. 나는 거기에는 문제가 없다고 생각한다. 단 그러면 당신은 여기서 일하면 안 된다. 그보다는 영업의 최전선에 있는 사람들에게 봉사하고 그들을 위해 변화를 만들어 내라. 그러면 된다."

CEO가 서번트리더십을 발휘하는 또 다른 방법은 회사 조직 피라미드를 거꾸로 돌려 고객과 일선 직원이 차트 맨 위에, 리더가 맨 아래에 있다고 생각하는 것이다. 홈디포에서는 창업자인 버니 마커스와 아서 블랭크가 처음으로 그런 관점을 도입했다. 하지만 그걸 실천한다는 건 실제로 어떤 의미일까? 홈디포의 프랭크 블레이크는 말한다. "'나는 폭포처럼 쏟아져 내린다'는 말을 좋아한다. 역피라미드를 떠올리는 순간 깨달을 수 있다. 내가 하는 말 중 그 어느 것도 누군가에게 흘러내리지 않는다. 아무도 내가 무슨 말을 해야 하는지 신경 쓰지 않는다. 그래서 나는 내 말에 신경 쓰지 않는 사람들의 여러 피라미드

층을 뚫고 나의 메시지를 밀어 올려 전달하려고 노력한다. 그렇게 하려면 그들이 무엇을 중시하는지, 내가 중시하는 것과 그들이 중시하는 것을 어떻게 맞물릴지, 조직의 역피라미드를 통해 어떻게 그것을 밀어 올릴 것인지 이해해야 한다. 그러려면 그들의 말에 귀 기울이고 열심히 경청해야 한다."

다양한 키친 내각을 구성하라

CEO가 지속적으로 현실감각과 겸손을 유지하려면 키친 내각을 구성해야 한다. '키친 내각'이라는 용어는 미국 대통령 앤드루 잭슨이 백악관 주방으로 비공식 자문단을 불러 모은 데서 유래했다. 그 사람들은 대통령의 공식 각료들이 제공하는 것 이상으로 신중한 조언을 해주었다. 잭슨은 이 그림자 그룹을 현명하게 이용해 미국에서 훌륭하고 실용적인 정치인으로 인정받았다. 이처럼 CEO의 키친 내각도 공식적인 코칭이나 포럼에서 얻을 수 있는 것 이상으로 신중한 기밀 피드백과 조언을 제공한다.

최고의 CEO들은 매우 유능하게 생각하고 깊이 있게 들어주는 사람들(사려 깊은 질문을 하고 현명하고 다양한 견해를 나눠주는 사람들)로 키친 내각을 구성한다. 이 내각은 개인 리더십, 동료, 직원, 고객, 투자자, 기타 이해관계자와 관련된 민감한 주제도 공개적으로 논의할 수 있도록 비밀이 유지되어야 한다. 그들은 최대한 객관적이어야 하고 자신의 이익이 아닌 CEO와 회사의 이익을 우선 염두에 두어야 한다. 이타우 우니방코의 로베르토 세투발은 "당신을 두려워하지 않는 사람을 가까이 두어야 한다"고 말한다. 마스터카드의 아자이 방가는 이런 다양한 관점을 높게 산다. "나와 비슷하거나 같은 길을 걸어왔거나, 같은 학교를 나왔거나, 같은 경험을 했거나, 같은 배경을 가지지 않은 사람들의 관점을 접하고 싶었다."

그러면 CEO가 이런 그룹을 만들어서 얻는 게 무엇일까? 듀크 에너지의 린 굿은 이렇게 설명한다. "CEO로서 누군가와 대화하고 싶을 때 어디로 갈까? 모든 이슈를 항상 최고경영진들과 공유할 수는 없다는 점이 문제다." 린 굿은 특정 이슈가 있을 때 친한 은행원에게 도움을 청했다. 그녀는 상황에 따라 다른 CEO들에게도 연락을 취한다. "굉장히 바쁜 사람들이기 때문에 그렇게 자주 불러낼 수는 없다." 그녀는 또 컨설턴트를 두고 있다. "누군가와 이야기할 필요가 있을 때 연락한다. 상황에 따라 비평가나 격려자 역할도 해주고 수시로 반응 테스터기 역할도 한다."

어도비의 샨타누 나라옌은 그와 비슷한 시기에 시작한 다른 CEO들을 키친 내각에 포함시켰다. 여기에는 이베이의 존 도나호, 인튜이트의 브래드 스미스, 시멘텍의 엔리케 세일럼 등이 있다. "이 사적인 그룹은 내겐 매우 중요하다. 이사회가 있긴 하지만 어떤 일로든 불러낼 수 있는 사람들이 있어야 한다. CEO에게 무언가를 하라고 시킬 수 있는 이들은 두 그룹밖에 없다. 가족은 매일 아침 어떻게 하는 게 좋은지 알려줄 것이다. 그게 가장 이상적인 경우다. 하지만 이 모임의 사람들도 그런 역할을 해줄 수 있다. 내가 CEO를 지내는 내내 나를 봐왔기 때문이고, 그들도 나와 같은 길을 가고 있기 때문이다. 무슨 일에 대해 나서지 않거나 소심하게 행동하면 그들은 직설적으로 말해준다. 그들과 기밀 자료를 공유하지는 않지만 다른 사람들이 답변하지 못하는 질문을 그들에게는 할 수 있다." 나라엔이 부모에게서 배운 교훈을 바탕으로 리더로서 끊임없이 진화하는 데 그의 키친 내각이 많은 도움이 되었다. "나의 장점은 시간이 지나면서 변화했다. 나는 늘 회사에는 깃발을 꽂는 사람과 도로를 건설하는 사람이 모두 필요하다고 말한다. CEO로 취임했을 때 나는 도로 건설자였다. 난 엔지니어였고 디테일을 좋아했다. 여러 가지를 연결하는 데는 능숙했지만 포부가 그다지 크지 않았던 것 같다."

디아지오의 이반 메네지스도 마찬가지로 키친 내각에 다른 회사의 CEO를 포함시키는 게 왜 중요한지 설명한다. "CEO가 되면 처음에는 무척 외롭다. 이사회나 주주, 경영진이 아닌 이들과 이야기를 나누는 게 많은 도움이 되었다. 신뢰할 수 있는 그룹을 만들어 유지하는 게 신임 CEO에게는 매우 중요하다."

아디다스의 캐스퍼 로스테드는 키친 내각의 한 멤버가 생각을 바꾸는 데 어떻게 도움이 되었는지 말한다. "내게는 아이디어를 나눌 수 있는 사람들이 몇 명 있다. 예를 들면 언론에서 거의 매일 비난을 받던 때가 있었다. 어느 토요일 아침, 나는 비공식 고문 중 한 명에게 전화를 걸어 상황을 논의했다. 그가 말했다. '너무 심각하게 받아들이지 마요. 내일이면 아무도 신문기사에 신경 쓰지 않을 테니 좋은 와인이나 한 병 마시면서 아내와 시간을 보내요.' 그 말이 그다지 공감되지는 않았지만 그냥 이런 생각도 들었다. '그래, 내가 쓸데없는 일에 너무 신경 쓰고 있는 거야.' 내게 닥친 상황을 어떤 맥락으로 받아들여야 할지에 많은 도움이 되었다."

레고의 예르겐 비 크누스토르프는 분기마다 조언자 한 명을 만나 차를 마신다. 처음 CEO가 되었을 때 그 조언자는 '뭐가 잘못되었는 가?', '회사는 왜 존재하는가?'라는 두 가지 질문을 던졌다. 크누스토 르프는 당시를 회상하며 말한다. "우리가 왜 존재하느냐는 질문에 대한 내 첫 대답은 어린이와 꿈에 관한 긴 이야기였다. 무엇이 잘못되었느 냐는 질문에는 미국 달러화 약세, 기대치에 못 미치는 파트너들, 다른 외부 요인을 들었다. 조언자는 '차를 마시고, 다음 분기에 다시 오라' 고 말했다. 아직 끝나지 않았다는 말이었다."

크누스토르프는 매 분기마다 좀 더 다듬어진 답변을 가지고 돌아왔 다. CEO가 된 지 2년이 지나서야 그는 조언자에게 만족스러운 대답 을 들려주었다. "정원에 앉아 차를 마시고 있었는데 그가 말했다. '자, 그럼 뭐가 잘못됐는지 말해봐요.'" 크누스토르프는 관리가 정말 형편 없다고 대답한 기억이 난다고 말했다. 회사가 왜 존재하느냐는 질문 에는 "21세기에 매우 중요한 체계적 문제 해결과 창의성을 제공하기 위해서"라고 답했다. 그러자 조언자가 말했다. "이제 우리 그만 만나 도 될 것 같은데요. 이제 하산해도 되겠어요."

크누스토르프는 이렇게 요약한다. "그는 내가 책임지고, 문제의식 을 가지며 왜 회사가 존재해야 하는지, 브랜드가 어떻게 관련되는지 에 대해 나만의 비전을 갖길 원했다."

앞의 예시에서 볼 수 있듯이 CEO는 키친 내각을 그룹으로 한데 모 으는 경우는 거의 없고 주로 개별적으로 만난다. 물론 항상 그런 건 아 니다. 케이던스의 립 부 탄 같은 CEO들은 키친 내각과 정기적으로 함께 만난다. 그는 '책임 그룹'이라고 부르는 모임을 시작했다. 다양한 분야의 믿을 수 있는 친구들로 구성된 소규모 그룹이다. 매주 토요일 10시부터 정오까지 멤버 한 명의 집에서 만난다. 그들은 읽고 있는 책에서 배운 것, 사업과 삶에 영향을 미치는 것에 대해 토론한다. 직장 문제, 가족과의 문제, 사적인 고민거리도 함께 나눈다. 모든 것은 기밀에 부쳐진다. "책임 그룹을 만드는 주된 이유는 내 일을 훌륭하게 마무리하고 싶기 때문이다. 길을 벗어나게 할 유혹거리는 많다. 정말 중요한 일, 자신뿐 아니라 다른 사람에게도 이익이 되는 일, 커뮤니티와 사회에 영향을 미치는 일에 집중해야 한다."

감사하라

감사라는 말은 대부분 CEO와 쉽게 동일시하는 단어는 아니지만, 최고의 CEO들은 당연히 감사의 마음을 갖는다. JP모건체이스의 제이디 다이먼은 말한다. "우리는 운이 아주 좋다. 우리는 모두 거기에 대해 감사해야 한다. 지구상의 70억 인구 대부분은 우리와 기꺼이 자리를 바꾸려 할 것이다. 그래서 오늘 이 자리에 있는 사람들 모두 매우 운이 좋으며, 우리는 거기에 깊은 책임감과 의무감을 갖게 된다." 에이온의 그레그 케이스는 이렇게 덧붙여 말한다. "자만하지 말자. 모두들 자신이 천재라고 생각할 수 있지만 그 역할을 맡은 것은 정말 행운이다. 당신이 맡은 역할을 생각해서 항상 말을 걸러서 듣고 감사할 줄 알아야 한다."

GE의 래리 컬프는 다나허의 CEO에서 물러났을 때, 가장 그리웠던 점을 이야기한다. "나는 고등학교 때 농구팀에 있었다. 우리는 빠르게 달리고 서로를 챙기며 성공적으로 해나갔다. 다나허에서도 오랫동안 그렇게 해왔고 GE에서도 그렇게 하고 있다. 나와 같이 CEO급에서 일하고 있는 뛰어난 사람들과 함께 빠르게 질주하는 느낌이다. 여러 면에서 즐겁고 보람이 있다."

록히드마틴의 메릴린 휴슨은 그녀의 관점에 대해 이야기한다. "아무것도 없는 곳에서 있다가 이런 특권을 누릴 수 있는 곳으로 오게 된 건 정말 행운이라고 생각한다. 아버지는 내가 아홉 살 때 돌아가셨고 어머니에게는 다섯 아이가 있었다. 정말 힘들게 살았다. 학교를 다니는 내내 일했고 밤에도 일했다. 그 모든 경험이 내겐 소중하다. 지금의 나를 있게 해주었으니까. 하지만 돌아보면 어떻게 그런 상황에서 자란 사람이 세계 최대의 방산업체 CEO가 될 수 있었을까 싶다. 매일 최선을 다하는 10만 명의 엄청 똑똑한 사람들과 가장 놀랍고 혁신적인 일을 하고 있다니! 정말 대단하다."

보스턴 사이언티픽의 마이크 마호니는 CEO직에서 물러난 후 아주 오랜 시간이 흘러서도 그늘을 드리울 나무의 씨앗을 심는 능력을 강조한다. "지금 우리가 진행 중인 혁신이 빛을 볼 때쯤이면 나는 은퇴한 후일 것이다. 하지만 지금 우리는 임상시험을 개발 중이고 아주 멋지게 해내고 있다. 장기적이고 리스크가 높은 것을 포기하고 단기적 수치를 얻어내는 것은 쉽다. 하지만 장기적으로 차별되는 가치를 창출하려면 위험을 감수하기를 두려워 말고 혁신 엔진을 계속 가동시켜야 한다. 나는 그 원칙을 이어가며 삶을 향상시키기 위해 과학 발전에 헌신하는 우리가 자랑스럽다. 오늘 아침에 심각한 파킨슨병을 앓고 있는 환자로부터 이메일을 받았다. 그는 떨리는 몸 때문에 정상 생활이 불가능했다. 그런데 최근에 우리가 출시한 뇌 자극기 덕분에 이 환자의 삶은 현저하게 바뀌었다. 몸의 떨림이 진정되어 평범한 삶을 살 수 있고, 다시 드럼도 치게 되었다. 그런 이야기를 들으면 더 열심히 해야겠다는 동기부여가 된다."

제너럴 밀스의 켄 파월은 특히 마법 같았던 순간을 회상한다. "CEO가 되면 엄청난 특권을 누리는 경험을 한다. 가장 기억에 남는 일은 지진 발생 후 아이티 지원을 위한 고위급 산업회의가 열렸을 때였다. 회의가 끝나고 오바마 대통령이 내게 말했다. '이번 일에 대한 당신의 리더십에 감사하고 싶다. 우리는 이 사람들을 도와야 한다.' 비영리 인도주의 단체에서 일하는 내 딸이 난민 수용소 건설을 돕기 위해 그곳으로 가는 중이라고 말했더니 그는 '당신의 딸을 미국 대통령이 무척 자랑스러워한다고 전해 달라'고 했다……." 딸에게 전하는 대통령의 메시지를 떠올리던 파월은 말을 이어가지 못하고 기쁨의 눈물을 흘렸다.

그 역할에 감사하는 마음에는 단지 '기분 좋은' 감정만 있는 게 아니다. 심리학에서는 감사의 마음이 건강 증진은 물론이고 역경에 대처하는 능력, 강한 관계를 맺는 능력도 향상시켜준다고 말한다. 감사를 느끼는 CEO는 더 나은 성과를 내고 긍정적인 영향이 감사의 마음을 더 키우는 선순환 구조가 형성된다.

훌륭한 CEO들은 생산적이고 성공적이며 자신감이 넘친다. 그래서 건방지고 거만하며 비호감일 거라고 추측하기도 쉽다. 하지만 그건 사실과 거리가 멀다. 최고의 CEO들은 겸손한 태도를 유지하려고 재임기간 동안 적극적으로 노력한다. 그들은 평생을 놓고 보면 CEO 역할에 보내는 시간은 상대적으로 적다는 것을 잘 안다. 그 점이 그들을 더 성공적이고 오래가는 CEO로 만들어준다. 그들은 겸손이 그저 체크하고 넘어가는 점검표의 항목이 아니라는 것을 잘 안다. 겸손한 태도를 보이면서 스스로 뿌듯해하는 사람도 많다. 하지만 겸손한 사람이 되는 것도, 겸손을 실천하는 것도 목표가 되어서는 안 된다.

겸손을 실천하기 위해 최고의 CEO들은 결코 자신에게 공을 돌리지 않는다. 그들은 서번트리더십을 발휘하면서 CEO로서 현실을 직시하기 위해 구체적인 단계를 밟는다. 다양한 키친 내각을 만들어 진실을 파악하고 스스로에게 얽매이지 않으려 한다. 마지막으로, 그들은 가장 높은 위치에서 회사를 이끌 수 있는 기회에 깊고 진실된 감사를 표하고 그 지위에 따르는 의무도 잘 파악한다.

지금까지 최고의 CEO들이 개인의 효율성을 어떻게 관리하는지 살펴보았다. 이 부분은 서로 다른 접시를 계속해서 돌리는 데 꼭 필요하다. 개인 관리 모델은 저마다 다르지만 최고의 CEO들은 시간과 에너지 활용, 리더십 모델 선택, 관점 유지의 세 부분에서 '자신만이 할 수 있는 일을 한다'는 마인드셋을 적용한다.

개인의 업무 효율을 관리하는 데 있어 최고의 CEO들이 주는 교훈은 어느 리더에게나 적용된다. 업무의 우선순위는 무엇이며, 시간이

최고의 CEO들의 개인의 효율성 관리 마인드셋

오직 CEO만이 할 수 있는 일을 하라	
시간과 에너지 활용 실천 : 일련의 전력 질주를 관리하라	• 타이트하면서도 느슨한 스케줄을 유지하라 • 충분히 분류하라 • 일상에 활력을 불어넣어라 • 비서진을 당신에게 맞춰라
리더십 모델 실천 : 투 비 리스트대로 살아라	• 캐릭터를 일관되게 유지하라 • 회사의 필요에 맞게 조정하라 • 지속적인 성장을 추구하라 • 항상 희망을 심어주어라
관점 실천 : 겸손하라	• 성공을 자신의 공으로 돌리지 말라 • 서번트리더십을 발휘하라 • 다양한 키친 내각을 구성하라 • 감사하라

적절하게 분배되어 있는가? 일정이 너무 빡빡해서 갑작스러운 일이 생기면 어쩔 줄 몰라 당황하는가? 모든 상호작용에 온전히 참여하고 있는가? 아니면 과거나 미래에 집착하는가? 일상적인 스케줄에 회복 시간도 할애해 두었는가? 당신에게 에너지를 주는 것은 무엇인가? 그것을 위해 충분히 시간을 할애하고 있는가? 시간과 에너지를 관리하는 데 도움이 되는 메커니즘은 무엇인가? 리더로서 당신은 어떤 캐릭터를 갖고 있는가? 리더로서의 당신이 어떤 사람인지 대한 피드백을 어떻게 얻고 있는가? 현실을 규정하고 희망을 줌으로써 다른 사람들에게 에너지를 주는 리더인가? 솔직한 의견을 들려주는 소규모 자문단이 있는가? 일이 성공하면 당신의 공으로 돌리는가? 아니면 겸손을 통해 더 큰 선을 추구하는가?

지금까지 최고의 CEO들과 평범한 CEO들을 구분하는 마인드셋과 실천 방법에 대해 이야기했다. 하지만 엔진의 핵심 부품(예: 크랭크축, 커넥팅 로드, 캠축, 밸브, 실린더, 피스톤)을 이해한다고 해서 공기와 연료를 섞어 점화시킬 때 운동에 필요한 동력 스트로크를 어떻게 생성하는지 설명하기는 쉽지 않다. 의문은 여전히 남는다. 그 모든 것을 맞물리게 하려면 어떻게 해야 할까?

결론

큰 그림도 작은 붓터치를 무시하면
걸작이 될 수 없다.

앤디 앤드류스

21세기 최고의 운동선수는 누구일까? 여러 후보들 중에서 몇 명을 추려볼 수 있다. 아르헨티나 축구선수 리오넬 메시, 스웨덴 골퍼 애니카 소렌스탐, 자메이카 스프린터 우사인 볼트, 독일 포뮬러1 레이서 마이클 슈마허, 브라질 이종격투기 선수 아만다 누네스, 그리고 미국 선수들로 체조선수 시몬 바일스, 테니스선수 세레나 윌리엄스, 수영선수 마이클 펠프스, 쿼터백 톰 브래디, 농구선수 르브론 제임스 등을 꼽을 수 있다.

그 밖에도 슈퍼스타들은 많다. 하지만 흥미로운 점은 금세기 최고의 운동선수가 될 가장 강력한 근거를 가진 사람이 있다고 해도 그런 선수들의 목록을 만들기는 어렵다는 것이다. 미국의 10종 경기 선수

애쉬튼 이튼이 2017년에 은퇴했을 때, 그는 이틀간 벌어지는 이 힘든 대회의 세계 기록 보유자였다. 10종 경기는 1,500미터 달리기, 장대높이뛰기, 창던지기 등 열 가지 다른 종목을 겨룬다. 짐 소페가 1912년 스톡홀름 올림픽 10종 경기에서 우승했을 때, 스웨덴의 왕 구스타프 5세는 "경은 세계 최고의 운동선수다"라고 말했다.[1]

이튼의 기록은 한 번으로 끝나지 않았다. 선수로 지내는 동안 그는 5개의 7종 경기와 10종 경기에서 기록을 세웠고, 그 종목에서 연속으로 올림픽 금메달을 딴 역사상 세 번째 선수가 되었으며, 세계 선수권 대회에서 4연패를 달성했다. 그런 기록을 종합해보면, 이튼은 그저 각 종목을 골고루 잘하기만 한 게 아니었다. 그중 몇 개 종목에서는 세계 최고였다. 2012년 이튼이 미국 올림픽 선발전에서 10종 경기 세계 기록을 깼을 때 멀리뛰기 기록 8.23미터는 그해 세계 14위에 해당하는 기록이었다. 100미터 달리기 10.21초는 세계에서 가장 빠른 남자 100명에 드는 기록이었다.

이것이 CEO의 탁월성과 무슨 관련이 있을까? CEO의 역할은 10종 경기 선수와 공통점이 많다. 최고의 CEO들은 조직 배치, 리더 동원, 이사회 참여, 이해관계자와의 소통, 개인의 업무 효율성 관리 등 모든 영역에서 세계 최고라고는 할 수 없지만 모든 책임을 동시에 통합하는 데 있어서는 세계 최고 수준이다.

KBC의 요한 타이스는 그 개념을 확실히 새겨준다. "나는 많은 일에 능숙한데 그중 한두 가지는 아주 잘하지만 꼭 모든 부분에서 다 뛰어난 것은 아니다. 하지만 그건 중요하지 않다. CEO에게는 모든 것을 함께 균형 있게 조정하는 능력이 중요하다. 주어진 체계 안에서 한 부분만 관리하면 안 된다." 아사 아블로이의 요한 몰린도 그 점을 강조한다. "CEO는 당신 한 사람이고, 당신은 다방면에 뛰어난 사람이지 최고는 아니라는 점을 깨달아야 한다. 가장 똑똑한 사람이 아니라도 당신은 사람들에게 훌륭한 조언을 해주고, 조력자가 되고, 직원들에게 자극을 줄 수 있다."

우리가 인터뷰한 많은 CEO들이 유명인사와 같은 위치에 있지만 (제이미 다이먼, 사티아 나델라, 리드 헤이스팅스 등) 10종 경기 선수의 비유는 왜 세계 최고의 자격을 가진 기업계의 운동선수가 비즈니스계 밖에서는 거의 알려지지 않았는지 알 수 있다. 우리가 논의한 마인드셋과 훈련 방법을 적용해 CEO의 주요 책임을 관리하기 위해 뒤에서 열심히 그리고 조용히 일하는 CEO들이 많다. 업무 균형을 잡아 잘해내는 일은 매우 어렵기 때문에 우리는 CEO 역할의 모든 측면을 깊이 있게 들여다보았다. 우리는 미숙한 방법과 어림짐작으로 특징지어지는 소셜 미디어를 통해 경영에 관한 조언이 난무하는 시대에 살고 있다. CEO의 성공 비결을 단순한 원칙들로 나열하기에 글로벌 대기업은 너무 복잡하다. 우리는 아인슈타인의 말대로 최대한 단순하게 구성하면서도 지나치게 단순해지지 않도록 최선을 다했다.

이제 CEO 역할의 모든 측면을 살펴봤으니 우리 연구에서 유익하게 쓸 수 있는 패턴과 원형이 어느 정도 있는지 살펴보자.

패턴과 원형

힌두교의 서사시 〈라마야나〉에서 현자 비슈와미트라는 경건한 신의 화신 라마를 돕기 위해 신성한 무기와 지식을 건넨다. 그리스 신화에서 아테나는 페르세우스에게 고르곤 메두사를 죽일 거울 방패를 준다. 곤경에 처한 신데렐라를 보고 요정 대모는 그녀를 무도회장으로 데려다준다. 세계 각지에서 수천 년 간격을 두고 쓰인 이 이야기들 속에서 영웅은 공통적으로 초자연의 힘으로부터 도움을 받는다. 이처럼 외관상 관련 없어 보이는 다양한 사례에서 유사한 패턴이 반복되는 것을 '원형'이라고 한다.

본 연구에서는 CEO의 역할을 정의하고 최고의 CEO들과 평범한 CEO를 구별하는 마인드셋과 실천 방법을 규정해 다양한 책임 영역을 아우르는 원형을 찾기 위해 다수의 정량적, 정성적 분석을 실시했다. CEO가 시간과 에너지를 어느 영역에 우선 할애하는지에 관한 패턴이 있는가? 최고의 CEO들이 초점을 변경하는 방법에 있어 원형으로 삼을 만한 것이 있는가? 현재의 비즈니스 환경은 어느 수준에서 — 턴어라운드가 필요한 상황(CEO의 55퍼센트가 직면한 상황)이나 좋은 기업에서 위대한 기업으로, 위대한 기업에서 더 위대한 기업으로 나아가기 위한 상황(45퍼센트가 직면한 상황) — 어느 책임에 어디까지 더 집중해야 한다고 알려주는가? 우리는 몇 가지 실질적인 지침을 얻을 수 있길 바랐지만, 그런 유사성은 발견되지 않았다. 어떤 상황이든 우리의 CEO들은 언제 어디에 초점을 맞출 것인가에 대해 현저히 다른 선택을 했다.

DSM에서 페이케 시베스마는 궁극적으로 화학 중심 회사에서 생명과학 회사로 전환해야 하는 국면에 처음 직면했을 때 초기에 외부로 초점을 맞췄다. "처음에는 투자자들에게 내 시간의 25퍼센트를 할애했다. 내 시간의 약 40퍼센트는 시장과 고객을 위해 사용했다. 그들이 세상을 보는 방법, 그들이 중요하게 생각하는 것을 파악해야 했기 때문이다." 헨릭 풀센도 오스테드를 석유와 가스에서 청정에너지 회사로 전환할 때 이와 비슷한 상황에 직면했다. "변혁에 대해 듣고 싶어하는 사람들을 만나러 전 세계를 돌아다닐 수도 있었지만 우리의 전략을 실행할 문화를 구축하는 데 집중했다."

"좋은 회사를 넘어 훌륭한 회사로"라는 측면에서 마스터카드의 아자이 방가는 내부에 집중하는 것부터 시작해 그의 시간 대부분을 방향 설정과 조직 배치에 할애했다. 그의 목표는 그가 가는 여정에 회사를 함께 참여시키는 것이었다. "마스터카드 이외의 일에 시간을 더 할애하는 건 생각하기 힘들었다." 이런 노력이 자리를 잡고 나서는 외부 업무에 좀 더 노력을 기울였고, 이사회와 함께 하는 시간을 늘렸으며, 개인의 업무 효율 관리에 더 신경을 썼다. 반면 인튜이트의 브래드 스미스는 첫날부터 주요 업무에 할애하는 시간을 40, 30, 20, 10으로 분할했다. 비즈니스 성과에 40퍼센트, 코칭에 30퍼센트, 외부에 20퍼센트, 개인의 성장과 학습에 10퍼센트를 할애했다.

하지만 CEO들이 CEO 업무를 시작하고 끝내는 방식에 있어서는 몇 가지 공통점이 있었다.

결론

시작과 마무리를 강하게

CEO들은 모두 처음 CEO 자리에 앉을 때 사람들의 의견을 청취하는 리스닝 투어Listening tour에 시간을 투자하라고 강조한다. 인튜이트의 브래드 스미스는 이사진, 투자자, 동료 CEO, 직원에게 세 가지 질문을 했다. "아직 활용하지 못한 가장 큰 기회는 무엇인가? 당장 대처하지 않으면 회사가 망할 것 같은 가장 큰 위협은 무엇인가? 회사가 망하지 않게 내가 할 수 있는 한 가지 일은 무엇일까?" 록히드마틴의 메릴린 휴슨은 CEO가 되고 허니문 기간이라 할 수 있는 초기에는 사람들의 의견을 들으러 돌아다니라고 말한다. "처음에는 신입 CEO니까 사람들이 입을 연다. 하지만 2,3년이 지난 후에는 말하지 않는다." 최고의 CEO들은 리스닝 투어를 최대한 활용하는 방법에 대해 다양한 조언을 해주었다. 예를 들어 단독 면담(사람들은 둘이 있을 때 더 많이 말한다), 대화보다 경청하기, 약속하지 않기, 가본 적 없는 장소 방문하기, 고객 및 전직원 포함하기 등이 있다.

또 다른 공통 주제는 신임 CEO들이 상황을 직접 진단한다는 것이다. CEO를 세 번 역임한 에드 브린에게 성장을 위한 성공 요인을 알려달라고 요청했을 때, 이렇게 말했다. "CEO가 되어 회사에 들어갔든, 승진을 해서 CEO가 됐든 수익률 지표, 현금 전환 등 모든 지표를 꼼꼼히 살펴야 한다. 그런 다음, 같은 비즈니스 모델을 가진 훌륭한 회사와 비교해 '왜 우리는 저렇게 못하지?'라는 질문을 던진다. '저 회사는 저만큼 올라갔는데 왜 우리는 못할까?' 그곳에 도달할 방법은 항상 있다." 역시 CEO를 세 번 역임한 갈더마의 플레밍 온스코브는 의사 출신다운 비유를 든다. "첫 번째는 의사들이 병력이라고 부르는 것으로, 사례 연구 단계다. 스토리와 내용을 파악해 역사를 이해하는 것이다. 다음에는 사실(증상과 징후)을 보고 진단에 대해 가설을 세운다. 한두 가지에 집중하면서 '치료법은 무엇인가?'라고 질문을 던진다." 디아지오의 이반 메네지스는 기업 평가도 병의 진단처럼 이루어져야 한다고 강조한다. "현실을 직시하고 지독하게 솔직해져야 한다. 그래야 시장, 경쟁사, 포지셔닝, 문화를 냉정하게 파악할 수 있다. 모든 것을 매우 객관적으로 생각해야 한다."

진단이 완료되면 세 번째는 명쾌하고 단순하게 새로운 방향을 제시한다. 우리가 인터뷰한 거의 모든 CEO들은 엘리베이터가 이동하는 짧은 사이에 회사 전략을 모두 설명할 수 있었다. 그들은 또 전체 스토리를 명확하게 담은 '한 페이지'를 가지고 있었다. DBS의 피유시 굽타는 이렇게 설명한다. "DBS 하우스라고 부르는 한 페이지 분량의 시각 자료에 비전, 전략, 가치, 타깃을 모두 담았다. 덕분에 우리가 하고 싶은 일, 더 중요하게는 하고 싶지 않은 일에 대해 서로 같은 언어를 구사한다." 디아지오의 메네제스는 '디아지오 성과 포부'라는 종이 한 장을 가지고 다닌다. 최우선에 두는 회사의 목적과 비전을 맨 위에 적고 전문용어 없이 단순한 영어로 회사의 여섯 가지 전략적 기둥을 제시한다. 메네제스는 그 방법이 왜 유용한지 설명한다. "케냐 공장에서 병을 채우는 공정에서 일하든, 베트남에서 세일즈를 하든, 이 한 페이지 안에서 자신의 위치를 확인할 수 있고, 어디에서 차이를 만들지 알수 있다. 전략의 명확성과 필요한 변화를 설명하는 데 도움이 많이 된다." 에이온의 그레그 케이스는 이와 비슷한 한 페이지 자료를 '에이온 유나이티드 전략 청사진'이라고 부른다. 신시내티 아동 병원의 마이클 피셔는 병원의 총체적 비전을 요약하고 진료Care, 커뮤니티Community, 치료Cure, 문화Culture 분야에서의 4C 전략과 성공의 척도를 설명하는 한 페이지 자료를 갖고 있다.

CEO 역할에서 물러나는 것에 관해서는 너무 오래 머물지 말라는 의견이 많았다. TIAA의 로저 퍼거슨은 말한다. "나는 최고의 CEO라도 자신의 유통기한을 넘길 수 있음을 늘 염두에 둔다. 최근에는 그런 개념을 테스트하고 있다. CEO가 세상의 변화를 놓치는 것은 위험하다. 지금 내가 보는 모든 것은 5년 전, 10년 전에 가졌던 생각들과 전혀 일치하지 않는다. 나는 거울 앞에 서서 자문해본다. '다음 여정에도 내가 가장 적합한 사람인가?' 12년 동안 이끌었던 TIAA의 바통을 이제 다른 리더에게 넘겨줘야 할 때라는 생각이 들었다."

허버트 하이너는 디지털 세상이 열리기 시작할 때 아디다스를 떠나기로 했다. 자신보다 아디다스를 더 잘 이해할 수 있는 사람이 필요하다고 생각했기 때문이다. 마찬가지로, 딕 보어는 아홀드 델헤이즈의 합병 후, 60대인 자신이 물러날 때라고 느꼈다. 합병한 새 회사는 안정되고 우수한 새 경영 기반 위에 서야 했다. 플레밍 온스코브는 타케다가 샤이어를 인수한 후, 샤이어에서 물러났다. "통합된 회사를 이끌 사람은 내가 최적이 아니라고 생각했다. 다른 사람들이 나보다 더 잘 해낼 거라고 생각했다. 내 강점을 살릴 수 있는 때가 아니었다." 소니의 히라이 가즈오는 회사의 변혁기에는 자신이 적임자였지만 그 후의 안정기에는 다른 사람이 더 적합할 거라고 생각했다.

메드트로닉의 빌 조지는 다음과 같은 '예-아니오'형 질문을 정기적으로 던진다. '아직도 성취감과 기쁨을 느끼는가? 여전히 배우고 도전 정신을 갖고 있는가? 고려해야 할 새로운 개인적 상황(예: 가족 혹은 개인 건강 문제)이 있는가? 외부에 다시는 얻기 힘들 특별한 기회가 있는가? 후계 문제는 어떻게 되어가고 있는가? 기업 고유의 이정표(대규모 인수 통합, 중요 신제품 출시, 장기 프로젝트 완수 등)를 달성해 나가고 있는가? 극적으로 변화하는 업계에서 회사가 새로운 관점을 가질 때 얻을 수 있는 이익이 있는가? 다음을 상상하기 힘들어 머물고 있는 것은 아닌가?'[2]

최고의 CEO들은 물러날 때가 오면 원활한 승계 과정을 조율한다. 캐터필러의 짐 오웬스는 훌륭한 승계 과정에 대해 이렇게 설명한다. "어느 대기업이든 CEO가 물러날 때 그 자리를 대신할 강력한 후보자 최소 세 명을 마련해두지 않았다면 부끄럽게 생각해야 한다. 이사회가 후보자들을 평가할 수 있도록 나는 이 후보자들에게 마지막까지 더 많은 자율권을 주고, 이사회에서 전략 프레젠테이션을 할 기회도 더 많이 주었다. 또 나는 각 후보자에게 각자의 사업 분야의 전략을 투자자 커뮤니티에서 소개하도록 했다." 원활한 이행에 필요한 또 다른 요소로는 힘든 결정을 후임자에게 미루지 말라는 것이다. CEO 취임 전에 충분히 리스닝 투어를 하고 전략에 관한 생각을 정리하며 '다음은 뭐지?' 하고 다음 단계를 생각할 시간을 주어야 한다. 오웬스는 이렇게 덧붙인다. "결국 CEO 역할에서 가장 어려운 부분은 자리를 떠나는 것이다. CEO는 자리에서 물러나면서 후임자가 자신이 한 일을 비평하고 더 잘하려면 어떻게 해야 할지 이야기할 수 있게 해야 한다."

인튜이트의 브래드 스미스는 CEO에서 물러나기 전, 후계자인 사산 구다르지에게 최고의 쿼터백 조 몬태나의 뒤를 이은 미식축구 선수 스티브 영과의 만남을 주선했다. 스미스는 당시를 이렇게 회상한다. "스티브는 첫해 동안 조 몬태나가 되기 위해 얼마나 노력했는지 이야기했다. 그는 조처럼 머리를 기르고 조처럼 옷을 입기 시작했고, 심지어 공을 던지는 자세도 조처럼 바꾸려고 했다고 한다. 그의 처음 반년은 최악이었다. 그 후 스티브는 조 흉내 내기를 멈추고 나서야 훌륭한 경력을 쌓을 수 있었다. 이야기를 마친 스티브는 사산을 똑바로 바라보며 말했다. '세계 최고의 사산 구다르지가 되세요.' 그는 나를 바라보며 말했다. '그리고 당신은 그를 세계 최고의 사산 구다르지가 되게 해야 합니다.'"

여러 책임 간에 우선순위를 부여하라

CEO가 명확한 원형이나 패턴 없이 어떤 접시를 얼마나 빨리, 언제 돌려야 하는지 어떻게 알 수 있을까? 서론에서 언급했듯이, 답은 비즈니스 상황과 CEO의 고유한 능력, 선호도 간의 상호작용에 있다. 하지만 그게 독립 변수는 아니다. 변화하는 비즈니스 상황과 CEO의 대응 방식에 따라 그들의 역량도 증가하고 접근 방식도 달라진다. 그 역학은 자전거를 타는 것과 비슷하다. 라이더의 조종과 균형 감각 같은 내부 요소에 외부 지형이라는 요소가 결합된다. 타면 탈수록 더 다양하고 어려운 지형을 만나게 되고, 그에 따라 어디로 달릴지에 대한 선호도도 달라진다.

그 역학을 알면 왜 대부분의 CEO들이 CEO의 역할에 대해 배울 수 있는 유일한 방법은 역할을 수행해보는 것이라고 말하는지 이해가 간다. 메드트로닉의 빌 조지는 이렇게 설명한다. "아무리 스스로 준비되었다고 느껴도 CEO가 될 준비를 마친 상태에서 CEO가 되는 사람은 아무도 없다. CEO 역할을 맡으면서 성장해야 한다. 주변 세상은 진화하고 그러는 동안 당신도 인간으로서 성장한다. 사업 운영 방식을 안다고 생각하겠지만 그건 COO의 역할에 더 가깝다." 신시내티 아동 병원의 마이클 피셔는 다음과 같이 비유한다. "CEO 역할을 준비하는 것은 프로 스포츠팀의 보조 코치가 되는 것과 같다. 스스로는 감독 역할을 잘 안다고 생각하지만 실제로는 그렇지 않다."

요약하자면 어디에 우선순위를 두어야 하는지에 정해진 답은 없다. 이 책은 CEO가 '탑승 준비'(헬멧 착용, 사이클링복, 반사장치 등), 적절한 안장 높이 찾기, 타이어 펌핑 등에 해당하는 역할을 수행하는 데 도움이 될 것이다. 페달 밟기, 브레이크 밟기, 기어 조작법도 배울 수 있다. 도로에서 안전하게 신호를 보내는 것도 문제없이 해낼 수 있다. 이 책이 제공하는 지식을 바탕으로 리더는 자전거를 더 빠르고 더 잘 타게 되겠지만 무엇을 언제 해야 하는지는 자전거에 올라타 달려봐야만 알 수 있다.

페달을 밟기 시작하면 최고의 CEO들은 점점 더 힘든 지형에 도전하고 장비를 업그레이드하며 최고의 라이더가 되기 위해 노력한다. 특히 특수 분야(로드 레이싱, BMX, 활강, 크로스컨트리 등)에서 뛰어난 기량을 발휘하는 선수들이 있는 것처럼 CEO들도 시간이 지남에 따라 특별한 강점을 발휘하며 두각을 나타내기도 한다. 제이미 다이먼은 뱅크원과 JP모건체이스 모두에게 집행 능력 면에서 전설이 되었다. 인튜이트의 브래드 스미스는 문화를 통해 리더들에게 영감을 주는 능력으로 유명하다. 오스테드의 헨리크 폴센의 전략적 선견지명은 많은 이들의 부러움을 산다. 에드 브린은 수많은 기업에서 사업 포트폴리오를 재편한 능력으로 〈월스트리트 저널〉로부터 '해체 전문가'라는 별명을 얻었다.

리더들이 올바른 여정을 향해갈 수 있도록 우리는 우선순위를 부여하고 평가 툴을 작성해 리더가 가장 중요한 영역에서 최대의 성과를 내고 있는지 확인했다. 이 도구는 부록 1에서 확인할 수 있다. 이런 접근이 다분히 기계적이라는 점은 인정한다. 우리는 이것을 고전 물리학에 비유하고 싶다. 양자 영역의 정교한 현실과 상대성이론으로 설명할 수는 없겠지만 뉴턴의 방정식은 우리 하루하루의 현실을 꽤 잘 설명해준다.

CEO 역할의 미래

이 책의 첫머리에서 CEO가 미래를 내다볼 능력이 뛰어나면 얼마나 큰 장점이 있는지 설명했다. 하지만 지금까지 설명한 모든 내용은 과거 20년간 최고 CEO들의 마인드셋과 실천 방법을 기반으로 한 것이다. "백미러를 보며 운전하기는 어렵다"는 말이 여기에도 해당되는지 의아해할 독자들도 있을 것이다. 그건 좋은 질문이고, 우리는 그 질문에 대해 많이 생각해왔다. 우리가 이야기한 CEO의 책임은 지난 20년간 그랬던 것처럼 향후 20년 동안에도 해당될까? 최고의 CEO들을 나머지와 구별하는 마인드셋과 실천이 과거와 같은 방식으로 미래의 승자를 만들어낼까?

우리는 그렇다고 생각한다. 결국, 비즈니스의 본질은 변하지 않는다. 독일 철학자 프리드리히 니체가 말한 것처럼 "가격 책정, 가치 조정, 등가물 발명, 교환 등 모든 것은 사고 자체를 구성하는 인류의 최초 및 초기의 사상에 집중되어 있기 때문이다."³ 대기업을 이끌 때도 마찬가지다. 예를 들어, 기원전 1100년에 중국에서 가장 존경받는 한 관료의 명령으로 쓰여진 《주나라의 관료들》에서는 현대 비즈니스에서 우선시되는 여러 실천 방법에 관해 언급한다. 의사 결정권 명확히 규정하기, 명확한 운영 절차 확립, 성과 모니터링, 리더와 직원 간의 생산적 관계 유지, 서로 존중하는 문화 만들기, 모범을 보여 이끌어가기 등의 내용이 이에 해당한다.⁴

돛단배는 CEO 역할의 역학에 관한 좋은 비유가 된다. 최초의 돛단배를 시각적으로 묘사한 때는 기원전 5500년으로 거슬러 올라간다. 나일강에서 띄워진 이 배들은 갈대로 만든 가로돛 형태로, 돛대에 정사각형 파피루스 하나가 달려 있다. 그 이후로 조타식 노와 키, 용골, 선박엔진, GPS 내비게이션 등에 위대한 혁신이 이루어졌지만 기본적인 부분은 그대로 남아 있었다. 예를 들어 돛 트림(가장 효율적인 위치에 돛 고정하기), 센터보드 위치(측면 드리프트 보정), 보트 밸런스(넘어지지 않게 하기), 보트 트림(보트 수평 유지), 코스 조정(A에서 B로 바로 이동하기 위해 조수와 풍압차 조정) 등이 그렇다.

CEO의 역할 그리고 최고의 CEO와 평범한 CEO를 구분하는 마인드셋 및 실천 방법을 탐구할 때 우리는 의도적으로 사실인 것과 새로운 것에 더 초점을 맞추었다. 세계화, 인터넷, 소셜 미디어, 소비자 행동주의, 디지털 전환, 사회 불안, 팬데믹, 경제 위기, 새로운 세대의 노동력 진출 등 최근의 역사가 일련의 트렌드 및 역트렌드를 보여주었더라도 방향 설정, 조직적 합의, 리더를 통한 조직 운영, 이사회와의 협업, 이해관계자와의 소통, 개인의 효율성 관리는 여전히 필요하다. 과감한 비전을 수립하고, 추상적인 것을 구체적으로 다루며, 팀의 심리를 해결하고, 이사회가 비즈니스에 도움이 되도록 돕고, '왜?'로 시작하며 자신만이 할 수 있는 일을 하는 마인드셋으로 모든 책임에 접근하다 보면 앞에 펼쳐진 어떤 바다라도 헤쳐갈 수 있으리라고 확신한다.

CEO의 역할과 성공을 위한 마인드셋은 달라지지 않더라도 CEO 각자의 우선순위와 전술은 변한다. 1970년대 기존의 비대해진 조직들이 해체되고 글로벌 경쟁에 직면하기 시작하면서 주주의 중요성은 더욱 커졌다. 1980년대 케이블TV 뉴스가 등장해 CEO들이 이목을 끌게 되면서 대외 이미지에 더 신경을 써야 했다. 세기가 바뀔 무렵에는 기술 혁명으로 물리적 자산이 디지털, 지적 자산으로 전환되었고, 이로 인해 리더십의 인간적 측면에 대한 관심이 높아졌다. 또 블랙베리 같은 사실상의 유비쿼터스로 개인의 생산성이 향상되고 시간을 절약할 수 있게 되었지만 동시에 24시간 365일 '기능'할 수 있다는 기대가 생겨 에너지가 고갈되었다. 2008년 금융 위기 이후 이사회는 좀 더 실무적인 역할을 하도록 요구받았고, 이로 인해 기업지배구조에서 CEO의 역할도 바뀌었다.

이를 바탕으로 훌륭한 CEO에 관한 최종 의견을 제시해볼 수 있다. 훌륭한 CEO들은 환경 내 신호와 노이즈에 대한 필터를 잘 갖추고 있다. 이런 능력은 트렌드와 아이디어, 정보가 격류처럼 쏟아질 미래에는 더욱 중요해질 것이다. 예를 들어, 최고의 CEO들은 디지털 전환, 직원들의 건강과 웰빙, 다양성과 포용, 기후변화, 일의 미래, 신규 기술 습득 과제, 가상화폐의 잠재적 상승, 중국과 미국 간의 커지는 분열, 이해관계자 자본주의의 강화에 대처하고 있다. 또 그들은 민첩성과 목적성이 이 시기에 왜 중요하게 부각되는지 이해하면서 약장사들이 떠벌리는 만병통치약처럼 취급하지 않으려 한다.

리더들은 앞으로 이런 이슈들과 그 밖의 상상조차 할 수 없는 수많은 이슈에 계속 주의를 기울여야 한다. 미래가 어떤 모습이든, 미래의 CEO들은 한층 더 다음의 항목들을 갖추어야 한다.

윤리적 책임 소셜 미디어의 영향으로 CEO들이 개인 및 회사의 행동, 다양성과 포용력, 자선 활동, 리더십 원칙, 기업 문화에서 보다 높은 기준의 실시간 투명성과 적극성이 요구된다.

다양성 성별, 인종, 민족, 계층의 다양성을 반영하는 CEO들은 진부한 '영웅 CEO'의 이미지를 던져버리고, 서번트리더십, 지속 성장, 겸손의 리더십을 채택할 것이다.

회복력 CEO의 시간과 에너지에 대한 요구가 커지고 대중의 감시가 증가함에 따라 역할에 대한 좌절과 소모도 늘어난다. 두꺼운 얼굴과 효과적인 개인 운영 모델을 갖는 것은 더 이상 사업이 번창하기 위한 최소 기대치가 아니라 살아남기 위해 반드시 필요한 일이다.

영향력 사회적 리더로서 많은 이해관계자들에게 이익이 되는 정책을 옹호하는 목소리를 내라는 요구가 늘고 있으며, CEO의 영향력이 증가하고 있다. 따라서 더욱 충실하고 도전적으로 직무에 임해야 한다.

이처럼 CEO 역할이 확대되면서, 어떤 이들은 한 사람이 감당하기에는 역할이 너무 방대해질 거라고 여긴다. 반대로 다른 이들은 인공지능이 고도화되면서 CEO 역할의 많은 부분도 수행할 필요가 없어질 거라고 주장한다(원격 조종이 가능한 비행기에 항공사 조종사를 배치하는 것처럼). 우리는 더 많은 기계들이 리더십의 기술적 측면을 담당할수록 포부를 키워주고, 영감을 심어주며, 창조성과 협력을 이끌어내는 능력을 가진 리더는 더욱더 경쟁력을 갖게 되리라고 믿는다.

우리는 21세기 CEO들 중 최고라고 여겨지는 극히 일부의 CEO들을 뽑아 그들의 탁월성을 찾아 나섰다. 최고의 리더들은 다른 이들을 도와 해낼 수 있을 거라고 상상하지 못했던 일들을 성취하게 한다. 우리가 사용한 필터링은 그것을 보여주는 데 사용된 대용물일 뿐이었음을 이제는 깨닫는다. 그것은 리더라면 누구나 열망하는 일일 것이다. 독자들이 어떤 위치에 있든 그렇게 할 수 있는 능력을 키우는 데 이 책이 도움이 되었기를 바란다.

감사의 말

책 표지에는 저자 세 명의 이름만 있지만 이 책의 주인공인 우리가 인터뷰한 CEO들(자세한 내용은 부록 2 참조) 외에도 이 책이 세상에 나올 수 있도록 무대 뒤에서 도움을 준 이들이 셀 수 없이 많다. 우선, 1,500쪽이 넘는 인터뷰 내용을 정리하고 필요한 분석 작업을 하고 광범위한 외부 정보를 찾아내는 데 도움을 준 사람들이 있다. 연구팀 팀장 아난드 락슈마난이 없었다면 이렇게 멀리, 빠르고 즐거운 여행을 할 수 없었을 것이다. 아난드의 팀원으로는 애니 아르디티, 미셸 콜, 아웅가 채터지, 저스틴 하디, 펙스 조스 파라, 제임스 소마스, 엘리사 시몬, 조나단 터튼이 함께 했다. 인터뷰의 모든 프로세스를 조정해준 조디 엘킨스의 마술적 손길 덕분에 가능했다. 모니카 무라르카는 CEO와의 직접 상담을 포함해 맥킨지앤드컴퍼니의 글로벌 CEO 엑설런스 서비스 라인을 관리하는 등 전체 프로젝트를 감독했다. 그녀는 앞서 말한 팀을 소집하고 안내하는 데 도움을 주었고, 공인 경영 코치로서 콘텐츠를 만들 때 훌륭한 아이디어를 제공해주었다.

CEO의 역할을 제대로 다루려면 내용의 밀도가 높아지기 때문에 흥미롭고 읽기 쉬운 방법으로 전달하기가 매우 어려워질 것임을 잘 알고 있었다. 〈포춘〉의 저널리스트이자 《베조노믹스》의 저자인 브라이언 두메인과의 협업은 그 때문에 시작되었다. 브라이언은 콘텐츠와 스토리텔링의 균형을 최대한으로 맞추는 데 도움을 주었다. 우리는 스크라이브너의 편집자 릭 호건에게 전문적인 지도를 받으며 소중한 피드백과 지침을 얻었다. 스크라이브너 팀은 우리가 함께 일한 팀 중에서도 가장 세계적인 수준의 실력을 가진 출판 분야 팀이었다. 또 초기에 사고를 구성하는 작업을 도와주고 스크라이브너와 연결시켜준 린 존스턴, 맥킨지의 글로벌 퍼블리싱 그룹의 리더인 라주 나리세티에게 감사드리고, 작업 초기에 린과 협력할 수 있게 해준 것에 감사드린다.

또한 맥킨지 시니어 파트너나 회사의 전략 리더 및 기업 재무 담당 리더를 포함한 수많은 스폰서들과 토론 상대자들이 도움을 주었다. 크리스 브래들리, 마틴 허트, 스벤 스미트는 《하키스틱 너머의 전략Strategy Beyond the Hockey Stick》의 공동 저자이기도 하다. CEO 상담 분야의 사상가와 실무자 그룹을 이끌고 있는 마이클 버샨과 커트 스트로빈크 외에도 그들은 우리에게 영감과 아이디어, 구축해야 할 실질적인 연구 기반을 제공했다. 엘레노어 벤슬리, 블레어 엡스타인, 샌더 스미츠 등 CEO 엑설런스 서비스 라인과 제휴한 파트너들도 공동으로 중요한 도움을 주었다. 또 CEO와의 관계를 구축해 인터뷰할 수 있게 도와준 많은 파트너 동료들에게도 감사를 전한다. 동료들이 이런 훌륭한 리더들에게 신뢰할 수 있는 카운슬러가 되어주었기에 우리도 그들을 만날 수 있었다.

무엇보다도 이 책을 쓰기 시작하면서 몇 년 동안 없어진 밤과 주말을 견뎌준 가족들에게 고마움을 전하고 싶다. 맥킨지에서 풀타임 클라이언트 서비스 역할을 맡으며 집필 작업까지 하느라 가정에 소홀한 채로 끝나지 않을 것 같은 시간들을 견뎌준 가족의 지지와 용서가 없었다면 이 책은 완성될 수 없었을 것이다. 토마스 체글레디, 피오나 켈러, 메리 말호트라는 우리의 노력을 무조건적으로 응원하고 격려해주었다.

마지막으로 이 책에 관심을 가져준 독자 여러분께 감사드린다. 우리는 지속적으로 자기 계발을 하면서 향후 각자의 작업에 큰 영향력을 미치게 되길 바란다.

부록1 CEO 엑설런스 평가 및 우선순위 도구

맥킨지앤드컴퍼니의 'CEO 엑설런스 서비스 라인'의 리더인 우리는 CEO의 역할을 시작할 때 도움을 요청하거나, 재임 중 어떻게 역할을 수행할지 조사해달라고 하거나, 언제, 어떻게 CEO를 그만두어야 하는지 알려달라는 요청을 자주 받는다. 그런 업무를 진행하면서 우리는 CEO가 우선 순위를 두고 해야 할 일과 효율성에 대한 성찰을 유도할 수 있는 일련의 툴을 개발했다. 이 책의 부록에는 CEO들이 매우 유용하다고 말했던 세 가지 실천 방법을 실었다.

첫 번째는 CEO의 여섯 가지 주요 책임을 아우르며 각자 주도하고자 하는 변화의 정도를 평가한다. 대개는 각 영역에서 볼 수 있는 잠재력, 이사회나 외부관계자에 관한 지침 혹은 대책 등을 기반으로 한 것이다. 두 번째는 모든 책임 영역에서 세 가지 하위 요소에 접근하는 방법에 관해 성찰을 촉구하는 내용이다. 마지막은 첫 번째와 두 번째 결과를 바탕으로 개선의 여지가 큰 영역을 정확히 짚어내 통찰력을 행동으로 전환할 수 있게 한다.

많은 CEO들은 이런 연습이 자기 평가에도 도움이 되지만 다른 사람들(팀원이나 이사진 등)에게 그들의 견해를 제공할 것을 촉구할 때에도 많은 도움이 되었다고 여긴다. 이런 연습을 거치고 나면 어떤 주제가 나오거나, 아무리 큰 인식의 차이를 보여도 '키친 내각'(18장에서 언급)의 의견을 수렴하여 어떤 행동들이 한층 더 큰 성공으로 연결될지 알아보는 능력을 키울 수 있다.

워크시트 1 - 나의 CEO 역할

당신이 이끌고 싶은 변화의 정도는?

방향 설정	비전 / 전략 / 자원배분
❶————❷————❸————❹————❺	
조심스럽게 변화를 추구한다	대변혁을 주도한다

조직적 합의	문화 / 조직 설계 / 인재
❶————❷————❸————❹————❺	
우리 조직 범위 내에서 미세하게 조종한다	사실상 모든 영역을 점검한다

리더를 통한 조직 운영	팀 구성 / 팀워크 / 운영 리듬
❶————❷————❸————❹————❺	
적합한 인재들이 함께 일한다	인재 및 역학에서의 큰 변화가 필요하다

이사회와의 협업	관계 / 역량 / 회의
❶————❷————❸————❹————❺	
이사회는 효율적이고, 나는 활발히 참여한다	이사회 역량이 부족하고 함께 일하는 데 어려움이 많다.

이해관계자와의 소통	사회적 목적 / 상호작용 / 위기 관리
❶————❷————❸————❹————❺	
중요 이해관계자들과 강력한 관계를 형성한다	여러 이해관계자들과 관계를 완전히 재정비할 필요가 있다

개인의 효율성 관리	시간과 에너지 / 리더십 모델 / 관점
❶————❷————❸————❹————❺	
현재의 업무 기준으로 충분하다	새 운영 모델을 도입할 필요가 있다

워크시트 2 - 현재 나는 어떻게 회사를 운영하고 있는가?

다음 중 당신이 현재 회사를 운영하는 방법을 가장 잘 설명한 것은 무엇인가?

(1/6)	개선 필요	유능함	탁월함
방향 설정	백화제방: 다양성을 존중하자	핵심만 개선하자	대범하자
비전	사업부에 힘을 실어 주기 위해 탑 다운 (Top Down) 방식의 비전 제시를 피함	업계 최고가 되기 위한 비전을 통해 직원들을 독려함	경쟁의 판을 재정의하여 포부를 높이고 승리의 의미를 재설정함
전략	바텀 업(Bottom Up) 방식으로 도출된 이니셔티브를 종합하여 전략 과제로 추진함	전사적 전략은 사업부 전략들의 합에 부서 간 시너지가 추가된 것임	전사적 차원에서 담대한 행동을 조기에 자주 실행함
자원배분	전체적으로 큰 변화 없으며 예산과 자원 배분의 변화 속도가 점진적임	조화와 기회 추구 간의 균형을 맞추며 매년 자원배분을 변경함	어려운 상황에서도 자원이 수시로 재할당될 수 있도록 외부자의 관점으로 의사결정함

(2/6)	개선 필요	유능함	탁월함
조직 배치	인재와 문화에는 관여하지 말자	인재와 문화 관리에 성실히 임하자	인재와 문화를 구체적으로 관리하자
문화	전사적 가치와 리더십 모델이 존재하며 주 관리자는 HR 부서임	CEO 메시지 전달을 통해 원하는 조직 문화를 강화하고 적절한 조치를 취함 (HR의 가이드 하에)	가장 중요한 한 가지를 찾아 직접 책임지고 조화로운 방식을 택하도록 함
조직 설계	문제점 해결을 위해 정기적인 조직재편을 단행함 (예: 1~2년 주기)	글로벌 스케일에 따른 이점과 현지 대응력 사이에 적절한 트레이드오프를 취합함	안정성과 책임감의 원칙을 중심에 두고 필요에 따라 민첩성을 발휘하는 안정민첩성을 추구함
인재	동일한 리더 풀에 의지하여 중요 역할과 이니셔티브를 수행함	고 성과자에 대해 직접 격려하고 승진시키며 저 성과자에 대해서는 분명한 조취가 취해지도록 함	사람을 먼저 보는 것이 아니라, 가장 높은 가치를 창출하는 핵심 역할에 최고의 인재를 배치함

(3/6)	개선 필요	유능함	탁월함
리더를 통한 조직 운영	외교적으로 팀을 관리하라	팀이 실행할 수 있도록 조율하라	팀의 심리를 해결하라
팀 구성	주어진 환경에서 최대로 활용함(변화에 따른 혼란을 야기할 필요 없음)	모든 팀원이 맡은 역할에 능숙하고 신뢰할 수 있도록 하는 데에 집중함	변화를 함께 주도할 수 있도록 상호 보완적인 역량(1+1=3)과 태도로 구성된 에코 시스템을 만듦
팀워크	팀이 함께 할 때는 협력적이나 그렇지 않을 때는 각자 고립되어 업무함	팀에 효과적인 업무 표준이 있으며 건전한 논의가 이뤄짐	데이터, 대화, 속도의 결합 효과를 지속적으로 높여 팀이 스타가 되도록 함
운영 리듬	모든 구성원이 회의 소요 시간이 너무 길다고 느끼지만 누구도 그 흐름을 깨려고 하지 않음	회의 일정이 명확하고 일관되며 회의는 효과적으로 운영됨	회의 시간, 내용, 프로토콜을 통해 전략 수립과 실행의 리듬을 타게 됨

(4/6)	개선 필요	유능함	탁월함
이사회와의 협업	일정 거리를 유지하자	이사회의 수탁 의무를 지원하자	이사회가 비즈니스 협업자가 되도록 돕자
관계	이사회가 요청한 자료를 제공하고 이사진과 필요 시 만남	적극적으로 개별 이사들과 좋은 관계를 형성함	극단적 투명성과 이사회 의견에 대한 관심을 통해 신뢰의 기반을 다짐
역량	이사회 구성 관련 사안은 이사회 의장/선임 이사에게 맡김	신규 이사 선임에 대해 나의 의견을 제공하며 이사들이 사업에 대한 정보를 습득하도록 함	이사회를 구성하고 참여시키고 교육시키는 데에 '원로들'의 지혜를 활용할 수 있음
회의	이사회에서 회의 안건을 결정하도록 하며, 이에 따라 CEO 역할을 조정함	이사회 회의가 효율적, 효과적으로 이뤄지도록 지원함	이사회와(수탁 의무 관련 주제를 넘어) 미래에 집중하며 내 의견부터 공유하며 시작함

(5/6)	개선 필요	유능함	탁월함
이해관계자와의 소통	사업 운영에만 집중하자	이해관계자에 대해 전략적으로 분류하자	항상 '왜'라는 질문에서 출발하자
사회적 목적	사회적 목적이 트렌드인 것은 알지만 실제 주주 가치 창출에 집중하고 있음	**기업의 사회적 책임에 대한 스토리**를 사실 자료를 뒷받침하여 설득력 있게 구성함	사회적인 '왜'에 대해 정의하고 이를 사업 핵심에 반영하여 **거시적으로 총체적인 영향을 미침**
상호작용	CEO 업무는 무엇보다도 사업 운영이 우선시되므로, 대외 업무는 **최소화함**	**이해관계자에 대해 적극적으로 우선 순위**를 정하고 모든 만남에 분명한 목표를 부여함	이해관계자와 당사 니즈의 교차점이 무엇인지 핵심을 파악하여 최적화함
위기관리	위기는 예측 불가능하기 때문에 발생하는 대로 그때그때 대응함	**명확한 원칙**에 따라 위기 상황에 신속히 대응하기 위해 움직임	위기에 앞서 회복력을 구축하고, 위기를 조기 감지하며 그 안에서 기회를 찾아 **고양된 자세**를 유지함

(6/6)	개선 필요	유능함	탁월함
개인의 효율성 관리	모든 것을 다하자	체계적이고 효율적으로 하자	오직 CEO만이 할 수 있는 것을 하자
시간과 에너지	CEO는 조직을 지원하는 역할이므로, **남들의 요구**에 따라 일정을 수립함	유능한 비서의 도움을 받아, **회사에 중요한 업무 위주**로 엄격하게 시간을 사용함	시간과 에너지를 **일련의 스프린트처럼** 관리하며 나의 필요에 따라 오피스 지원을 받음
리더십 모델	CEO는 회사에서 필요로 하는 모습을 갖추어야 하며, 그 외의 모습은 무책임한 행동임	**CEO 본연의 모습을** 드러내려고 하며, 그 외의 모습은 진정성이 없음	**투 비 리스트에 따라 살아감.** 개인 신념과 가치에 충실한 동시에 필요 시 행동 양식을 조정함
관점	CEO에게 모든 것이 달려 있으며, CEO 기분은 **외부 요인에 따라 기복이 있음**	CEO가 기업 성공에 중요한 역할을 하고 있으나, **통제 불가한 외생 변수도 인정함**	CEO는 남이 성공하도록 돕는 영예로운 자리임을 인식하고 이를 위한 역량 계발을 하며 **겸손한 자세를 견지함**

워크시트 3 - 개선 분야 및 관련 조치의 우선순위 부여

워크시트 1과 2에 대한 답변을 검토하고 아래 질문에 답한다.

(워크시트 1에서) 여섯 가지 책임의 실천 영역 중에서 당신이 추진하고 있는 큰 변화에 해당하지만 아직 **당신에게는 부족한, 탁월성을 갖추고 싶은 영역**이 있는가(워크시트 2에서)?

(워크시트 2에서) 18가지 실천 영역 중 **당신이 개선해야 할 '문제 있는' 영역**이 있는가?

(워크시트 1에서) 변화의 규모가 작은 책임 영역에서 (워크시트 2에서 충분히 '괜찮다'로 나왔지만) **잠재적으로 과중된 업무 영역**이 있는가?

CEO로서 더 많은 영향력을 발휘하기 위해 **어떤 세 가지 영역에서 마인드셋과 대담함을 개선할 수 있을까? 혹은 개선해야 할까?**

중요 핵심 내용을 검증하고, 개선 행동 조치를 설정하고, 진행 과정에 책임을 지기 위한 **구체적인 다음 단계**는 무엇인가?

부록 2 CEO 약력 소개

이 책을 쓰면서 우리는 CEO를 탁월하게 만드는 것이 무엇인지에 대해 깊이 파고들었다. 그 결과는 CEO 역할에 대한 더 큰 감사와 그 역할을 잘 해내는 사람들에 대한 진심 어린 존경과 감탄이 더욱 커졌다는 것이다. 우리가 가는 길에 여행 가이드가 되어준 많은 뛰어난 리더들에게 감사한다. 그들의 이야기는 모두 인간적인 드라마, 많은 위험 부담을 안고 내리는 결정, 승리와 패배, 교훈과 지혜로 가득해 한 명한 명에게 책 한 권을 다 할애할 수 있을 정도다. 이미 몇 명의 이야기는 책으로 출간되었다. 각 CEO에 대한 간략한 소개를 여기에 싣는다. 여러 회사의 CEO를 역임한 사람들은 서문에서 설명한 최고의 CEO 선정 방법대로 우리 목록에 이름을 올릴 수 있었던 회사의 CEO로서 보낸 시간들을 강조했다. 또한 코로나19로 인한 왜곡을 최소화하기 위해 각 회사의 수익과 고용은 2019 회계연도를 기준으로 했으며, 시가총액도 2019년 말 기준으로 삼았다.

자크 아센브로아 Jacques Aschenbroich

발레오
수익: 220억 달러, 시가총액: 80억 달러
직원: 33개국 11만 5,000명

경력 하이라이트
발레오: 회장(2016~현재), CEO(2009~현재)
프랑스 총리실(1987~1988)
베올리아와 BNP 파리바 이사회

CEO 업적
발레오를 프랑스 자동차 부품 제조기업에서 전기차, 자율주행에 주력하는 글로벌 기술 기업으로 탈바꿈시켰다. 유기적 성장을 통해 에비타 3배, 시가총액 10배 이상을 늘렸다.

주목할 사실
〈하버드 비즈니스 리뷰〉 100대 CEO에 여섯 차례 선정(10대 CEO에 세 차례 선정)
레지옹 도뇌르 기사 훈장과 국가공로 훈장을 받았다.

라일라흐 아셰르 토필스키 Lilach Asher-Topilsk

이스라엘 디스카운트 뱅크
수익: 30억 달러, 시가총액: 50억 달러
직원: 2개국 9,000명

경력 하이라이트
이스라엘 디스카운트 뱅크: CEO(2014~2019)
피미 오퍼튜니티 펀드: 선임 파트너(2019~현재)
G1, 카마다, 리모니 플라스트 의장
아미아드와 텔아비브대학교 이사회

CEO 업적
이스라엘에서 세 번째로 큰 은행의 궤적을 바꾸어 순이익 3배 증가, 비용/소득 비율을 거의 20퍼센트 삭감했으며 노조와 생산적인 관계를 재정립했다.

주목할 사실
은행 부문에 업적을 남긴 공로로 2019년 〈예루살렘 포스트〉 상 수상
이스라엘 은행 최연소 CEO

에코랩
수익: 150억 달러, 시가총액: 560억 달러
직원: 100개국 5만 명

경력 하이라이트
에코랩: 회장(2006~현재), CEO(2004~2020)
메이오 클리닉, 타겟, 홀리크로스대학 이사

CEO 업적
산업용 청소 제품 회사 에코랩을 인력과 필수 자원 보호에 헌신하는 글로벌 미션 주도형 조직으로 전환했다. 100건 이상의 인수를 단행했고 시가총액을 7배 상승시켰다.

주목할 사실
〈하버드 비즈니스 리뷰〉100대 CEO에 다섯 차례 선정
2020년 〈배런스〉세계 최고 CEO에 선정
컬럼비아 경영대학원 데밍컵 운영 우수 부문 2018 우승자
에코랩은 14년 연속 에티스피어가 선정한 세계에서 가장 윤리적인 기업 7곳 중 하나로 선정되었다.

마스터카드
수익: 1700만 달러, 시가총액: 2억 9,800만 달러
직원: 66개국 9,000명

경력 하이라이트
마스터카드: 회장(2021~현재), 사장 겸 CEO(2010~2020)
국제상공회의소 회장, 다우와 웨일 코넬 의학 이사회 의장

CEO 업적
미국에 본사를 둔 글로벌 결제 회사에서 시장을 재정립하고 투명성과 책임 문화를 구축하여 획기적인 확장을 이루었다. 수익은 3배, 시가총액은 13배 증가했다.

주목할 사실
〈하버드 비즈니스 리뷰〉100대 CEO에 여섯 차례 선정(톱 10에 한 차례 선정)
〈포춘〉선정 올해의 기업인 10위 중 4위
인도 대통령으로부터 파드마 슈리상 수여
미국 대통령 버락 오바마 행정부의 무역 정책 및 협상 위원회, 국가 사이버 보안 강화 위원회에서 근무했다.

메리 배라Mary Barra

제너럴 모터스

수익: 1,370억 달러, 시가총액: 520억 달러
직원: 23개국 16만 4,000명

경력 하이라이트

제너럴 모터스: 회장(2016~현재), CEO(2014~현재)
월트 디즈니 컴퍼니, 듀크대학교, 디트로이트 이코노미 클럽, 비즈니스 라운드테이블 이사회(교육 및 노동 위원회 위원장, 인종 평등 및 정의에 관한 특별 이사회 위원회 포함)
스탠퍼드 경영대학원 자문위원회, 원텐, 비즈니스 카운실 멤버
GM 포용 위원회 의장 겸 창립 멤버

CEO 업적

수익성이 없는 시장에서 벗어나 미래 모빌리티와 전기 및 자율 자동차 시장에 초점을 맞춘 새로운 전략을 실행하며 GM의 공격적이고 혁신적인 비전을 밀어붙였고, 그 과정에서 주당 수익은 거의 3배 증가했다.

주목할 사실

〈타임스〉 2014년 세계에서 가장 영향력 있는 100인에 선정
〈포브스〉 가장 영향력 있는 여성 톱 7위에 2014년 이후 매년 선정
〈배런스〉 세계 최고경영자에 네 차례 선정
〈포춘〉 세계에서 가장 위대한 리더 50인에 세 차례 선정(상위 10명에 두 차례 선정)
2018년 예일 최고경영자 리더십 연구소의 레전드 리더십 어워드 수상

올리버 바테Oliver Bäte

알리안츠

수익: 1,260억 달러, 시가총액: 1,020억 달러
직원: 70개국 이상에서 14만 7,000명

경력 하이라이트

알리안츠: CEO(2015~현재)
국제 금융 협회 및 제네바 협회 이사회, 싱가포르 통화 당국 국제 자문 패널, 범유럽 보험 포럼 및 유럽 금융 서비스 라운드테이블 회원

CEO 업적

해당 독일 회사를 세계에서 가장 크고 디지털화가 잘된 보험 회사로 만들었으며 기후 변화 계획을 옹호했다. 비용지급비율을 개선하여 업계 평균을 능가하고 고객 충성도를 높였으며 종목 대비 6퍼센트 초과주주수익률을 달성했다.

주목할 사실

2019년 〈하버드 비즈니스 리뷰〉 100대 CEO에 선정

알라인 베자니 Alain Bejjani

마지드 알 푸타임

수익: 100억 달러, 시가총액: 해당 없음
직원: 16개국 4만 3,000명

경력 하이라이트

마지드 알 푸타임: CEO(2015~현재)
세계경제포럼 국제비즈니스협의회 및 애틀랜틱협의회 국제자문위원회 회원
세계경제포럼 중동 및 북아프리카 스튜어드십 이사회/지역 행동 그룹, 세계경제포럼 지속가능개발 영향 정상회의, 중동북아프리카 경제협력기구(MENA) 정상회의의 공동 의장

CEO 업적

중동, 아프리카, 중앙아시아를 아우르는 선도적인 쇼핑몰, 커뮤니티, 소매, 레저 분야의 선구자로 국제적 명성을 떨치는 기업이 되는 것을 마지드 알 푸타임의 장기적 전략 방향으로 재정립했다. 고객 중심주의와 재능위주 문화를 구축하며 조직 전체에 걸쳐 매출 40퍼센트, 에비타 30퍼센트, 현금 흐름 50퍼센트로의 한 단계 높은 성장을 주도했다. 마지드 알 푸타임은 중동에서 유효한 지속가능성 전략을 세운 첫 번째 기업으로서 이해관계자 자본주의 마인드셋을 옹호한다.

주목할 사실

〈포브스〉 중동 최고의 CEO의 한 명으로 선정
〈포브스〉 중동 로컬 기업을 이끄는 50대 국제 CEO에 선정
〈포브스〉 중동 가장 영향력 있는 국외거주자(UAE) 50인에 선정

프랭크 블레이크 Frank Blake

홈디포

수익: 1,100억 달러, 시가총액: 2,380억 달러
직원: 3개국 41만 6,000명

경력 하이라이트

홈디포: 회장(2007~2015), CEO(2007~2014)
조지아공대 셸러 경영대학, 뛰어난 경영진들(2016~현재)
델타 항공 회장. 메이시스, 프로터앤드갬블, 조지아 역사 협회 이사회

CEO 업적

미국 소매업체 홈디포의 점포와 서비스 문화에 활력을 불어넣어 직원들의 사기를 크게 높이고 동일 점포 매출을 높이는 한편 비핵심 영업은 중단시켰다. 영업이익률은 300베이시스 포인트 이상, 시가총액은 거의 60퍼센트 증가했다.

주목할 사실

터크넷 리더십 그룹과 서번트리더십을 위한 로버트 K. 그린리프 센터로부터 리더십 캐릭터 평생 공로상 수상
2019년 조지아 역사 협회와 조지아 주지사 사무실에서 조지아 수탁관리이사로 지명

아홀드 델헤이즈

수익: 740억 달러, 시가총액: 270억 달러
직원: 11개국 35만 3,000명

경력 하이라이트

아홀드 델헤이즈: 사장 겸 CEO(2011~2018), 알버트 하인 CEO (2000~2011).
네슬레, 로열 더치 셸, SHV 홀딩스 이사회

CEO 업적

재임기간 첫 단계에서 '소매 재건' 전략으로 월마트와 코스트코에 이어 소매 부문에서 세 번째로 높은 경제적 이익을 전달하는 데 견인차 역할을 했다. 2016년 델하이즈와의 합병을 감독하며 직원을 2배로 늘리고 세계에서 두 번째로 큰 슈퍼마켓 소매점을 탄생시켰다.

주목할 사실

미국-네덜란드 경제 관계에 대한 지대한 공헌을 인정받아 2017년 네덜란드 온 더 힐 하이네켄 어워드 수상

아나 보틴Ana Botín

그루포 산탄데르

수익: 560억 달러, 시가총액: 700억 달러
직원: 10개국 18만 8,000명

경력 하이라이트

그루포 산탄데르 회장(2014~현재), 영국 산탄데르 CEO(2010~2014),
바네스토 회장(2002~2010)
NGO 티치 폴 올의 스페인 지부(Empieza por Educar) 재단 의장, 코카콜라와 MIT 미래사업 특별위원회 이사

CEO 업적

이자율 하락에도 불구하고 스페인 글로벌 은행 그룹에 수익성 있는 성장을 견인하고 순영업이익을 15퍼센트 늘렸다. 끊임없이 고객에게 초점을 맞추고 '단순하게 직접, 확실하게'를 가치로 한 직원 문화를 조성했다.

주목할 사실

2018년 〈포춘〉 세계에서 가장 위대한 리더 50인에 선정
2018년 〈포춘〉 올해의 기업인으로 선정
대영제국으로부터 데임 기사 작위 수여
2020년 〈포춘〉 세계에서 가장 일하기 좋은 25대 기업에 산탄데르 선정

네슬레

수익: 960억 달러, 시가총액: 3,130억 달러
직원: 83개국 29만 1,000명

경력 하이라이트

네슬레: 명예 회장(2017~현재), 회장(2005~2017), CEO(1997~2008)
포뮬러 1 그룹: 의장(2012~2016)
비올로직 호쉐쉬(Biologique Recherche) 의장
세계경제포럼 부의장

CEO 업적

비용 절감, 혁신, 속도 있는 의사 결정에 주력해 이미 규모가 큰 스위스 식품회사를 성장시켰고 반려동물 사료 업체 랠스턴 퓨리나를 인수했다. 매년 최소 20퍼센트의 제품을 새로 교체하고 영양, 건강, 웰빙 사업 쪽으로 중심을 이동했고 시가총액을 3배로 키웠다.

주목할 사실

오스트리아에 대한 공로로 오스트리아 명예십자장 수상
멕시코 아즈텍 독수리 훈장 수여
경제, 정치, 경제학 분야에서 혁신적인 업적을 인정받아 슘페터 소사이어티의 슘페터상 수상

타이코 인터내셔널

수익: 100억 달러, 시가총액: 140억 달러
직원: 50개국 7만 명

경력 하이라이트

듀폰: CEO(2015~2019, 2020~현재)
타이코 인터내셔널: 회장 및 CEO(2002~2012)
제너럴 인스트루먼트: CEO(1997~2000)
IFF 및 컴캐스트 이사회, 뉴마운틴 캐피탈 자문위원회

CEO 업적

스캔들로 얼룩져 파산 위기에 처한 타이코에서 진실성과 책임감을 새로운 차원으로 끌어올렸다. 사업을 간소화하고 거대 산업을 여섯 개의 기업으로 분할했으며 주가를 7배 끌어올렸다.

주목할 사실

2018년 미국 화학 협회의 역사적인 기업 재창조 리더십 어워드 수상
2009년 에티스피어 세계에서 가장 윤리적인 기업 100에 선정

에이온
수익: 110억 달러, 시가총액: 490억 달러
직원: 96개국 5만 명

경력 하이라이트
에이온 CEO(2005~현재)
디스커버, 앤 & 로버트 H. 루리 아동 병원, 필드 자연사 박물관, CEO
어게인스트 캔서 및 세인트존스대학 위기관리 대학원 이사회

CEO 업적
아일랜드에 본거지를 둔 에이온에 일련의 과감한 인수합병과 기업 분할을 단행하며 포트폴리오를 재편해 글로벌 리스크를 완화시킨 공로를 인정받았으며 문화 및 운영 혁신을 주도했다. 에비타를 2배로 높이고 재임기간 시가총액을 7배 증가시키는 데 기여했다.

주목할 사실
포용성과 다양성을 인정받고 협력자 역할을 한 공로로 다양한 상을 수상
〈하버드 비즈니스 리뷰〉 100대 CEO에 다섯 차례 선정
경제 개발 위원회 오웬 B 상 수상. 2018년 버틀러 교육 우수상 수상

써모 피셔 사이언티픽
수익: 260억 달러, 시가총액: 1,300억 달러
직원: 50개국 7만 5,000명

경력 하이라이트
써모 피셔 사이언티픽: 회장(2020~현재), 사장 및 CEO(2009~현재)
켄드로 래버러토리 프로덕츠: CEO(2000~2001)
US뱅코프, 미중 비즈니스 위원회, 브리검 여성 병원, 웨슬리언대학 이사회

CEO 업적
미국에 기반을 둔 생명 과학 도구와 진단 회사에서 최고경영진의 가치 창출을 가장 우선시하여 코로나19 팬더믹에 민첩하게 대응했다. 에비타는 3배, 시가총액은 7배 이상 증가했다.

주목할 사실
2019년 〈포브스〉 미국의 가장 혁신적인 리더 목록에 선정
〈하버드 비즈니스 리뷰〉 100대 CEO에 두 차례 선정

켄 체놀트Ken Chenault

아메리칸 익스프레스

수익: 440억 달러, 시가총액: 1,020억 달러
직원: 40개국 6만 4,000명

경력 하이라이트

아메리칸 익스프레스: 회장 및 CEO(2001~2018)
제너럴 카탈리스트 파트너스 회장, 에어비엔비, 버크셔 해서웨이,
NCAA, 하버드 코퍼레이션, 아프리카계 미국인 역사 & 문화의 스미소
니언 내셔널 박물관 이사회

CEO 업적

아메리칸 익스프레스의 핵심 사업을 T&E 지출 이상으로 확장하여 여러 지출 범주에 걸쳐 회원들의 요구
를 충족시켰다. 그의 리더십 아래, 아메리칸 익스프레스는 세계에서 고객충성도가 가장 높은 프로그램인
멤버십 리워드 제도를 도입하고 구축했으며, 고객 서비스 분야의 선두 주자로서의 세계적인 명성을 얻었
다. 수익은 2배, 순이익은 5배 이상 증가했다. 아메리칸 익스프레스는 세계에서 가장 크고 유명한 신용카
드 회사 중 하나다.

주목할 사실

〈배런스〉 세계에서 가장 훌륭한 CEO 목록에 여러 차례 선정
2018년 비범한 삶과 경력을 인정받아 히스토리 메이커스로 선정
〈에보니〉 아프리카계 미국인 공동체의 '살아 있는 개척자' 50인에 선정
2014년 〈포춘〉 세계 50대 리더로 선정

토비 코스그로브Toby Cosgrove

클리블랜드 클리닉

수익: 110억 달러, 시가총액: 해당 없음
직원: 4개국 6만 8,000명

경력 하이라이트

클리블랜드 클리닉: CEO(2004~2017)
미 공군: 외과 의사(베트남 전쟁에서 복무한 공로로 청동성 훈장 수여)

CEO 업적

비영리 학술 의료센터를 환자 우선(당시로서는 매우 급진적 접근)으로 재편해 환자 만족도는 물론 의료 성
과까지 높이는 동시에 지역 확장을 통해 수익 증대를 꾀했다. 1,000병상 이상 규모의 병원 환자 경험
순위에서 꼴찌에서 1위로 올라서며 수익을 2배로 늘렸다.

주목할 사실

2013년 의학연구소 선임
우드로 윌슨 센터 어워드 공공 서비스 부문 수상
2010~2017년까지 매년 모던 헬스케어 가장 영향력 있는 임상 임원 50인에 선정

다나허

수익: 180억 달러, 시가총액: 1,110억 달러
직원: 60개국 6만 명

경력 하이라이트

제너럴 일렉트릭: 회장 겸 CEO(2018~현재)
다나허: CEO(2001~2014)
워싱턴 칼리지와 웨이크 포레스트대학교 이사회

CEO 업적

린 경영* 개념을 다나허의 모든 비즈니스에 적용해 효율성을 높였고, 고성장 비즈니스를 인수할 자본을 확보하여 매출과 시가총액 모두 5배 상승했다.

주목할 사실

2014년 〈하버드 비즈니스 리뷰〉 100대 CEO에 선정
2020년 〈배런스〉 톱 CEO에 선정

샌디 커틀러Sandy Cutler

이튼 코퍼레이션

수익: 21억 달러, 시가총액: 390억 달러
직원: 175개 국가에서 10만 1,000명이 비즈니스 운영

경력 하이라이트

이튼 코퍼레이션: 회장 겸 CEO(2000~2016)
듀폰과 키코프 총괄책임이사

CEO 업적

미국 자동차 부품업체를 전력관리회사로 다각화해 성장을 촉진하고 혁신, 임팩트, 진실성 문화를 양성했다. 수익은 5배, 시가총액은 거의 7배 성장했다.

주목할 사실

〈하버드 비즈니스 리뷰〉의 100대 CEO에 두 차례 선정
은퇴 후 아내, 아들과 함께 고급 프랑스-미국 식당을 열었다.

* 얇은 마른이란 뜻의 lean이란 단어에서 출발한 신경영 기법으로 자재구매, 생산, 재고관리, 판매 전 과정에 걸쳐 낭비요소를 최소화한다는 개념.

알리코 단고테Aliko Dangote

단고테 그룹

수익: 40억 달러, 시가총액: 해당 없음
직원: 17개국 3만 명

경력 하이라이트

단고테 그룹: 설립자 겸 CEO(1977~현재)
단고테 재단: 회장(1994~현재)
아프리카 기업협의회, 클린턴 건강 접근권 재단, 원 캠페인 이사회

CEO 업적

작은 무역 회사에서 시멘트와 설탕 분야 사업을 위주로 하는 서아프리카 최대 대기업으로 성장시켰다. 나이지리아의 가장 큰 정유공장과 석유화학단지를 건설하여 그룹 수익을 6배 늘리고 나이지리아의 경제적 자립을 견인했다.

주목할 사실

나이지리아 니제르 훈장 그랜드 커맨더 작위 수여
2014년 〈타임스〉 세계에서 가장 영향력 있는 100인에 선정
2019년 〈포춘〉 세계 50대 리더에 선정
1989~2014년까지 CNBC 비즈니스에 가장 큰 영향을 미친 25인에 선정
2014년 〈포브스〉 올해의 아시아 인물로 선정
아프리카 비즈니스 어워드 다수 수상

리처드 데이비스Richard Davis

US뱅코프

수익: 230억 달러, 시가총액: 930억 달러
직원: 미국 7만 명

경력 하이라이트

메이크 어 위시 재단: 사장 및 CEO(2019~현재)
US뱅코프: 회장 및 CEO(2006~2017)
다우, 마스터카드, 메이오 클리닉 이사회

CEO 업적

고객과 직원을 과감한 10년 비전의 중심에 놓고 은행의 운영을 확장하며 지역사회에 적극적으로 봉사했다. 순이익은 30퍼센트 증가했고, 주가는 60퍼센트 이상 상승했다.

주목할 사실

2015년 미국 대통령 평생 공로상 수상
2010년 아메리칸 뱅커의 올해의 은행원에 선정

제이미 다이먼 Jamie Dimon

JP모건체이스
수익: 1,160억 달러, 시가총액: 4,370억 달러
직원: 60개국 25만 7,000명

경력 하이라이트
JP모건체이스: 회장 겸 CEO(2006~현재), 사장(2004~2018)
뱅크원: 회장 겸 CEO(2000~2004)
씨티그룹: 사장(1995~1998)
하버드 경영대학원, 뉴욕대 의과대학, 카탈리스트 이사회

CEO 업적
2008년 금융 위기에 앞서 미국 최대 은행에 탄력성을 구축해 충격을 견뎌냈고 미국 은행 시스템을 지탱하는 데 도움을 주었으며 투명성을 인정받으며 재계 선두주자가 되었다. JP모건체이스는 주요 은행 중 유일하게 금융 위기에서 살아남았으며, 시가총액을 3배 이상 올렸고 세계에서 가장 가치 있는 은행으로 우뚝 섰다.

주목할 사실
2019년과 2020년 〈포춘〉 500대 CEO로 선정
〈타임스〉 세계에서 가장 영향력 있는 100인에 네 차례 선정
〈하버드 비즈니스 리뷰〉 100대 CEO에 세 차례 선정
2009년부터 매년 〈배런스〉 세계 최고의 CEO에 선정

미첼 엘렉비 Mitchell Elegbe

인터스위치
수익: 10억 달러, 시가총액: 1억 달러 평가
직원: 5개국 1,000명

경력 하이라이트
인터스위치: 창업자 겸 CEO(2002~현재)
엔데버 나이지리아 이사회
아프리카 리더십 연구소의 데스몬드 투투 주교 연구원

CEO 업적
나이지리아 결제 처리 회사를 아이디어 하나로 아프리카 핀테크 유니콘으로 성장시켜 23개국으로 확장하고 개인 및 비즈니스 금융 분야로 진출시켰다.

주목할 사실
2020년 〈아프리카 리포트〉 톱 50 파괴적 혁신 기업 선정
2018년 〈CEO 투데이〉 아프리카 어워드 수상
2012년 CNBC 올 아프리카 비즈니스 리더 어워드 서아프리카 올해의 비즈니스 리더로 선정
2012년 올해의 떠오르는 젊은 기업가상(서아프리카) 수상

TIAA

수익: 410억 달러, 시가총액: 해당 없음
직원: 24개국 1만 5,000명

경력 하이라이트

TIAA: 회장 겸 CEO(2008~2021)
연방준비제도 이사회(1999~2006)
알파벳, 코닝, 제너럴 밀스, IFF 이사회, 뉴욕 주 보험 자문 위원회 위원, 아메리카 아트 & 사이언스 아카데미 연구원.

CEO 업적

수익률이 주로 투자 포트폴리오에 의해 좌우되는 미국 금융 서비스 그룹의 비즈니스 모델에서 위험을 확인하고, TIAA의 핵심 강점을 강화하면서 자본 집약도가 낮은 새로운 비즈니스를 창출했다. 글로벌 코로나19의 대유행으로 인한 금융 위기와 그 여파를 극복하여 관리 및 집행 중인 자산을 3배 늘어난 1조 4,000억 달러로 불렸다.

주목할 사실

오바마 대통령 경제 고문 역임(2008~2011)
워싱턴 D.C. 연방 주지사로서 유일하게 9/11 테러 공격에 대한 연준의 초기 대응을 이끌었다.
2019년 하버드 예술과학대학원 100주년 기념상 수상

신시내티 아동 병원

수익: 30억 달러, 시가총액: 해당 없음
직원: 미국 1만 6,000명

경력 하이라이트

신시내티 아동 병원: 회장 겸 CEO(2010~현재)
신시내티 상공회의소: CEO(2001~2005)
프리미어 매뉴팩처링 서포트 서비스: CEO
아동 병원 환자의 안전 솔루션 의장

CEO 업적

환자와 가족의 접근성과 경험을 개선하고, 건강의 사회적 결정요인을 위한 파트너십을 상당히 늘려 신시내티 아동 병원의 능력을 수준 높은 학술 의료 연구 센터로 대폭 업그레이드했다. 기부금 약 3배, 수익 2배, 환자 진료 능력을 2배로 늘렸다.

주목할 사실

2017년 모던 헬스케어 올해의 가장 영향력 있는 헬스케어 인물 100인에 선정
신시내티 아동 병원, US 뉴스와 월드 리포트의 아동 병원 베스트 3위에 10년 연속 선정

빌 조지 Bill George

메드트로닉

수익: 290억 달러, 시가총액: 1,520억 달러
직원: 52개국 10만 5,000명

경력 하이라이트

메드트로닉: 회장(1996~2002), CEO(1991~2001)
하버드 경영대학원: 선임연구원(2004~현재)
베스트셀러 저서 《트루 노스(True North)》 집필

CEO 업적

미국 의료기기 기업의 매출을 5배 늘리고 시가총액을 12배 이상 늘리는 과감한 인수합병 전략으로 포트폴리오 다각화를 꾀했다. 환자가 메드트로닉 제품의 도움을 받을 때까지 걸린 시간을 기준으로 성공 여부를 측정했으며 100초이던 것을 임기 말에 7초까지 줄였다.

주목할 사실

2014년 프랭클린 인스티튜트 비즈니스 리더십 바우어 어워드 수상
2002년 PBS & 와튼 경영대학원의 지난 20년간 가장 영향력 있는 기업인 25인에 선정
2018년 아서 W. 페이지 센터의 래리 포스터 어워드 공공 커뮤니케이션 진실성 부분 수상

린 굿 Lynn Good

듀크 에너지

수익: 250억 달러, 시가총액: 670억 달러
직원: 미국 2만 8,000명

경력 하이라이트

듀크 에너지: 회장, 사장 및 CEO(2013~현재)
보잉, 에디슨 일렉트릭 인스티튜트, 비즈니스 라운드테이블 이사회

CEO 업적

듀크 에너지의 고객 및 커뮤니티 서비스에 대한 집중력을 강화했고 사업 포트폴리오를 완전히 전환했다. 동종 업계 대비 10퍼센트 초과주주수익률을 달성하고 클린 에너지로의 미래를 주도했다. 2005년 이래, 회사는 이산화탄소 배출량을 39퍼센트 줄였고 2050년까지 순배출제로를 달성할 계획이다.

주목할 사실

〈포춘〉 선정 가장 영향력 있는 여성 기업인에 8년 연속(2013~2020) 선정
〈포브스〉 세계에서 가장 영향력 있는 여성 100인에 다섯 차례 선정

피유시 굽타 Piyush Gupta

DBS
수익: 110억 달러, 시가총액: 480억 달러
직원: 18개 시장의 2만 8,000명

경력 하이라이트
DBS: CEO(2009~현재)
국제 금융 연구소 부회장, 싱가포르의 AI 및 데이터의 윤리적 사용에
관한 자문 위원회, 맥킨지 자문 위원회, 브레튼우즈 위원회 자문 위원
회, 세계 지속가능발전 비즈니스 협의회 집행위원회, 싱가포르 국립
연구 재단, 싱가포르 위원회 이사회

CEO 업적
현재 동남아 최대 은행인 싱가포르 은행에서 금융 서비스를 제공하는 기술 기업으로 비전을 재정의하면서
직원들에게 활력을 불어넣고 반전을 꾀했다. 수익은 2배가 증가하고 자기자본이익률은 거의 500베이시
스 포인트 상승했다.

주목할 사실
2020년 싱가포르 대통령으로부터 공공서비스 스타상 수상
2019년 〈하버드 비즈니스 리뷰〉 100대 CEO에 선정
2019년 DBS는 〈하버드 비즈니스 리뷰〉 지난 10년간 상위 20대 경영 혁신 기업 10위를 차지했다.
〈글로벌 파이낸스〉, 〈유로머니〉, 〈더 뱅커〉가 선정한 2018, 2019, 2020년 세계 최고의 은행

리드 헤이스팅스 Reed Hastings

넷플릭스
수익: 200억 달러, 시가총액: 1,420억 달러
직원: 17개국 9,000명

경력 하이라이트
넷플릭스: 공동 CEO(2020~현재), 공동 창업자 및 CEO(1997~2020)
퓨어 소프트웨어: 설립자 겸 CEO(1991~1997)
캘리포니아주 교육 위원회: 회장(2000~2005)
KIPP와 파하라 포함 여러 교육 기관 이사회

CEO 업적
미국 우편 발송 DVD 서비스 회사를 2억 명의 구독자를 보유한 스트리밍 미디어 기업으로 탈바꿈시켰다.
극단적인 투명성, 피드백, 창의성을 내세운 기업 문화를 뿌리내렸다.

주목할 사실
〈포춘〉 올해의 기업인에 세 차례 선정
〈타임스〉 세계에서 가장 영향력 있는 100인에 두 차례 선정
〈하버드 비즈니스 리뷰〉 100대 CEO에 세 차례 선정
〈배런스〉 세계 최고의 CEO에 아홉 차례 선정
2014년 아스펜 인스티튜트의 헨리 크라운 리더십 어워드 수상
2019년 〈하버드 비즈니스 리뷰〉의 지난 10년간 경영 혁신을 이룬 상위 20개 기업에 넷플릭스가 1위 차지

허버트 하이너 Herbert Hainer

아디다스

수익: 270억 달러, 시가총액: 640억 달러
직원: 9개국 5만 3,000명

경력 하이라이트

아디다스: 회장 겸 CEO(2001~2016)
FC 바이에른 뮌헨: 회장(2019~현재)
액센추어와 알리안츠 이사회

CEO 업적

브랜드와 연구개발에 투자해 독일 스포츠웨어 기업의 국제적 입지를 끌어올리고, 최고의 스포츠 브랜드라는 사명을 전달하도록 조직을 이끌었다. 수익은 3배, 시가총액은 10배 상승했다.

주목할 사실

〈하버드 비즈니스 리뷰〉의 100대 CEO에 세 차례 선정(한 번은 5위 이내)
독일연방공화국 공로 훈장 수여

메릴린 휴슨 Marillyn Hewson

록히드마틴

수익: 600억 달러, 시가총액: 1,100억 달러
직원: 19개국 11만 명

경력 하이라이트

록히드마틴: 회장(2014~2021), 사장 및 CEO(2013~2020)
세브론과 존슨앤존슨 이사회
여러 비영리 업체 이사회, 업계 조직 및 정부 자문 그룹 사장 또는 직책 수행

CEO 업적

미국 방위산업체에서 안보를 강화하고 기술을 발전시키는 임무에 집중하며, 까다로운 정치적 상황을 헤쳐 나가면서 남성 중심 산업에 종사하는 여성의 어려움을 극복해냈다. 에비타는 2배, 시가총액은 3배 이상 상승했다.

주목할 사실

2019년 〈타임스〉 세계에서 가장 영향력 있는 인물 100인에 선정
2018년 〈치프 이그제큐티브〉 올해의 CEO에 선정
2019년 〈배런스〉 세계 최고 CEO에 선정
〈하버드 비즈니스 리뷰〉 100대 CEO에 네 차례 선정
2017년 〈포춘〉 올해의 기업인 톱 10에 선정
2018년과 2019년 〈포춘〉 가장 영향력 있는 여성 기업인에 선정(2013~2019년 동안 톱4에 선정)
〈포브스〉 세계에서 가장 영향력 있는 여성 10인에 두 차례 선정

소니

수익: 770억 달러, 시가총액: 870억 달러
직원: 70여 개 국가 및 지역에 11만 2,000명

경력 하이라이트

소니: 회장(2018~2019), 사장 겸 CEO(2012~2018)

CEO 업적

일본의 미디어와 가전 대기업 포트폴리오를 획기적으로 간소화해 반전을 꾀하고 전통 기업문화에 자신의 스타일을 접목했다. 영업마진이 900베이시스 포인트 이상 증가했고, 재임 전 수년간 적자를 면치 못하던 회사의 수익성을 회복시켰다.

주목할 사실

2015년 제66회 기술 및 엔지니어링 에미상 평생공로상 수상

베스트 바이

수익: 440억 달러, 시가총액: 230억 달러
직원: 3개국 12만 5,000명

경력 하이라이트

베스트 바이: 회장(2015~2020), CEO(2012~2019)
칼슨 Inc: CEO(2008~2012)
하버드 경영대학원: 부교수(2020~현재)

CEO 업적

잠재적 파산 상태였던 미국 가전 및 가전 소매점을 고객 경험과 강력한 직원 문화에 중점을 둔 수익성 있는 기업으로 변화시켰다. 5년 연속 동일매장매출 성장을 달성하고 주가는 4배 상승했다.

주목할 사실

프랑스 레지옹 도뇌르 훈장 수여
2018년 〈하버드 비즈니스 리뷰〉 100대 CEO에 선정
2018년 〈배런스〉 세계 최고의 CEO에 선정
글래스도어 미국 100대 CEO에 네 차례 선정됨(한 번은 10위권 내)

ICICI 은행

수익: 140억 달러, 시가총액: 490억 달러
직원: 17개국 8만 5,000명

경력 하이라이트

ICICI 은행: 회장(2009~2015), CEO(1996~2009)
신개발은행 총재(2015~2020)

CEO 업적

선견지명, 기술에 대한 투자, 혁신적 인재관리, 끊임없는 학습 욕구의 결합을 통해 작은 인도 도매업체를 인도에서 가장 큰 개인 은행으로 만들었다. 동종업계 대비 초과주주수익률은 33퍼센트 포인트이며 수익은 20배 이상 증가했다.

주목할 사실

2008년 파드마 부샨 어워드 수상
2007년 세계 HRD 회의에서 올해의 CEO로 선정
2007년 〈포브스〉 아시아 올해의 경영인에 선정

웨스트팩

수익: 140억 달러, 시가총액: 610억 달러
직원: 7개국 3만 3,000명

경력 하이라이트

웨스트팩 뱅킹 코퍼레이션: CEO(2008~2015)
세인트 조지 뱅크: CEO(2002~2007)
싱텔(싱가포르텔레콤) 이사회

CEO 업적

호주 은행을 세계에서 가장 존경받는 기업 중 하나로 만드는 한편, 시가총액을 2배 이상 늘리고 끊임없는 고객 집중 전략으로 금융 위기를 능숙하게 극복했다. 다양성과 포용성을 옹호하며, 톱 4,000명 리더의 40퍼센트를 여성 리더로 채우자는 목표를 달성했다.

주목할 사실

호주 메이저 은행의 첫 여성 CEO
〈포브스〉 세계에서 가장 영향력 있는 여성에 7년 연속(2008~2014) 선정
〈파이낸셜 타임스〉 세계 50대 여성 경영인 톱 20위에 두 차례 선정

예르겐 비 크누스토르프 Jørgen Vig Knudstorp

레고

수익: 60억 달러, 시가총액: 해당 없음
직원: 37개국 1만 9,000명

경력 하이라이트

레고 그룹: 사장 겸 CEO(2004~2016), 이사회 멤버(2016~현재)
레고 브랜드 그룹: 이사회 의장(2016~현재)
IMD 경영대학원과 스타벅스 이사회

CEO 업적

덴마크 가족 소유 회사를 세계에서 가장 수익성이 높은 장난감 회사로 만들어 수익은 5배, 에비타는 16배 늘렸다. 적자를 내던 기업의 재활성화를 꾀해 중앙집권적 리더십, 비핵심 자산 매각, 능률적인 창의성, 레고의 성인 소비자 수용 등을 실행했다.

주목할 사실

2015년 국제경영대학발전협의회(AACSB) 영향력 있는 리더상 수상
2015년 경제발전위원회 글로벌 리더십 어워드 수상

로니 레튼 Ronnie Leten

아틀라스 콥코

수익: 110억 달러, 시가총액: 470억 달러
직원: 71개국 3만 9,000명

경력 하이라이트

아틀라스 콥코: 회장 겸 CEO(2009~2017)
에피록: 의장(2017~현재)
에릭슨: 의장(2018~현재)
피아브: 의장(2019~현재)
SKF 이사회

CEO 업적

스웨덴 산업 제조업체에 고도로 훈련된 자원배분 방식을 도입하여 고객의 요구에 보다 잘 대응할 수 있게 만들었다. 에비타는 3배, 시가총액은 4배 이상 늘었다.

주목할 사실

〈하버드 비즈니스 리뷰〉의 100대 CEO에 두 차례 선정
2013년 〈트렌드 비즈니스〉의 벨기에 올해의 경영인에 선정

모리스 레비Maurice Lévy

퍼블리시스
수익: 120만 달러, 시가총액: 110만 달러
직원: 110개국 7만 7,000명

경력 하이라이트
퍼블리시스: 회장(2017~현재), CEO(1987~2017)
파스퇴르-바이츠만: 사장(2015~현재)
아이리스 캐피탈 매지니먼트 이사회

CEO 업적
탁월한 세계 전망과 디지털화에 대한 풍부한 이해, 지역 문화적인 뉘앙스를 결합하여 프랑스의 작은 광고 회사를 국제적인 마케팅 및 커뮤니케이션 대기업으로 변화시켰다. 과감한 인수에 힘입어 수익 40배, 시가 총액을 100배 이상 늘렸다.

주목할 사실
〈하버드 비즈니스 리뷰〉 100대 CEO에 두 차례 선정
프랑스 레지옹 도뇌르 훈장 및 그랑 오피시에 수여
2008년 명예훼손방지연맹으로부터 국제지도자상 수상

마티 리보넨Matti Lievonen

네스테
수익: 160억 달러, 시가총액: 270억 달러
직원: 14개국 4,000명

경력 하이라이트
오일탱킹: CEO(2019~현재)
네스테: CEO(2008~2018)
포르툼: 의장(2018~2021)
솔베이 이사회

CEO 업적
핀란드의 에너지 회사의 미래가 재생 에너지에 달려 있음을 깨닫고, 10년 이상 광범위한 문화 및 포트 폴리오 혁신을 이끌었다. 네스테는 바이오디젤과 제트 연료의 세계 1위 생산국이 되었다. 에비타는 4배, 시가총액은 거의 7배 성장했다.

주목할 사실
네스테는 매년 코퍼레이트 나이츠가 선정한 세계에서 가장 지속가능한 100대 기업에 선정되었고, 2018년에는 2위를 기록했다.

마이크 마호니 Mike Mahoney

보스턴 사이언티픽

수익: 110억 달러, 시가총액: 630억 달러
직원: 15개국 3만 6,000명

경력 하이라이트

보스턴 사이언티픽: 회장 & CEO(2012~현재)
J&J: 그룹 의장(2008~2012)
벡스터 인터내셔널 및 보이스 앤 걸스 클럽 보스턴 이사회, 보스턴 칼리지 CEO 클럽 및 아메리칸 심장 협회 CEO 라운드테이블 의장

CEO 업적

미국 의료기기 제조사의 문화와 사업 포트폴리오의 문제점을 파악하고 신속하게 새 리더들을 영입해 성장 전략을 재정립했다. 시가총액은 거의 9배 증가했으며, 문화 변화를 진두지휘하며 최고의 직장이라는 평가를 얻었다.

주목할 사실

2019년 〈포브스〉 미국에서 가장 혁신적인 리더로 선정
보스턴 사이언티픽은 다양성에 대한 헌신으로 여러 순위에서 꾸준히 높은 점수를 받았다.

낸시 맥킨스트리 Nancy McKinstry

볼터스 클루버

수익: 50억 달러, 시가총액: 200억 달러
직원: 40개 이상의 국가에서 1만 9,000명

경력 하이라이트

볼터스 클루버: 회장 및 CEO(2003~현재)
CCH 법률 정보 서비스: CEO(1996~1999)
애보트, 액센츄어, 러셀 레이놀즈 협회 이사회, 유럽 기업인 라운드 테이블 및 컬럼비아 경영대학원 이사회 이사

CEO 업적

미국/네덜란드 전문 정보 및 소프트웨어 회사를 정비하여 포트폴리오 변경에 초점을 맞춘 디지털 전환을 시도하고 혁신과 수익성 향상을 도모했다. 에비타를 2배, 시가총액을 4배로 늘리고 디지털 제품과 서비스의 점유율을 90퍼센트로 높였다.

주목할 사실

〈하버드 비즈니스 리뷰〉 100대 CEO에 두 차례 선정
〈포춘〉 글로벌 파워 50(가장 영향력 있는 여성) 톱 10에 아홉 차례 선정
〈파이낸셜 타임스〉 세계 50대 여성 비즈니스 순위에서 20위 내에 세 차례 선정
〈포브스〉 세계에서 가장 영향력 있는 여성 100인에 두 차례 선정

디아지오

수익: 160억 달러, 시가총액: 990억 달러
직원: 80개국 2만 8,000명

경력 하이라이트

디아지오: CEO(2013~현재)
태피스트리 이사회
켈로그 경영대학원 자문위원
스카치 위스키 협회 부의장
국제책임음주연맹, CEO 그룹 회원

CEO 업적

영국에 본사를 둔 증류주 회사를 프리미엄 브랜드와 혁신에 초점을 맞춰 일관되고 엄격한 전략을 실행하며 혁신하였고, 포괄적인 문화를 구축하며 사회적 책임에 대한 찬사를 받았다. 재임 후 주가는 2배 가까이 상승했다.

주목할 사실

2021년 EM파워-야후 소수민족 역할 모델 최고경영자에 선정
2019년 〈하버드 비즈니스 리뷰〉 100대 CEO에 선정
2018년 여성비즈니스협의회 변화주도자상 수상
2018년 〈매니지먼트 투데이〉 영국에서 가장 존경받는 기업에 디아지오 선정

아사 아블로이

수익: 100억 달러, 시가총액: 260억 달러
직원: 70개국 4만 9,000명

경력 하이라이트

아사 아블로이: 사장 겸 CEO(2005~2018)
닐피스크 어드밴스: CEO(2001~2005)
샌드빅: 회장(2015~현재)

CEO 업적

글로벌 자물쇠 제조회사의 CEO로서 200개 이상의 기업을 인수했고, 역사적으로 기계 산업이었던 곳에서 디지털 기술을 수용할 필요성을 일찌감치 인식해 디지털 도어록 신흥 시장에 대대적으로 진출했다. 매출은 3배, 시가총액은 4배 이상 성장했다.

주목할 사실

〈하버드 비즈니스 리뷰〉의 100대 CEO에 세 차례 선정

제임스 므왕기 James Mwangi

에퀴티 그룹
수익: ~10억 달러, 시가총액: 20억 달러
직원: 6개국 8,000명

경력 하이라이트
에퀴티 그룹: CEO(2005~현재), 에퀴티 그룹 재단, 설립자 및 이사장 (2008~현재)
메루대학교 이공대학 총장
케냐 비전 2030, 의장(2007~2019)
IFC 및 예일대학교 자문위원

CEO 업적
지역사회 번영을 이루자는 명확한 비전을 수립하여 케냐 은행을 동아프리카에서 가장 큰 은행(고객 및 시가총액 기준)으로 성장시켰다. 수익은 40배, 순이익은 30배 이상 증가했다.

주목할 사실
케냐 대통령상 3개 수상
2012년 〈포브스〉 아프리카 올해의 인물로 선정
2012년 언스트 앤 영 올해의 세계 기업가 선정
2020년 오슬로 평화 사업상 수상

사티아 나델라 Satya Nadella

마이크로소프트
수익: 1,260억 달러, 시가총액: 1조 2,000억 달러
직원: 190개 이상의 국가에서 14만 4,000명이 비즈니스 운영

경력 하이라이트
마이크로소프트: 회장 겸 CEO(2021~현재), CEO(2014~2021)
프레드 허친슨 암연구소, 스타벅스, 시카고대학교 이사회, 비즈니스 카운슬 의장

CEO 업적
마이크로소프트가 대응하는 데 급급해할 때 '전부 알자'가 아닌 '전부 배우자'의 마인드셋으로 기업 문화를 조성해 수익성이 높은 성장 영역으로 신속하게 전환했다. 에비타는 거의 2배, 시가총액은 4배로 성장하여 마이크로소프트를 세계에서 두 번째로 비싼 상장기업으로 만들었다.

주목할 사실
2019년 〈파이낸셜 타임스〉 올해의 기업인 선정
2019년 〈포춘〉 올해의 기업인 선정
2018년 〈타임스〉 세계에서 가장 영향력 있는 100인에 선정
〈하버드 비즈니스 리뷰〉 100대 CEO에 두 차례(톱10에 1회) 선정
〈배런스〉 세계 최고의 CEO에 네 차례 선정

샨타누 나라옌Shantanu Narayen

어도비
수익: 110억 달러, 시가총액: 1,590억 달러
직원: 26개국 2만 3,000명

경력 하이라이트
어도비: 회장(2017~현재), CEO(2007~현재)
미국-인도 전략적 파트너십 포럼 부회장(2018~현재)
오바마 대통령 경영자문위원회 위원(2011~2017)
화이자 이사회

CEO 업적
클라우드 기반 구독 서비스를 개척하여 회사의 비즈니스 모델을 패키지형 제품에서 서비스형 소프트웨어(Saas)로 전환했으며, 수익은 3배, 시가총액은 6배 이상 상승했다.

주목할 사실
인도 대통령으로부터 파드마 슈리 훈장 수여
〈포춘〉 올해의 기업인에 세 차례 선정(한 번은 톱 10위)
〈배런스〉 세계 최고의 CEO에 네 차례 선정
2018년 〈이코노믹 타임스〉 올해의 글로벌 인도인에 선정

로드니 오닐Rodney O'Neal

델파이 오토모티브(2017년 앱티브로 사명 변경)
수익: 140억 달러, 시가총액: 240억 달러
직원: 44개국 14만 1,000명

경력 하이라이트
델파이: 사장 겸 CEO(2007~2015)
델파이, 스프린트 넥스텔, 미시건 제조업 협회, 인로드, 포커스:호프
이사회
집행 리더십 위원회 멤버
자동차 명예의 전당 멤버

CEO 업적
회생 절차를 성공적으로 진행해 미국 자동차 부품 및 기술 회사를 파산에서 구제하고 제품 포트폴리오를 업계 트렌드(안전, 그린, 연계)에 맞게 재정비하였다. 또 고객층을 다양화하는 동시에 실행 문화를 정착시켜 델파이를 선도적 글로벌 자동차 부품업체로 만들었다. 손실을 입고 있던 회사의 에비타를 20억 달러 이상으로 늘리며 수익성을 회복시켰다.

주목할 사실
2015년 자동차 명예의 전당에 의해 올해의 업계 리더로 선정
2010년 자동차 명예의 전당으로부터 뛰어난 서비스 본보기로 공로 표창 수여

플레밍 온스코브Flemming Ørnskov

샤이어

수익: 160억 달러, 시가총액: 550억 달러
직원: 60개국 2만 3,000명

경력 하이라이트

갈더마: CEO(2019~현재)
샤이어: CEO(2013~2019)
워터스 코퍼레이션: 의장(2017~현재)

CEO 업적

제약 회사인 샤이어를 희귀 질병 분야 세계선도 기업으로 만들기 위한 비전을 내세워 불과 6년 만에 매출과 시가총액을 3배 이상 늘리고 25개국으로 사업을 확대했다.

주목할 사실

2015년 피어스 파르마의 바이오파마 분야에서 가장 영향력 있는 25인에 선정
코펜하겐대학교 의학박사 자격 취득

짐 오웬스Jim Owens

캐터필러

수익: 540억 달러, 시가총액: 820억 달러
직원: 27개국 10만 2,000명

경력 하이라이트

캐터필러: 회장 겸 CEO(2004~2010)
피터슨 국제경제연구소 이사회, 아스펜 경제전략 그룹 멤버

CEO 업적

지리적 및 최종 시장 부문의 집중, 성과 목표, 제품/서비스 오퍼링, 운영 우수성, 직원 참여도 및 만족도 향상을 바탕으로 한 명확한 전략적 비전을 내세워 미국 산업 회사를 침체에서 끌어냈다. 시가총액이 2배 가까이 상승하고 비용구조가 최적화되어 경기순환도를 높였고 금융 위기를 겪으면서도 수익성을 유지할 수 있었다.

주목할 사실

2007년 국가무역위원회 세계무역상 수상

순다르 피차이Sundar Pichai

알파벳
수익: 1,620억 달러, 시가총액: 9,230억 달러
직원: 50개국 11만 9,000명

경력 하이라이트
알파벳: CEO(2019~현재), CEO(2015~현재), 구글(2015~현재)
캐피탈G 자문위원

CEO 업적
기술 기업에서 핵심 제품군을 넘어 빠른 성장을 이끌었고 뛰어난 공감 능력과 협업, 낙관적인 리더십으로 찬사를 받았다. 구글 CEO 취임 이후 모기업 알파벳 주가가 4배 상승했다.

주목할 사실
2020년 〈타임스〉 세계에서 가장 영향력 있는 100인 중 한 명에 선정
2016년 카네기 코퍼레이션의 '위대한 이민자들: 미국의 자랑' 상 수상
2019년 미국-인도 기업 협의회 글로벌 리더십 어워드 수상
2020년 다양성 부문 최우수 CEO에 선정

헨리크 폴센Henrik Poulsen

오스테드
수익: 110억 달러, 시가총액: 440억 달러
직원: 6개국 7,000명

경력 하이라이트
오스테드: CEO(2012~2020)
TDC 그룹: CEO(2008~2012)
칼스버그와 ISS의 부의장, 노보노디스크, 오스테드, 베르텔스만 이사회, WWF 덴마크 프레시디움 멤버

CEO 업적
덴마크 국영 에너지 회사에서 해상 풍력 사업에만 집중하기 위해 기존 화석연료 사업의 상당 부분을 매각했고 곧 세계 최대 개발업체가 되었다. 신속한 전략적 전환과 회사 재무 실적 턴어라운드를 가능하게 하는 실행 문화를 정착시켰고 시가총액과 에비타가 3배 상승했다.

주목할 사실
오스테드는 2020년 세계에서 가장 지속가능한 100대 기업 1위를 차지했다.

토탈
수익: 1,760억 달러, 시가총액: 1,430억 달러
직원: 80개국 10만 8,000명

경력 하이라이트
토탈: CEO(2014~현재), 의장(2015~현재)
캡제미니 이사회

CEO 업적
프랑스 석유 메이저 회사에서 투자를 확대하여 에너지 믹스를 재생 에너지로 다양화하는 한편, 사람, 사회적 책임, 전략 및 혁신을 강조하며 조직 설계를 한 단계 끌어올렸다. 업계 대비 초과주주수익률은 8퍼센트 포인트에 달한다.

주목할 사실
2017년 에너지 인텔리전스 올해의 석유 경영인에 선정
레지옹 도뇌르 훈장 수여

켄 파월Ken Powell

제너럴 밀스
수익: 180억 달러, 시가총액: 320억 달러
직원: 26개국 3만 5,000명

경력 하이라이트
제너럴 밀스: 회장 겸 CEO(2007~2017), 시리얼 파트너스 월드와이드, CEO(1999~2004)
미네소타 대학교 석좌교수, 메드트로닉 및 CWT 이사회

CEO 업적
변화하는 고객 선호에 대응하고 현지의 문화에 대한 깊은 이해를 바탕으로 미국 거대 소비재 기업을 보다 건강한 제품을 만들어내는 기업으로 변모시켰다. 시가총액은 거의 2배 상승했고, 5퍼센트포인트 이상의 초과주주수익률을 달성했다.

주목할 사실
2016년 키스턴 정책 센터 설립자상 수상
2013년 경제발전위원회 기업시민상 수상
2010년 글래스도어 미국에서 가장 사랑받는 CEO 1위 선정

캐스퍼 로스테드_{Kasper Rørsted}

아디다스

수익: 270억 달러, 시가총액: 640억 달러
직원: 9개국 5만 3,000명

경력 하이라이트

아디다스: CEO(2016~현재)
헹켈: CEO(2008~2016)
네슬레와 지멘스 이사회

CEO 업적

독일 소비재 기업 헹켈에서 성능과 전략 실행에 대한 집중력을 대폭 강화해 영업이익을 600베이시스 포인트 이상 개선하고 시가총액을 3배 이상 늘렸다. 아디다스에서 디지털 변혁을 주도하며, 최고 수익과 순익 실적을 모두 개선했고 취임 이후 초과주주수익률을 거의 2배로 높였다.

주목할 사실

2018년 〈하버드 비즈니스 리뷰〉 100대 CEO에 선정
2018년 〈포춘〉 올해의 기업인 톱 5에 선정
덴마크 청소년 국가대표 핸드볼팀 선수로 활약

길 슈베드_{Gil Shwed}

체크포인트 소프트웨어

수익: 20억 달러, 시가총액: 170억 달러
직원: 150개 이상의 국가에서 5,000명이 비즈니스 운영

경력 하이라이트

체크포인트 소프트웨어: 설립자 겸 CEO(1993~현재)
텔아비브대학교의 청소년 학교 이사회 의장, 예홀로트 협회 의장

CEO 업적

이스라엘 기술 스타트업에서 통합 하드웨어 및 소프트웨어 솔루션으로 비즈니스 모델을 전환했으며 사용하기 쉬운 제품이 더 잘 확장된다는 사실을 인지하고 글로벌 사이버 보안 기업으로 성장시켰다.

주목할 사실

2018년 기술 분야 이스라엘 기업가로 선정
2018년 언스트 앤 영 올해의 이스라엘 기업가로 선정
2014년 글로브 올해의 인물로 선정
2003년 세계경제포럼 내일을 위한 글로벌 리더에 선정

이타우 우니방코
수익: 290억 달러, 시가총액: 840억 달러
직원: 18개국 9만 5,000명

경력 하이라이트
이타우 우니방코: 공동 의장(2017~현재), CEO(1994~2017)
뉴욕 연방준비은행, 국제자문위원회(2002~현재)

CEO 업적
브라질 은행에서 일련의 인수 작업을 주도하며 지역적으로 확장하고 10대 글로벌 투자 은행으로 만들었다. 수익은 25배, 시가총액은 30배 이상 상승했다.

주목할 사실
2011년 〈유로머니〉 올해의 은행가로 선정
〈하버드 비즈니스 리뷰〉 100대 CEO에 두 차례 선정(그중 한 번은 톱 5위)

DSM
수익: 100억 달러, 시가총액: 250억 달러
직원: 50개국 2만 3,000명

경력 하이라이트
DSM: 명예 회장(2020~현재), 경영 이사회 의장 및 CEO(2007~2020)
글로벌 적응센터 (반기문과) 공동 의장
필립스 및 유니레버 이사회
세계은행 그룹 글로벌 기후 리더(2017), 탄소 가격 챔피언(2019)에 선정

CEO 업적
네덜란드 회사에서 혁신과 지속 가능성을 강조하고 20건 이상의 인수 및 매각을 단행해 대량 화학 물질에서 영양, 건강, 재료 과학 쪽으로 목적 주도형 변신을 주도했다. 시가총액은 3배 이상 증가하고 450퍼센트 이상의 총주주수익률을 달성했다.

주목할 사실
2019년 〈하버드 비즈니스 리뷰〉 100대 CEO에 선정
2018년 〈포춘〉 세계에서 가장 위대한 리더 50인에 선정
2010년 UN 협회 올해의 뉴욕 인도주의자에 선정
마스트리히트대학(2012), 흐로닝언대학(2020) 명예박사
지속가능성과 사회에 기여한 공로를 인정받아 로얄 어워드 그랑 오피시에 오렌지 나소 훈장(2021) 수여
DSM은 3년 연속 〈포춘〉 세계를 변화시킨 리스트에 선정(2017년 2위)

인튜이트

수익: 70억 달러, 시가총액: 680억 달러
직원: 6개국 9,000명

경력 하이라이트

인튜이트: 회장(2016~현재), CEO(2008~2019)
노드스트롬: 회장(2018~현재)
서베이몽키 이사회, 윙2윙 재단을 설립해 소외된 국가에서 교육과 기업가정신을 발전시켰다.

CEO 업적

미국 소프트웨어 회사의 모델을 데스크톱에서 클라우드로 바꾸고 '전 세계 번영의 힘'이라는 사명을 내세워 고객을 즐겁게 만드는 데 주력했다. 매출은 2배, 시가총액은 거의 5배 상승했다.

주목할 사실

〈하버드 비즈니스 리뷰〉의 100대 CEO에 두 차례 선정
〈포춘〉 올해의 기업인에 두 차례 선정(톱 10에 한 번)
2014~2015년 미국 청년들의 재정 능력을 위한 대통령 자문 위원회

노보노디스크

수익: 180억 달러, 시가총액: 1,370억 달러
직원: 80개국 4만 3,000명

경력 하이라이트

노보노디스크: CEO(2000~2016)
노보노디스크 재단 및 노보 홀딩스: 회장(2018~현재)
액셀 자문위원장, 에시티, 융분즐라우어, 써모 피셔 사이언티픽 이사회 의장

CEO 업적

덴마크 기업에서 당뇨병 치료를 위한 바이오의약품에 집중 투자하며 윤리적 기업 활동과 재무 실적의 균형을 맞춰 전략적 집중력을 강화했다. 영업이익률이 20퍼센트 향상되었고 수익과 시가총액이 모두 5배 증가했다.

주목할 사실

〈하버드 비즈니스 리뷰〉 100대 CEO(2015, 2016년)에 두 차례 선정(톱 20위 두 차례 선정)
2016년 〈포춘〉 올해의 경영인에 선정
프랑스 레지옹 도뇌르 훈장 기사 작위 수여
단네브로그 훈장 기사 작위 수여
노보노디스크는 세계에서 가장 지속가능한 기업 중 코퍼레이트 나이츠의 글로벌 100대 기업에서 1위에 선정

프란체스코 스타라체Francesco Starace

에넬
수익: 870억 달러, 시가총액: 810억 달러
직원: 32개국 6만 8,000명

경력 하이라이트
에넬: 그룹 CEO 겸 총괄 매니저(2014~현재), 에넬 그린 파워 CEO(2008~2014)
엔데사 부의장, 모두를 위한 UN 지속 가능한 에너지 의장
'에너지 및 자원 효율성' 태스크포스(2020) B20 이탈리아 2021 의장
WEF '탄소배출 제로 시티-시스템 효율성 이니셔티브' 공동 의장(2020)
유럽청정수소동맹 라운드테이블 '재생 가능한 저탄소 수소 생산' 공동
대표(2021)
유엔 글로벌 콤팩트, 폴리테크니코 디 밀라노 이사회

CEO 업적
이탈리아 유틸리티 회사에서 지속가능한 미래로 전환을 가속화하면서 신흥 시장으로 확장하고 인프라
를 디지털화하며 개방형 혁신을 이루었다. 시가총액 2배 이상, 신재생능력 증가율을 4배로 늘리며 에넬을
50GW에 육박하는 신재생능력 분야 세계 최대 민간 업체로 끌어올렸다.

주목할 사실
브라질, 콜롬비아, 이탈리아, 멕시코, 러시아에서 사업 수훈상 수상
캘리포니아 버클리대학교로부터 글로벌 리더십 어워드 수상(2019)
인스티튜셔널 인베스터로부터 최고 유틸리티 경영인 선정(2020)

립 부 탄Lip-Bu Tan

케이던스 디자인 시스템스
수익: 20억 달러, 시가총액: 200억 달러
직원: 23개국 8,000명

경력 하이라이트
케이던스 디자인 시스템스: CEO(2009~현재)
월든 인터내셔널: 설립자 겸 회장(1987~현재)
휴렛 패커드 엔터프라이즈, 슈나이더 일렉트릭, 소프트뱅크, 일렉
트로닉 시스템 디자인 얼라이언스, 글로벌 반도체 협회, 카네기 멜
론대학교 이사회

CEO 업적
어려움에 처한 미국의 일렉트로닉 설계 회사에서 고객(대부분의 반도체 및 칩 제조업체)에 초점을 맞추고 새
로운 시장으로 확장해 반전을 꾀했다. 영업 마진이 30퍼센트 향상되었고 시가총액은 20배 증가했다.

주목할 사실
2016년 세계반도체협회의 모리스 창 모범 리더십상 수상
케이던스는 〈포춘〉의 가장 일하기 좋은 100대 기업에 여섯 차례 선정(2015~2020)

요한 타이스 Johan Thijs

KBC
수익: 90억 달러, 시가총액: 310억 달러
직원: 20개국 4만 2,000명

경력 하이라이트
KBC: 회장 겸 CEO(2012~현재)
유럽 은행 연합 이사회

CEO 업적
벨기에 금융서비스 기업의 리스크 포트폴리오에서 심각한 이슈를 파악하고 KBC의 모든 이해관계자들과 신뢰를 회복했으며 디지털 변혁에 착수하고 보다 강력한 문화를 구축했다. 순이익은 4배, 시가총액은 거의 6배 증가했다.

주목할 사실
〈하버드 비즈니스 리뷰〉의 100대 CEO에 다섯 차례 선정(톱 10에 세 차례)
2016년, 2017년, 2020년 〈인터내셔널 뱅커스〉 올해의 서유럽 은행 CEO로 선정
KBC는 2017년 〈유로머니〉의 세계 최고의 은행 변혁상 수상

데이비드 토디 David Thodey

텔스트라
수익: 180억 달러, 시가총액: 300억 달러
직원: 21개국 2만 9,000명

경력 하이라이트
텔스트라 코퍼레이션: CEO(2009~2015)
제로 유한책임회사: 의장(2020~현재)
타이로 페이먼츠: 의장(2019~현재)
호주 연방 과학산업연구협회: 의장(2015~현재)
램지 헬스케어 총괄책임이사

CEO 업적
호주 통신 회사에서 고객 집중도를 높이고 아시아에서 영역을 확장하는 세일즈 및 서비스 디지털 전환을 이끌었다. 그 결과 시가총액이 2배로 상승하여 2014년 〈호주 파이낸셜 리뷰〉 호주에서 가장 존경받는 기업으로 선정되었다.

주목할 사실
2015년 〈하버드 비즈니스 리뷰〉 100대 CEO에 선정
사업에 대한 뛰어난 봉사와 윤리적 리더십의 촉진을 위해 호주 훈장 임원에 작위 수여

칸 트라쿨훈Kan Trakulhoon

시암 시멘트 그룹

수익: 150억 달러, 시가총액: 160억 달러
직원: 14개국 5만 4,000명

경력 하이라이트

SCG: 사장 겸 CEO(2006~2015), 이사회(2005~현재)
어드벤스드 인포 서비스: 회장(2020~현재)
방콕 두짓 메디컬 서비스, 인터치 홀딩스, 시암 상업 은행 이사회

CEO 업적

태국 대기업의 포트폴리오를 합리화하고 통일된 임무 아래 모든 사업을 조정했으며 상품 생산자 문화에 혁신을 가져오고 기업 시민권에 대한 강한 명성을 쌓았다. 시가총액을 2배로 늘렸고 동종업계 대비 10퍼센트포인트 초과주주수익률을 달성했다.

주목할 사실

2011년 〈네이션〉 올해의 기업인으로 선정
여러 국가 자문 위원회 및 위원회에서 오랫동안 근무했다.

우오타니 마사히코Uotani Masahiko

시세이도

수익: 100억 달러, 시가총액: 290억 달러
직원: 120개국 4만 5,000명

경력 하이라이트

시세이도: 사장 겸 CEO(2014~현재)
일본 화장품 공업 협회 회장 및 일본 기업 연합회 이사

CEO 업적

강력한 일본 유산과 글로벌 마케팅 능력을 결합한 하이브리드 리더십 모델로 유서 깊은 일본 화장품 회사를 혁신적인 글로벌 뷰티 회사로 탈바꿈시켰다. 영업이익률이 600베이시스 포인트 이상 향상됐고 시가총액도 4배 이상 늘어났다.

주목할 사실

시세이도 142년(1872~2014) 역사상 첫 외부 인사
사내 이사회에서 여성 대표를 늘리기 위해 설립한 30퍼센트 클럽 재팬의 첫 의장(2019)

로열 더치 셸

수익: 3,450억 달러, 시가총액: 2,310억 달러
직원: 70개국 8만 3,000명

경력 하이라이트

로열 더치 셸: CEO(2009~2013)
ABB: 회장(2015~현재), 임시 CEO(2019~2020)
IBM, 테마섹, 카탈리스트 이사회, 세인트 갤렌 심포지엄 이사회 의장,
아시아 비즈니스 위원회 위원

CEO 업적

영국/네덜란드 거대 석유 및 가스 회사의 구조를 단순화하고, 책임을 추구하고, 기업가 정신을 육성하며,
전 세계 파트너십을 바탕으로 새롭게 투자하여 셸의 수익, 에비타 및 시가총액을 약 50퍼센트 늘렸다.

주목할 사실

2011년 브루나이 최고 공로 훈장 수여

앤드루 윌슨Andrew Wilson

일렉트로닉 아츠

수익: 60억 달러, 시가총액: 310억 달러
직원: 16개국 1만 명

경력 하이라이트

일렉트로닉 아츠: CEO(2013~현재)
인텔의 이사회, 북미 서핑 전문가 협회 의장

CEO 업적

미국 게임 회사에서 플레이어 우선 문화를 채택하고 타이틀 품질을 개선해 6년간의 하락세를 반전시
켜 다시 수익을 내고 업종 대비 20퍼센트포인트 이상의 초과주주수익률을 내는 데 기여했다.

주목할 사실

〈포춘〉 선정 올해의 기업인에 두 차례 선정(한 번은 톱 5위 이내)
2018년 〈배런스〉 세계에서 가장 뛰어난 CEO에 선정
2019년 〈포브스〉 혁신적인 리더 목록에 선정
〈포브스〉 미국에서 가장 영향력 있는 CEO 40인 및 언더 리스트(2015년 3위)에 두 차례 선정

에스켈

수익: 10억 달러, 시가총액: 해당 없음
직원: 5개국 3만 5,000명

경력 하이라이트

에스켈: 회장(1995~현재), CEO(1995~2008, 2021~현재)
버드와이저 APAC, 세라이, 아시아 경영대학원 이사회, 서울국제경영
자문회의 의장, APEC 경영자문회 홍콩, 중국 대표

CEO 업적

가족 소유의 홍콩 섬유 제조업체를 고급품 시장으로 타깃을 조정하며 세계화했고 지역 내 저비용 국가로
생산을 이전하는 추세에 저항했다. 에스켈은 수익이 3배 증가하고 연간 1억 장 이상의 셔츠를 생산하며 세
계에서 가장 큰 면직물 셔츠 제조사가 되었다.

주목할 사실

홍콩 정부로부터 보히니아 금상 수상
〈포브스〉 가장 영향력 있는 여성 50인에 네 차례 선정
2012년 〈포브스〉 아시아 48명의 기부영웅에 선정
2011년 MIT 동문회로부터 청동비버상 수상

주

서문

1. Top quintile CEO performance sourced from McKinsey's proprietary database containing twenty-five years' worth of data on 7,800 CEOs from 3,500 public companies across seventy countries and twenty-four industries. Calculation based on average annual TRS (Total Return to Shareholders) of large-cap CEOs in the top quintile of performance, with large-cap defined by the companies being in the Forbes Global 1000.

2. See Timothy Quigley, Donald Hambrick, "Has the 'CEO Effect' Increased in Recent Decades? A New Explanation for the Great Rise in America's Attention to Corporate Leaders," Strategic Management Journal, May 2014.

3. Based on a study by the Center of Creative Leadership, who conduct original scientific research into the field of leadership development.

4. https://www.forbes.com/sites/susanadams/2014/04/11/ceos-staying-in-theirjobs-longer/?sh= 3db21cf567d6; https://www.kornferry.com/about-us/press/age-and-tenure-in-the-c-suite.

5. https://www.strategyand.pwc.com/gx/en/insights/ceo-success.html.

6. See Chris Bradley, Martin Hirt, and Sven Smit, Strategy Beyond the Hockey Stick: People, Probabilities, and Big Moves to Beat the Odds, Hoboken, NJ: John Wiley & Sons, 2018.

7. See James Citrin, Claudius Hildebrand, Robert Stark, "The CEO Life Cycle," Harvard Business Review, November-December 2019.

8. See transcript of Episode 314 of the Freakonomics radio podcast on "What Does a C.E.O. Actually Do?," where Stephen Dubner interviews Nicholas Bloom, among others, on the role of the CEO.

9. See Henry Mintzberg, The Nature of Managerial Work, New York: Harper & Row, 1973.

10. See Steve Tappin's interview with CNN, "Why Being a CEO 'Should Come with a Health Warning'," March 2010.

11. Episode 314 of the Freakonomics radio podcast on "What Does a C.E.O. Actually Do?"

Part 1. 방향 설정 마인드셋: 담대하라

1. Bradley et al., Strategy Beyond the Hockey Stick.

2. Jeffrey M. O'Brien, interview with Netflix CEO Reed Hastings, "The Netflix Effect," Wired, December 1, 2002. https://www.wired.com/2002/12/net flix-6/

3. Allyson Lieberman, "Many Shoes to Fill; Ceo Latest to Hot-Foot Adidas," New York Post, March 3, 2000. https://nypost.com/2000/03/03/many-shoes-to-fill-ceo-latest-to-hot-foot-adidas/

4. https://www.cnbc.com/2018/08/23/intuit-ceo-brad-smith-will-step-down-at-end-of-year.html.

5. Quote from video: https://www.kantola.com/Brad-Smith-PDPD-433-S.aspx.

6. See Daniel Kahneman, Paul Slovic, Amos Tversky, Judgment Under Uncertainty: Heuristics and Biases, Cambridge, UK: Cambridge University Press, 1982.

7. Bradley et al., Strategy Beyond the Hockey Stick.

8. Piers Anthony, Castle Roogna, book 3 in the Xanth series. New York: Ballantine Books, 1987.

9. See Yuval Atsmon, "How Nimble Resource Allocation Can Double Your Company's Value," McKinsey.com, August 2016.

10. See Adam Brandenburger and Barry Nalebuff, "Inside Intel," Harvard Business Review magazine, November-December 1996.

11. Academic study by Brian Wansink, Robert Kent, Stephen Hoch, "An anchoring and adjustment model of purchase quantity decisions," Journal of Marketing Research, February 1998. Cited by Daniel Kahneman in his book Thinking, Fast and Slow, New York: Farrar, Straus and Giroux, 2011.

12. See Stephen Hall, Dan Lovallo, Reinier Musters, "How to Put Your Money Where Your Strategy Is," McKinsey Quarterly, March 2012.

Part 2. 조직적 합의 마인드셋 :추상적인 것들을 구체적으로 다루어라

1. See Scott Keller, Bill Schaninger, Beyond Performance 2.0: A Proven Approach to Leading Large-Scale Change, Hoboken, NJ: John Wiley & Sons, 2019.

2. Ibid.

3. See Charles Duhigg, The Power of Habit: Why We Do What We Do in Life and Business, New York: Random House, February 2012.

4. Keller and Schaninger, Beyond Performance 2.0.

5. See Rita Gunter McGrath, "How the Growth Outliers Do It," Harvard Business Review, January-ebruary 2012.

6. See Scott Keller, Mary Meaney, Leading Organizations: Ten Timeless Truths, London: Bloomsbury Publishing, April 2017; based on Phil Rosenzweig, The Halo Effect: How Managers Let Themselves Be Deceived, New York: Free Press, 2007; and Dan Bilefsky, Anita Raghavan, "Once Called Europe's GE, ABB and Star CEO Tumbled," Wall Street Journal, January 23, 2003.

7. See Tom Peters, "Beyond the Matrix Organization," McKinsey Quarterly, September 1979.

8. See Aaron de Smet, Sarah Kleinman, Kirsten Weerda, "The Helix Organization," McKinsey Quarterly, October 2019.

9. Keller and Meaney, Leading Organizations.

10. Keller and Meaney, Leading Organizations.

11. See Ram Charan, Dominic Barton, Dennis Carey, Talent Wins: The New Playbook for Putting People First, Boston, MA: Harvard Business Press, March 2018.

12. Keller and Schaninger, Beyond Performance 2.0.

13. See Michael Lewis, The Blind Side: Evolution of a Game, New York: W. W. Norton and Company, 2006.

14. From Ken Frazier's conversation with Professor Tsedal Neeley of Harvard Business School. https://hbswk.hbs.edu/item/merck-ceo-ken-frazier-speaks-about-a-covid-cure-racism-and-why-leaders-need-to-walk-the-talk.

Part 3. 리더를 통한 조직 운영 마인드셋 :팀 정신을 강화하라

1. See Fred Adair, Richard Rosen, "CEOs Misperceive Top Teams' Performance," Harvard Business Review, September 2007.

2. See Ferris Jabr, "The Social Life of Forests," New York Times Magazine, December 2020.

3. See Jan Hubbard, "It's No Dream: Olympic Team Loses," Los Angeles Times, June 25, 1992; https://www.latimes.com/archives/la-xpm-1992-06-25-sp-1411-story.html.

4. See Todd Johnson, "'Dream Team' Documentary's 5 Most Intriguing Moments," theGrio, June 13, 2012; https://thegrio.com/2012/06/13/dream-team-documentarys-5-most-intriguing-moments/.

5. See The Dream Team Scrimmages Against Chris Webber and the 1992 Select Team, excerpt from The Dream Team documentary (released June 13, 2012, directed by Zak Levitt), https://www.youtube.com/watch?v=5xHoYnuM LZQ.

6. Adair and Rosen, "CEOs Misperceive Top Teams' Performance."

7. See Kenwyn Smith, David Berg, Paradoxes of Group Life, San Francisco: Jossey-Bass, 1987.

8. See Cyril Northcote Parkinson, Parkinson's Law, or the Pursuit of Progress, London: John Murray, 1958.

9. Keller and Meaney, Leading Organizations.

10. See Dan Lovallo, Olivier Sibony, "The Case for Behavioral Strategy," McKinsey Quarterly, March 2010.

11. Keller and Meaney, Leading Organizations.

12. See Danielle Kosecki, "How Do the Tour de France Riders Train," bicycling.com, August 2020; https://www.bicycling.com/tour-de-france/a28355159/how-tour-de-france-riders-train/.

13. See Sun Tzu, The Art of War, Harwich, MA: World Publications Group, 2007.

Part 4. 이사회와의 협업 마인드셋: 이사진이 비즈니스 협력자가 되도록 협업하라

1. From McKinsey Global Board Survey 2019.

2. See The PwC and The Conference Board study, "Board Effectiveness: A Survey of the C-Suite," based on a 2020 survey of 551 executives at public companies across the United States.

3. From the Franklin D. Roosevelt Presidential Library; http://www.fdrlibrary.marist.edu/daybyday/resource/march-1933-4/.

4. "The Group has taken necessary measures in line with its policies and procedures, including disciplinary measures, and in some cases termination/separation of employment of certain

staff," said David Ansell, the group chairman designate. "Sexual harassment/assault in the workplace is totally unacceptable. We at Equity Group have chosen to share our experience openly and raise awareness on this issue of public interest," he added. https://nairobinews. nation.co.ke/equity-bank-sacks-manager-accused-of-sexual ly-harassing-interns/

5. See Franklin Gevurtz, "The Historical and Political Origins of the CorporateBoard of Directors," Hofstra Law Review: Vol. 33, Iss. 1, Article 3, 2004.

6. See Rakesh Khurana, Searching for a Corporate Savior: The Irrational Quest for Charismatic CEOs, Princeton, NJ: Princeton University Press, September 2011.

7. https://en.wikipedia.org/wiki/Gerousia.

8. Based on a June 2011 McKinsey survey of 1,597 corporate directors on governance. See Chinta Bhagat, Martin Hirt, Conor Kehoe, "Tapping the StrategicPotential of Boards," McKinsey Quarterly, February 2013.

9. McKinsey Global Board Survey 2019.

10. McKinsey Global Board Survey 2019.

11. PwC and Conference Board study, "Board Effectiveness: A Survey of theC-Suite."

12. See Christian Casal, Christian Caspar, "Building a Forward-looking Board," McKinsey Quarterly, February 2014.

13. Story narrated by Jim Carrey to Oprah Winfrey on her show in 1997.https://www.oprah. com/oprahs-lifeclass/what-oprah-learned-from-jim-carrey-video

14. PwC and Conference Board study, "Board Effectiveness: A Survey of the C-Suite."

Part 5. 이해관계자와의 소통 마인드셋: '왜'로 시작하라

1. See John Browne, Robin Nuttal, Tommy Stadlen, Connect: How Companies Succeed by Engaging Radically with Society, New York: PublicAffairs, March 2016.

2. See Victor Frankl, Man's Search for Meaning, Boston, MA: Beacon Press, 2006.

3. See Susie Cranston, Scott Keller, "Increasing the 'Meaning Quotient' of Work," McKinsey Quarterly, January 2013.

4. 2017 Cone Communications CSR study; https://www.conecomm.com/research-blog/2017-csr-study.

5. See Achieve Consulting Inc, "Millennial Impact Report," June 2014. https://www.shrm.org/resourcesandtools/hr-topics/behavioral-competencies/global-and-cultural-effectiveness/

pages/millennial-impact.aspx.

6. https://www.businessroundtable.org/business-roundtable-redefines-the-purpose-of-a-corporation-to-promote-an-economy-that-serves-all-americans.

7. Based on a study by Ernst & Young along with Harvard Business Review https://assets.ey.com/content/dam/ey-sites/ey-com/en gl/topics/purpose/purpose-pdfs/ey-the-entrepreneurs-purpose.pdf.

8. Based on a McKinsey Organizational Purpose Survey of 1,214 managers and frontline employees at US companies, October 2019.

9. See 2019 Edelman Trust Barometer Special Report, "In Brands We Trust?" https://www.edelman.com/sites/g/files/aatuss191/files/2019-06/2019 edel man trust barometer special report in brands we trust.pdf.

10. https://battleinvestmentgroup.com/speech-by-dave-packard-to-hp-managers/.

11. https://www.jpmorganchase.com/impact/path-forward.

12. See Jonathan Emmett, Gunner Schrah, Matt Schrimper, Alexandra Wood, "COVID-19 and the Employee Experience: How Leaders Can Seize the Moment," McKinsey.com, June 2020.

13. See Peter Drucker, "The American CEO," Wall Street Journal, December 30, 2004.

14. Drucker, "The American CEO."

15. See Sanjay Kalavar, Mihir Mysore, "Are You Prepared for a Corporate Crisis?," McKinsey.com, April 2017.

16. Remarks of Senator John F. Kennedy, Convocation of the United Negro College Fund, Indianapolis, Indiana, April 12, 1959.

17. See Ronald A. Heifetz, Marty Linsky, Leadership on the Line: Staying Alive Through the Dangers of Leading, Boston, MA: Harvard Business Press, 2002.

Part 6. 개인의 효율성 관리 마인드셋: 오직 CEO만이 할 수 있는 일을 하라

1. See Neal H. Kissel and Patrick Foley, "The 3 Challenges Every New CEO Faces," Harvard Business Review, January 23, 2019.

2. See Jim Loehr, Tony Schwartz, "The Making of a Corporate Athlete," Harvard Business Review magazine, January 2001.

3. Inspirational story attributed to Mahatma Gandhi. See "Breaking the Sugar Habit"; https://www.habitsforwellbeing.com/breaking-the-sugar-habit-an-inspirational-story-

attributed-to-gandhi/.

4. See Paul Hersey, The Situational Leader, Cary, NC: Center for Leadership Studies, 1984; See Kenneth Blanchard, Spencer Johnson, The One Minute Manager, New York: HarperCollins, 1982.

5. See Annie McKee, Richard Boyatzis, Frances Johnston, Becoming a Resonant Leader: Develop Your Emotional Intelligence, Renew Your Relationships, Sustain Your Effectiveness, Boston, MA: Harvard Business Press, 2008.

6. https://leadershipdevotional.org/humility-7/.

7. See Hermann Hesse, Journey to the East, New Delhi: Book Faith India, 2002.

8. See https://www.greenleaf.org/what-is-servant-leadership/.

결론

1. NPR, "Decathlon Winner Ashton Eaton Repeats as the 'World's Greatest Athlete,'" CPR News [Colorado Public Radio], August 19, 2016. https://www.cpr.org/2016/08/19/decathlon-winner-ashton-eaton-repeats-as-the-worlds-greatest-athlete/.

2. See Bill George, "The CEO's Guide to Retirement," Harvard Business Review magazine, November-December 2019.

3. See Friedrich Nietzsche, The Genealogy of Morals, North Chelmsford, MA: Courier Corp., 2012.

4. See Violina P. Rindova and William H. Starbuck, "Ancient Chinese Theories of Control," Journal of Management Inquiry 6 (1997), pp. 144-59. http://pages.stern.nyu.edu/~wstarbuc/ChinCtrl.html.

옮긴이 양진성

중앙대학교 불어불문학과를 졸업하고 한국외국어대학교 통번역대학원 한불과에서 공부했다. 현재는 출판 번역 에이전시 유엔제이 소속 프랑스어와 영어 전문 번역가로 활동 중이다. 옮긴 책으로는《허브 코헨의 협상의 기술 1》《조 바이든, 지켜야 할 약속: 나의 삶, 신념, 정치》《괜찮지 않아도 괜찮아요》등 90여 권을 옮겼다.

세계 최고의 CEO는 어떻게 일하는가

1판 1쇄 발행 2022년 10월 13일
1판 2쇄 발행 2023년 7월 10일

지은이 캐롤린 듀어·스콧 켈러·비크람 말호트라
옮긴이 양진성
감수 맥킨지 한국사무소, CEO 엑설런스 센터
발행인 오영진 김진갑
발행처 토네이도미디어그룹(주)

책임편집 박민희
기획편집 박수진 유인경 박은화
디자인팀 안윤민 김현주 강재준
마케팅 박시현 박준서 조성은 김수연
경영지원 이혜선

출판등록 2006년 1월 11일 제313-2006-15호
주소 서울시 마포구 월드컵북로5가길 12 서교빌딩 2층
원고 투고 및 독자 문의 midnightbookstore@naver.com
전화 02-332-3310 팩스 02-332-7741
블로그 blog.naver.com/midnightbookstore
페이스북 www.facebook.com/tornadobook

ISBN 979-11-5851-250-7 (03320)